交通运输行业高层次人才培养项目著作书系

周绪利 宋波 等 著

北京高速公路
半刚性基层沥青路面

BEIJING GAOSU GONGLU
BANGANGXING JICENG
LIQING LUMIAN

人民交通出版社股份有限公司

北 京

内 容 提 要

本书以北京高速公路建设发展历程为脉络，全面总结了30余年来半刚性基层沥青路面建设养护管理情况，系统概括了北京半刚性基层沥青路面起步早、范围广、多创新、稳提升等特点。本书对北京40余个高速公路项目的沥青路面结构、材料应用、交通荷载、养护措施、路面性能状况等历史资料进行了分析和挖掘；结合"翻一番""三久""第五代路面"等理念和平衡设计理论，分析提炼了基于耐久性的沥青路面典型结构等。

本书可供公路交通领域科研工作者、管理人员、养护工程设计人员使用，也可以作为高等院校交通运输工程、土木工程等专业高年级本科生和研究生的参考书。

图书在版编目(CIP)数据

北京高速公路半刚性基层沥青路面/周绪利等著. — 北京：人民交通出版社股份有限公司, 2022.10
ISBN 978-7-114-18254-9

Ⅰ. ①北⋯ Ⅱ. ①周⋯ Ⅲ. ①高速公路—沥青路面—公路养护—北京 Ⅳ. ①U418.6

中国版本图书馆 CIP 数据核字(2022)第 187321 号

书　　　名：	北京高速公路半刚性基层沥青路面
著　作　者：	周绪利　宋　波　等
责任编辑：	潘艳霞
责任校对：	孙国靖　宋佳时
责任印制：	刘高彤
出版发行：	人民交通出版社股份有限公司
地　　　址：	(100011)北京市朝阳区安定门外外馆斜街3号
网　　　址：	http://www.ccpcl.com.cn
销售电话：	(010)59757973
总　经　销：	人民交通出版社股份有限公司发行部
经　　　销：	各地新华书店
印　　　刷：	北京市密东印刷有限公司
开　　　本：	787×1092　1/16
印　　　张：	21
字　　　数：	447 千
版　　　次：	2022 年 10 月　第 1 版
印　　　次：	2022 年 10 月　第 1 次印刷
书　　　号：	ISBN 978-7-114-18254-9
定　　　价：	150.00 元

(有印刷、装订质量问题的图书，由本公司负责调换)

交通运输行业
高层次人才培养项目著作书系

编审委员会

主　任：杨传堂

副主任：戴东昌　周海涛　徐　光　王金付
　　　　陈瑞生（常务）

委　员：李良生　李作敏　韩　敏　王先进
　　　　石宝林　关昌余　沙爱民　吴　澎
　　　　杨万枫　张劲泉　张喜刚　郑健龙
　　　　唐伯明　蒋树屏　潘新祥　魏庆朝
　　　　孙　海

书系前言
Preface of Series

进入21世纪以来，党中央、国务院高度重视人才工作，提出人才资源是第一资源的战略思想，先后两次召开全国人才工作会议，围绕人才强国战略实施做出一系列重大决策部署。党的十八大着眼于全面建成小康社会的奋斗目标，提出要进一步深入实践人才强国战略，加快推动我国由人才大国迈向人才强国，将人才工作作为"全面提高党的建设科学化水平"八项任务之一。一八届三中全会强调指出，全面深化改革，需要有力的组织保证和人才支撑。要建立集聚人才体制机制，择天下英才而用之。这些都充分体现了党中央、国务院对人才工作的高度重视，为人才成长发展进一步营造出良好的政策和舆论环境，极大激发了人才干事创业的积极性。

国以才立，业以才兴。面对风云变幻的国际形势，综合国力竞争日趋激烈，我国在全面建成社会主义小康社会的历史进程中机遇和挑战并存，人才作为第一资源的特征和作用日益凸显。只有深入实施人才强国战略，确立国家人才竞争优势，充分发挥人才对国民经济和社会发展的重要支撑作用，才能在国际形势、国内条件深刻变化中赢得主动、赢得优势、赢得未来。

近年来，交通运输行业深入贯彻落实人才强交战略，围绕建设综合交通、智慧交通、绿色交通、平安交通的战略部署和中心任务，加大人才发展体制机制改革与政策创新力度，行业人才工作不断取得新进展，逐步形成了一支专业结构日趋合理、整体素质基本适应的人才队伍，为交通运输事业全面、协调、可持续发展提供了有力的人才保障与智力支持。

"交通青年科技英才"是交通运输行业优秀青年科技人才的代表群体，培养选拔"交通青年科技英才"是交通运输行业实施人才强交战略的"品牌工程"之一，

1999年至今已培养选拔282人。他们活跃在科研、生产、教学一线,奋发有为、锐意进取,取得了突出业绩,创造了显著效益,形成了一系列较高水平的科研成果。为加大行业高层次人才培养力度,"十二五"期间,交通运输部设立人才培养专项经费,重点资助包含"交通青年科技英才"在内的高层次人才。

人民交通出版社以服务交通运输行业改革创新、促进交通科技成果推广应用、支持交通行业高端人才发展为目的,配合人才强交战略设立"交通运输行业高层次人才培养项目著作书系"(以下简称"著作书系")。该书系面向包括"交通青年科技英才"在内的交通运输行业高层次人才,旨在为行业人才培养搭建一个学术交流、成果展示和技术积累的平台,是推动加强交通运输人才队伍建设的重要载体,在推动科技创新、技术交流、加强高层次人才培养力度等方面均将起到积极作用。凡在"交通青年科技英才培养项目"和"交通运输部新世纪十百千人才培养项目"申请中获得资助的出版项目,均可列入"著作书系"。对于虽然未列入培养项目,但同样能代表行业水平的著作,经申请、评审后,也可酌情纳入"著作书系"。

高层次人才是创新驱动的核心要素,创新驱动是推动科学发展的不懈动力。希望"著作书系"能够充分发挥服务行业、服务社会、服务国家的积极作用,助力科技创新步伐,促进行业高层次人才特别是中青年人才健康快速成长,为建设综合交通、智慧交通、绿色交通、平安交通做出不懈努力和突出贡献。

交通运输行业高层次人才培养项目
著作书系编审委员会
2014年3月

作者简介

周绪利,1987年毕业于同济大学道路工程专业,教授级高工(专业技术二级),北京市道路工程质量监督站站长。

先后荣获全国交通系统先进工作者、优秀科技人员,青年科技英才,首都劳动奖章、首都精神文明建设奖,政府特殊津贴等。是《公路工程质量检验评定标准 第一册 土建工程》《公路工程施工监理规范》《公路路基路面现场测试规程》《公路沥青路面预防养护技术规范》等规范的主要起草人。

作为工程质量监督或试验检测负责人,参加了北京所有高速公路项目建设。

路面是公路使用功能的呈现者,具有体量大、造价高的特点,损坏后直接影响通行,因此备受关注。沥青路面是汽车时代的产物,兴盛历史还不长,有百余年。随着改革开放以来高速公路的修建,我国现代沥青路面实现了跨越式发展,并基本形成了有中国特色的半刚性基层沥青路面技术体系。北京所有高速公路均采用半刚性基层沥青路面,是半刚性基层沥青路面发展进步的一个代表,也是新一代路面创新研究的典型样本,其中既有30年运行良好的京津塘高速公路,又有分9期用11年建设、长188km,可称为"超级环道"的六环路,长期的积累值得全面深入总结和挖掘。

路面系统由路面实体+作用构成,具有运动性、矛盾性和复杂性。沥青路面学在从工艺、到技术、到科学的发展历程中,其理论与实践、认识与经验、矛盾与平衡一直相互交织、相互促进,并在不断探索中提升。平衡是系统的本质特征,不平衡则不稳定、更无法耐久,平衡性原则、平衡设计方法适用于沥青、混合料、结构和养护等各个方面。

归根结底,路面发展属于工程实践,理论来自实践、指导实践,发展中的问题要靠发展解决,实践中的问题要靠实践解决。经过不断积累凝练,我们提出了"路面系统""翻一番、长寿命两步走""路基永久、基层长久、面层耐久""优质的材料×合理的结构×严格的质控×规范的预养""第五代路面"等理念、目标和路径,发起了"长寿命路面奖",希望能为丰富多彩的路面世界增加一抹亮色。

以史为鉴、开创未来,新时代,建设交通强国、打造平安百年品质工程,路面学要以系统性和工程哲学的视野进一步深化拓展,形成更加科学完备的体系,从而支撑前行的道路,使其道路越来越宽阔、越来越平顺。

本书的编写组织及大纲起草，第1章、第2章和第11章的编写由周绪利负责；第3章至第10章的技术分析内容由宋波完成；第3章由丛铖东编写，第4章由王春明编写，第5章由谢超编写，第6章至第8章由宋波编写，第9章和第10章第8节由李万举编写，第10章其他章节分别由李达、董铁军、刘冬、王学颖、王文宏、谢红战编写。全书由周绪利、宋波统稿。

本书出版得到了"交通运输行业高层次人才培养项目"专项经费资助，并得到各高速公路项目单位的大力支持和人民交通出版社股份有限公司的精心编审，在此表示衷心感谢。

对于书中的错误、疏漏和不完善之处，欢迎大家批评指正。来信请寄北京市丰台区潘家庙222号北京市道路工程质量监督站，邮政编码100076。

编著者

2021年12月16日

目录
Contents

第1章 绪论 ·· 1
  1.1 概述 ·· 1
  1.2 高速公路发展历程 ·· 2
  1.3 路面系统 ·· 8
  1.4 半刚性基层沥青路面 ··· 16
  1.5 小结 ·· 23

第2章 技术分析基础 ·· 25
  2.1 概述 ·· 25
  2.2 基本要素 ··· 26
  2.3 材料 ·· 37
  2.4 结构 ·· 41
  2.5 路面性能演变 ·· 47
  2.6 小结 ·· 52

第3章 京港澳高速公路 ··· 54
  3.1 概况 ·· 55
  3.2 路面结构 ··· 56
  3.3 路面材料 ··· 57
  3.4 交通量情况 ·· 61
  3.5 路面性能 ··· 63
  3.6 维修历史 ··· 70
  3.7 其他资料 ··· 75

第4章 京沪高速公路 ·· 77
  4.1 概况 ·· 77

4.2	路面结构与材料	78
4.3	交通量情况	83
4.4	路面性能	84
4.5	维修历史	91
4.6	经验总结	100

第5章 首都机场高速公路 104

5.1	概况	104
5.2	路面结构	105
5.3	路面材料	106
5.4	交通量情况	109
5.5	路面性能	110
5.6	维修历史	113

第6章 京藏高速公路 118

6.1	概况	119
6.2	路面结构	120
6.3	路面材料	123
6.4	交通量情况	127
6.5	路面性能	129
6.6	维修历史	138

第7章 五环路 146

7.1	概况	147
7.2	路面结构	148
7.3	路面材料	153
7.4	交通量情况	154
7.5	路面性能	158
7.6	维修历史	164
7.7	其他资料	167

第8章 六环路 169

8.1	概况	169
8.2	路面结构	170
8.3	路面材料	174
8.4	交通量情况	175
8.5	路面性能	181

8.6 维修历史 ·197
8.7 其他资料 ·199

第9章 京承高速公路 ·204
9.1 概况 ·205
9.2 路面结构 ·205
9.3 路面材料 ·207
9.4 交通量情况 ·207
9.5 路面性能 ·209
9.6 维修历史 ·217

第10章 其他高速公路 ·220
10.1 通燕高速公路 ·220
10.2 京哈高速公路 ·225
10.3 京开高速公路 ·235
10.4 京津高速公路 ·245
10.5 京平高速公路 ·251
10.6 首都机场沿线高速公路 ·259
10.7 京新高速公路 ·273
10.8 京昆高速公路 ·280
10.9 近年其他高速公路 ·286

第11章 发展展望 ·312
11.1 概述 ·312
11.2 翻一番、长寿命两步走 ·313
11.3 第五代路面 ·314
11.4 典型路面结构 ·315
11.5 施工质量控制 ·316
11.6 小结 ·316

参考文献 ·317

第 1 章
绪　　论

北京所有高速公路路面全部都是半刚性基层沥青路面，是半刚性基层沥青路面发展进步的一个代表，也是新一代沥青路面创新研究的典型样本。

1.1　概　　述

公路的使用功能由路面呈现。路面是公路直接承受车辆与自然气候作用的层状结构体。路面系统由路面"实体＋作用"构成。路面结构由面层、基层组成。习惯上，路面根据面层类型分为沥青路面、水泥路面、其他铺装路面等。沥青路面作为多元复杂的经济社会技术系统，具有运动性，充满矛盾性，其基本要求是安全、舒适、耐久以及稳定、经济、环保，其内在机制和准则是平衡。本书坚持理论与实践相结合，以科学完整的框架为支撑，初步总结了30年余年来北京高速公路半刚性基层沥青路面的发展状况，以作为经验法的本源。

沥青路面的历史并不长，仅百余年。1902年，伊利诺伊大学的贝克尔（IRA O. BAKER）教授在其著作《论道路与路面》的前言中指出，道路建造和养护的科学是基于确立的基本原则，艺术取决于来自这些原则的正确推理，而不是跟从修筑的规则和方法。当前，沥青路面科学的基本原则尚未完备，技术还欠精确。

高速公路在我国修建的历史更短，不过30余年，但实现了跨越式发展。截至2020年底，我国高速公路通车里程已达160980km，居世界第一。北京也一直在稳步推进交通基础设施建设，高速公路已有1173km。其中，京津塘高速公路于1987年底开工建设。项目从1972年开始调查、1977年再次补充调查，1978年完成初步设计，1982年10月完成项目可行性研究报告，1984年10月批复由汽车专用公路改为高速公路，1985年12月完成施工图设计，历经长期的论证、准备。北京段于1990年9月通车，至今已满30年，其工程质量是有口皆碑的示范标杆。

路面建管养理念和技术能力，以及现代沥青路面材料、结构和建设、养护水平随着高速公路建设同步提升。无机结合料稳定材料、改性沥青、沥青混合料以及施工机械化等技术不断创新及推广应用，发展形成了具有中国特色的半刚性基层沥青路面体系。

与此同时，这些路面经受了时间及实践的检验。建设与养护、管理与技术，既有成功的经验，也有失误的教训，这些都应成为未来路面科学、技术发展足资利用的宝贵财富。

经过30余年的积累，在路网基本形成的情况下，从系统性、战略性总体宏观分析的角度解构北京高速公路半刚性基层沥青路面的发展历程，相关数据作为可靠的第一手资料也是极有意义的。

新时代，建设交通强国、质量强国、科技强国，既是挑战，也是机遇。"平安百年品质工程""翻一番、长寿命两步走""第五代路面"等理念和目标，明确了路面系统未来创新发展的方向。

1.2 高速公路发展历程

高速公路是公路运输高度发展的产物。随着改革开放以来经济社会的快速发展，我国公路特别是高速公路建设实现跨越式发展，高速公路里程跃居世界第一，工程设计、施工技术水平迈入世界前列，与此同时交通量增加、车辆大型化、人们对出行要求更高，沥青路面技术要相应地不断创新提升。

1.2.1 全国高速公路概况

高速公路是专供汽车快速行驶的公路。由于在高速公路上采取了汽车专用、限制出入、分隔行驶、全部立交及采用较高的标准和完善的交通设施等措施，从而为汽车的大量、快速、安全、舒适、连续运行创造了条件，其重要基础就是安全、舒适、稳定、耐久的路面。

1978年，交通部在《关于新建京津塘高速公路的报告》（〔78〕交计字1331号）中提出了建设高速公路的设想。同年10月，台湾的南北高速公路全线建成，自高雄起，经台南、台中、台北到基隆止，全长373.4km，全线按美国国家公路与运输协会（AASHTO）标准及加州公路标准设计施工。

1981年5月，交通部颁发《公路工程技术标准》（JTJ 1—81），首次提出高速公路的等级。第1.0.2条"公路分级"中规定：高速公路，一般能适应的年平均昼夜汽车交通量为25000辆以上，为具有特别重要的政治、经济意义，专供汽车分道高速行驶并全部控制出入的公路。此后，北京、上海、天津等规划的汽车专用公路，如京石、沪嘉、沈大等，开始按高速公路标准进行建设。

1988年底，交通部批准《公路工程技术标准》（JTJ 01—88），将公路分为两类五个等级。其中，"汽车专用公路"包括高速公路、一级公路、二级公路，"一般公路"包括二级公路、三级公路和四级公路。这既是当时汽车专用公路的依据，又影响了后来二级公路的跨类特殊性。

1987年11月11日,京石公路扩建工程(一、二期)完工通车,长14km,全封闭、全立交、收费,按汽车专用公路设计,称为"快速公路"。1988年10月31日,长15.9km的上海沪嘉高速公路一期通车,是大陆最先建成通车的高速公路。1988年11月4日,辽宁沈大高速公路的沈阳至鞍山、大连至三十里堡两段共131km竣工。1990年9月12日,京津塘高速公路北京段35km试通车,1991年9月25日全线142.69km竣工。

到2020年底,我国高速公路通车里程达16.1万km,稳居世界第一。历年累计通车里程见图1-1,年增高速公路里程见表1-1。

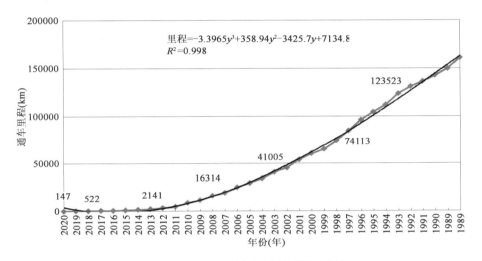

图1-1 1988—2020年全国高速公路里程统计

注:y表示从1988开始的全国高速公路建设年限。

年增高速公路里程　　　　　　　　　　　　　　　　　　　　　　　　表1-1

年份(年)	1988	1989	1990	1991	1992	1993	1994	1995	1996	1997	1998
年增里程(km)	147	124	251	52	78	493	458	538	1281	1349	3962
年份(年)	1999	2000	2001	2002	2003	2004	2005	2006	2007	2008	2009
年增里程(km)	2872	4709	3123	5693	4615	4455	6805	4334	8574	6389	4753
年份(年)	2010	2011	2012	2013	2014	2015	2016	2017	2018	2019	2020
年增里程(km)	9058	10787	11300	8200	7536	11587	7477	5449	6144	7007	11380

《中国高速公路建设实录》总结,我国高速公路大致经历了5个发展阶段,分别是:

(1)起步阶段:1978—1988年,通车里程147km。

(2)稳步发展阶段:1989—1997年,新增通车里程4624km。

(3)加快发展阶段:1998—2007年,新增通车里程49142km。

(4)跨越式发展阶段:2008—2015年,新增通车里程69610km。

（5）全面深化改革和规范发展阶段：(2016年至今)，新增通车里程约31450km。

另据对比统计,2013年我国高速公路通车里程达到10.44万km,首次超越美国州际公路与其他高速公路的10.30万km,居世界第一。到2019年底,我国高速公路通车里程为14.96万km,美国为10.75万km。

早期,我国高速公路的路面结构中,半刚性基层沥青路面约占80%,其他为水泥混凝土路面,沥青面层的混合料类型多为沥青混凝土(LH)、沥青碎石(LS)等。近期,几乎都是沥青路面。早期部分高速公路的代表性沥青路面结构情况见表1-2。

早期部分高速公路的代表性沥青路面结构　　　表1-2

序号	高速公路名称	沥青面层及厚度(cm)	基层及厚度(cm)	底基层厚度(cm)	备注
1	沪嘉高速公路	AK,17	二灰,46		15km
2	沈大高速公路	LH、LS,15	水稳,20		131km
3	京石公路扩建工程（一、二期）	LH,12	二灰,35		北京段14km
4	京津塘高速公路	LH、LS,23	水稳,20	30	北京段35km
5	广佛高速公路	LH、LS,15	水稳,20	25	13.9km
6	济青高速公路	LH、LS,18	水稳,20	20	济南段51km
7	广深高速公路	LH、LS,32	水稳,23	23	120km
8	太旧高速公路	AC,15	水稳,20	26	山西段
9	成渝高速公路	LH,12	二灰,20		

注：LH是当时标准中沥青混凝土的代号；AC是标准修订后沥青混凝土的代号；AK是指抗滑沥青混凝土；LS是指沥青碎石。二灰是指石灰粉煤灰稳定砂砾或碎石。水稳是指水泥稳定砂砾或碎石。底基层为石灰土,不含未筛分碎石、砂砾等。

1.2.2 北京高速公路概况

1987年11月,京石公路扩建工程(一、二期)完工通车,京津塘高速公路随即开工建设,拉开了北京高速公路建设的序幕。京津塘高速公路是我国经国务院批准修建的第一条高速公路。1988年6月,北京市交通局和北京公路学会联合召开京石公路等级论证会,来自全国的34名专家一致认为,北京京石公路是符合我国国情的高速公路。

北京作为修建高速公路起步较早的地区,多年来高速公路建设稳步推进,通车里程情况见图1-2。同时,大力推广应用半刚性基层、改性沥青和高性能沥青混凝土,沥青路面建设养护科技水平一直走在全国前列。

回顾北京的高速公路建设,典型特征是3个高峰,分别是：

（1）1998年,第一次高峰,加快基础设施建设、扩大内需。八达岭高速公路二期、京沈高速公路、北京六环路一期(通马段)等高速公路项目在建,新增高速公路通车里程46km、总里程190km。

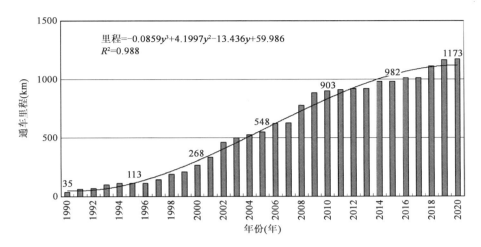

图 1-2 北京高速公路通车里程统计

注：y 表示从 1990 开始的北京市高速公路建设年限。

（2）2008 年，第二次高峰，北京 2008 年奥运会交通保障。京平高速公路、机场南线高速公路、京津高速公路、北京西六环（良乡—寨口段）、京包高速公路、京承高速公路三期等高速公路项目在建，新增高速公路通车里程 149km、总里程 777km。

（3）2018 年，第三次高峰，北京 2022 年冬奥会筹备、京津冀协同发展交通保障。兴延高速公路、延崇高速公路、新机场高速公路、新机场北线高速公路、首都环线高速公路、京秦高速公路等高速公路项目在建，新增高速公路通车里程 102km、总里程 1115km。

按照建设主体的不同，北京高速公路建设也可划分为三个阶段：

（1）指挥部（公路局）时期。北京市公路管理处（1991 年起成立公路局）作为建设单位，设立指挥部组织高速公路修建。

（2）首发时期。1999 年 9 月北京市首都公路发展公司（简称"首发"，现为"北京市首都公路发展集团有限公司"）成立，负责进行高速公路的建设和养护管理工作，目前管养里程为 874km。

（3）PPP（政府和社会资本合作）时期。2015 年北京首次通过公开招标方式采取 PPP 模式建设兴延高速公路，如今在大部分高速公路项目推行，仍以首发集团代表政府一方。

从沥青路面设计、施工、通车运行的时间节点考虑，1990 年以前称为初期或起步阶段，代表性工程是京津塘高速公路；1990—1999 年为早期或推进阶段，代表性工程有首都机场高速公路、八达岭高速公路（一期）；2000 年起为中期或稳定阶段，代表性工程有六环路等。

在沥青路面科技方面，初期的京石公路、京津塘高速公路具有鲜明的特色：①设计使用年限 20 年；②规模化使用二灰或水稳砂砾基层；③规范使用沥青混凝土面层；④广泛应用机械化铺筑施工。此后，为提高沥青面层性能，在首都机场高速公路使用改性沥青，八达岭高速公路一期表面层使用沥青玛蹄脂碎石混合料(SMA)。中期,路面基层多由砂砾改用碎石。随着重载交通迅猛增加,为克服早期损坏,沥青面层采用多层复合改性,并改进封层、透层、黏层等功能层。近期,沥青面层使用了防融冰雪、降噪等功能材料,沥青路面结构、材料类型趋于成熟稳定,开始了围绕以耐久性为核心的长寿命路面新探索。

1.2.3　建设养护及工程质量管理

我国高速公路建设发展的历程艰苦卓绝、灿烂辉煌。高速公路的开拓者与建设者们创造性地探索出一条符合中国国情、具有中国特色的高速公路发展道路。高速公路建设期的设计、施工,运行期的环境、交通作用和养护措施的采取,以及工程质量管理等都经历了不断发展探索进步的过程,理念推陈出新,水平日益提升。

1) 建设

在高速公路建设中,我们走过了一条边学习借鉴、边改进完善、边发展提高的探索之路。管理水平不断提升,推行现代工程管理和施工标准化,打造平安百年品质工程,建设品质、平安、绿色、智慧高速公路。

(1) 初早期,我国市场经济刚刚起步,高速公路从无到有,以京津塘高速公路为代表,率先采用了招投标、合同管理、工程监理等管理模式。到1997年,法人负责制度、招标投标制度和工程监理制度等写入《中华人民共和国公路法》,公路建设四项制度基本形成,为保证高速公路建设管理的规范发展奠定了基础。

(2) 2004年,交通部提出了"六个坚持、六个树立"的勘察设计新理念,并开展公路勘察设计典型示范工程活动。2005年,交通部印发《关于防治高速公路沥青路面早期损坏指导意见》,提出加强预防性、及时性养护,延长路面使用寿命。

(3) 2010年,交通运输部提出加快推行现代工程管理,要在推动"五化"上下功夫,即发展理念人本化、项目管理专业化、工程施工标准化、管理手段信息化、日常管理精细化,实现了公路建设发展理念的又一次重大创新。2011年印发了《高速公路施工标准化活动实施方案》。

(4) 2015年,交通运输部印发《关于深化公路建设管理体制改革的若干意见》,提出完善公路建设管理四项制度,落实项目法人责任制、改革工程监理制、完善招标投标制、强化合同管理制;创新项目建设管理模式,进一步探索PPP等新的融资模式下的其他有效建设管理模式,逐步推行设计施工总承包方式。

2) 养护

在高速公路养护中,我们走过了一条从以建为主、到重建轻养、到建养并重、到科学养护的转变之路,并推动智慧养护、绿色养护。养护水平不断提升,公共服务迈上新台阶,科技养护稳步推进。

(1)初早期,高速公路养护机制和技术匮乏,基本处于空白状态,多直接套用普通公路的养护管理模式,无法适应高速公路运营维护的需要。

(2)"十五"时期提出了"公路建设是发展,养护也是发展,而且是可持续发展"的理念,明确了高速公路养护管理工作的基础地位。"十一五"时期提出了"更好地为公众服务"的理念,明确了服务宗旨和价值取向。"十二五"时期提出了"畅通主导、服务需求、安全至上、创新引领"的理念,明确了发展方向、重点内容及工作要求。"十三五"时期提出坚持"五大发展理念",以创新、协调、绿色、开放、共享的发展理念为指引,由过去以基础设施建设为主向建设、养护、管理、服务并重转变,更加突出养护、管理、服务工作。

(3)在沥青路面的养护中,日常维护规范有序,路况评价标准与检测手段日趋科学,新材料、新设备、新技术不断涌现,引入并推行预防性养护理念和技术,科学养护水平不断提高。

3)工程质量管理

在工程质量管理中,我们走过了一条从优质工程、到精品工程、到品质工程的提升之路。质量水平不断提升,法规制度标准不断丰富,质量通病治理成效明显,管理体系日趋完善。

(1)初早期,如京石公路开工之初就编制了专用的《京石公路工程质量检验评定标准》。后来,工程质量管理从自干、自管、自检的一体化模式,发展引入工程监理制等,逐渐形成了政府监督、社会监理、企业自检的质量保证体系,建立了工程质量检验评定标准和工程质量评价体系,推行全面质量管理,开展优质工程创建评选表彰活动。到1997年,随着《中华人民共和国公路法》《中华人民共和国建筑法》等颁布施行,高速公路工程质量管理步入了法制化的轨道。

(2)1998年下半年起,在启动加速建设的过程中,相继发生了几起影响较大的工程质量事故。交通部1999年起组织开展了为期三年的"公路建设质量年"活动,第一年打基础、建成效,第二年抓巩固、上台阶,第三年再提高、上水平,促进了高速公路建设质量管理和工程质量整体水平的提升。其中,总结分析了路面质量方面的问题和通病,开展了广泛的质量通病治理活动。

(3)2005年前后,精品工程建设如火如荼。但在我国公路建设迅速发展的同时,一些路段高速公路沥青路面出现了早期损坏现象,不仅造成经济损失,而且影响交通行业的社会形象和可持续发展。为此,交通部印发了《关于防治高速公路沥青路面早期损坏的指导意见》,提出按照"增强质量意识,完善综合设计,严格施工控制,加强养护管理"的原则,进行高速公路沥青路面早期损坏防治,同期开展了一些长寿命路面的试验工程,使路面工程质量迈上了新的台阶。

(4)2015年起,交通运输部提出了"品质工程"新理念,制定了《关于打造公路水运品质工程的指导意见》《公路水运品质工程评价标准》等,开展品质工程示范创建活动。2018年《"平安百年品质工程"建设研究推进方案》提出"推进交通基础设施高质量发展,提高工程耐久性和使用寿命"，在路面工程方面要"总结路面性能衰变规律，研究路面延寿技术，推广路面施工质量快速检测评估技术应用"等。结合《交通强国建设纲要》中增强设施耐久性和可靠性的发展目标，我们提出了以路面使用寿命"翻一番、两步走"为核心的工作思路，着力建设平安耐久品质路面工程。

1.3 路面系统

沥青路面按照基层（材料）类型分类，包括柔性基层沥青路面、半刚性基层沥青路面（简称半刚性路面）、复合路面等。北京基于公路的建设条件、地理环境、发展状况、材料供应及设计经验等因素，高速公路全部采用了半刚性基层沥青路面。基层材料早期以二灰砂砾为主，后期水稳碎石渐多。实际上，北京4015km国省道中，除仅3.2km为水泥混凝土路面以外，也是如此。

研究沥青路面的发展规律，应从路面系统即"实体+作用"着手，而不仅是工程实体即结构和材料。作用包括交通荷载、自然气候等。还有许多不同的维度，如历史的纬度即时间+事件、物理的纬度即形态+过程、要素的维度即结构+作用、学科的维度即科学+技术、作业的纬度即建设+养护等，这也是考察北京高速公路半刚性基层沥青路面的内在系统逻辑。

1.3.1 沥青路面总体发展历程

公路交通是经济社会发展的基础和重要组成部分，路面是随着交通的发展而兴盛的，因此与经济社会、科学技术的发展密不可分。沥青路面是近代社会科技发展的产物，涉及汽车、石化、机械等领域。1934年洪观涛著《道路工程学》中强调，"必须利用廉价之物料，而又可筑成足应现代交通所需求之路面。"

——沥青路面是汽车时代的产物。在没有汽车的社会，有马路、没有公路，不需要强而坚固的路面。

——沥青路面是材料发展的产物。在没有沥青的时代，有土路、没有油路，修不出畅而舒适的路面。

——沥青路面是经济繁盛的产物。在设备、材料、资金不足的时期，有柔性、松散的渣油路面，铺不好平而耐久的沥青路面。

——沥青路面是科技进步的产物。在技术、理论、手段欠缺的年代，路面性能演变是黑箱、随机，形不成准而系统的路面技术体系。

沥青路面、半刚性基层顺时而生。随着经济社会、重载运输等的需求增长，对路面的

第1章 绪 论

要求越来越高,面临的挑战越来越大。还要看到,公路作为传统土木工程的粗放性与信息时代数字的精准性之间的差距在扩大而不是缩小。

归纳、整合沥青路面的历史,结合国内外发展情况,把我国沥青路面按时间年份划分为五个不同的阶段,称为五代沥青路面,用 P^{5G} 来表示。现状北京高速公路半刚性基层沥青路面,主要属于第四代。

(1)第一代:低级路面(1919年以前)。柏油、少量进口沥青用于道路路面,有了碎石机、沥青混合料搅拌机和加工场。

这一时期,参照1890年美国拉夫博士主编的《路面与道路》所述,沥青的用途可分为五类:①油漆用颜料;②绝缘材料;③防水材料;④普通建筑结合料;⑤屋顶和铺面材料的结合料。当时在欧洲,岩沥青用于路面的总面积为125万多平方米。

早期,特别是在上海租界的道路中,尝试使用了柏油、煤焦油等铺筑路面。后来,有少量石油沥青进口。1920年前上海已建有碎石场、沥青混合料加工场。

1920年10月,北洋政府内务部公布的《〈修治道路条例〉施行细则》,第十二条规定"道路所铺之料在中部者须五寸以上、两旁得减至三寸。"尚没有涉及沥青等材料类型。

总体上,1919年之前的沥青路面规模不大、厚度很薄,属于较低层次的少量试用。

(2)第二代:初级路面(1920—1962年)。以1919年底《修治道路条例》、1920年《〈修治道路条例〉施行细则》的发布实施为标志。

正如1956年美国的休斯等著《公路工程》中所说,"1920年以来方可称为'汽车时代',因为在此期间公路交通成为主角。"

1920年全国公路通车里程1185km。新中国成立之前,战乱频仍、社会动荡,沥青路面仍属于个别集中使用的时期,包括修建正规的试验路,以及成规模的工程应用,当然仍限于薄层、表面处治等。

1929年《国道工程标准及规则》中提出:"于必要时得将路面施用适当规定之柏油材料。"

1933年在京杭公路的南京市马群至麒麟门间铺筑了长1995m的试验路面,称为"第一试验路"。路面共五种、三十一式,包括石块、碎石、青砖、轨路和混凝土路。次年10月,又在南京中山门外孝陵卫附近建筑"第二试验路",长1650m,用各种沥青材料和不同操作方法铺筑,包括膏体沥青、液体沥青和乳化沥青等路面。这两段试验路,因事先没有准备好必要的试验仪器和机具等,未能收到预期的效果。

1940年7月起,在滇缅公路的昆明至碧鸡关段试铺了14.6km沥青路面(双层表面处治),效果良好。遂于次年2月,在畹町至龙陵段加铺柏油路面135.4km,在保山附近铺筑4km,在下关附近铺筑3km。这157km柏油路面的铺筑,是中国公路采用工业材料和使用筑路机械铺修高级路面的开端。1940年北京至天津公路的北京至通县段铺筑宽7m的沥青路面,次年天津柳滩至忠孝门段修筑了2.26km砖基炒油和砖基泼油两段试验路面。

1947年6月,国民政府交通技术标准委员会公路组制定了《公路路面规范(草案)》,路面分高、中、低三级,高级路面中有沥青混凝土、片地沥青碎石等,中级路面中有沥青表面处治、贯入式沥青碎石、厂拌冷铺、就地拌和等。在柔性路面设计中,推荐采用理论公式法、经验法和通用法等。

1949年新中国成立时,全国仅有公路8万km,铺设路面里程不到40%,其中沥青、水泥路面只有315km。可以说是百废待兴,公路事业所面临的任务是极其困难和艰巨的。在抢修、兴建公路的同时,建立了专业化队伍、制定了多种规章制度,保证了公路事业的顺利发展,沥青路面开始重新起步前进。

1951年9月交通部颁布《公路工程设计准则(草案)》,提出了公路标准分等,即一等路到五等路,同时将路面分成三级即高级路面、中级路面、低级路面。1954年9月正式颁布《公路工程设计准则》,并于1956年6月颁发修订草案。

1958年首次发布实施《路面设计规范(草案)》,借鉴采用了苏联的设计理论和模型。将路面分为高级路面、次高级路面、过渡式路面和低级路面四个等级,以及柔性路面、刚性路面两类,其中高级路面包括沥青混凝土,次高级路面包括黑色碎石或砾石及有沥青表面处治的路面等。

到1960年末,全国公路通车里程达519460km,其中高级、次高级路面1943km,多为沥青表处。

(3)第三代:柔性路面(1963—1986年)。以自主完善设计规范、黑色路面推广应用等为标志。

20世纪60年代随着大庆油田的开发,我国渣油产量增加。从1962年起,北京、河北修筑了一些渣油表处试验路,随后在各地得到推广,为改善公路技术状况、提高通行能力创造了一种新的路面结构。到1965年末,全国有黑色路面5547km。其间,研究人员发现苏联规范中路面计算模型公式的错误,在1966年版《公路路面设计规范》中进行了修订,并开启了针对中国国情、自然条件自主研发之路。到1976年集中全国二十四个单位对研究成果进行交流讨论后,由交通部科学研究院编写《柔性路面设计方法及计算参数》报告,首次提出路面结构设计的技术经济原则,即"薄面强基稳土基"。在1978年版《公路柔性路面设计规范(内部试行)》中,该原则得到了充分的体现,并调整了设计标准、提出了容许弯沉指标、明确了自然区划、规范了设计程序,厚度计算采用了弯沉理论公式。

《公路柔性路面设计规范》(JTJ 014—86)中,增加了对高速公路的有关规定,理论计算由双圆双层弹性体系改为双圆三层或多层弹性体系,以标准轴载代替了标准车型,内容上也做了较大的修改和补充,标志着我国柔性路面设计体系已基本成熟。此前铺筑的沥青路面多以渣油表处为主,少量沥青碎石,属于柔性路面。基层有石灰土、石灰砂砾等。

1980年完工的京密一级公路、1985年京开路等全面铺筑了沥青混凝土面层。

(4)第四代：高级路面(1987—2016年)。以高速公路修建、《公路柔性路面设计规范》(JTJ 014—86)发布实施等为标志。目前北京的高速公路沥青路面主要属于这个阶段。

改革开放以后，我国经济、社会快速发展，公路特别是高速公路和农村公路建设实现跨越式发展。1987年前后，公路工程技术标准体系初步形成，京津塘高速公路的设计方案稳定，上海至嘉定、沈阳至大连等高速公路陆续开工兴建，京石公路扩建为一级汽车专用路，沥青混凝土面层、无机结合料稳定材料半刚性基层开始得到普遍应用，路面材料生产、摊铺、压实等实现机械化。

随着高速公路的修建，改性沥青、沥青玛蹄脂碎石混合料SMA等推广使用，沥青层由柔变韧、由软变强，形成现代意义上的密实性沥青混凝土。

2000年前后，受施工质量、重载交通、气候环境等因素影响，沥青路面出现了许多以稳定性不足为特征的早期损坏现象。通过开展全面防治，理论与实际、设计与施工相结合，路面科技整体水平得到提高，并基本形成了中国特色半刚性基层沥青路面体系，长寿命路面理念逐步引起关注。

2016年底，集第四代路面之大成的足尺路面试验环道在位于北京通州的交通部试验场建成，总长2039m，包括19种沥青路面结构。

(5)第五代：品质路面(2017年至今)，以《公路沥青路面设计规范》(JTG D50—2017)、足尺环道、交通强国和品质工程等为标志。

在长期研究、积累的基础上，《公路沥青路面设计规范》(JTG D50—2017)的发布实施，其中改变了路面设计参数及测试分析方法，调整了设计指标，提出了以动态参数和多指标为特征的全新设计体系，为沥青路面科技升级换代提供了操作路径。

交通运输部着力加快交通强国建设，推进平安百年品质工程，增强设施耐久性和可靠性，为沥青路面高质量发展明确了方向。

第五代路面的基本特征包括：路面系统，翻一番、长寿命两步走，多功能高性能沥青混凝土，功能(含智能)路面，智慧、绿色、一体化体系等。

第五代路面的核心是耐久性，要提高工程耐久性和使用寿命，推行长寿命路面理念，与交通强国建设提出的分两个阶段推进同步，以"优质的材料×合理的结构×严格的质控×规范的预养"为主线，第一阶段到2035年实现路面寿命"翻一番"的基本目标，第二阶段到本世纪中叶实现"翻两番"即长寿命路面的目标，也就是分"两步走"。

保证稳定耐久、延长使用寿命、提高服务水平、材料回收利用、降低碳排放等是绿色路面的基本要求。希望通过对北京高速公路沥青路面发展历程的总结，能为第五代路面的修建提供有力支撑。

1.3.2 路面系统组成

路面系统中,路面实体即物理层的路面体及性状,作用包括交通荷载、自然气候等。总体上,沥青路面可按实体及其形成过程划分为3种形态、6个过程、3类作用,用$S^3P^6C^3$表示。

(1)3种形态:原材料(S1-r)、混合料(S2-m)和路面体(S3-b),分别表示沥青面层实体的初、中、终状态。

路面的最终形态是路面体,表现为结构、性能和功能,由混合料形成。路面的中间形态是混合料,表现为组成和性能,由原材料组成。路面实体的构成见图1-3。路面的初始形态是原材料,包括结合料、矿料和添加料,表现为成分和质量性能。进一步来看,结合料即沥青的成分包括沥青质、胶质、饱和分、芳香分,决定了其使用性能,如针入度、软化点、延度、耐老化、耐水耐蚀等。另外,添加料多为改善剂,并非必须使用。

图1-3 路面实体的构成示意图

北京高速公路沥青路面在发展过程中,在材料方面随着基本原则从就地取材、到合理选材、到择优用材的转变,质量和性能都有不同程度的提高,其中创新变化最大的是改性沥青和高性能沥青混合料,并在结构组合基本稳定的情况下,针对性地提高了路面性能的综合水平,经受住了重载交通的考验。

1990年前后,无机结合料稳定材料基层、沥青混凝土面层的组合运用已经成熟,如京津塘高速公路。此后,通过改性沥青技术,即采用聚乙烯(PE)、苯乙烯-丁二烯-苯乙烯嵌段共聚物(SBS)等添加剂改善了沥青的高低温性能,如首都机场高速公路;后又采用调整矿料级配、添加纤维稳定剂的SMA技术,提升了混合料的整体性能,如八达岭高速公路,并得到广泛应用。

(2)6个过程:原材料到混合料需经过组成设计、拌和加工,混合料到路面体需经过结构设计、铺筑碾压,路面使用中需要对策设计、运行维护,6个过程涵盖设计、施工和养护的全过程。

过程决定工程质量,设计决定适用性,施工决定符合性。材料组成设计、路面结构设计和养护对策设计属于标准化设计,材料拌和加工、路面铺筑碾压和运行维护是按设计及标准进行施作。材料组成设计需要明确原材料要求、配合比和混合料性能,路面结构设计需要明确混合料要求、厚度组合和路面性能,养护对策设计需要明确路面要求、养护方案和效果评价。

北京高速公路沥青路面在发展过程中,机械化施工、结构设计标准和温拌、再生、预防养护等方面发生了显著变化。采用机械化施工,混合料拌和机、摊铺机、压路机等性能大幅度提高,沥青混合料生产实现产品化。采用温拌、冷拌技术,降低燃油消耗、减少烟尘排放。采用沥青再生利用技术,节约矿料开采、避免弃料污染。采用预防养护技术,路面维护由坏后修复变为事前保养。

材料生产方式从人工拌和、到机械拌和、到工厂化、到产品化,保证了标准化和质量性能的稳定。

(3)3类作用:路面系统中,影响路面性能的作用,主要是社会的运行服务——交通荷载,自然的水温日照气象——气候,人为的干预措施——维护,隐含的自然因素即上帝的脚步——时间,这些作用都是动态变化的,交通、气候是波动的。路面系统运行的时间域跨度大,期间需要干预即采取措施维护。

荷载是力学的作用,气候是环境的作用,时间是隐含的作用,通过费用投入采取干预措施是人为的作用。这些作用往往耦合在一起发生。

路面系统的时间域跨度很大,包括(新建)设计期的设计(预期)使用寿命,以及设计期后的继续使用寿命。半刚性基层沥青路面可划分为 S1、S2、S3 三个阶段,按设计寿命计的时长比例约为 1∶2∶3,第一个阶段 S1 又可划分为三个小阶段——S11、S12、S13。

交通荷载包括类型及数量,是外部的力学作用。

气候主要包括温度、湿度及风雨雪冰等,最明显的是一年四季的交替轮回、一天之内温度、湿度的上下波动,一定高度的地下水影响路基湿度状态。

干预涉及经济性,包括成本、效益,初期投入是静态的,维护支出是持续变化的,路面的直接效益是隐性的。

路基、基层、面层多重复合的结构体,各种作用对路面系统质量特性的影响是复杂的,主要表现为应力场、温湿度场等的时间序列及其耦合变化,沥青和沥青混合料也会随时间而自然老化。这些需要科学地分析研究,把握路面系统运行演变规律,提出管理维护对策。

1.3.3 沥青路面学科发展

路面学作为近代兴起的工学中的一个专业学科,一百余年来,经历了渐进的发展过程。沥青路面随着汽车时代而进入人们的视野。现代沥青路面与高速公路的快速发展相辅相成,以适应、满足高速公路的高要求和快速提升。但目前总体上看,作为应用科学,半刚性基层沥青路面的理论是落后于实践的。

1890 年美国 E. G. LOVE 在《路面和道路》的前言中说"路面铺筑的科学和正确养护

的需求在我国还相对了解很少。"1905年美国克利福德·理查德森在《现代沥青路面》中写道"现代沥青路面处在完善状态,是三十年实验和经验的演变。"实际上,现代路面显然是汽车时代的产物,1892年的"公路"建设、1905年的"现代"沥青路面更多的是概念上的超前。当然,欧美发达国家高速公路与汽车交通的先期发展,促进了路面科技体系的形成和丰富完善。

1951年陈孚华著《公路路面学》中指出,1900年后公路交通跃居各种交通之首要者,同时土壤力学发展成重要科学。今日路面之设计虽仍未能成为准确之科学,然其原理已大明,较之三十年前所知者不可同日而语矣。

然而,直到1990年,英国诺丁汉大学斯蒂芬·布朗教授在《壳牌沥青手册》的前言中仍然写道:"沥青的使用基本上仍属于一种工艺,而未当作一项技术。"同一年,京津塘高速公路北京段建成通车,采用水稳基层、厚23cm沥青面层的路面仅在20年后的设计期末进行加铺罩面,时至今日仍运行良好。近30年既是高速公路的跨越发展时期,也是沥青路面从"工艺"到"技术"到"科学"的成熟发展期。

2019年9月中共中央、国务院印发的《交通强国建设纲要》,提出分两个阶段推进交通强国建设的发展目标,即到2035年基本建成交通强国,到本世纪中叶全面建成人民满意、保障有力、世界前列的交通强国。同年10月,在交通运输部、科技部的大力支持下,由交通运输部公路科学研究院发起,召开了第S54次"香山科学会议",围绕"中国长寿命路面关键科学问题及技术前沿"开展学术研讨,达成了广泛共识,标志着沥青路面科学进入了新的发展阶段,要以科学的态度、科学的观念、科学的方法、科学的实践,来认识路面、研究路面、应用路面,推动沥青路面科学发展。

我们提出应以"路面系统"作为科学概念,研究科学问题,推进科学发展。结合"平安百年品质工程"建设研究推进,提出了沥青路面使用寿命"翻一番、长寿命两步走"平安耐久品质路面目标,以平衡机制为核心,按照路基永久、基层长久、面层耐久的理念,第一步到2035年实现路面寿命"翻一番"(路面使用年限由目前的高速公路一级公路15年、其他公路10年,翻一番到30年、20年),第二步到本世纪中叶实现"翻两番"即长寿命,并推动沥青路面科技的升级换代。

未来,路面学将围绕"路面系统"以系统性和工程哲学的视野进一步深化拓展,从而形成更加科学完备的综合学科。

1.3.4 路面结构设计方法

路面是多元复杂的材料、结构、荷载、环境作用技术系统。与材料生产、组成设计的技术单一性不同,路面体的综合性、可变性要复杂得多。路面结构设计不仅是厚度组合,前提是材料设计,核心是结构组合,结果是运行质量,基础是试验检测。一方面,力学响应分

第 1 章
绪 论

析问题受到普遍关注,而实际上只是其中的一个点;另一方面,系统特性随时间和路线变化不均匀性大,各项条件差异大,起决定作用的政策、经济、服务等原则问题不确定性大,影响远超过基本技术因素。为此,更需要理论与实践相结合,分析与验证相辅助,有代表性的是理论方面的力学法、实践方面的经验法、预测方面的行为力学、实施方面的标准化法等,但都要有指标参数的试验,还要经得起实践及时间的检验。

1948 年,苏联 H. H. 伊万诺夫所著《公路路面学》的绪言指出,选择路面铺砌层的种类及决定整个路面的结构是一个技术经济问题。国民经济的基本需要、基本建设投资的可能性和投资的长期性等也是应该考虑的。

显而易见,单纯从性能方面看,基层、面层的厚度是越大越好。但厚度越大,造价越高,所获收益未必一定增加。在收益未明或估算不准的情况下,按照设计规范或者根据实践经验进行结构厚度选择,是基于一定条件的相对合理的设计,称之为标准设计及最小厚度设计。标准设计是指按照标准的假定条件、标准的设计条件、标准的计算参数、标准的控制指标、标准的流程步骤进行分析验算,得出符合标准的组合结果,而未必是准确设计或最优设计。最小厚度设计是指基于成本投入的考虑,得出分析验算通过的可接受的最小厚度,再低就会损坏或不能满足使用要求。当标准设计充分考虑了路基、环境条件和交通荷载等作用的不均匀、差异性、波动性和不确定性变化,并与路面性能演变建立关联性时,即路面系统稳定时,才是具有一定代表性、安全性的最低可靠设计。

力学法,又称为理论分析设计法,是在一定的理论假设和约束条件下,输入相应的交通、材料和环境等参数,采用建立的力学模型和方法进行分析计算,输出应力、应变、变形等指标结果,以确定结构组合、预测性能演变情况。其核心是力学模型。对现代沥青路面来说,随着计算机的迅速发展,1943 年波米斯特(Burmister)提出的弹性层状体系理论成为柔性路面设计的理论基础。利用拉甫(Love)位移函数得到了在轴对称垂直荷载作用下双层和多层弹性体系应力和位移的理论解。我国自 1978 年《公路柔性路面设计规范》起,采用了相应的计算公式,"计算路面厚度时,采用双圆均布垂直荷载下双层弹性体系表面弯沉的理论公式。"到《公路沥青路面设计规范》(JTG D50—2017)规定,"路面力学指标计算应采用双圆均布垂直荷载作用下的弹性层状连续体系理论。"

经验法,即经验设计法,以实践经验为基础,以试验测试为依据,以检测检验为支撑,以容许指标为控制,以经验公式为应用,选择相应的路面结构和各层厚度。路面作为一种实践性工程,在较长时期的应用之后,推广经过实践检验的成熟、可靠、适用的路面设计无可厚非。《公路沥青路面设计规范》(JTG D50—2017)条文说明中指出,"经过大量的工程实践和成果总结,不少地区形成了相对成熟的典型路面结构。"现代路面设计中应用典型结构法最有代表性的国家是法国。除了要考虑公路政策、地域环境、气候条件、建设和养护费用等因素以外,采用典型结构法的基础是材料生产和施工质量的标准化和相对稳定。

应该说，典型结构是一个在严肃的政策、严密的理论、严格的标准和严谨的步骤保证下的完整体系。

可以看出，力学法、经验法有一个共同的基础——试验，没有室内外试验数据，一切无从谈起。例如，有了粒料、土的CBR（加州承载比）试验，材料有判定强度的标准，产生了路面的CBR设计法；1953年A. C. Beckman研制出贝克曼梁弯沉仪，弯沉成为支撑路面结构强度分析和设计的主角；美国战略公路研究计划（SHRP）从改变测试方法入手，产生新的指标，形成了新一代的沥青、沥青混合料、沥青路面技术体系。路面的设计条件、参数获得、性能分析、验证评价等都离不开试验。因此，实用的力学法本身必定是半理论半经验法，美国在2002年正式提出了力学-经验法，也是如此。

现行采用的以设计规范为根本依据的路面设计，本质上属于一种标准设计，即标准的条件、标准的参数、标准的模型、标准的指标和标准的方案，其适用性、合理性和可靠性也都取决于标准规定。从应用角度看，路面设计的科学目标既不是强、也不是长、更不是厚和新，而是准，在这方面，目前尚有不小的差距。

高速公路的路面设计必然有高质量的要求，体现在设计思想、设计原则中。系统性综合考虑经济社会技术各因素，在试验的基础上，理论的精准性、对实践的指导性，与经验的实践性、对理论的验证性相结合，力学分析的点、时间域进展的线、材料结构组成的面相结合，系统平衡协调，是丰富完善现代沥青路面结构设计方法的发展方向。

1.4　半刚性基层沥青路面

半刚性基层沥青路面由半刚性基层与沥青面层构成，铺筑在路基之上，由于其内部和外部的影响因素众多，在安全性、舒适性、承载力、耐久性需要协调匹配的同时，具有运动多变性。随着我国公路特别是高速公路的跨越式发展，半刚性基层沥青路面材料和结构得到广泛应用，形成了具有中国特色的半刚性基层沥青路面体系，同时促进了高速公路路面建设和养护科技水平的提高。

1.4.1　沥青面层

沥青路面体量大、造价占比高，使用沥青材料来铺筑路面是物竞天择、实践检验、不断改进完善的结果，是体现适用性、经济性的合理选择。特别是石油沥青，与汽车燃油来源相同，是石油加工的产物。沥青来自石油，铺成路面供车辆行驶，车辆所需油料来自石油，交通量大、用油量大、用沥青多，这种石油化工和沥青产业之间的关系是一种正向的良性互动发展。

第1章
绪 论

据记载,1595年特立尼达多巴哥发现了湖沥青,1712年瑞士发现了岩沥青。1854年法国巴黎修筑了薄层沥青路面,可以称为热铺沥青路面之始。尽管美国在1915年就开始铺筑沥青混凝土路面、发布沥青混凝土规范,现代沥青路面还是经历了沥青表面处治、沥青贯入碎石、沥青碎石、沥青混凝土等黑色化渐进过程。在修建高速公路时,全面采用了高级路面的普通沥青混凝土,目前已发展为高性能多功能沥青混合料面层。

从路面系统服务的用户即交通车辆运行的角度看,沥青面层要满足安全性、舒适性、美观性和环保性等功能要求;从路面系统实体即结构形成的角度看,沥青面层要满足适用性、承载力、稳定性和耐久性等性能要求。因此,路面应坚实、平整、耐磨,具有良好的抗滑、防渗、耐疲劳和耐候性的抗高温变形、抗低温开裂的温度稳定性。从资源消耗生态环保的角度看,沥青材料的可再生性使得它与白色的水泥路面相比更具优势。

沥青材料的温变敏感性强,从力学的角度看,沥青混凝土本构关系复杂。基于工程实际,应力、应变、强度、时间关系的非线性,黏弹塑性、突变徐变蠕变交织,材料模量、结构模量、实际模量、响应模量各有所属,难以统一。1978年《公路柔性路面设计规范》起,沥青混凝土面层材料抗压回弹模量建议值为1000~1200MPa,这对高速公路早期的普通沥青混凝土面层或许还适应。到《公路沥青路面设计规范》(JTG D50—2006)中,密级配细粒式沥青混凝土和沥青玛蹄脂碎石混合料(SMA)的抗压模量仍为1200~1600MPa,除了表明设计参数的不合理之外,则显然只具有形式上的意义。

另外,传统上我们把包括沥青碎石在内的所有沥青层称为面层,而现代改性沥青骨架密实型沥青混凝土已经不仅是功能性的磨耗层,不完全是柔性的传力层,更具有越来越强的承重作用。因此在层次划分上,把沥青面层重新表述为磨耗层和联结层是有益的,当然这里赋予联结层与过去不同的新含义。

1.4.2 半刚性基层

半刚性基层是与柔性的沥青路面、刚性的水泥路面相对而言的。这些词本身直译自于法文或英文。1982年世界道路协会(PIARC)《道路术语技术词典》中,法文"Chaussée semi-rigide"(半刚性路面)对应的英文还是"Composite construction"(复合结构)。1983年在澳大利亚悉尼召开的第十七届世界道路会议提出"含有水泥处治层的路面结构属于半刚性结构",1987年在比利时布鲁塞尔召开的第十八届会议对半刚性路面进行了专题讨论。从这一时期起,北京通常把无机结合料稳定材料简称为"无机料"或者"白料",把石灰粉煤灰稳定砂砾或碎石简称"二灰"。"一灰"是指用于普通公路的石灰砂砾,并沿用至今。

沙庆林研究员在《高等级公路半刚性基层沥青路面》中写道,凡是用水硬性结合料(我国又常称为无机结合料)稳定的各种土,当其强度符合规定的要求时,都统称作半刚性材料。在沥青路面结构中含有一层或一层以上厚度大于10cm的半刚性材料层且能发挥其特性时,此沥青路面结构称作半刚性路面。

用作路面基层的无机结合料通常是指水泥、石灰、粉煤灰(工业废渣)等,而被稳定的材料主要包括土、砂砾、碎石等。早期,稳定土、石灰土、多合土等被用作中级路面,如1958年《路面设计规范(草案)》中的水泥或石灰处治稳定土壤,1977年《石灰土路面施工技术规范(试行)》中包括掺入一定比例的碎(砾)石、天然砂砾或工业废渣等材料,后常用作底基层。

《公路柔性路面设计规范》(JTJ 014—86)规定,基层是设置在面层之下,主要承受面层传递下来的车辆荷载,并与面层一起将车轮荷载作用传布到土基的结构层,起主要承重作用。基层可分为无机结合料稳定类整体型(也称半刚性型)和粒料嵌锁型、级配型。条文说明指出,无机结合料稳定土类是一种强度高、水稳性好,并具有一定抗冻性的材料,被人们称为半刚性基层材料。将无机结合料稳定集料作为基层材料,具有很大的经济意义。它便于机械施工,并有利于施工质量管理,保证路面质量。

与级配碎砾石、沥青稳定类基层、水泥混凝土刚性基层相比,无机结合料处治层的强度和刚度与所处环境的温度、湿度条件有关,并随龄期的增长而有所增大,其值介于柔性材料与刚性材料之间;具有良好的水稳性和荷载扩散能力,承载能力高,并可应用质量较差的当地集料,降低造价,目前应用广泛。但使用时要注意因基层材料的干缩或温缩出现裂缝而导致面层产生反射裂缝,要严格控制细料含量、结合料含量、含水率,并按规定养护。

北京高速公路早期使用的主要是石灰、粉煤灰稳定砂砾(石灰∶粉煤灰∶砂砾的比例为5∶15∶80,如京石公路)、水泥稳定砂砾(水泥用量为5%,如京津塘高速公路)和石灰稳定土(石灰含量为10%~12%),后来集料破碎率逐步提高,直至全部使用碎石。近年来,由于本地已无粉煤灰,石灰烧制也受限,水泥稳定碎石成为主流。

使用半刚性基层后,沥青路面的整体强度有了保障。整体性或板体作用是半刚性基层的突出特点,当然同样突出的是其裂缝问题。由于无机结合料稳定材料的干缩、温缩较大,产生规则横向裂缝较多,并在交通荷载作用下逐渐延伸扩展到沥青面层,称之为反射裂缝。1981年中国公路学会道路工程学会年会的总结发言指出,北京采用石灰粉煤灰稳定砂砾的基层,具有强度高、水稳性好、有板体作用、无变形等优点。但在北方地区因有冻裂问题,面层会发生反射性裂缝。北京的实践经验认为裂缝可以通过养路解决,并不影响使用质量,只要充填裂缝,把裂缝处理好,也不会危及基层。关于稳定材料基层结合料的剂量问题,一种意见认为应该降低剂量,强度不必过高,以免刚性太大,要使它具有一定柔性,不致发生底板折裂,同时可以减轻裂缝,并降低造价、便于施工;另一种意见认为要有高强度并规定其最小厚度。

柔性路面是指刚度较小、抗弯拉强度较低,主要靠抗压、抗剪强度来承受车辆荷载作用的路面。1978 年《公路柔性路面设计规范》中,列有石灰土、碎(砾)石灰土、工业废渣等,第 50 条规定水泥稳定砂砾厚度以 15~20cm 为宜、水泥剂量一般为混合料重的 4%~6%,模量建议值石灰土 300~400MPa、水泥稳定砂砾 400~500MPa。后来抗压模量值逐步有所提高,《公路沥青路面设计规范》(JTG D50—2006)中的水泥砂砾弯沉计算模量值为 1100~1500MPa,拉应力计算模量值为 3000~4200MPa。可以认为,这些用于计算的模量取值未能反映半刚性基层沥青路面的特点和实际情况,并且导致计算结果与实际路面检测结果存在很大偏差。如京津塘高速公路的 30cm 石灰土底基层 + 20cm 水泥砂砾基层 + 23cm 沥青面层,设计弯沉为 0.23mm,验收时平均值为 0.0233mm,差距甚大。

多年来,无机结合料稳定材料生产标准化、施工机械化、管理规范化水平不断提高,较好保障了基层的强度、稳定性和施工质量。半刚性基层是适应我国地方材料因地制宜、重载交通高位运行的经济技术选择,并且历经实践和时间的检验,形成了一套成熟、完整、适用的技术体系。

1.4.3 半刚性路面

《公路柔性路面设计规范》(JTJ 014—86)推荐的高速公路路面结构图示主要有两种,一种是中粒式沥青混凝土、粗粒式沥青混凝土、沥青碎石、水泥(或石灰)稳定粒料类、级配砂砾或石灰土、土基,另一种是细粒式沥青混凝土、中粒式沥青混凝土、沥青碎石、二灰稳定粒料类、二灰土或石灰土、土基。

半刚性路面的主要特点是刚柔相济、功能匹配、取长补短。沥青面层既为行驶提供安全舒适保障,又具有适当强度承载能力,延展韧性可减轻基层过度开裂,弥补半刚性基层的不足。无机结合料稳定材料基层既为面层提供支撑功能,又具有较强板体性能,密实整体可分散路基过度受压,屏蔽地下水对路面不利影响。当然,路基作为路面的基础,尽管对半刚性路面来说由路面传递下来的行车荷载已大大减弱,但也必须密实、均匀、稳定,并具有较高的强度。

半刚性路面的面层、基层与路基应是功能协调、性能互补、结构稳定的整体。1976 年,随着黑色路面迅猛增长,交通部集中全国二十四个单位对研究成果进行交流讨论,并委托交通部科学研究院编写《柔性路面设计方法及计算参数》报告。该报告首次提出了"薄面强基稳土基"原则,并指出"为了既节约又适用,除贯彻就地取材、按材设计、分期修建等原则外,根据我国公路交通运输特点,当前可以按'薄面强基稳土基'这个总的原则进行设计"。还详细分析了理由,认为"'薄面强基稳土基'这三者是有机联系的三个环节,是考虑面层、基层、土基三者关系的指导原则,不能片面强调一方面而忽视另一方面,即没有'稳土基'就不能获得'强基',没有'强基'就不能用'薄面'。"该理念作为一定时期路面结构技术经济协调设计的体现,对形成具有中国特色的半刚性基层沥青路面体系发挥了重要作用。我国半刚性基层沥青路面近30年发展的主要变化在于,沥青面层由薄面到厚面、强面、优面;半刚性基层由薄到厚,强度低到强度高;路基则由稳到强,最终应为优面强基强路基。

整体性是半刚性路面的基本特征。路面结构中的各功能层——封层、透层、黏层也具有不可替代的作用。封层是路面结构中用以阻止水下渗的功能层,在半刚性基层上应设下封层。黏层是路面结构中起黏结作用的功能层,沥青层之间应设黏层。透层是用于非沥青类材料层上,透入表面一定深度,增强非沥青类材料与沥青混合料层整体性的功能层,粒料类基层和无机结合料稳定类基层顶面宜设置透层。另外,季节性冻土地区路面厚度不满足防冻要求时应增设防冻层。

1.4.4 路面性能及损坏标准

路面直接供车辆行驶、承受车轮荷载反复作用和自然因素影响,应具备足够的服务功能和结构性能。路面的服务功能主要体现在表面行驶特性上,如用户关心的安全性、舒适性和畅通性,路面功能的基础是材料和结构的内在性能。路面功能总体可概括为安全性、舒适性、美观性等,反映在表面特性上有平整度、摩擦系数等指标;反映在损坏上有裂缝、坑槽、车辙等现象;反映在结构上有承载力、耐久性(抗疲劳、耐候性)等,包括强度、刚度、整体性、层间连续性等参数。

从高速公路服役15年甚至30年的更长时间域来看,路面性能逐渐衰减是显而易见的基本规律。半刚性路面性能的衰减,早期主要表现在稳定性上,长期主要表现在耐久性上。分析总结认为,几乎所有早期损坏都归因于稳定性问题(包括施工质量),而结构疲劳、材料老化、气候影响是耐久性问题。

与力学中所谓的极限状态或临界点不同,路面"坏了"的损坏标准是一个人为确定服务水平的功能和性能的经济技术标准,应包括综合指标评定和分项指标评定。路面面层的平整度、摩擦系数、车辙等指标低于某标准值就会影响车辆行驶,可以仅对面层采取措施进行养护修复。路面各层出现疲劳裂缝、发展到一定程度就说明已经发生结构性破坏,需要进行大修重建,范围包括面层、基层和路基。

在公路建设期的设计阶段,路面的设计使用年限对面层、基层、路基未做区分,那么是视作处于相同的状态,同时破坏、同时达到极限状态?这显然是不合理、不可能的。为此,对高速公路、未来的耐久性路面,应采用"路基永久、基层长久、面层耐久"的理念。交通荷载、日晒雨淋等作用影响大小是自上而下的;从维修翻建难易的角度看,路基最难、基层很难、下面层较难、磨耗层最容易,这种区分具有经济、操作和运行上的意义。

"三久"是动态可控的差异化目标。永久也不一定就是一百年或者永远不坏,例如现阶段永久可以是60年、80年,长久可以是40年、50年,耐久可以是20年、30年。这也是提出路面使用寿命"翻一番"的根源。

目前,国内外认可的长寿命路面的目标是40~60年,即"翻两番",但经过实践检验,能够达到的还不多,实际的使用寿命并没有那么长。与《交通强国建设纲要》提出的分两个阶段推进相一致,"翻一番"是更普遍的、第一阶段目标,长寿命是更长远的、第二阶段目标。

1.4.5 北京的半刚性路面

半刚性路面的发展首先是以无机结合料稳定材料、沥青混凝土的规范研究和规模生产为基础的。北京从早期的筑路材料中掺石灰试验开始,到20世纪60年代初起开始在公路推广使用石灰土等稳定材料,一直致力于半刚性路面建设技术的探索。

1981年,北京市市政工程研究所与北京市公路处科研设计所编制的《修筑无机结合料材料砂砾道路基层技术规定》指出,运用无机结合料(即石灰、粉煤灰、水泥)稳定砂砾作为路面的基层,具有较好的板体性和稳定性,无机结合料稳定集料可以提高路面的整体强度。特别是这种材料的强度和板体性有随龄期增长而增长的规律,以石灰粉煤灰稳定砂砾更为显著,这对于为适应交通量的增长而对路面整体强度所提出的要求是完全符合的。

1986年,北京市公路管理处编制的《无机结合料稳定砂砾路面基层设计施工暂行技术规定》包括"沥青碎石面层"一章。1989年发布的《沥青混合料及无机结合料稳定砂砾质量管理暂行规定》,侧重于材料质量的管理、检查和监督。

2001年,北京市交通局发布的《北京市公路工程路用材料生产资信登记与考核管理细则》,加强了面层、基层材料的准入管理。2012年北京市交通委员会路政局印发的《无机结合料稳定材料质量管理规定》和《沥青混合料质量管理规定》,提出了以混合料产品企业标准为基础的产品化生产管理模式。

北京修筑高速公路从开始就采用了无机结合料稳定材料基层和沥青面层,至今全部都是如此,无一例外。

(1)起步阶段的代表是京石公路一、二期(1987年)和京津塘高速公路(1989年)。京石公路的面层为12cm沥青混凝土、基层为35cm二灰,京津塘高速公路面层为23cm沥青混凝土、基层为20cm水泥稳定砂砾及30cm石灰稳定土底基层,属于早期入门级、具备基本强度的半刚性基层和普通沥青混凝土。京石公路一、二期的面层太薄、京津塘高速公路的面层较厚,至今在北京仍处在两个极端,没有被突破过。转折和过渡是京石高速公路三期工程,面层采用18cm沥青混凝土,基层原设计采用三层54cm石灰粉煤灰稳定砂砾,经提议,将上层调整为水泥稳定砂砾,并成为日后经典结构组合的代表。

(2)提高阶段的代表是首都机场高速公路(1994年)和八达岭高速公路一期(1996年)。机场高速公路面层为18cm沥青混凝土、基层为40cm水泥稳定砂砾,率先使用了聚乙烯(PE)改性沥青。八达岭高速公路面层为18cm沥青混凝土、基层为40cm石灰粉煤灰稳定砂砾,率先使用了 PE + SBS 改性沥青和沥青玛蹄脂碎石混合料(SMA)。

(3)稳定阶段的代表是六环路(1998—2009年)和五环路(2000—2003年)。六环路共分8段建设、时间跨度长达11年,最早的通马段(通州至马驹桥)、最后的西六环(良乡至军庄),路面采用的是常规结构,但由于交通荷载组成区段不同、方向明显,性能表现有很大差异。五环路分4段建设,路面也是常规结构,但由于交通荷载中重车较少(特别是取消收费以后),性能表现比较稳定。

(4)完善阶段的代表是京台高速公路(2016年)和延崇高速公路(2019年)。京台高速公路面层为22cm 密级配沥青稳定碎石 ATB + 改性沥青混凝土 + SMA,基层为18cm 水泥稳定碎石 + 36cm 石灰粉煤灰稳定碎石。延崇高速公路面层为20cm 密级配沥青稳定碎石 ATB + 改性沥青混凝土 + SMA,基层为20cm 水泥稳定碎石 + 36cm 石灰粉煤灰稳定碎石。除路面结构组合搭配更趋合理外,对早期曾关注不够、较薄弱的功能层进行了有效加强,设计施工质量水平有所提高。

1.4.6 路面科技创新

创新是引领发展的第一动力,工程科技进步和创新对经济社会发展的主导作用越来越突出。路面工程日新月异的发展,无不体现着科技创新的贡献。随着高速公路建设推进,沥青路面科技中理念、材料、结构、施工、养护、检测等都取得了长足的进步。北京充分利用首都的技术资源优势,通过大力推动科技创新,推广应用新技术、新材料、新设备、新工艺,全面提升了对高速公路发展的支撑能力。

(1)起步阶段的重点是对无机结合料稳定材料(二灰、水稳)、沥青混凝土的研究、定型和推广应用,以及机械化摊铺、振动碾压设备的引进使用。通过材料试验和试验路验证,确定了无机料的级配、强度和配合比及拌和生产工艺要求,制定了标准。沥青混合料实现了由沥青碎石(LS)向沥青混凝土(AC)的过渡,密实程度大增。沥青面层采用全机械化摊铺、施工,提高了厚度、压实的均匀性,保证了工程质量满足高速公路的标准要求。这一时期,通过对普通公路路面技术状况的大规模检测、研究、积累,研发了路面管理系统,建立了路面性能预测的北京模型。

(2)提高阶段的重点是改性沥青和 SMA,优化无机料级配。根据北京实际情况,改性沥青最初用 PE,以改善沥青混合料高温抗车辙能力;后用 PE + SBS,再以 SBS 为主,同时兼顾低温抗裂性能。基层以二灰为主,集料提高破碎率,由砂砾改为碎石,控制最大粒径,改善了路面基层材料的均匀性和强度稳定性。这一时期,随着重载交通荷载的快速增长,全国各地路面早期损坏现象较为突出,特别是水损害及新型坑槽,如北六环一期工程,为此研究密实沥青混合料、增强压实和改善层间黏结等措施,着手进行了治理。

(3)拓展阶段的重点是优化结构整体组合,对早期破坏进行系统治理和预控,开展预防性养护。细分交通荷载情况,有针对性地进行结构设计,中面层采用改性沥青等。开始采用橡胶沥青,路面基层试用钢渣等废料。引进路面技术状况自动化检测设备,建立路况评定标准体系。随着高速公路路龄增长,耐久性问题日益突出,引入预防养护概念,以稀浆封层、微表处等超薄层罩面措施为主。这一时期,在水损害逐渐减少的同时,陆续发生车辙病害,专项进行了治理,为此提出了平衡设计理念,即沥青、沥青混合料和半刚性路面结构在目标条件约束下的平衡。

(4)环保阶段的重点是沥青混合料温拌、再生、绿色生产技术,以及防融冰雪、彩色铺装等功能材料的研究、应用。采用有机类、水基类或表面活性剂类材料,可将沥青混合料拌和时的集料加热温度降低30℃以上,减少油料消耗和温室气体排放;通过厂拌热再生或厂拌冷再生工艺,利用回收的沥青路面旧料,防止弃料污染环境,减少矿料开采,如八达岭高速公路一期工程;处理的建筑垃圾固体废弃物用作路面基层的集料,或者填筑路基;对沥青混合料拌和过程中烟气排放进行监测控制;在特殊重点路段铺筑含有防融冰雪添加材料的路面等。这一时期,在车辙得到一定治理的同时,路面表面裂缝问题显现。早期路面中层间结合不足、失效的情况时有发生,进一步提出了平衡设计、主动控制、预防养护相结合的一体化思路,以及路基永久、基层长久、面层耐久的目标理念。

(5)下一阶段研究创新的重点是围绕交通强国建设发展战略,以增强设施耐久性和可靠性为重点,以路面系统的运动规律为基础,以路面寿命"翻一番、两步走"为目标,以路基永久、基层长久、面层耐久为核心,以"优质的材料×合理的结构×严格的质控×规范的预养"为主线,以平衡协调设计、建设养护精细化标准化为手段,推动第五代路面持续科学发展。

1.5 小　　结

孙立军教授在《沥青路面结构行为学》寄语中有一段深情的话,他写道"当我们过去的知识无法解释我们所遇到的问题时,与其在纷乱的现实中深情留恋和简单修补我们曾经奉为经典的、零散的经验认知,不如尊重内心的感悟去洞察路面世界完整而优美的本质规律,并使对她的表达能够反映我们思想的高度。"

1987年秋,笔者刚走出校门,开始筹建北京市公路工程质量检测中心,京石公路一、二期工程铺筑路面基层、面层时,在京石工程指挥部见习期间,参加了现场施工质量检查等工作。多年来，作为直接参与者，一直活跃在各高速公路建设养护管理前线，见证着一项项工程建成运行，观察着一段段路面养护修复，跟踪着一条条道路状况起伏，积累了真实可靠的第一手技术资料，并形成了独具特色的路面研究创新体系。

未来路面科技研究的目标将聚焦于路面系统的持续发展、高质量及长寿命。分析发现存在两个方面的主要问题：一是长寿命路面研究的年限目标与研究周期之间差距巨大，导致成果、结论的实践验证难，无法准确预测，不易令人信服；二是大量工程，包括已建成超过30年的高速公路，由于各种原因，资料少、数据少或错讹多、准确分析难，信息流通与交流少，建设、养护周期长，齐全、可靠的基础技术依据缺乏。

归根结底，公路工程是实践的科学。一切的理论、技术和方法，学说、模型和规则，都要以实践为根基，并为实践服务。路面设计、施工、养护、研究的经验法，核心是经验的积累、实践的总结，辅以理论的铺垫。

为此，充分发挥自身工程技术积累优势，以路面系统的实践历程为主线，组织对各高速公路的路面资料进行系统的整理，在力争齐全、完整的同时，力求真实、准确，并选用行之有效方法分析和说明，以供有关人员参考。

30余年路面"建管养"实践，有成功也有失败，既有达到长寿命的优质路面工程，也有时不时会发生的路面早期破坏。30余年的积累，有经验也有教训，成功的经验推广易，失败的教训汲取难。30余年的探索，有成果也有缺憾，半刚性路面中国特色鲜明，科技研究中很多应用还远不够精准。因此，探索创新永无止境。

路面作为公路使用功能和价值的承载者，为人们出行提供便利，并接受着时间的考验。实践表明，路面科技只有创新与发展完美有机结合，才能不断取得更大的进步。

第 2 章
技术分析基础

历经 30 余年建设、养护和运营管理实践,北京高速公路半刚性基层沥青路面技术发展研究的重点在于分析掌握设计施工经验、路面系统演变及其影响因素的规律性,并为未来的持续发展得出一些可借鉴的技术成果。

2.1 概　　述

路面系统中的质量特性——沥青路面的性能和功能,包括总体方面的适用性、安全性、舒适性、承载力、耐久性、经济性、环保与可持续性等,具体表现在不同的复杂技术指标和参数,并受路龄、交通荷载、气候环境,以及政策目标、修建管理养护干预措施等作用因素影响,相应的对策措施则再运用于设计、施工、养护等过程。

同济大学孙立军教授在《沥青路面结构行为学》前言中写道,沥青路面是如此之复杂,以至于现代力学的常规方法在路面分析和设计中不足以反映该类结构和材料的准确特征,对实践的指导作用十分有限,这也是大量的基于力学分析的研究成果在实践中没有得到有效应用,而经验法依然起着主导作用的基本原因。

实际上,路面作为广泛的应用性工程,理论也好、经验也好,都离不开实践的检验和支撑,尤其是时间的考验。最直接的体现便是路面使用性能,但受许多自然的或人为的、内在的或外在的、波动的和偶然的因素影响,在以数十年计的长时间轴上,理论性的设计与实践性的结果往往都存在不确定性,这才是复杂性的根源,凸显经验法的价值并促进理论法的完善。北京高速公路路面以设计理论、规范为引领,以建设、养护实践为基础,经验逐步丰富和完善。

路面系统质量的特性、指标、参数和方法是非常繁杂的,在用户、社会、实体、力学等不同维度上截然不同。作用影响因素是动态多变的,自然的、人为的都存在不确定性。

时间因素,反映在我国高速公路的发展历程上,是变化速度,以及工程质量、交通荷载和政策调整等。时间域和时间序列不仅有连续不断自然的累积,也有许多波动、突变和偶然随机。

政策、经济因素是关键的人为因素,如设计目标、原则。地理、环境条件属于基本的自然因素。荷载、气候变化属于外部的作用因素。

材料、结构组成属于内在的决定因素,保养、维修措施属于人为的干预因素,但都会受工程质量即施工控制的影响,也是最值得总结的建设养护管理经验。

好在北京地域小,高速公路发展有连续性,因此半刚性基层沥青路面的技术分析有广泛的共同基础和可比性。如南北气候虽略有差异,在标准设计下,最大的区别恐怕在于交通荷载和建设养护质量。

路面长期性能的演变,由于指标众多、因素繁多、耦合不确定性,还是应立足于系统特性,着眼于设计指标,通用与专项模型并重,突出运动规律性,才能发挥准确预测和指导作用。

2.2 基本要素

路面技术分析的基本依据是工程技术标准,即以路面设计规范为核心的设计、施工、养护、检测评定等标准规范。作为统一性的共同基础,工程技术标准决定着路面建设养护管理的发展方向和政策目标,相应的一些条件因素如自然环境、交通荷载、工程材料、施工质量等都需按标准执行,有时也会发生较大的变动,其影响是系统性的。

2.2.1 路面技术规范

沥青路面有关的技术标准规范,是在科学研究、经验总结的基础上,指导工程实践的政策目标和纲领性技术文件,是路面技术性能的决定性依据,是路面科技发展水平的最直接体现,是随着我国高速公路建设同步发展的,是技术标准体系的建立和不断改进完善。正如《公路工程技术标准编写导则》(JTG A04—2013)中提出的"技术规定中具体指标的确定宜高于全国的中上水平",这也决定了技术要求的不断进步、提升。

京石公路、京津塘高速公路进行设计时技术标准尚处于初起和探索阶段。1985年前后,我国逐步恢复、编制、发布实施一系列标准规范,构建公路工程行业标准体系,为支撑高速公路建设打下了很好的技术基础。如《公路工程技术标准》(JTJ 1—81)首次提出了高速公路的基本要求,并在《公路工程技术标准》(JTJ 01—88)中得到了强化,《公路柔性路面设计规范》(JTJ 014—86)对高速公路、沥青混凝土面层和整体性材料基层等做了许多具体的规定,及时解决了应用中急迫的问题。

2002年交通部正式发布《公路工程标准体系》(JTG A01—2002),具体列出41项标准,其中沥青路面直接涉及的有《公路工程技术标准》(JTG B01—2003)、《公路沥青路面设计规范》(JTG D50—2006)、《公路路面基层施工技术规范》(JTJ 034—2000)、《公路沥青路面施工技术规范》(JTG F40—2004)、《公路工程质量检验评定标准》(JTG F80—2004)等。

2017年交通运输部发布《公路工程标准体系》(JTG 1001—2017),对原体系框架进行了全面调整,体系结构分为板块、模块和标准三层。公路建设板块由项目管理、勘测、设计、试验、检测、施工、监理、造价等模块构成,设计模块包括路基、路面等设计标准,施工模块包括路基、路面等施工标准。公路养护板块由综合、检测评价、养护决策、养护设计、养护施工、造价等模块构成,检测评价模块包括现场检测及监测、技术状况评定等标准,养护设计模块和养护施工模块都包括路基、路面等标准。

最基础的沥青路面设计规范方面,除1958年《路面设计规范(草案)》外,1978年《公路柔性路面设计规范》为内部试行,正式和成熟的是《公路柔性路面设计规范》(JTJ 014—86),自1997年起改为《公路沥青路面设计规范》(JTJ 014—97),后分别于2006年、2017年进行了修订,约10年为一个修订周期。

沥青路面施工方面,1983年发布施行《公路沥青路面施工技术规范》(JTJ 032—83),分别于1994年、2004年进行了修订。1985年发布《公路路面基层施工技术规范》(JTJ 034—85),分别于1993年、2000年进行了修订,2015年改为《公路路面基层施工技术细则》(JTG/T F20—2015)。另外,还有《公路改性沥青路面施工技术规范》(JTJ 036—98)、《公路沥青路面养护技术规范》(JTG 5142—2019)、《公路沥青路面再生技术规范》(JTG/T 5521—2019)等。

沥青路面养护管理方面,交通部1973年发布《渣油路面施工养护技术规范(试行)》,1994年发布《公路养护质量检查评定标准》(JTJ 075—94)、《公路沥青路面养护技术规范》(JTG 5142—2019)、《公路沥青路面养护设计规范》(JTG 5421—2018)等。

路面设计条件如设计年限、荷载标准以及计算分析方法、设计参数、指标和容许标准等都来自设计规范,施工质量取决于施工规范。这些名称各异的路面技术规范本身即反映了沥青路面的复杂性、多面性及发展性,同时对高速公路沥青路面的建养管、科技创新和服务水平具有不可替代的决定性作用。

2.2.2 路面寿命与设计使用年限

路面是公路使用价值的承载者,按理说,路面的经济社会效益可以通过为车辆交通提供的服务来测算、衡量,而实际上,这些估算的精度还没有达到令人满意的程度,因此,一般用寿命期限来表现路面的服务能力,简单且直观。但显而易见,沥青路面的设计寿命更多的是主观、阶段性、单点性目标。

确实,公路的使用年限主要取决于路面。路面寿命是经济性、耐久性、综合效益的主要体现,在规范中称为设计年限,在不同时期也有一些不同的表述,而以此作为全寿命周期则显然不尽合理。1956年《公路工程设计准则(修订草案)》中,使用年限系指按所列交通量使用时,面层两次大修的相隔年限。1958年《路面设计规范(草案)》规定了铺砌层需要大修的期限,用于计算可能发展的远景交通量,高级路面10~15年。1978年《公路柔性路面设计规范》首次给出了面层设计使用年限。《公路沥青路面设计规范》(JTJ 014—97)中,高级路面的设计年限是指在规定期限内预测标准累计轴次所需承载力,并允许在该期限内进行一次恢复路表功能的维修(罩面),路面应具有的使用寿命。《公路沥青路面设计规范》(JTJ D50—2006)中,设计年限指在计算累计当量轴次时所取用的基准时间。《公路沥青路面设计规范》(JTJ D50—2017)中,将路面设计使用年限定义为"在正常设计、施工、使用和养护条件下,路面不需结构性维修的预定使用年限",回归了其路面寿命的本义(表2-1)。

《公路沥青路面设计规范》(JTJ D50—2017)中规定的路面结构设计使用年限(年,不低于) 表2-1

公 路 等 级	设计使用年限	公 路 等 级	设计使用年限
高速公路、一级公路	15	三级公路	10
二级公路	12	四级公路	8

可见,作为高级路面,高速公路沥青路面的设计年限一直没变,为15年,但其含义屡有调整,是因为意识到了标准设计与实际应用之间存在的差距,以至于对大修的概念不得不重新进行界定。这个设计使用年限,应该称为初始设计路面整体结构及面层使用寿命。同时,从路面使用的全生命周期来看,对设计期满后的路面未进行充分考虑,仅仅通过大修来延长或维持,是远远不够的。

《公路工程技术标准》(JTG B01—2014)规定,高速公路、一级公路设计交通量预测年限为20年,二、三级公路设计交通量预测年限为15年。路面的设计使用年限显然与此并不一致。大家都认为路面寿命越长越好,但对路面设计来说,关键应该是要准,而未必是一味地长,当然更不能短。另外,路基、基层、面层,以及沥青面层的磨耗层、联结层等,使用寿命也要区别对待方见精细,如应路基永久、基层长久、面层耐久,需进一步明确,这"三久"是结构寿命平衡设计的相对性目标。路基是路面的基础,难以进行维修,半刚性基层是承重层,也不易养护,沥青面层及磨耗层决定表面使用性能,可以更新。不同层位的受力状态不同、破坏形态不同步,因此对其结构性能、使用功能和寿命要求应该有所区别。平衡性原则在各版路面设计规范中体现都不够充分,也是沥青路面基础理论需要重点研究解决的课题之一。

需要注意的是,早期的京石公路、京津塘高速公路沥青路面的设计年限都是20年。如京津塘高速公路采用1988年计开放交通第一年的日平均交通量,C段(马驹桥—南营)为3483辆/d,设计使用期为20年,交通量平均年增长率取10%,2008年设计车行道日平均交通量为 23753 辆,计行车道上累计交通量为 15×10^6 辆次,容许弯沉值为 0.23mm。

北京及全国高速公路路面使用年限达到 15 年的里程所占比例见图 2-1。

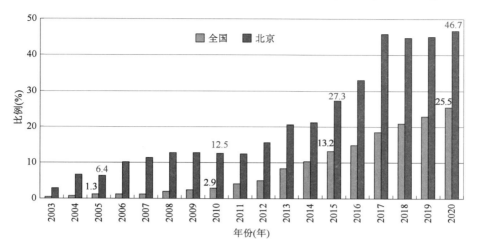

图 2-1 沥青路面路龄超 15 年里程比例

总体上看,未来对高速公路,现行规定的沥青路面设计使用年限 15 年的目标显然已经落后于实际情况。路面寿命的差异化细分,除面层、基层、路基外,还可包括建设期的初始设计寿命、实际使用寿命、初期满后的延续使用寿命,并以此作为全生命周期的概念。

2019 年《交通强国建设纲要》提出的发展目标是到 2035 年基本建成交通强国,到本世纪中叶全面建成人民满意、保障有力、世界前列的交通强国。与此同步,路面使用寿命按"翻一番、长寿命两步走",目前可以作为高速公路沥青路面设计使用年限的参考标准。

2.2.3 地理、气候环境

气候是影响路面性能最重要的自然作用。沥青路面的面层、基层、路基等受气候环境条件影响较大,温度、日照、湿度、水文、雨雪冰冻等都是要考虑的因素。如早期的高速公路路基高度低、地下水位高,路基强度波动显著;后期路基填筑高度大,路基的干湿状态不受地下水位影响,宜保持稳定。沥青、沥青混合料的力学性质对温度变化十分敏感,而无机结合料稳定材料遇水则性能变差或不稳定。

北京位于东经 115.7°~117.4°、北纬 39.4°~41.6°,地处华北平原北部,毗邻渤海湾,上靠辽东半岛,下临山东半岛。北京总面积 16410.54km²,其中山区面积 10072km²,占 61.4%,平原区面积为 6339km²,占 38.6%。地势西北高、东南低,平均海拔 43.5m,平原的海拔高度在 20~60m,山地一般海拔高度 1000~1500m。地貌类型主要有中山、低山、丘陵、平原、山间盆地等。境内贯穿五大河,主要是西部的永定河、东部的潮白河等。

北京地区的岩性条件比较复杂,各类岩石(土)均有出露,大体上可划分为松散堆积物和基岩两大类。堆积物主要分布在山前平原区,其厚度从山前数米向东南逐渐加厚至数百米,主要为各类壤土、沙壤土、砂、卵砾石。基岩多出露在山区,主要有岩浆岩类、变质岩类、沉积岩类。出产石灰岩,有辉绿岩等,少玄武岩。

北京的气候为暖温带半湿润半干旱大陆性季风气候,夏季高温多雨,冬季寒冷干燥,春、秋短促。北京年平均气温12.0℃,最高17℃、最低7℃。年极端最高气温一般在35~40℃,历史最高42℃,极端最低气温一般在-20~-14℃、历史最低气温-27.4℃。7月最热,月平均气温平原地区为26℃左右,海拔800m以下的山区为21~25℃;1月最冷,月平均气温平原地区为-5~-4℃,海拔800m以下山区为-10~-6℃。北京太阳辐射量全年平均为112~136kcal/cm,年平均日照时间在2000~2800h,冻结指数178~308℃·d。

北京1990年以来年平均降雨量515mm,降水季节分配不均匀,全年降水的80%集中在夏季6、7、8三个月;降水量空间分布不均匀,东北部和西南部山前迎风坡地区为相对降水中心,在600~700mm,平原及部分山区在500~600mm,西北部和北部深山区少于500mm。

《公路沥青路面施工技术规范》(JTG F40—2004)中,沥青路面使用性能气候分区选择的指标包括最近30年内最热月的平均日最高气温的平均值、极端最低气温和年降水量的平均值。按此划分,北京大部属于夏炎热冬冷湿润区1-3-2,北部山区属于夏热冬寒湿润区2-2-2。

《公路沥青路面设计规范》(JTG D50—2017)给出的北京最热月平均气温为26.9℃、最冷月平均气温-2.7℃、年平均气温13.1℃,基准等效温度20.1℃,面层、基层分析时温度调整系数为1.23,则适用于平原大部地区。

2.2.4 交通荷载及等级

交通车辆是路面的服务对象,是作用于路面的离散型外力。交通荷载的大小、多少既是衡量路面服务效益的因素,也是考察路面性能衰变的影响要素,还是适应和控制的重点。随着经济社会的发展进步,交通荷载经历着上升波动变化,相应的管理要求主要体现在设计标准规范中,并从根本上决定着路面结构的力学性能指标。

受汽车保有量等的限制,早期修建的高速公路初始交通量不大,随后逐步增长,有的达到设计值,有的超过设计值。后来,汽车时代快速发展,路网形成后,修建的高速公路交通量很快进入稳定甚至饱和,如北六环。期间,受经济社会发展、客货运输需求的影响,交通量增加、车辆大型化的趋势起伏变化,并非一直增长。如受治超、限行、运力调整等政策影响,2003年前后达到高峰的运煤大货车现已基本不见踪影,未来随着超载车治理日见成效,有望告别重车路线。1987年北京全市机动车保有量27.23万辆,1990年为38.46万辆,2000年136.74万辆,2010年为452.9万辆,2020年为657万辆。

交通部公路局于 1978 年发布的《公路柔性路面设计规范(内部试用)》中规定,路面设计一般以解放牌 CA-10B 行车为标准车,一级公路或后轴重大于 6t 的汽车换算为解放牌标准车的数量占换算总数的二分之一以上时,则应以黄河 JN-150 型车为标准车。这两个标准在《公路柔性路面设计规范》(JTJ 014—86)中得到了延续,但表述方式调整为"路面设计以双轮组单轴轴载 10kN 和 60kN 为标准轴载,分别以 BZZ-100 及 BZZ-60 表示。高速公路、一级和二级公路应采用 BZZ-100 重型标准,三级公路和四级公路可以采用 BZZ-60 轻型标准。"当时,高级路面适应的 15 年内一个车道上的累计当量轴次是不小于 2×10^6 次。

从《公路沥青路面设计规范》(JTJ 014—97)起,统一采用双轮组单轴载 100kN 为标准轴载,即 BZZ-100,并沿用至今。

在《公路沥青路面设计规范》(JTG D50—2006)中,首次提出了交通量等级划分。第 3.1.8 条规定,交通量宜根据表 2-2 的规定划分为四个等级。

交通等级 表 2-2

交通等级	特重交通	重交通	中等交通	轻交通
BZZ-100 累计标准轴次 N_e(10^6次/车道)	>25	25~12	12~3	<3
大客车及中型以上的各种货车交通量[辆/(d·车道)]	>3000	3000~1500	1500~600	<600

在《公路沥青路面设计规范》(JTG D50—2017)中,进行了调整。第 3.0.4 条规定,路面结构所承受的交通荷载应按表 2-3 进行分级。删减了按累计标准轴次划分,增加了"极重"等级,其他等级标准大致与原规范相当。从可比性考虑,分析时宜采用现行规范中的交通荷载等级标准,采用按日平均货车交通量划分也比较直观。需要注意的是,鉴于高速公路分车道行驶的渠化特点,货车多集中于外侧车行道,从路面损坏发生情况也有所反映。

设计交通荷载等级 表 2-3

设计交通荷载	极重Ⅰ	特重Ⅱ	重Ⅲ	中等Ⅳ	轻Ⅴ
设计使用年限内设计车道累计大型客车和货车交通量(10^6辆)	≥50	50~19	19~8	8~4	<4

2015 年统计,全市 18 条高速公路进出京日均车流量 164.63 万辆,比 2014 年同期增长 8.78%。其中,京新高速公路和京承高速公路三期路段 2015 年日均交通量比 2014 年增长了 90% 左右,其他高速公路的日均交通量也有不同程度的增长,一些典型高速公路 2014 年日均交通量与 2015 年日均交通量对比状况如表 2-4 所示。

北京市典型高速公路 2014 年日均交通量与 2015 年日均交通量对比(单位:万辆) 表 2-4

路线名称	首都机场高速公路	京藏高速公路	京承高速公路一期	京承高速公路二期	京承高速公路三期	京港澳高速公路	京哈高速公路	京津塘高速公路	京昆高速公路	京新高速公路	六环路
2014 年	18.8	20.6	9.41	3.26	1.26	14.5	7.55	7.04	—	1.44	13.4
2015 年	19	21.2	9.91	3.42	2.39	15.9	7.83	9.3	1.46	2.77	15.2

据 2018 年、2020 年统计,北京市国家高速公路年平均日交通量情况见表 2-5。

北京市国家高速公路年平均日交通量(当量数)统计表　　　表 2-5

路线编号	原项目名称	平均日交通量(万辆/d)			等级	备注(通车年)
		2020 年	2018 年	适应数		
G1	京沈高速公路	4.40	5.28	10	Ⅲ	1999 年
G2	京津塘高速公路	8.72	10.34	5.5	Ⅱ	1990 年
G3	京台高速公路	3.69	4.76	5.5	Ⅲ	2016 年
G4	京石高速公路	5.69	8.42	8	Ⅱ	1987 年
G45	京承高速公路	7.56	8.05	8	Ⅱ	2002 年
G4501	六环路	4.82	4.13	4.46	Ⅱ	2000 年
G5	京石高速公路二通道	1.84	2.99	6	Ⅳ	2017 年
G6	八达岭高速公路	5.89	8.37	8	Ⅱ	1996 年
G7	京包高速公路	0.68	1.16	5.5	Ⅳ	2003 年
G95	首都环线高速公路	3.36	—	10	Ⅳ	2019 年

北京的高速公路从总体布局和走向上看,主要为放射线加环线结构,因此方向性很强,上下行之间、内外环之间不同路段交通荷载的特点鲜明、差别较大,西北、东南方向的进出京之间尤其明显,如东北六环路、五环路、八达岭高速公路等,可见相差一个等级。

另外,受路网路线布局等影响,有些高速公路荷载等级会发生较大变化:有的不同路段差异大,如京承高速公路、京开高速公路的六环内外段;有的不同时期差异大,如八达岭高速公路,在 2003 年前后运煤等货运车辆较多,进京方向处于"极重"状态,近来重车大幅减少,2019 年兴延高速公路通车运行又分流了一部分交通,目前荷载等级基本为"重"。

2.2.5　路面损坏

随着时间推移路龄增长,在交通荷载和自然作用下,路面性能衰变并会导致发生损伤、病害、损坏,如不养护会完全失去使用功能。路面损坏,有隐性的、内部的疲劳损伤、低强、失效,有显性的、表面的病害、性差、破损等。

根据《公路技术状况评定标准》(JTG 5210—2018),沥青路面损坏分为裂缝类的龟裂、块状裂缝、纵向裂缝、横向裂缝,变形类的车辙、沉陷、波浪拥包,破损类的坑槽、松散等,都出现在沥青面层。按照成因来看,裂缝包括疲劳开裂和非受力裂缝如横向的反射裂缝,车辙包括失稳型、压密型、磨损型和结构沉降型等。从沥青面层看,反射裂缝是自下而上发展的,而自上而下(Top-down)的裂缝既有轮迹带的荷载裂缝,也有各处的温度裂缝。

路面承载力、整体强度不足、无法支撑重车荷载等,会产生由块状到网状、由疏到密的低强度裂缝。沥青面层与无机结合料稳定材料基层的层间黏结不良,如由连续(黏结)变成为滑动(无黏结),会使原本形变特性不同的两层相剥离,影响沥青面层的受力状态——底面拉力大增,产生横向拉裂或拱起裂缝。在交通荷载反复行驶作用下,会在相应层位产生疲劳裂缝,半刚性路面多自上而下,早期在沥青面层轮迹带处龟裂,半刚性基层随强度衰减也会发生,路基顶面的变形较小、应力与应变水平低,一般不易出现疲劳破坏。

沥青路面的损坏很多与水有关。沥青路面是"怕"水的,如沥青表层的坑槽水蚀松散、基层的唧泥松散、路基的遇水软化等。坑槽是影响车辆正常通行的表面病害,新型坑槽也多与进水有关。

对半刚性基层,由于水泥、石灰等无机结合料稳定材料的干缩、温缩较大,会产生规则的横向裂缝。水通过沥青面层的裂缝或空隙渗透至基层,细料遇水软化,会产生唧泥、松散并影响路面整体强度,如弯沉值变大。因此,半刚性路面的及时灌缝尤为重要。

2000年前后,在第一次高速公路建设高峰期,全国高速公路频繁出现沥青路面在通车2~3年内大面积损坏现象,主要为坑槽、唧浆、松散等水损害,称为早期损坏,北京的高速公路工程项目也有发生,如六环路通马段一期、二期工程。经过质量年活动和集中治理后,适逢重载车辆猛增,车辙问题日益严重,进行了第二次重点治理,并尝试采用预防养护和长寿命路面理念,从整体上促进了沥青路面质量和性能的提升,也引起了大家对"稳定性""平衡性"的思考。此后,随着早期的京石公路、京津塘高速公路、首都机场高速公路等达到设计年限,尽管没有发生疲劳破坏,还是进行了沥青面层的铣刨、加铺,进一步引起了我们对"耐久性"的重视。

几乎所有早期损坏都可归因于稳定性问题,且多具有突发性。除因材料不合格、施工质量差等导致的内在性能不稳定外,重车、高温、进水等外部因素都可能引起急剧不稳定,在短时间内造成早期损坏。

对高速公路,路面车辙属于一项特殊形式的变形类损坏,多为料差、重车、高温等因素耦合作用造成。而历经长期作用的疲劳破坏显然属于耐久性问题。但沥青面层、半刚性基层、路基的耐久性本身特征和成因明显不同,同时由于层位和荷载传递分布的原因,耐疲劳和耐候性要求也不同。对半刚性路面,基层、路基的受力是可以低于疲劳极限的。

另外,路面结构强度不足等隐性问题和抗滑性能差、舒适性差、噪声大等,虽然不叫作损坏,但反映的是路面性能或功能方面的缺陷。

总体上,路面坏损可分为累积型和突变型,并具有波动性、离散性或连续性。如裂缝中的反射裂缝、疲劳裂缝,车辙中的磨损性车辙是累积型,失稳性车辙多具有阶段突发性。

2.2.6 设计指标与路面性能指标

沥青路面是多层异质结构,路表受荷载直接作用并受外部自然环境影响。由于路面系统之质量(特性、指标、参数、方法)的多元复杂性,其存在用户、社会、工程、实体、力学等不同维度的相互制约,路面系统正面的功能性能与负面的病害损坏相对立、交叉或交织,面层基层与路基之间材料物理力学性能差异大,难以用简单、直观检查、评价指标来表征。

如从路面的服务对象——使用者角度考虑,关心的主要是安全性、舒适性、常通性等。众所周知,目前用于反映路面行驶安全性的有摩擦系数、横向力系数、构造深度、粗糙度等指标和测试方法,而反映路面行驶舒适性的平整度又分为最大间隙、标准差、国际平整度指数、跳车指数等,不一而足。

再如从力学的维度看,应力、应变、模量、强度、变形等,沥青、无机料材料的本构模型,弹黏塑性、非线性等,错综复杂。

又如早期用形变类指标来表征路面材料或整体强度,包括CBR,并形成CBR设计法。1953年A.C.Beckman研制出贝克曼梁弯沉仪,回弹弯沉被用来表征半刚性路面结构层的整体强度,但是静态的。后来又被动态的落锤弯沉仪(FWD)所代替。通过研究弯沉随路龄(轴载次数)演变的规律,来确定路面使用寿命是否符合设计要求,从而成为设计指标,并形成模量-弯沉设计体系,采用标准化的弹性层状体系模型,固化了一些边界假定条件。

关于沥青路面的弯沉设计指标,1978年《公路柔性路面设计规范》给出了容许回弹弯沉值的计算公式:$l_R = 13.70/n_T^{0.2}$,其中,n_T为单车道标准轴载累计作用次数。《公路柔性路面设计规范》(JTJ 014—86)中,对于高速公路,$l_R = 9.35/n_T^{0.2}$。

弯沉作为整体性设计指标,直观、可算、可测。但对结构响应分析来说,需要经过复杂的力学计算,且受边界条件影响大。对半刚性基层路面来说,分析模型中的一些假定条件、标准参数与实际情况有差距,当初经大量系统调查得出的弯沉综合修正系数F已多年未研究调整,适用性已大打折扣、流于形式。《公路柔性路面设计规范》(JTJ 014—86)中$F = 1.47(l_R E_0/2p\delta)^{0.38}$,其中,$l_R$为容许回弹弯沉值,$E_0$为土基回弹模量,$p$为标准轴载接地压强,$\delta$为当量圆半径。《公路沥青路面设计规范》(JTJ 014—1997)中$F = 1.63(l_s/2000\delta)^{0.38}(E_0/P)^{0.36}$,其中,$l_s$为实际弯沉,$P$为标准轴载。

另外,弯沉、应力应变指标与路面损坏之间的关系并不明确,如坑槽、横向裂缝,反映荷载反复作用的疲劳也不甚准确。

因此,《公路沥青路面设计规范》(JTG D50—2017)条文说明中指出:"原规范以路表弯沉作为主导设计指标。在早期交通荷载轻、交通量小、路面薄且结构单一的背景下,路表弯沉能够较好地反映路面承载能力,控制路基永久变形,作为设计指标是合适的。随着路面结构层厚度增加和结构组合多样化,路表弯沉作为设计指标的不足逐渐显现。"

《公路沥青路面设计规范》(JTG D50—2017)改变了路面材料的设计参数,取消了路表弯沉设计指标,增加了沥青混合料层永久变形量、路基顶面竖向压应变和路面低温开列指数设计指标,改进了沥青混合料层和无机结合料稳定层疲劳开裂预估模型,即采用动态参数和多指标进行设计,并试图建立分析验算指标与路面性能特别是损坏现象之间的联系,但还没有像美国的力学经验法那样给出裂缝、车辙、平整度等指标的预测模型。这些参数和指标仍局限于设计期的一个时间点,且多不可检测,只好继续用弯沉值进行验收,说明还需要进一步不断研究完善。

从设计与使用两个方面的一致性考虑,路面性能指标应该区分不同的层次,如综合、分项、分类等。

《公路技术状况评定标准》(JTG 5210—2018)规定,对于沥青路面,采用路面技术状况指数综合评价路面损坏、路面平整度、路面车辙、路面跳车、路面磨耗、路面抗滑性能和路面结构强度技术状况,更适用于网级的综合对比分析。

综合指标为路面技术状况指数 PQI,分项指标分为路面损坏指数 PCI、路面行驶质量指数 RQI、路面车辙深度指数 RDI、路面跳车指数 PBI、路面磨耗指数 PWI、路面抗滑性能指数 SRI 和路面结构强度指数 SRRI 等,其中又采用《公路沥青路面设计规范》(JTG D50—2017)的设计容许弯沉 $l_0 = 600N_e^{0.2}$(N_e 为设计年限内单车道上累计当量轴次)作为路面弯沉标准值,其他均以人为定值作为标准值。这些分项指标中,大部分可能还具有一定的关联性。

《公路技术状况评定标准》(JTG 5210—2018)中规定的高速公路指数化计算公式如下:

$$PCI = 100 - 15\,DR^{0.412} \tag{2-1}$$

式中:DR——路面破损率(%)。

$$RQI = 100/(1 + 0.026\,e^{0.65IRI}) \tag{2-2}$$

式中:IRI——国际平整度指数(m/km)。

$$RDI = 100 - RD \quad (RD \leqslant 10mm) \tag{2-3}$$

$$RDI = 120 - 3RD \quad (10mm < RD \leqslant 40mm) \tag{2-4}$$

式中:RD——车辙深度(mm)。

$$SRI = 35 + 65/(1 + 28.6\,e^{-0.105SFC}) \tag{2-5}$$

式中:SFC——横向力系数。

$$PSSI = 100/(1 + 15.71\,e^{-5.19SSR}) \tag{2-6}$$

式中:SSR——路面结构强度系数。

对高速公路沥青路面,各项评价指数与检测指标值的对应关系见表 2-6。

不同路面评价指数与检测指标值之间对应表　　　　表 2-6

指数	100	90	80	70	60	备注
DR(%)	0	0.4	2	5.5	11	
IRI(m/km)	—	2.3	3.5	4.3	5	IRI 为 0m/km 时对应 RQI 为 97.5
RD(mm)	0	5	10	15	20	RD 为 35mm 时对应 RDI 为 0
SRI	—	48	40	33.5	27.5	SFC 为 75 时对应 SRI 为 99.3

对高速公路,路面综合指数 PQI = 0.35PCI + 0.3RQI + 0.15RDI + 0.1PBI + 0.1SRI。另外,PSSI 依据检测数据单独评定。

各项"指标"采用人为的定义公式转换为"指数",所反映的是好坏的观感,且因高速公路一直保持高位,可能影响进一步的分析模型建立,尚需经过长期积累和验证。如 2016 年交通运输部《"十三五"公路养护管理发展纲要》提出的目标是,高速公路平均路面使用性能指数(PQI)大于 92。

2.2.7　工程质量

路基路面施工质量无疑是路面性能的内在决定性因素之一,原材料、混合料、结构体的质量是否合格、是否优良,养护措施是否及时、有效,直接影响路面的使用及好坏、承载力、稳定性和耐久性等。设计、施工及验收规范中,规定了合格的工程质量标准,即要求的下限,而不是最优的适用性质量标准。大部分的路面早期损坏,施工质量不佳是主要内在原因,如材料不合格、压实不足等。路基地质、水文条件复杂多变,面层、基层质量指标的离散性、变异性大,层间接触不良,容易导致路面开裂、不均匀性变形等。

沥青、沥青混合料的选用、组成设计和过程质量控制,除了要合格、满足规范要求外,应充分考虑工程实际、气候环境、车辆荷载等作用因素,以平衡性原则为基础,注重适用性、耐久性。我国以针入度、延度和软化点三大指标为主体的沥青技术标准,全面性和指导性都有所欠缺,虽然也补充诸如针入度指数等辅助指标,但总体仍多年未变,导致使用中的被动和凑合,已亟须改进。混合料的组成、指标及参数,与设计、生产、施工控制相脱节,在矿料级配、空隙率调整方面所做的努力和尝试,都需要严格的控制来保障。

压实不足、孔隙率控制不严,进水、易变形,既影响路面的稳定性,又影响耐久性。提高路面、基层、路基的压实度可显著增强路面性能,这方面我们有时比较随意。2019 年美国联邦公路局(FHWA)的"通过提高路面密度增强沥青路面耐久性"示范项目的第 2 阶段报告中得出结论:通过改进压实,密实度增加 1%,能使沥青路面的疲劳性能改善 8% ~ 44%、抗车辙能力改善 7% ~ 66%。另外,保守估算延长使用寿命 10%,全寿命周期成本节省 8.8%。

结构层的厚度作为基本的经济、质量控制指标,离散性、偏差仍然较大,没有达到完全满意的程度。现行质量标准中,沥青面层厚度采用总厚度、上面层的代表值与合格值的合格率来进行评定。高速公路沥青混凝土总厚度的允许偏差,代表值的允许偏差为不低于设计值的 -5%、合格值的允许偏差是不低于设计值的 -10%,合格率应不低于 95%,实际上仍有合格率 90% 左右的情况。2011 年北京提出增加"面层厚度平均值不得低于设计值"的规定,对提高整体质量水平发挥了保证作用。

半刚性基层特别是水稳的强度,是路面承载能力的基础,综合考虑,既不能低,也不宜过高。北京的做法是，按产品化组织生产，标准中按设计抗压强度分为两个等级，分别不低于3MPa和2MPa，强度平均值不高于5MPa，实际上控制并不均匀。另外，从未来发展的角度来看，基层、底基层使用同一种材料的，已无必要再做区分。

封层、透层、黏层等功能层已越来越引起重视，不像早期时可有可无；但施工质量仍有待提高，乳化沥青、改性乳化沥青等材料要求不统一，尚需按标准明确。

2.3 材　　料

材料是构成路面的物质基础，是路面内在质量的关键。沥青路面材料主要包括面层的沥青混合料、基层的无机结合料稳定材料和功能层的黏层、封层、透层材料等。北京路面材料的科技进步与高速公路的发展相辅相成，一步一个台阶地提升性能、调整工艺、完善生产，形成了在工厂化、产品化下不断丰富的管理体系，促进了面层、基层材料质量的稳定可靠，为保证高速公路路面质量和性能提供了有力支撑。

2.3.1 沥青混合料

沥青面层使用沥青混合料铺筑。沥青混合料的特点可主要从材料组成和使用性能两个方面来衡量。传统上，材料组成以配合比来表示，主要包括矿料级配和沥青用量，形成混合料的一系列体积参数、决定性能的指标，有关要求体现在各版《公路沥青路面施工技术规范》中。级配根据材料的密实程度分为密级配、半开级配和开级配。后来，使用改性沥青和其他添加料，沥青混合料材料组成和使用性能变得丰富、复杂，如橡胶或废胎胶粉可用于沥青改性，也可作为外掺料用于混合料，其性状和作用有所不同。

从北京看，作为高级路面，高速公路路面使用的沥青混合料可分为以下六类：

第一类：普通沥青混凝土、沥青碎石。

《公路沥青路面施工技术规范》（JTJ 032—83）将沥青混凝土分为粗粒式（LH-30及LH-35）、中粒式（LH-20及LH-25）、细粒式（LH-10及LH-15）及沥青砂（LH-5），沥青碎石分为粗粒式（LS-30及LS-35）、中粒式（LS-20及LS-25）、细粒式（LS-10及LS-15）。《公路沥青路面施工技术规范》（JTG F40—2004）中以英文缩写AC、AM表示沥青混凝土、沥青碎石。在沥青、集料质量和级配充分保证的情况下，普通沥青混凝土仍是沥青路面的主流材料。

第二类：改性沥青混凝土、沥青玛蹄脂碎石混合料（SMA）。

为了提高性能，着眼于结合料的质量及用量，从首都机场高速公路使用PE改性沥青、八达岭高速公路使用PE+SBS改性、SMA，到后来的路面表面层，至今部分有抗车辙和抗疲劳性能要求的中面层都使用改性沥青。改性材料从 PE 到 PE + SBS,再到 SBS 基本稳定,有时也掺加废胎胶粉、橡胶、胶乳,以及专项的抗高温变形等材料。一些控制不严的 SMA,与德国的沥青玛蹄脂碎石标准相比,沥青用量偏低,性能普遍有所不及。

第三类:沥青稳定碎石混合料,包括密级配沥青稳定碎石(ATB)、开级配沥青抗滑磨耗层(OGFC)等。

为改善功能,着眼于矿料级配调整,随着沥青性能的提高,对沥青碎石进行了细分。《公路沥青路面施工技术规范》(JTG F40—2004)规定,由矿料和沥青组成具有一定级配要求的混合料,按空隙率、集料最大粒径、添加矿粉数量的多少,分为密级配沥青稳定碎石(ATB)、开级配沥青碎石[开级配沥青抗滑磨耗层(OGFC)、开级配沥青稳定碎石基层(ATPB)]、半开级配沥青碎石(AM)。按粒径(公称粒径,单位 mm)计,ATB 包括特粗式(40、30)、粗粒式(25),AM 包括中粒式(20、16)、细粒式(13、10),OGFC 包括中粒式(16、13)、细粒式(10)。ATB 主要用于下面层,如京津二通道;OGFC 用于表层。

第四类:温拌沥青混合料、再生沥青混合料等。

为环保效益,着眼于拌和加热耗油及旧路面回收沥青料利用,适当添加温拌剂或再生剂,保障混合料整体性能不降低。温拌剂一般分为有机降黏类(如微晶蜡)、水基降黏类(如泡沫沥青、乳化沥青)、表面活性剂类等,通过拌和时降低沥青黏度、改善沥青与矿料界面状态,以达到降低集料加热温度 30℃ 以上、节省加热用油的目的。沥青旧料再生,通过新添加沥青、乳化沥青、水泥等结合料,或者再生剂,以改善、部分恢复老化沥青性能,从而充分利用回收旧料,减少新料使用,一般分为厂拌热再生、就地热再生、厂拌冷再生、就地冷再生等。对高速公路,有少量按"降级使用"原则以采用厂拌热再生为主,如八达岭高速公路一期工程大修项目等。

第五类:多功能高性能沥青混合料。

为增强总体性、突出适用性,着眼于平衡设计及功能、性能的提升,高速公路沥青路面将针对磨耗层、保障安全行车和舒适性,联结层耐疲劳、抗车辙等方面,完善沥青适用性分级与性能改善技术,研发生产使用多功能、高性能沥青混合料。如根据沥青上、中、下面层功能和性能要求的细分,围绕不同的耐久性、抗疲劳和舒适性目标,采用不同侧重点的混合料。再如,高模量沥青混凝土,在保证足够的疲劳性能基础上,可以适当减小沥青层总厚度。

第六类:功能层材料及预养材料。

正如《公路沥青路面设计规范》(JTG D50—2017)中指出的,在路面结构中,封层阻止水下渗,黏层起黏结作用,透层透入一定深度增强非沥青类材料层与沥青混合料层整体性。多年来,以使用乳化沥青类材料占据了主流,三种功能层界面模糊,质量缺乏有效控制。对高速公路来说,应以实际性能为目标,以材料质量为基础,以均匀铺筑为核心,使各自功能真正发挥作用。在2005年来兴起的路面预防性养护中,多以薄层、超薄层罩面进行快速施工,如稀浆封层、微表处等,对预防的对象和目标不加区分,容易损坏且难以修补。对北京高速公路路面来说,应以封缝、防水进入、改善磨耗层功能为目标,增强黏结性,表面均匀,避免噪声,减少低级乳化沥青材料的使用,保证施工工艺质量。

2.3.2 沥青混合料的原材料

组成沥青混合料的原材料,早期常规的只是沥青结合料和碎石及矿粉,后来随着对面层性能要求的提高和功能改善的需要,使用改善结合料性能及混合料性能的不同添加料已很普遍。集料主要是石灰岩、玄武岩等矿质颗粒。原材料的有关要求反映在各版《公路沥青路面施工技术规范》中。

高速公路沥青面层混合料用的结合料包括沥青和改性沥青,早期沥青主要是道路石油沥青,后来发展为重载交通石油沥青,近年已有低标号硬质沥青等在用。一些面层沥青混合料少量添加使用天然沥青(湖沥青、岩沥青),以改善基质沥青性能。改性沥青以改善沥青的高低温性能、抗疲劳、耐候性等为主,早期用PE、SBS,后来采用SBR、废胎胶粉、环氧树脂、硫黄等。回收沥青旧料中的沥青由于老化,性能不可能恢复原状,在新改建和路面大修时有一些控制旧料用量的热拌沥青混合料使用。早期的京石路使用普通国产沥青,多为大庆油田产,京津塘高速公路的面层使用了进口石油沥青。

高速公路沥青面层混合料用的集料包括碎石、砂(石屑)和矿粉。碎石早期主要是石灰岩,后来在表面层中使用河北等地产的玄武岩。SMA要求必须使用玄武岩,使用本地自产的河砂,矿粉为产自周边的石灰岩矿粉,集料的各项指标多年几乎无任何变化。近年随着环保要求限制矿料开采,集料的质量不太容易保持稳定。

如果把抗车辙等类材料作为改性沥青用料,高速公路沥青面层混合料用的添加料主要是SMA的纤维稳定剂、温拌用的表面活性剂和融冰化雪用的功能剂等。

2.3.3 无机料

北京把无机结合料稳定材料简称为无机料。半刚性基层使用无机料铺筑,无机料的性能主要取决于结合料类型和用量、集料(土、矿料)级配等。北京高速公路路面基层使用的无机料包括石灰稳定类、二灰稳定类和水泥稳定类等,也已进行产品化生产和质量管理。粗粒料分为整体型、嵌锁型和级配型等,有关要求体现在各版《公路路面基层施工技术规范》中。

石灰土或少量的水泥土用于改善路基,而不作为底基层。只有京津塘高速公路的30cm石灰土作为底基层。

由于北京西部首钢附近储有大量的粉煤灰,早期多使用石灰、粉煤灰、稳定砂砾,后来逐渐改为石灰粉煤灰稳定碎石。底基层材料的配合比例为石灰∶粉煤灰∶砂砾＝4∶8∶88，基层材料为石灰∶粉煤灰∶砂砾＝5∶15∶80，相关工程项目如京石高速公路、八达岭高速公路、六环路等。

北京东部率先使用水稳，如京津塘高速公路、首都机场高速公路。后来，在基层的上层也有使用，如京石高速公路三期。近年来，由于北京缺少石灰、粉煤灰生产，以水稳为主。

石灰粉煤灰稳定集料的强度是长期稳步增长的，符合交通车辆逐步增长的需求，对材料生产、运输、铺筑、碾压的时间要求不高。水稳的早期强度高，后期增长慢，且对加水拌和到碾压终了的延迟时间要求高，集中厂拌法施工时不应超过2h，否则容易影响碾压成形和强度形成。

2.3.4 无机料的原材料

组成无机料的原材料，结合料包括石灰、粉煤灰、水泥，集料包括土、砂砾和碎石，早期多用石灰、粉煤灰、砂砾，后来多用水泥、碎石。有关技术要求在各版《公路路面基层施工技术规范》中是明确的。

早期，砂砾主要是产于北京西部永定河、东部潮白河流域等的地方天然材料，后来不再开采，改用石灰岩碎石。由于集料级配要求相对宽松，控制欠严格，基本上无大问题，有的细料偏多，或者泥土含量高一些。另外，钢渣、回收的建筑垃圾、固体废弃物等也有用于基层、底基层，如京开高速公路试验段、南六环及辅路等。

早期使用的石灰，多由集体、个人小厂烧制，产量较小，质量难以有效控制。据1991—2000年统计，Ⅲ级以上石灰的比例约为50%，其中磨细生石灰粉仅为40%。由于规范中未禁止等外灰，这也导致石灰的用量偏高。

粉煤灰是产于首钢的湿排灰，SiO_2、Al_2O_3 和 Fe_2O_3 等成分含量合格，且有的 CaO 含量大于5%，后期细度经常不满足要求，比表面积小。

集料的最大粒径早期普遍偏大，后来随着破碎率的提高，级配变细，细料多。当时曾提出，基层和底基层材料不仅要控制集料级配，还应参照法国的方法控制混合料的综合级配，这对石灰粉煤灰稳定集料的质量控制是很有意义的。

2.3.5 路基填筑材料

如同早期的普通公路路基一样，高速公路的路基填料也多属就地取材，要求不高。北京特殊路基较少，仅京石高速公路三期、原京沈高速公路（现京哈 G1）有部分软土路基，而随着路基填筑高度的增大、取土场的限制，路堤填料的变异性大，均匀性较难保证。

根据就地取材原则，路基填筑以就近取土为主。北京的北部、近山区，砂石料较丰富，如八达岭高速公路（共三期）、京承高速公路（共三期）等的土基、路堤路床等多是砂砾。

北京的西南部为永定河下游流域、东部为潮白河下游流域,当地的粉性土不宜直接使用,大部分换填砂砾,早期少量通过采用石灰、水泥改善的方式解决,如京津塘高速公路的石灰土、通黄路的水泥土等。

除山区外,挖方或低路堤路段不多,早期由于换填及处理深度不足,容易出现路基整体强度不足导致的开裂,如立交区下穿段等。

《公路路基设计规范》(JTG D30—2015)和《公路沥青路面设计规范》(JTG D50—2017)调整了路基湿度状态条件和路基土动态模量标准试验方法,设计方面有跟进,但施工过程中多沿用原先的一些做法,几乎没有任何变化,是不应该的。

2.3.6　其他路面材料

乳化沥青用于封层等,早期房山、通州等有很好阳离子乳化沥青的生产条件,质量较好;后来,黏层、透层也都用,并生产了改性乳化沥青;近来,已广泛用于温拌、冷拌、再生沥青混合料等,并生产了高黏改性乳化沥青、不黏轮乳化沥青等,由于标准掌握不统一,质量良莠不齐。

在延崇高速公路局部路段、新机场高速公路全线等,使用蓄盐类的融冰化雪添加料铺筑沥青面层,以在小雪时融化、大雪时防冻结,室内试验效果良好,具体工程中的长效作用有待实践检验。

在沥青混合料生产中,按照《沥青混合料搅拌站绿色生产技术指南》进行排放监测及能耗控制,如掺加净味剂,可以明显减少污染气体的排放。

相信随着科技发展进步和研发投入,会涌现出更先进、更高效的路面新材料、新技术。

2.4　结　　构

多年来,北京高速公路半刚性基层沥青路面的结构层材料和厚度变化并不大,比较稳定。沥青面层为上、中、下三层,厚度12~23cm,但除早期的京石公路和京津塘高速公路外,厚度15cm以下、23cm很少使用,厚度多为16~22cm;基层为两层或三层的石灰粉煤灰稳定集料或水泥稳定集料,厚度36~54cm。因此,应该推行简单的典型路面结构,未来在继续不断改善材料性能的基础上,推荐的面层厚度为18~25cm、基层厚度为40~60cm。与在北京通州的足尺路面环道目前得出的结论相一致,这些有针对性的结构被证明是可靠、耐久的,即用作长寿命路面也毫不逊色。

2.4.1　路面结构形式

北京高速公路将半刚性基层、沥青混凝土面层结构作为当然之选,无论从气候环境、交通状况、材料供应和施工能力等方面看,都几乎没有争议,并积累了丰富的经验、取得了明显的成效。

《公路柔性路面设计规范》(JTJ 014—86)推荐的高速公路路面结构图式见图2-2。

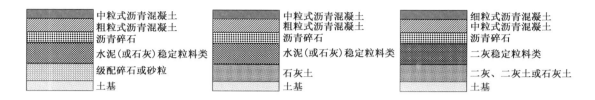

图2-2 《公路柔性路面设计规范》(JTJ 014—86)推荐的高速公路路面结构图式

《公路沥青路面设计规范》(JTG D50—2017)中推荐的不同交通荷载等级的无机结合料稳定类基层、底基层沥青路面结构方案(厚度,mm)见表2-7。

无机结合料稳定类基层和底基层的沥青路面厚度范围(单位:mm)　　表2-7

交通荷载等级	极重、特重	重	中等	轻
面层	120~250	100~250	100~200	20~150
基层	250~500	200~450	150~400	200~500
底基层	150~200			

北京高速公路的路面结构形式,即沥青面层、二灰或水稳基层,是非常单一的,当然也是适用的,符合北京的自然条件、材料生产、铺筑施工和养护维修实际。变化主要体现在材料类型上,以及不同时期的设计要求和模量参数等。

我们注意到,多年来江苏高速公路的沥青层厚度以18cm为主;山东早期以15cm占多数,后来增加了一层厚12cm左右的大粒径沥青碎石;福建早期以18cm为主,后来采用了一层厚16cm左右的ATB-25。

2.4.2 沥青面层

《公路柔性路面设计规范》(JTJ 014—86)要求,面层应坚实、耐磨、平整,具有良好的抗滑、防渗、耐疲劳的性能以及抗高温变形、抗低温开裂的温度稳定性。其中还规定,高速公路沥青层最小总厚度15cm,路面结构层次不宜过多。沥青混凝土抗压回弹模量建议值为1000~1200MPa,沥青碎石为700~900MPa,京津塘高速公路设计时沥青混凝土、沥青碎石采用1500MPa,准确值应为1470MPa。

《公路沥青路面设计规范》(JTJ 014—97)要求,沥青路面应具有坚实、平整、抗滑、耐久的品质,同时,还应具有高温抗车辙、低温抗开裂、抗水损害以及防止雨水渗入基层的功能。高速公路半刚性基层上沥青层的推荐厚度为12~18cm。粗、中、细粒式沥青混凝土的抗压模量为800~1600MPa,沥青碎石混合料为600~800MPa。

《公路沥青路面设计规范》(JTG D50—2006)要求,沥青面层应具有坚实、平整、抗滑、耐久的品质,并具有高温抗车辙、低温抗开裂,以及良好的抗水损害能力。粗、中、细粒式沥青混凝土的抗压模量20℃时为800~1600MPa、15℃时为1000~2200MPa,沥青碎石基层密级配为1000~1400MPa、半开级配为600~800MPa,沥青玛碲脂碎石为1200~1600MPa。

《公路沥青路面设计规范》(JTG D50—2017)要求,面层应具有平整、抗车辙、抗疲劳开裂、抗低温开裂和抗水损坏等性能,表面层混合料上应具有抗滑和耐磨损性能。20℃条件下动态压缩模量取值范围,SMA为7500~12000MPa,AC-10、AC-13为8000~12000MPa,AC-16以上为9000~13500MPa,ATB-25为7000~11000MPa。

按照现行规范,对比法国1998年编制《典型结构手册》时采用的模量值,沥青碎石10℃时为12300MPa、15℃时为9300MPa,高模量沥青混合料10℃时为17000MPa、15℃时为14000MPa。

2.4.3 路面基层、底基层

《公路柔性路面设计规范》(JTJ 014—86)要求,基层应具有足够的强度和稳定性。应从材料组成设计上采取措施,减少低温收缩或干缩裂缝,并从结构组合设计上采取措施,防止或减少反射裂缝。水泥稳定砂砾抗压回弹模量建议值为400~500MPa,石灰粉煤灰碎砾石为400~600MPa,石灰土为300~400MPa。京津塘高速公路设计时水泥稳定砂砾采用900MPa,石灰土采用500MPa,准确值应为490MPa。

《公路沥青路面设计规范》(JTJ 014—97)要求,基层、底基层应具有足够的强度和稳定性。设计参数为抗压回弹模量,石灰土为400~700MPa,二灰稳定砂砾、二灰稳定碎石、水泥砂砾、水泥碎石都是1300~1700MPa。

《公路沥青路面设计规范》(JTG D50—2006)规定,基层是主要承重层,应具有稳定、耐久、较高的承载能力。半刚性基层应具有足够的强度和稳定性、较小的收缩(温缩及干缩)变形和较强的抗冲刷能力。设计参数为抗压回弹模量:石灰土为400~700MPa,二灰稳定砂砾、水泥稳定砂砾为1100~1500MPa,二灰稳定碎石、水泥稳定碎石为1300~1700MPa。

《公路沥青路面设计规范》(JTG D50—2017)要求,基层和底基层应具有足够的承载能力、抗疲劳开裂性能、足够的耐久性和水稳定性。弹性模量取值范围:石灰土为3000~5000MPa,水泥、二灰稳定粒料为18000~28000MPa,水泥、二灰稳定土为5000~7000MPa,但规定结构验算时应乘以结构层模量调整系数0.5。

按照现行设计规范,对比法国1998年编制《典型结构手册》时采用的模量值,G3级的水泥稳定碎石模量为23000MPa,G4级的水泥稳定碎石模量为25000MPa,G4级的二灰稳定碎石模量为30000MPa。

2.4.4 路基

《公路柔性路面设计规范》(JTJ 014—86)要求,路基必须密实、均匀、稳定。回弹模量建议值,碎砾石土干燥时为90~100MPa,中砂为70~80MPa,黏性土为30~69MPa。京津塘高速公路设计时土的回弹模量采用40~65MPa,准确值应为42.14~63.70MPa。

《公路路基设计规范》(JTG D30—2015)提出,路基应以路床顶面回弹模量为设计指标,以路床顶面竖向压应变为验算指标。路基采用在平衡湿度状态下的动态回弹模量值。标准状态下回弹模量参考值:天然砂砾为100~140MPa,砂为95~125MPa,低液限黏土为50~85MPa。

《公路沥青路面设计规范》(JTG D50—2017)要求,路基应稳定、密实和均匀。宜采用落锤式弯沉仪进行路基验收,荷载为50kN,荷载盘半径应为150mm,路基顶面验收弯沉值 $l_g = 178.25/E_0$(mm),E_0为路基回弹模量。

关于土基回弹模量与回弹弯沉的关系,按《公路沥青路面设计规范》(JTJ 014—97)提供的公式计算,贝克曼梁弯沉仪、测定车轮胎压强0.7MPa、当量圆半径10.65cm时,应有 $l_0 = 95.01/E_0$(mm)。《公路路面基层施工技术规范》(JTJ 034—2000)中提出,土基顶面的回弹弯沉值按回归方程 $l_0 = 93.08/E_0^{0.938}$ 计算(mm)。路基弯沉与模量关系计算结果见表2-8。

路基弯沉(0.01mm)与模量(MPa)关系计算对比表　　表2-8

模量	40	50	90	120	120	150
按路面设计规范	237.5	190.0	105.6	95.0	79.2	63.3
按基层施工规范	292.5	237.3	136.7	123.8	104.4	84.7

2.4.5 结构力学计算

采用双圆垂直均布荷载作用下的弹性层状模型,输入路面结构层厚度、模量等参数,计算得出相应的弯沉、应力、应变值,与容许值进行核验,是我国沥青路面结构设计的主要理论分析计算手段,有所变化的是其中的层间接触条件、模量值、泊松比和弯沉容许指标值的确定等。

《公路柔性路面设计规范》(JTJ 014—86)规定,路面设计是以双圆垂直均布荷载作用下的弹性层状体系理论为基础,以路表容许弯沉值作为路面整体强度的控制指标。层间接触条件分为滑动和连续两种,应视具体情况而定。沥青混凝土面层与其下面的沥青层若连续施工则为连续接触,否则为滑动接触;沥青混凝土面层与非沥青类结构层之间均为滑动接触。泊松比路基为0.35,其他都为0.25。

《公路沥青路面设计规范》(JTJ 014—97)规定,路面设计应采用双圆垂直均布荷载作用下的多层弹性连续体系理论,以路面弯沉值为路面整体刚度的设计指标,计算路面结构厚度。层间接触条件为完全连续,为此要求采取技术措施,使各结构层之间不产生层间滑移。因此导致进行的沥青混凝土面层、半刚性材料基层的层底拉应力变小,验算失去了应有的价值。

《公路沥青路面设计规范》(JTG D50—2006)明确,以路表弯沉值为设计或验算指标时,设计参数采用抗压回弹模量,对于沥青混凝土试验温度为20℃。以沥青层或半刚性材料结构层层底拉应力为设计或验算指标时,应在15℃条件下测试沥青混合料的抗压回弹模量,半刚性材料应在规定龄期(水泥稳定类90d,二灰、石灰稳定类180d,水泥粉煤灰稳定类120d)测定抗压回弹模量。

《公路沥青路面设计规范》(JTG D50—2017)规定,路面结构力学指标计算采用双圆垂直均布荷载作用下的弹性层状连续体系理论。由于作为设计参数的路基路面材料模量的试验方法全面改变,回弹模量取值变化较大。其泊松比取值,路基为0.40、粒料0.35、无机结合料0.25、密级配沥青混合料0.25、开级配沥青混合料0.40。

为综合对比,参照京津塘高速公路、《公路沥青路面设计规范》(JTG D50—2017)条文说明中的标准结构、足尺环道的结构8以及两种北京高速公路典型结构材料和厚度进行适当简化,分别选取早期《公路沥青路面设计规范》(JTJ 014—97)、法国典型结构手册和《公路沥青路面设计规范》(JTG D50—2017)中的模量参数,采用1997年起的路面设计程序系统和法国路面结构计算软件,进行路表弯沉、应力、应变等指标的计算,主要结果汇总见表2-9。

路面结构力学计算对比表 表2-9

项 目	结 构					备 注
	1	2	3	4	5	
	京津塘高速公路	标准结构	结构8	2层薄	3层厚	
面层(cm)	23	18	18	20	25	
基层(cm)	20+30	40	38+20	40	60	
土基(MPa)	40	100	50	60	100	
面层模量(MPa)	1500	8000	10000	10000	10000	初值
基层模量(MPa)	900+500	7000	18000+6000	23000	23000	
中国HPDS程序	路基模量统一用50MPa					
弯沉(0.01mm)	19.8	23.1	21.3	22	14.5	BZZ-100
拉应变(10^{-6})	0.016	0.003	0.004	0.009	0.013	面层底
拉应力(MPa)	0.043	0.148	0.06	0.139	0.074	基层底
法国ALIZE程序	路基模量统一用50MPa					
弯沉(0.01mm)	15.5	20.05	14.12	14.94	10.72	BZZ-100
拉应变(10^{-6})	1.24	7.25	167	0.41	0.75	面层底
拉应力(MPa)	0.147	0.205	0.152	0.28	0.144	基层底
压应变(10^{-6})	40	65.9	32.6	32.5	16.5	路基顶

续上表

项目	结构					备注
	1	2	3	4	5	
	京津塘高速公路	标准结构	结构8	2层薄	3层厚	
法国 ALIZE 程序		路基模量统一用100MPa				
弯沉(0.01mm)	9.82	12.87	8.75	9.54	6.92	BZZ-100
拉应变(10^{-6})	0.61	7.61	1.02	0.64	0.88	面层底
拉应力(MPa)	0.174	0.181	0.166	0.253	0.13	基层底
压应变(10^{-6})	32.4	54.9	25.4	27.1	13.8	路基顶

注:中国 HPDS 程序适用于1997年版规范;法国 ALIZE 程序适用于现行规范参数,与 BISAR 输出结果一致。

同时,仍以标准结构为例,因其沥青层模量取值与半刚性基层测试值乘以0.5系数后过于接近、欠合理性,按照基层模量以18000MPa为基础,改变基层厚度进行计算,分析其对路表弯沉和面层底拉应变的影响,结果见表2-10、图2-3。

基层厚度对路表弯沉、面层底拉应变、基层底拉应力、路床顶压应变的影响　　表2-10

基层厚度(cm)	20	30	36	40	50	60	70	80	备注
弯沉(0.01mm)	17.42	14.04	12.61	11.82	10.26	9.12	8.24	7.55	FWD
拉应变(10^{-6})	0.06	0.45	0.82	1.06	1.55	1.93	2.2	2.41	面层底
拉应力(MPa)	0.553	0.365	0.293	0.256	0.188	0.144	0.113	0.091	基层底
压应变(10^{-6})	75.6	49.1	39.1	34.1	24.9	18.9	14.8	11.9	路基顶
弯沉/h40*	1.474	1.188	1.067	1	0.868	0.772	0.697	0.639	以厚度40cm为基准的相对值
拉应变/h40*	0.057	0.425	0.774	1	1.462	1.821	2.075	2.274	
拉应力/h40*	2.160	1.426	1.145	1	0.734	0.563	0.441	0.355	
压应变/h40*	2.217	1.440	1.147	1	0.730	0.554	0.434	0.349	

注:* 是指以标准厚度40cm为基数结果的相对值。

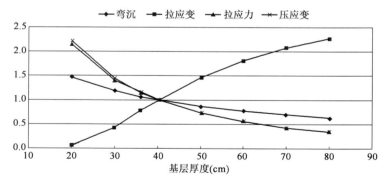

图2-3　基层厚度对路表弯沉、面层底拉应变、基层底拉应力、路床顶压应变的影响
注:弯沉、拉应变、拉应力和压应变的四个计算参数是以基层厚度40cm为基准的相对值。

可以看出,对类似的半刚性路面,尽管面层、基层厚度对有关指标的影响非常显著,但由于各指标值都比较小、处于较低的水平,可以认为,北京高速公路路面得出的结构总体合理,以及从足尺环道得出的加载5000万次尚未损坏的结论是有理论依据支撑的。

2.5 路面性能演变

路面系统具有运动性、多变性,路面损坏是内外因素共同作用的结果。半刚性基层沥青路面的性能,因交通荷载、环境因素作用和材料老化的累积,随着时间推移即路龄增长而逐渐衰减,有连续性、周期性及突变性的波动演化特点。需要重点研究的是,具体的指标及衰减的规律与决定性的要素,以用于评价变化、优劣,进而预测发展趋势、指导养护决策,其关键是要准确。对半刚性基层沥青路面,由于质量特性、指标参数受复杂、多变的环境因素影响,再加上养护措施等外部干预,准确而实用并不容易。

高速公路沥青路面初始设计寿命 15 年、翻一番为 30 年、长期使用 60 年或更长久,时间域跨度大、变化多。一年四季、一天 24 小时,温度、湿度、日照、冰冻等气候不断变化,这种年、日中的波动性、周期性明显,不得不被考虑,而在模型中实难以全部、准确体现。当然或许从单点看,也没有必要体现。

路面设计寿命是单点的,使用是长期连续性的。从时间域看,路面性能演变模型有单点的如疲劳寿命,有离散的如以整数年为单位,有连续的如疲劳裂缝,有递增的如磨损型车辙,有突变的如高温重载失稳型车辙,有综合的如平整度,但几乎都是属于累积型的。

通用模型的参数如不与影响因素建立联系,简单的直线、对数、指数、多项式等,一般只能一次性使用。

路面在采取各种日常养护、预防养护或大中修工程等措施后,某些性能一次性提升,长期效果千差万别,使得连续、准确的演变模型几乎不可能存在。

2.5.1 性能指标及影响因素的选取

从用户、社会、实体、力学等不同的维度,路面系统的质量特性、指标多有不同。根据建设养护管理需求,按照《公路技术状况评定标准》(JTG 5210—2018),路面综合评价指标是路面技术状况指数(PQI),更适用于路网级评价。对高速公路,PQI 由路面损坏状况指数 PCI、行驶质量指数 PQI、车辙深度指数 RDI、抗滑性能指数 SRI 等分项指标按权重计算,路面结构强度指数 PSSI 单独评定,分别由路面检测指标破损率 DR、国际平整度指数 IRI、车辙深度 RD、横向力系数 SFC 和表面弯沉强度系数 SSR 等按公式计算得出,反映承载力、舒适性、安全性等。

对半刚性路面,车辙、抗滑、磨耗、跳车等可作为独立的功能性指标,其内在和外部的影响因素也相对独立。弯沉作为整体性强度指标,受半刚性基层的影响非常大,以至于大大弱化了路基和沥青面层的作用,且现行的测试、计算和评定方法还存在不一致。路面破损,主要是裂缝,尤其需要进行细分,如非受力裂缝(反射裂缝、面层低温开裂等)、路表受力开裂(含自上而下裂缝)和疲劳裂缝等。而平整度,作为反映路表几何特性和行驶舒适性的综合指标,测试速度快、准确性高,其变化情况具有很好的指示性,可以作为优先考虑的基本性能指标。

而影响因素,实际上对于不同的性能指标,其作用也有所差异。

时间(路龄)作为基础变量,无疑是最基本的影响因素,但由于年中四季、日中昼夜的周期性,以年为连续性的单位掩盖了波动性的特征。

材料、结构特性作为内在的体力因素,影响弯沉强度指标,沥青面层影响车辙,而路基几乎不影响裂缝和车辙、平整度、抗滑等表面特性。

交通量是累积型的,重车荷载对不同的指标也有不同的累计换算系数。环境因素中的温度也是如此,如车辙受高温影响大、开裂受低温影响大,沥青层易受影响,基层、路基几乎不受影响。而湿度既有短期作用,也有长期作用。

众多影响因素的耦合与不同性能指标的分化,构成了丰富多彩的复杂性、矛盾性和运动性,在一定尺度上的模型选择既有必然性,也有偶然性,只能是特定的标准型、特征型、适用型结果。

2.5.2 疲劳方程模型

作为路面结构设计的基本遵循,《公路沥青路面设计规范》(JTG D50—2017)取消了路表弯沉设计指标,以路基顶面弯沉、路表弯沉作为设计路面结构的验收指标,给出了沥青层、无机料层的疲劳寿命和路基顶面容许压应变等验算公式,可以视作相应的疲劳方程模型。

沥青混合料层的疲劳开裂寿命:

$$N_{f1} = 1.9216 \times 10^{16} k \, \varepsilon_a^{-3.97} E_a^{-1.58} \text{VFA}^{2.72} \tag{2-7}$$

式中:ε_a、E_a、VFA——沥青层的层底拉应变、沥青混合料的动态压缩模量和沥青饱和度。

无机结合料稳定层的疲劳开裂寿命:

$$N_{f2} = k10^{a-b\sigma/R} \tag{2-8}$$

式中:σ、R——无机料层的层底拉应力、无机料的弯拉强度。

路基顶面的容许压应变:

$$[\varepsilon_z] = 8858.7(kN_{e4})^{-0.21} \tag{2-9}$$

式中:N_{e4}——当量设计累计轴载次数。

上述模型中疲劳寿命或者轴载次数,与沥青层、无机料层的模量或强度,以及结构计算的应力或应变建立起了联系。但需要注意的是,由于相关参数仅为初始值,次数是期末值,因此模型应属单点的,并不宜用于进行中间连续计算或者预测剩余寿命。

另外,由于半刚性路面结构中面层、基层、路基的应力与应变水平较低,按公式计算得到的疲劳寿命值往往偏大很多,其准确可靠性、外延的适用性还需要进一步验证和修正完善。

2.5.3 美国力学经验法模型

美国的力学经验法作为有代表性的路面设计体系,在《力学经验法路面设计指南》($MEPDG$)的性能指标预测方法一章中,给出了车辙、荷载相关裂缝、非受力横向裂缝和平整度等的预测模型。

沥青层的永久变形:

$$\Delta_p = k\varepsilon_r n^{0.4791} T^{1.5606} \tag{2-10}$$

式中:ε_r——每层中间处应变;

n——累计轴次;

T——路面温度(°F)。

荷载裂缝分为自下而上的裂缝和龟裂、自上而下的裂缝和纵裂等,以允许作用轴次表示:

$$N_f = kC_H \varepsilon_t^{-3.9492} E^{-1.281} \tag{2-11}$$

式中:C_H——与裂缝类型有关的厚度系数;

ε_t——重点位置的拉应变;

E——沥青层的动态模量。

$$\text{国际平整度指数 } IRI = IRI_0 + 0.015SF + 0.4FC + 0.008TC + 40RD \tag{2-12}$$

式中:IRI_0——施工后 IRI 的初始值;

SF——现场系数;

FC——疲劳裂缝率;

TC——横向裂缝长度;

RD——平均车辙深度。

力学经验法模型采用性能指标的绝对值,直观、难能可贵,但对半刚性路面的适用性仍需准确标定。以裂缝为主来表征损坏,细致区分裂缝类型,对半刚性路面尤其值得借鉴,荷载裂缝的疲劳寿命模型基本与我国规范一致。用车辙、裂缝等指标来表征、估测平整度,进一步显示了平整度作为综合性指标的特殊性。

2.5.4 北京模型

20 世纪 80 年代中后期,经过多年研究,北京市公路局与同济大学联合完成了我国第一个路面管理系统,建立并积累了路面数据库,选用路况指数 PCI、行驶质量指数 RQI 和

结构强度性能 L 等作为指标，建立路龄 y（年）的预测模型为 $\text{PCI} = 100e^{-ay^b}$、$\text{RQI} = ce^{-dy}$、$L = e^{1/m}/\text{PCI}$，式中，$a$、$b$、$c$、$d$、$m$ 为回归的参数。

对以值域 0～100 指数计的指标，双指数模型具有很好的表现性。(a,b) 为 $(0.001,2.3)$、$(0.02,1)$、$(0.15,0.45)$ 时的曲线图示见图 2-4。

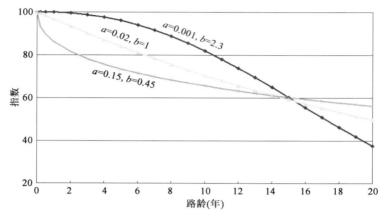

图 2-4　北京模型曲线图示

2.5.5　结构行为方程模型

孙立军教授在《沥青路面结构行为理论》一书中提出了沥青路面的结构行为方程统一模型，以 y 年时衰变方程 $\text{PPI} = \text{PPI}_0\{1 - \exp[-(\alpha/y)^\beta]\}$ 表示，式中 α、β 为与交通轴载、结构强度、面层厚度、基层类型、环境状况和材料类型有关，可经计算得出的数值。α 称为寿命因子，含义可认为是 PPI 衰减到初始值 PPI_0 的 63.2% 时的路面使用年数；β 称为形状因子，反映路面的衰变模式。针对 PCI、RQI 等指标给出了模型参数的标定值，以及北京等的地区系数，即对半刚性基层的薄、中、厚（大于 12cm）沥青面层的 α、β 参数。

对当时北京的厚沥青面层，对中、重、很重交通等级，预测方程回归结果 (α,β) 分别为 $(10.614,0.79)$、$(9.75,0.7885)$、$(8.816,0.7923)$。需要注意的是，当时的路面数据来自普通公路，尚不包括高速公路，未覆盖厚度更大的面层结构及特重交通等级。分析认为，对高速公路，α 因子将会更大一些，如 15～20，且由于 63.2% 偏低，实际上后来采用的一些指数类指标基本上没有出现过"次"（<70%）的情况。因此，可以考虑将 e 改为以 5 为底，对应的指数为 80%。

另外，实测的具体路面性能指标，按照《公路技术状况评定标准》（JTG 5210—2018）等给出的定义公式计算 0～100 值域的指数，除了多属人为的相对性划分外，还可能导致与模型中的物理意义不匹配，如平整度、车辙、破损等。

由于统一模型中回归参数具有明确的物理意义，且可通过结构影响因素计算得出，因此具有较强的实用价值。当然，对高速公路路面实际仍然需要进一步的标定，对经指数化的一些"二手"指标也需甄别。

2.5.6 结构强度与承载力

从承受车辆荷载作用的角度来看,路面强度无疑是最直接的结构内在力学指标,反映了路面结构的承载能力。尽管由于受半刚性基层刚度大的影响,弯沉、应力、应变等指标水平较低、变化幅度小且影响因素多,但仍是最基本、可靠的验收、理论计算指标。如弯沉,概念、物理意义明确,只与结构层厚度、模量及层间接触状况有关,直观、可测、计算准确;作为瞬时、单点响应值,只有模量一个参数变量,用于路面整体强度的验收、评价、分析仍最实用。

根据应用测试条件,可把模量分为材料模量、结构模量、工程模量和响应模量。路面工程中,沥青层的现场模量受温度变化影响,波动较大,一年之中夏季最小月与冬季最大月可相差 3~5 倍。路基填筑高度低的,其模量易受湿度、冰冻影响,一年之中冻前和春融时最低,季节系数为 1.2~1.4。因此,路面弯沉波动也很大。

另外,半刚性路面非受力开裂多,雨水进入无机料基层影响稳定、强度低,导致测试时弯沉值变大、变异性大,评定时代表值不合格,而不是路面整体强度不合格,应通过及时灌缝、封缝控制其扩展。

如京津塘高速公路验收时弯沉代表值为 0.056mm,水稳基层路面弯沉值一般小于 0.05mm,二灰基层略大,约 0.1mm。在 20~30 年长期运营中,养护良好及时、由基层控制为主的沥青路面,弯沉值未发现严重破坏性衰减。

2.5.7 阶段划分与罩面加铺后的调整

路面系统的运动规律,进行半刚性路面分析时,可按路龄划分为三个阶段。根据路基永久、基层长久、面层耐久的差异化目标,由于半刚性基层如非重载交通不会出现较重破碎现象,与按高速公路设计寿命 15 年的划分不同,"翻一番"时第一阶段 S1 可为 5 年,第二阶段 S2 可为 10 年,15 年以后为第三阶段 S3,即比例 1:2:3。同时,又可把第一阶段 S1 分为三个小阶段,分别为 S11、S12、S13,早期损坏多指发生在 S11 或 S12,示意图见图 2-5。应分阶段进行测试、评价、养护。

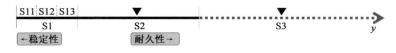

图 2-5 路面分析的三阶段划分示意图

以罩面、薄层罩面为主的路面养护和预防养护,对路面性能影响的分析可采用三种处理方式,结合对具体的指标改善情况进行处理:一是忽略不计,如对强度、抗滑指标忽略不计;二是调整指标,多可归零,即恢复初始值,如车辙、平整度;三是调整沥青层厚度,即按系数进行折算,如裂缝。

2.6 小　　结

北京高速公路半刚性基层沥青路面,按照项目开工建设及完工通车的时序汇总统计,情况见表2-11。

半刚性路面汇总统计表　　　　表2-11

序号	原工程名称	现路线名称	建设时间	面层(cm)	基层(cm)	交通等级	首次罩面	备注
1	京石公路一、二期	港珠澳高速公路 G4	1986—1987.11	12	36	Ⅱ	1994	Ⅳ
2	京津塘高速公路	京沪高速公路 G2	1987—1990.9	23	20～30	Ⅱ	2009	Ⅰ
3	京榆公路(一级)	通燕高速公路 G102	1988—1990.9	11	36	Ⅳ	2005	Ⅳ
4	京石高速公路三期	港珠澳高速公路 G4	1991—1991.10	15	60	Ⅲ	2005	Ⅲ
5	首都机场高速公路	首都机场高速公路 S12	1992—1993.9	18	34	Ⅱ	2007	Ⅰ
6	京石高速公路四期	港珠澳高速公路 G4	1992—1993.11	15	60	Ⅲ	2005	Ⅲ
7	八达岭高速公路一期	京藏高速公路 G6	1994—1996.11	20	31～36	Ⅱ	2009	Ⅱ
8	八达岭高速公路二期	京藏高速公路 G6	1997—1998.11	18	40	Ⅱ	2011	Ⅲ
9	京沈高速公路	京哈高速公路 G1	1998—1999.9	17*	54*	Ⅲ	2010	Ⅲ
10	公路二环通马段	六环路 G4501	1999—2000.9	15	52	Ⅰ	2010	Ⅲ
11	通黄段一期	六环路 G4501	2000—2000.11	15	46	Ⅱ	2010	Ⅲ
12	京开高速公路	大广高速公路 G45	2000—2001.6	18	40	Ⅲ		Ⅱ
13	八达岭高速公路三期	京藏高速公路 G6	2000—2001.9	18	40	Ⅲ	2011	Ⅳ
14	公路一环一期	五环路 S50	2000—2001.9	17	54	Ⅲ	2014	Ⅱ
15	通黄段二期	六环路 G4501	2000—2001.9	15	40	Ⅱ	2010	Ⅲ
16	通昌段一期	六环路 G4501	2001—2002.9	16	54、51	Ⅰ	2010	Ⅴ
17	通昌段二期	六环路 G4501	2002—2002.10	16	54、51	Ⅰ	2010	Ⅴ
18	京承高速公路一期	京承高速公路 S11	2001—2002.10	18	54	Ⅲ	2014	Ⅱ
19	公路一环三期	五环路 S50	2001—2002.11	18	54	Ⅱ	2014	Ⅱ
20	公路一环二期	五环路 S50	2001—2003.10	18	54	Ⅱ	2014	Ⅱ
21	公路一环四期	五环路 S50	2003—2003.10	17	54、49	Ⅲ	2014	Ⅱ
22	良黄段	六环路 G4501	2004—2004.11	18	54	Ⅲ	2010	Ⅲ
23	京承高速公路二期	京承高速公路 S11	2004—2006.9	18	54	Ⅲ	2014	Ⅲ
24	西寨段	六环路 G4501	2004—2006.10	18	56	Ⅳ		Ⅲ

续上表

序号	原工程名称	现路线名称	建设时间	面层(cm)	基层(cm)	交通等级	首次罩面	备注
25	机场北线高速公路	机场北线高速公路 S28	2005—2006.10	18	54	Ⅳ	2018	Ⅱ
26	京平高速公路	京平高速公路 S32	2006—2008.6	18	54	Ⅳ	2015	Ⅲ
27	机场二通道高速公路	机场第二高速公路 S51	2007—2008.7	18	54	Ⅲ		Ⅱ
28	京津二通道高速公路	京津高速公路 S14	2006—2008.7	20	54	Ⅴ		Ⅲ
29	机场南线高速公路	京平高速公路 S32	2006—2008.6	18	54	Ⅲ		Ⅱ
30	西六环	六环路 G4501	2006—2009.9	20	56	Ⅳ		Ⅱ
31	京承高速公路三期	京承高速公路 S11	2007—2009.9	18	54	Ⅴ		Ⅲ
32	京包高速公路	京新高速公路 G7	2007—2009.11	21	56	Ⅳ		Ⅱ
33	京开市界段高速公路	大广高速公路 G45	2009—2010.11	19	40	Ⅱ		Ⅲ
34	京石二通道高速公路	京昆高速公路 G5	2011—2014.12	20	56	Ⅴ		Ⅲ
35	京包高速公路二期	京新高速公路 G7	2013—2014.5	18	56	Ⅳ		Ⅳ
36	京密(怀柔)高速公路	京密高速公路 S35	2011—2012.4	18	50	Ⅳ		Ⅱ
37	京台高速公路	京台高速公路 G3	2015—2016.12	22	54	Ⅳ		Ⅰ
38	京秦高速公路	京秦高速公路 G0121	2017—2018.8	20	54	Ⅳ		Ⅲ
39	首都环线高速公路	首环高速公路 G95	2017—2018.8	19	54	Ⅳ		Ⅲ
40	兴延高速公路	京礼高速公路 S3801	2016—2018.12	20	56	Ⅱ		Ⅳ
41	新机场高速公路	大兴机场高速公路 S3501	2017—2019.7	20	54	Ⅳ		Ⅱ
42	新机场北线高速公路	大兴机场北线公路 S3300	2018—2019.7	20	54	Ⅳ		Ⅱ
43	延崇高速公路	京礼高速公路 S3801	2017—2019.12	20	56	Ⅲ		Ⅱ

注：基层厚度中未计入粒料和石灰改善层，具体情况见项目资料。交通荷载等级有波动变化，近期项目的交通荷载等级按设计值结合实际情况划分。

* 表示实际结构厚度与设计厚度存在差别。

第 3 章
京港澳高速公路

京港澳高速公路(G4)北京段,原京石高速公路北京段,全长41.423km,1986年4月开工,1993年11月全线通车,工程历时7年共分4期建成。京石公路北京段扩建一、二期的建设标准较低,沥青混凝土面层厚12cm,石灰粉煤灰稳定砂砾基层厚30~35cm,石灰土底基层厚15cm。1994年对京石公路扩建一期工程的旧路结构加铺了5cm厚改性沥青混凝土,对京石公路扩建二期工程的旧路结构加铺了13cm厚改性沥青混凝土。京石高速公路北京段三期和四期的沥青混凝土面层厚14cm,水泥稳定砂砾上基层厚20cm,石灰粉煤灰稳定砂砾下基层厚20cm,石灰稳定砂砾底基层厚20cm。按照《国家高速公路网命名和编号规则》(JTG A03—2007),京石公路扩建一期和二期、京石高速公路三期和四期统一更名为京港澳高速公路北京段。全路段路面技术状况稳定,先后于2005年、2010年、2011年对表面层进行了罩面。京石公路北京段扩建一、二期一览表见表3-1,京石高速公路北京段三、四期一览表见表3-2。

京石公路北京段扩建一、二期一览表 表3-1

工 程 概 况			
完工时间	1987年11月	车道数量	双向四、六车道
里程长度	14.043km	交通量	>2000辆/(d·车道)
典型特征			北京最早建设的高速公路,被誉为"中国公路建设的新起点"
路面结构			
面层	类型	沥青混凝土	基层	类型	石灰粉煤灰稳定砂砾、石灰土
	厚度	12cm		厚度	35~45cm
特点描述			沥青面层建设标准较低,路面结构偏薄
路面性能			
技术状况	优良	病害特征	龟裂、坑槽、沉陷及车辙
裂缝	PCI>85	早期损坏	承载能力不足,网状裂缝较多
车辙	RDI>85	罩面时间	1994年、2005年

京石高速公路北京段三、四期一览表 表3-2

工 程 概 况			
完工时间	1993年11月	车道数量	双向六车道
里程长度	27.38km	交通量	>1500辆/(d·车道)

续上表

路面结构					
面层	类型	沥青混凝土	基层	类型	水泥稳定砂砾、石灰粉煤灰稳定砂砾、石灰稳定砂砾
	厚度	15cm		厚度	60cm
特点描述			基层分层铺筑,三层基层材料各不相同		
路面性能					
技术状况		优良	病害特征		部分路面存在严重的龟裂及不同程度的车辙病害
裂缝		PCI>80	早期损坏		无
车辙		RDI>85	罩面时间		2010年、2011年

3.1 概　　况

　　京石高速公路北京段,是北京最早建设的高速公路,被誉为"中国公路建设的新起点"。京石公路最初是一条连接北京和石家庄的二级公路,是北京通往河北石家庄直至广州、深圳的国家级干道,北京段起点广安门,经卢沟桥、良乡、琉璃河出北京市界,进入河北省界,直至石家庄市。1986年,京石公路北京段的交通量已达16000辆/d(杜家坎路口),交通阻塞严重,严重影响了北京西南丰台、房山地区工业、农业、商业和旅游事业的发展。1986年4月,京石公路北京段开工扩建,分段分期(共四期)进行建设,1993年11月全线贯通,设计速度为80～120km/h,原广安门—六里桥段改为北京市内快速路(广安路)。

　　(1)京石公路北京段扩建一、二期工程

　　京石公路北京段扩建一期工程于1986年4月正式开工,起点为赵辛店(K14+043),终点为西道口(K6+715),共7.328km;二期工程于1987年4月15日开工,起点为西道口(K6+715),终点为三环路六里桥(K0+000),共6.715km,全程共计14.043km,1987年11月11日建成通车,建成后称为"汽车专用公路"。扩建的一、二期工程以永定河为界,永定河以西至赵辛店为双向四车道,路基宽25m,利用路面宽9m的原京石公路旧路作为辅路;永定河以东至六里桥为双向六车道,路基宽26.5m,在京石公路两侧各建一条辅路,宽度为3m、6m、9m和12m。

　　(2)京石高速公路北京段三期工程

　　京石高速公路北京段三期工程,1991年3月5日正式开工,从丰台区赵辛店起,经房山区良乡至阎村鱼儿沟,全长约13.88km,11月底建成通车,按全封闭、全立交的高速公路标准修建,设计速度120km/h,设有双向六车道及港湾停车带,中央分隔带宽10m,路基全宽37.5m,分段分期完成施工。第一阶段,从1991年3月5日—6月15日雨季前,完成路基土方工程的80%、桥梁下部结构及地下建筑;第二阶段从6月16日—8月20日,基本完成路基工程及桥梁主体工程,全线贯通;第三阶段从8月21日—10月底,全部完成路面工程;第四收尾阶段,完成路基整修、交通配套设施工程。

(3)京石高速公路北京段四期工程

京石高速公路北京段四期工程起点房山区阎村K0+000,终点琉璃河市界K13+500,全长13.5km,按全封闭、全立交的高速公路标准修建,设计速度120km/h,横断面为双向六车道加港湾式停车带,中央分隔带宽10m,路基全宽37.5m。京石高速公路北京段四期工程分成两阶段进行修建,1992年建成阎村—窦店段,历经7个月,1993年建成窦店—市界段,1993年11月京石高速公路北京段全线建成通车,并与河北段贯通。

3.2 路面结构

京石高速公路分期建设,建设期时间跨度较大,各期修建的路面结构有所差异。京石公路北京段扩建一、二期工程设计速度80~100km/h,设计使用年限为20年。1985年的交通量为1.5万辆/d,交通量年增长率为8%,设计年限内单车道累计标准轴载次数15×10^6,按照《公路柔性路面设计规范》(JTJ 014—86)计算,路面容许弯沉值34.3(0.01mm),设计通过能力为5万辆/d,计算用标准汽车后轴重10t,轮胎接地压强为0.7MPa。

京石公路北京段扩建一期工程(3.2节、3.3节所述及的扩建工程、三、四期工程主体均分别指京石公路北京段、京石高速公路北京段,为简练表述,将其分别简称为京石公路、京石高速公路,其余章节与之类同)主路路面结构见表3-3、图3-1。

京石公路北京段扩建一期工程主路路面结构　　表3-3

序号	层位	结构层材料	厚度(cm)
1	表面层	沥青混凝土磨耗层	2
2	中面层	粗级配中粒式沥青混凝土	4
3	下面层	沥青碎石	6
4	基层	石灰粉煤灰稳定砂砾	35

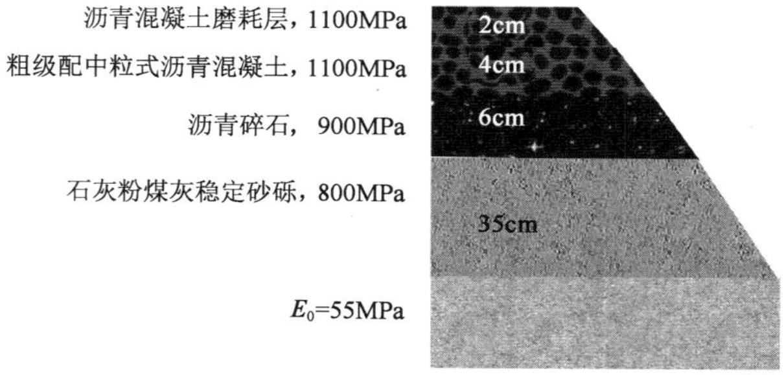

沥青混凝土磨耗层,1100MPa　2cm
粗级配中粒式沥青混凝土,1100MPa　4cm
沥青碎石,900MPa　6cm
石灰粉煤灰稳定砂砾,800MPa　35cm
$E_0 = 55$MPa

图3-1 京石公路北京段扩建一期工程主路路面结构示意图

京石公路扩建二期工程一个车道的设计年限内累计标准轴载次数 27.5×10^6,路面容许弯沉值为 30.4(0.01mm),二期工程主路路面结构见表 3-4、图 3-2。

京石公路北京段二期扩建工程主路路面结构　　　　　　　表 3-4

序号	层　位	结构层材料	厚度(cm)
1	表面层	沥青混凝土磨耗层	2
2	中面层	粗级配中粒式沥青混凝土	4
3	下面层	沥青碎石	6
4	基层	石灰粉煤灰稳定砂砾	30
5	底基层	石灰土(10%)	15

京石高速公路三期、四期工程的路面结构厚度比一、二期工程增加较多,设计年限为 15 年。路基平均填土高达 3m,最高达 5m,路面容许弯沉值为 26(0.01mm),路面结构总厚度达 75cm。京石高速公路三、四期工程主路路面结构见表 3-5、图 3-3。

京石高速公路三、四期工程主路路面结构　　　　　　　表 3-5

序号	层　位	结构层材料	厚度(cm)
1	表面层	中粒式沥青混凝土 LH-20	3.5
2	中面层	粗粒式沥青混凝土 LH-30	4.5
3	下面层	沥青碎石混合料 LS-35	7
4	上基层	水泥稳定砂砾 CSG	20
5	下基层	石灰粉煤灰稳定砂砾 LFSG	20
6	底基层	石灰稳定砂砾 LSG	20

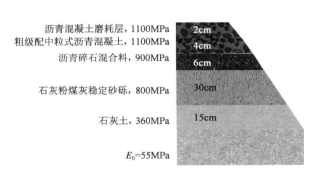

图 3-2　京石公路扩建二期工程主路路面结构示意图　　图 3-3　京石高速公路三、四期工程主路路面结构示意图

3.3　路　面　材　料

3.3.1　京石公路扩建一、二期工程

京石公路扩建一、二期工程指挥部,结合当时的施工技术条件,编制了《路面结构沥青

混合料设计及施工技术要求》,对沥青、集料、沥青混合料的技术标准进行了规定。对比《公路沥青路面施工技术规范》(JTG F40—2004),原材料和混合料标准都存在着一定的差异。

(1)沥青材料

京石公路扩建一、二期工程采用的沥青技术标准见表3-6。

沥 青 技 术 标 准　　　　表3-6

项　目		单位	标　准		
			表面层	中面层	底面层
针入度(25℃,100g,5s)		0.1mm	101～400	80～100	161～200
延度(25、15℃)		cm	≥100	≥100	≥100
软化点		℃	40～50	42～50	25
溶解度		%	—	≥99	
薄膜加热试验	质量损失	%	≤0.8	≤0.6	
	针入度比(25℃)	%	≥46	≥50	
	软化点	℃	—	≤54	
	延度(25℃)	cm	≥75	≥75	
闪点		℃	≥230	≥200	
比重			—	≥1.0	
蜡分含量		%	<3	3～5	
水分		%	≤0.2	≤0.2	

注:比重是沥青密度的一种表示方法,该试验方法与沥青相对密度试验方法类似。

京石公路扩建一、二期工程采用的沥青材料,表面层为110号沥青,中面层为90号沥青,底面层160号沥青,各沥青原材料技术指标与《公路沥青路面施工技术规范》(JTG F40—2004)要求相差不大,可以充分保证所用沥青的质量,但作为底面层使用的160号沥青,高温情况下混合料的结合性将受到很大影响。160号沥青一般用于寒冷地区、低等级道路,基于京石公路所在环境和交通状况,宜选择稠度大、动力黏度大的沥青,使用160号沥青存在一定的病害风险。

(2)集料

京石公路扩建一、二期工程采用的集料技术标准见表3-7、表3-8。

粗集料技术标准　　　　表3-7

技术指标	单位	表面层	其他层位	备　注
极限抗压强度	kg/cm²	>1000	>800	饱水状态的岩石
压碎值	%	<20	<25	标准尺寸试验
视比重		>2.5	>2.5	
吸水率	%	<3	<3	

续上表

技术指标	单位	表面层	其他层位	备注
磨耗率	%	<30	<40	粒径大于5mm
稳定性损失	%	<12	<20	硫酸钠溶液浸泡5次循环
加速磨光值		>43	—	
与沥青面黏结力等级		5级	5级	水煮法
软石含量	%	<5	<5	
组长扁平颗粒含量	%	<25	<25	

注:1.1kg/cm² ≈ 0.098MPa。
2.视比重是集料密度的一种表示方法,该试验方法与集料表观相对密度试验方法类似。

细集料技术标准　　　　　　　　　　　　　　　　　表3-8

技术指标	单位	表面层	其他层位	备注
视比重		>2.55	>2.5	
稳定性损失	%	<12	<12	硫酸钠溶液浸泡5次循环
软石含量	%	<5	<5	
塑性指数		无	无	

对比现行标准,该时期的集料技术指标没有坚固性、针片状颗粒含量、含泥量、砂当量等,对集料的抗冻性能、集料强度、细集料品质性能的要求也较低,但粗集料的压碎值标准比现行标准要求更高。

(3)沥青混合料

京石公路扩建一、二期工程采用的沥青混合料技术标准见表3-9。

沥青混合料技术标准　　　　　　　　　　　　　　　表3-9

技术指标	单位	表面层	中面层	底面层
击实次数	次	双面各75	双面各75	双面各50
稳定度	kgf	>750	>500	>350
流值	1/100cm	20~40	15~40	15~45
孔隙率	%	<10	4~6	6~10
沥青饱和度	%	75~85	65~80	—
残留马歇尔稳定度	%	>75	>75	>75

注:1kgf=9.8N。

对比现行标准,沥青混合料稳定度、流值基本上达到了现行规范的要求,但是对于沥青混合料的高低温性能和抗渗能力等指标并没有详细要求。同时,由于表面层孔隙率过大的问题,导致了京石公路扩建一、二期工程的沥青路面耐久性和抗老化性能较差。以至于在京石公路一、二期通车六年后,路面开裂、车辙和网裂等病害发展较为严重,必须开展路面维修以恢复其路用性能。

京石公路扩建一、二期工程在我国高等级公路建设中起步较早,当时的质量管理标准和技术尚不成熟。在施工过程中,通过施工单位自检、北京市工程质量监督总站第四分站第三方检测,沥青混合料的质量控制存在一定的问题,见表3-10和表3-11。

抽检的沥青含量试验记录　　　　　　表3-10

层　　位	设计油石比	桩　　号	油石比(提取法)
下面层(沥青碎石)	3.6~4.1	K2+100南侧	4.8
下面层(沥青碎石)	3.6~4.1	K2+200南侧	5.6
下面层(沥青碎石)	3.6~4.1	K2+400南侧	5.15
中面层(中粒式)	5.2	K2+100南侧	5.25
中面层(中粒式)	5.2	K2+200南侧	4.75
中面层(中粒式)	5.2	K2+400南侧	4.35

抽检的沥青混合料稳定度记录　　　　　　表3-11

层　　位	稳定度(kgf)	流值(1/100cm)
上面层(细粒式)	350	55
上面层(细粒式)	355	60
上面层(细粒式)	326	46
中面层(中粒式)	288	38.5
中面层(中粒式)	220	47
中面层(中粒式)	220	44

从表3-10和表3-11可以发现,抽提的沥青含量变化差异性较大,同时,沥青混合料的稳定度也远低于标准要求。

(4)基层材料

京石公路扩建一、二期工程采用的石灰粉煤灰稳定砂砾基层,其技术标准依据北京市公路管理处1986年4月发布的《无机结合料稳定砂砾路面基层设计施工暂行技术规范》,相关标准与现行规范要求基本相似,石灰粉煤灰稳定砂砾的抗压强度能满足7d标准养护不小于0.7MPa(7kg/cm^2)和30d标准养护不小于2MPa(20kg/cm^2)的要求。

3.3.2　京石高速公路三、四期工程

(1)沥青混合料

底面层沥青碎石LS-35设计油石比3.3%,沥青采用盘锦140号沥青,其性能指标见表3-12。

140号沥青性能指标 表3-12

项　　目		单　　位	140号沥青
针入度(25℃,100g,5s)		0.1mm	121~160
延度(25、15℃)		cm	≥100
软化点		℃	≥35
溶解度		%	≥99
薄膜加热试验	质量损失	%	≤1
	针入度比(25℃)	%	≥60
	延度(25℃)	cm	≥75
闪点		℃	≥230

从表3-12来看,140号沥青性能与现行规范中160号沥青要求相类似,大交通量的京石公路底面层采用140号沥青,同样存在一定的病害风险。

京石高速公路三、四期工程的中面层为粗粒式沥青混凝土LH-30,设计油石比3.6%~4.1%,沥青采用盘锦90号沥青;表面层为中粒式沥青混凝土LH-20,设计油石比6%,沥青为盘锦90号沥青。

京石高速公路三、四期工程底面层采用LS型沥青碎石,中、上面层采用LH型沥青混合料,部分取样的沥青混合料稳定度和流值见表3-13。

部分取样的沥青混合料稳定度和流值记录 表3-13

层　　位	空隙率(%)	稳定度(kN)	流值(mm)
LH-30	7	8.6	3.4
LH-30	7	12.7	4.2
LH-30	7	9.2	3.7
LS-35	4	5.6	2.87
LS-35	8	5.7	2.84
LS-35	3	5.9	3.01

(2)基层材料

基层采用分层铺筑,底基层采用20cm石灰稳定砂砾,石灰:砂砾=4:96;下基层为20cm石灰粉煤灰稳定砂砾,石灰:粉煤灰:砂砾=5:15:80,7d抗压强度大于0.7MPa;上基层为20cm水泥稳定砂砾,水泥:砂砾=5:95,7d抗压强度大于2.5MPa。基层材料强度符合道路基层材料要求。

3.4 交通量情况

京港澳高速公路北京段建成通车后,车流量逐年增长,经济效益十分明显,有力促进了京津冀协同发展,成为北京西南部的交通要道。该公路是我国最为繁忙的路段之一,被业界称为"黄金大通道"。

从 2008—2020 年的京港澳高速公路断面年平均日交通量数据来看(表 3-14),京港澳高速公路断面年平均日交通量平均值保持在 5 万辆左右。从交通空间分布来,越靠近市区交通量越大。从客货比例来看,京港澳高速公路北京段的交通以小客车为主,不同观测站小客车占总体交通量平均达 80% 左右。当前的大客车及中型以上货车交通量在窦店东附近超过 1500 辆/(d·车道),属于重交通等级;在市界附近超过 850 辆/(d·车道),属于中等交通等级。

京港澳高速公路断面年平均日交通量统计表(单位:辆)　　　表 3-14

年份(年)	观测站名称	小型客车	大型客车	小型货车	中型货车	大型货车	特大型货车	集装箱车
2008	小井	86374	5678	867	808	1290	84	146
	杜家坎	86817	4822	2293	2738	7404	420	662
	闫村	20766	1637	1113	1125	3801	489	589
2009	小井	88892	4392	1044	920	1412	210	422
	杜家坎	91130	4506	2538	2709	6216	422	845
	闫村	25783	1808	1391	1411	4117	563	656
2010	小井	104974	2721	1389	985	898	283	442
	杜家坎	117950	3486	3189	2899	3429	440	582
	闫村	57240	1687	2143	1988	2830	543	697
2011	小井	85610	1950	1913	1705	1336	618	1198
	杜家坎	88474	2031	2398	2435	3040	652	1331
	闫村	80916	1505	2313	2164	3329	601	1915
2012	小井	43963	2455	13469	7081	2745	856	2037
	杜家坎	91384	7421	1928	1709	872	1065	142
	闫村	36274	2405	4613	4050	2822	922	3165
2013	小井	48516	2575	15169	6205	2657	868	857
	杜家坎	80726	5793	1615	1492	755	928	86
	闫村	44502	2386	2681	4687	1452	463	3441
2014	杜家坎	78061	6166	1611	1606	757	931	3592
2017	窦店东	38154	1937	2637	2926	907	1592	467
	市界	28646	820	1564	2592	440	1061	371
2018	窦店东	51019	2522	3499	3573	999	3019	889
	市界	40234	1206	2202	3215	527	1227	427
2019	窦店东	50900	2402	3635	3334	1270	1813	535
	市界	24655	996	1875	2444	397	975	315
2020	窦店东	21259	955	1498	1463	860	432	127
	市界	8556	446	722	896	151	530	144

3.5 路面性能

3.5.1 质量评价

京港澳高速公路于 2005 年对沥青面层开展了功能性修复。修复工程完工后,2006 年,对京港澳高速公路全线进行了质量检测评价。

(1) 路面状况指数

路面损坏状况指数 PCI 分布结果见图 3-4。

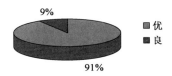
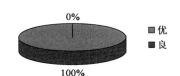

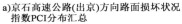

a) 京石高速公路(出京)方向路面损坏状况指数PCI分布汇总   b) 京石高速公路(进京)方向路面损坏状况指数PCI分布汇总

图 3-4 京港澳高速公路北京段 PCI 分布

无论是进京方向还是出京方向,绝大部分路段路面状况评定等级均较好。其中进京方向全部路段评定等级为优,出京方向 91% 的路段路面损坏状况指数评定等级为优,仅有 9% 的路段路面状况指数为良。

(2) 路面行驶质量

采用 RTP-2004 激光断面仪和平整度仪分别对路面行驶质量指数进行检测,检测范围包括京港澳高速公路北京段进、出京方向的外侧行车道,检测评价结果见表 3-15。

京港澳高速公路北京段路面行驶质量评价   表 3-15

IRI 平均值(m/km)	平整度标准差 σ(mm)	行驶质量指数 RQI	评 价 等 级
1.66	0.43	96.28	优

(3) 弯沉检测

2007 年对京港澳高速公路 K14+000~K45+600 路段的进出京方向,共 63.2km 的道路进行了弯沉检测。弯沉代表值均值见表 3-16,各里程桩号的弯沉代表值分布见图 3-5。

京港澳高速公路北京段主路弯沉代表值均值   表 3-16

路线方向	弯沉代表值均值(0.01mm)
出京	20.7
进京	19.8
全程	20.2

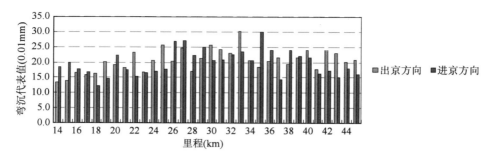

图3-5 京港澳高速公路北京段弯沉代表值分布图

3.5.2 路面技术状况

2006—2020年,利用全自动路况检测车对京港澳高速公路北京段路面技术状况进行了检测和评价,评价结果见表3-17。

京港澳高速公路北京段历年路面技术状况总体评价结果　　表3-17

出京	2006年	2007年	2008年	2009年	2010年	2011年	2012年	2013年
PCI	97.67	82.62	97.42	96.30	92.91	94.92	94.81	89.36
RDI			93.57	92.35	83.97	88.57	86.37	90.43
RQI	96.20	96.21	91.64	93.53	91.91	93.96	91.84	92.55
出京	2014年	2015年	2016年	2017年	2018年	2019年	2020年	
PCI	93.48	90.49	89.98	95.11	90.63	89.48	85.93	
RDI	87.16	85.59	86.07	91.96	91.11	94.35	94.49	
RQI	91.69	93.37	89.64	93.53	93.44	92.92	92.19	
进京	2006年	2007年	2008年	2009年	2010年	2011年	2012年	2013年
PCI	99.58	94.12	91.8	88.48	92.00	94.46	89.58	88.68
RDI			96.83	92.65	76.99	88.34	83.39	90.09
RQI	96.66	96.71	93.59	93.61	92.78	93.15	91.80	93.29
进京	2014年	2015年	2016年	2017年	2018年	2019年	2020年	
PCI	90.68	87.16	90.67	91.02	85.14	86.42	83.60	
RDI	85.26	83.17	85.93	89.99	88.61	93.02	92.13	
RQI	91.95	94.10	91.69	93.21	92.70	92.47	92.72	

从15年来的路面技术状况演变趋势来看,京港澳高速公路的沥青路面技术状况各项指标均有所衰减,但总体都保持在优良等级,尤其路面行驶质量指数历年均为优。路面性能演变具有明显的方向性,路面行驶质量指数RQI总体上是进京方向优于出京方向,路面损坏状况指数PCI和路面车辙深度指数RDI总体上进京方向比出京方向差。

(1)路面损坏状况指数PCI性能演变

由于京港澳高速公路分四期修建,建成时间不同、结构材料不同、养护历史不同,路面损坏状况指数的演变规律也不尽相同。统计 2006—2020 年京港澳高速公路不同路段的路面损坏状况指数变化情况,统计结果见表 3-18、图 3-6。

京港澳高速公路 PCI 变化　　　　　　表 3-18

出京	2006 年	2007 年	2008 年	2009 年	2010 年	2011 年	2012 年	2013 年
一、二期	98.49	85.98	98.93	98.39	94.50	93.29	94.08	90.78
三期	98.21	82.40	96.59	95.86	91.11	96.82	95.56	87.74
四期	95.89	77.95	96.11	93.70	92.52	95.26	95.06	89.03
出京	2014 年	2015 年	2016 年	2017 年	2018 年	2019 年	2020 年	
一、二期	93.61	91.62	90.15	94.23	91.47	92.67	88.52	
三期	93.18	88.88	88.32	95.65	89.37	85.65	83.91	
四期	93.62	90.57	91.51	95.80	90.74	88.95	84.33	
进京	2006 年	2007 年	2008 年	2009 年	2010 年	2011 年	2012 年	2013 年
一、二期	99.71	95.89	97.99	94.09	93.61	94.77	95.43	91.49
三期	100	92.73	92.53	84.61	92.92	95.55	88.52	89.45
四期	99.01	93.25	93.91	85.11	89.01	92.99	83.12	84.30
进京	2014 年	2015 年	2016 年	2017 年	2018 年	2019 年	2020 年	
一、二期	92.30	88.63	90.38	93.60	91.29	92.81	86.47	
三期	88.84	85.02	95.18	90.84	82.38	82.45	81.97	
四期	90.45	87.32	86.24	87.44	79.13	81.36	81.14	

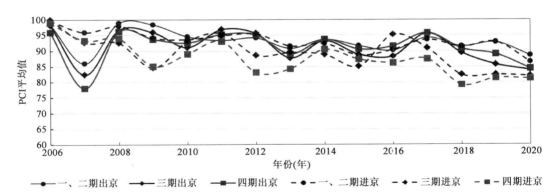

图 3-6 京港澳高速公路北京段 PCI 变化规律

从图 3-6 来看,京港澳高速公路一、二期的路面损坏状况指数 PCI 最稳定,三期路面损坏状况波动最大,四期进京方向相对其他路段的路面损坏最为严重。说明京港澳高速公路北京段一、二期虽然建成年代最早,并在 1994 年进行了结构补强,但道路结构已达到总体稳定,路面损坏状况指数受养护措施的影响波动也较小。京港澳高速公路北京段三期尤其是三期进京方向的路面损坏状况波动最大,京港澳高速公路北京段四期进京方向路面损坏状况指数基本一直处于各路段的最低水平,反映出交通轴载对路面结构影响的差异。

(2）路面车辙深度指数 RDI 性能演变

京港澳高速公路不同路段的路面车辙深度指数变化情况见表 3-19、图 3-7。

京港澳高速公路 RDI　　　　　　表 3-19

出京	2008 年	2009 年	2010 年	2011 年	2012 年	2013 年	2014 年
一、二期	93.58	92.74	90.53	89.21	86.18	89.66	86.24
三期	93.43	92.00	78.70	87.69	87.52	92.52	89.04
四期	93.69	92.15	80.04	88.58	85.42	89.28	86.48
出京	2015 年	2016 年	2017 年	2018 年	2019 年	2020 年	
一、二期	84.81	85.18	90.14	89.10	93.59	88.54	
三期	87.28	87.52	93.56	92.57	94.81	95.35	
四期	84.90	85.80	92.89	92.46	94.97	94.98	
进京	2008 年	2009 年	2010 年	2011 年	2012 年	2013 年	2014 年
一、二期	100	93.11	87.36	89.10	84.71	88.81	84.22
三期	96.29	92.14	62.59	89.05	83.40	91.63	85.11
四期	93.29	92.57	78.05	86.68	81.68	90.19	86.75
进京	2015 年	2016 年	2017 年	2018 年	2019 年	2020 年	
一、二期	81.84	84.91	90.21	88.80	93.24	88.01	
三期	83.40	89.06	91.19	89.44	93.37	95.78	
四期	84.88	84.05	88.38	87.44	92.31	94.22	

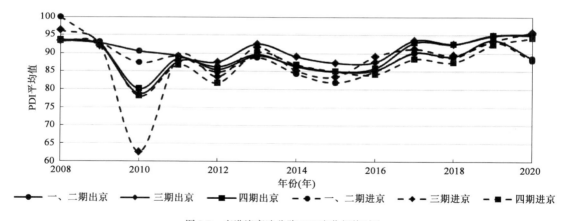

图 3-7　京港澳高速公路 RDI 变化规律对比

从图 3-7 来看，京港澳高速公路的路面车辙深度指数 RDI 波动最大，但不同时期的路面车辙深度变化差异没有显著差别。进京方向的路面车辙深度总体上大于出京方向，但差异不明显。

(3）路面行驶质量指数 RQI 性能演变

京港澳高速公路北京段不同路段的路面行驶质量指数变化情况见表 3-20、图 3-8。

京港澳高速公路 RQI 表3-20

出京	2006年	2007年	2008年	2009年	2010年	2011年	2012年	2013年
一、二期	96.46	96.49	91.71	94.37	93.23	94.61	92.77	93.29
三期	95.85	96.00	91.69	93.64	92.12	93.53	90.25	91.92
四期	96.22	96.00	91.48	92.20	89.77	93.47	92.19	92.16
出京	2014年	2015年	2016年	2017年	2018年	2019年	2020年	
一、二期	92.17	93.85	90.45	93.63	93.57	93.28	90.87	
三期	90.87	92.35	87.02	93.48	93.44	92.53	93.23	
四期	91.88	93.75	91.28	93.44	93.25	92.10	92.99	
进京	2006年	2007年	2008年	2009年	2010年	2011年	2012年	2013年
一、二期	96.35	96.65	93.56	94.04	92.85	93.28	92.37	92.86
三期	96.89	96.73	94.05	93.40	93.38	93.26	91.77	93.80
四期	96.82	96.77	93.17	93.25	92.10	92.89	91.10	93.37
进京	2014年	2015年	2016年	2017年	2018年	2019年	2020年	
一、二期	91.41	93.55	91.73	93.35	93.35	92.88	91.36	
三期	91.88	94.47	93.31	94.40	94.17	93.36	94.48	
四期	92.73	94.49	89.88	91.73	90.18	90.91	92.80	

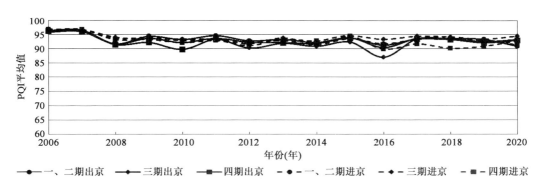

图 3-8 京港澳高速公路 RQI 变化规律

总体来看,京港澳高速公路的路面行驶质量指数 RQI 波动最小,但随着路龄的增加,路面行驶质量有所衰减。京港澳高速公路三期的路面行驶质量最好,四期路面行驶质量次之,公路一、二期相对衰减最大,说明路面行驶质量与路龄呈现一定的正相关。从进出京数据对比看,出京方向和进京方向的路面行驶质量并没有显著的差异,说明交通轴载对路面行驶质量的影响相对较小。

3.5.3 路面性能演变规律

京港澳高速公路北京段建成年代早,特别是京石公路扩建一、二期通车运营已超过 30 年。受建设期沥青面层控制标准较低、通车后交通量快速增长的影响,京石公路扩建

一、二期在1994年开展了沥青面层的加铺补强,京石高速公路北京段三期和四期部分路段先后于2005年、2010年、2011年开展了铣刨罩面。为了保障京港澳高速公路北京段的路用性能,首发集团针对具体路段的病害发展情况,安排了不同程度的路面中修处治,使得京港澳高速公路北京段的路面技术状况总体保持稳定。

(1)PCI演变规律

①京港澳高速公路北京段一、二期

京港澳高速公路北京段一、二期在1978年建成通车,1994年对沥青面层进行加铺补强,2005年全路段加铺沥青玛蹄脂碎石混合料SMA-16。为了减少路面中修的影响,选择起点至K5+000路段的PCI检测数据,计算得到京港澳高速公路北京段一、二期2005年加铺后的沥青路面PCI衰变方程见式(3-1)。

$$\text{PCI}_{一、二期} = 100\{1 - \exp[-(46.5/y_{2005})^{0.5}]\} \tag{3-1}$$

式中:y_{2005}——从2005年开始计算的路面使用年限。

从京港澳高速公路北京段一、二期PCI衰变方程来看,经过两次加铺补强以后,京港澳高速公路北京段一、二期工程的沥青路面寿命因子为46.5,路面衰变模式因子为0.5,PCI前期下降较快,但后期发展缓慢,沥青路面使用年限较长。

②京港澳高速公路北京段三期

京港澳高速公路北京段三期在1991年底建成通车,该路段先后在2005年对全路段进行了罩面,于2010年和2011年对部分路段进行了维修养护。基于K21~K26路段2005—2015年的PCI检测数据,计算得到京港澳高速公路北京段三期的沥青路面PCI衰变方程见式(3-2)、式(3-3)。

$$\text{PCI}_{三期出京} = 100\{1 - \exp[-(23.9/y_{2005})^{0.75}]\} \tag{3-2}$$

$$\text{PCI}_{三期进京} = 100\{1 - \exp[-(18.7/y_{2005})^{0.86}]\} \tag{3-3}$$

对比京港澳高速公路北京段三期进出京后的PCI衰变方程,出京方向沥青路面寿命因子为23.9,路面衰变模式因子为0.75;进京方向的路面寿命因子为18.7,路面衰变模式因子为0.86。出京方向的沥青路面寿命比进京方向更长,同时,进京方向沥青路面破损程度发展更快。

③京港澳高速公路北京段四期

京港澳高速公路北京段四期在1993年建成通车,该路段先后在2005年对全路段进行了罩面,于2011年对部分路段进行了维修养护。基于K34~K39路段2005—2015年的PCI检测数据,计算得到京港澳高速公路北京段四期沥青路面PCI衰变方程,见式(3-4)、式(3-5)。

$$\text{PCI}_{四期出京} = 100\{1 - \exp[-(13.9/y_{2005})^{1.58}]\} \tag{3-4}$$

$$\text{PCI}_{四期进京} = 100\{1 - \exp[-(9.3/y_{2005})^{2.83}]\} \tag{3-5}$$

京港澳高速公路北京段四期的 PCI 性能衰变大于京港澳高速公路北京段三期。京港澳高速公路北京段四期出京方向沥青路面寿命因子为 13.9,路面衰变模式因子为 1.58;进京方向的路面寿命因子为 9.3,路面衰变模式因子为 2.83。京港澳高速公路北京段四期的沥青路面使用寿命比三期缩短了一半,而且路面破损程度后期发展较快。

(2) RQI 演变规律

从 2006—2020 年的京港澳高速公路北京段路面行驶质量 RQI 检测结果来看,不同路段的路面行驶质量演变规律基本相同,RQI 前期出现了快速衰减,后期总体稳定。基于京港澳高速公路北京段 2006—2020 年的 RQI 检测数据,计算得到京港澳高速公路北京段 2005 年后的沥青路面 RQI 衰变方程,见式(3-6)~式(3-8)。

$$RQI_{一、二期} = 96.15 - 1.509\ln(y_{2005}) \tag{3-6}$$

$$RQI_{三期} = 95.54 - 1.234\ln(y_{2005}) \tag{3-7}$$

$$RQI_{四期} = 95.63 - 1.516\ln(y_{2005}) \tag{3-8}$$

对比京港澳高速公路北京段不同路段的路面行驶质量指数衰变方程,2005 年罩面维修以后,沥青路面的行驶质量指数均达到 95 以上,但 2006—2008 年存在快速衰减过程,到 2009 年以后基本维持在 90~93。京港澳高速公路北京段三期的路面行驶质量衰减速率相对其他路段较为缓慢。

(3) RDI 演变规律

京港澳高速公路北京段的路面车辙深度指数演变规律,与路面行驶质量指数的演变规律基本相同。从 2008—2016 年的京港澳高速公路北京段路面车辙深度指数 RDI 检测结果来看,RDI 也存在前期快速衰减,后期总体稳定的发展规律。基于京港澳高速公路北京段典型路段 2008—2016 年的 RDI 检测数据,计算得到京港澳高速公路北京段不同路段的沥青路面 RDI 衰变方程,见式(3-9)~式(3-12)。

$$RQI_{一、二期} = 98.19 - 6.78\ln(y_{2008}) \tag{3-9}$$

$$RQI_{三期出京} = 93.45 - 2.71\ln(y_{2008}) \tag{3-10}$$

$$RQI_{三期进京} = 97.73 - 7.13\ln(y_{2008}) \tag{3-11}$$

$$RQI_{四期} = 93.61 - 5.28\ln(y_{2008}) \tag{3-12}$$

式中:y_{2008}——从 2008 年开始计算的路面使用年限。

对比京港澳高速公路北京段不同路段的路面车辙深度指数衰变方程,京港澳高速公路三期出京方向车辙深度发展最慢,其次是四期,一、二期和三期进京方向的车辙深度发展速率相对较快。

3.6 维修历史

3.6.1 京石高速公路北京段一、二期道路补强工程

1994年8月5日开工,对京石高速公路北京段一、二期道路进行补强,1994年9月25日全部竣工,总工期50d。

京石高速公路北京段一、二期1987年投入运营。1994年,该路段最大交通量已达到35000辆/d,在不到设计使用年限20年的一半时间里,交通量超过了设计最大交通量50000辆/d的一半,交通量分布极不平衡。同时由于京石高速公路北京段一、二期路面结构厚度(47cm)较薄,在使用期间路面破损、车辙、网裂等病害逐年增加,导致路面整体强度、稳定性、耐久性及抗磨耗性较差,从实测旧路弯沉值可以反映出道路整体承载能力。

京石高速公路一期:$n=37$,$\overline{X}=0.377027\text{mm}$,$\sigma=0.07633497\text{mm}$,$C_v=20.24655\%$

京石高速公路二期:$n=56$,$\overline{X}=0.4483929\text{mm}$,$\sigma=0.1050502\text{mm}$,$C_v=23.42817\%$

京石高速公路一期路面实测弯沉代表值为0.62mm,二期路面实测弯沉代表值为0.78mm,远大于京石高速公路一期工程设计弯沉(0.343mm)和二期工程设计弯沉(0.304mm),路面整体强度已不能满足高等级道路的行车要求。

受交通量等多种因素影响,京石高速公路北京段一、二期道路补强工程,选择在原旧路面上加铺沥青混合料的方式开展,并对局部路面损坏情况严重地段进行铣刨后加铺。具体方式为:京石高速公路北京段一期补强工程(K6+315～K13+245)约7km,补强一层厚度为5cm的中粒式聚乙烯改性沥青混凝上面层。京石高速公路北京段二期补强工程(K0+220～K6+315)约6km,分两层进行铺筑,均采用苯乙烯-丁二烯-苯乙烯共聚物(SBS)改性沥青混合料,结构材料见表3-21。

京石高速公路北京段二期补强路面结构　　　　表3-21

序号	层　位	结构层材料	厚度(cm)
1	表面层	中粒式3%SBS改性沥青混凝土	5
2	底面层	粗级配2%SBS改性沥青混凝土	8
3	旧路结构		

对于局部损坏严重的旧路面,对路面先进行铣刨6cm的处理,并采用粗粒式沥青混凝土进行修补,之后再进行路面的加铺。

(1)沥青材料

京石高速公路北京段一、二期道路补强工程,采用的是当时较为先进的沥青材料:苯乙烯-丁二烯-苯乙烯共聚物(SBS)改性沥青和聚乙烯(PE)改性沥青,这两种沥青材料可

以有效改善沥青混合料的高温稳定性、低温抗裂性和水稳定性,其沥青性能见表3-22。

丁苯胶乳改性沥青、聚乙烯改性沥青性能　　　　　表3-22

项　目	SBS改性沥青	PE改性沥青
针入度(25℃,100g)(0.01mm)	40~80	45~65
延度(7℃)(cm)	≥100	—
软化点(环球法)(℃)	47~57	50~60
针入度比(%)	55	
重量损失(%)	0.6	
闪点(℃)	≥230	

(2)集料

京石高速公路北京段一、二期道路补强工程,集料标准采用沥青路面施工及验收规范(GB J92—86),粗集料和细集料的各项性能见表3-23和表3-24。

粗集料技术标准　　　　　表3-23

技术指标	补强层	备注
压碎值(%)	<20	标准尺寸试验
磨耗率(%)	<30	粒径大于5mm
加速磨光值	>43	
与沥青黏结力等级	4级	剥落试验
软石含量(%)	<5	
粗长颗粒含量(%)	<25	
集料片状颗粒含量(%)	<35	

细集料技术标准　　　　　表3-24

技术指标	补强层	备注
视比重	>2.55	
稳定性损失(%)	<12	硫酸钠溶液浸泡5次循环
软石含量(%)	<5	
砂当量	>90	

相对现行标准,集料的基本性能要求差异不大,但没有坚固性、吸水率等指标标准,磨耗率的标准也比较低。该工程选用玄武岩作为表面层的粗集料,抗压性强,抗腐蚀、耐磨性较好。

(3)沥青混合料

京石高速公路北京段一、二期道路补强工程的沥青混合料标准见表3-25。

京石高速公路北京段一、二期道路补强工程沥青混合料标准　　　表 3-25

技 术 指 标	表 面 层	底 面 层
击实次数(次)	75	75
稳定度(kN)	7.5	5.0
流值(mm)	2~4	1.5~4
孔隙率(%)	3~5	6~10
沥青饱和度(%)	65~80	60~80
残留马歇尔稳定度(%)	≥75	≥70

从表 3-25 来看：京石高速公路北京段一、二期道路补强工程沥青混合料部分指标达到了现行规范对于高速公路和一级公路重载交通的要求，但受到当时技术条件所限，对沥青混凝土的动稳定度、低温应变、渗透系数等指标没有具体的控制标准。

3.6.2　京石高速公路北京段面层大修工程

经过十几年的运营，京石高速公路北京段路面已接近设计使用年限。同时，由于超载车及重型车交通量的影响，大大加快了沥青路面的破坏进程，路面出现了大面积的龟裂、坑槽、沉陷及车辙等病害，影响了行车的舒适性和安全性。从路表状况来看，进京方向的平均破损率为 8.35%，路面损坏状况指数为 73.94；出京方向路面的平均破损率为 2.35%，路面损坏状况指数为 83.44。

2005 年 4—9 月，对京石高速公路六里桥至市界进出京双向的路面、桥梁和通道出现的病害以及交通设施等进行大修。

（1）路面补强结构

京石高速公路北京段全线大修工程的路面补强结构，是根据现况路面弯沉值来确定的。弯沉值 <40(0.01mm) 的路段，拉毛后直接加铺一层结构 5cm 厚的 SMA-16 沥青玛蹄脂碎石混合料。弯沉值 >40(0.01mm) 的路段，加铺 6cm AC-20 中粒式沥青混合料和 5cm SMA-16 沥青玛蹄脂碎石混合料。

（2）沥青混合料

表面层 SMA-16 采用 SBS 改性沥青，粗集料为玄武岩碎石，细集料宜采用机制砂，纤维为木质素纤维 0.3%（以沥青混合料总量的质量计算）；沥青改性剂为星形 SBS，剂量为 5%；基质沥青为重交通石油沥青 AH-90，油石比为 6%。下层为 AC-20 型密级配中粒式沥青混凝土，沥青为重交通石油沥青 AH-90，石料为石灰岩碎石，油石比为 4.2%。

北京市道路工程质量监督站对沥青混合料稳定度、流值进行见证，部分试验数据见表 3-26。

京石高速公路北京段全线大修工程沥青混合料见证试验结果　　　表3-26

材　料	稳定度(kN)	流值(mm)
SMA-16	7.90	—
SMA-16	7.91	—
SMA-16	8.09	—
AC-20C	9.88	3.6
AC-20C	10.00	3.5
AC-20C	10.24	3.5
SMA-16 标准	>6.0	2.0~5.0
AC-20C 标准	>8.0	1.5~4.0

(3)新技术应用

本次大修在阎村—市界段(进京方向)采用沥青混凝土热再生处理工艺。在工程施工中采用复拌型热再生工艺处理面层,热再生工艺中添加的沥青混合料为AC-16C型,混合料油石比为4.9%。

3.6.3　京港澳高速公路北京段罩面工程

2010年7月,对京港澳高速公路窦店—六环路段进京方向K34+500~K29+000进行罩面维修。

(1)罩面结构

根据现场调查,针对路面病害的发展程度,采用以下两种大修路面结构设计。

路面结构一:轻微车辙路段

铣刨沥青混凝土表面层(铣刨深度5cm左右);

4cm沥青玛琋脂碎石混合料SMA-13(SBS改性沥青),设计油石比6.0%;

高黏改性乳化沥青黏层(SBS)(设计洒布量为0.4kg/m²);

5cm Superpave-20高性能沥青混凝土(RA❶抗车辙剂),设计油石比4.3%;

高黏改性乳化沥青黏层(SBS)(设计洒布量为0.6kg/m²)。

路面结构二:车辙严重路段

铣刨沥青混凝土表面层、中面层(铣刨深度13cm左右);

4cm沥青玛琋脂碎石混合料SMA-13(SBS改性沥青),设计油石比6.0%;

高黏改性乳化沥青黏层(SBS)(设计洒布量为0.4kg/m²);

5cm Superpave-20高性能沥青混凝土(RA抗车辙剂),设计油石比4.3%;

高黏改性乳化沥青黏层(SBS)(设计洒布量为0.6kg/m²);

---

❶ RA英文全称Resin Alloy,即树脂合金复合材料。

8cm ATB-30 沥青碎石,设计油石比 3.3%;

高黏改性乳化沥青黏层(SBS)(设计洒布量为 1.0kg/m²)。

(2)沥青混合料

沥青玛蹄脂碎石混合料 SMA-13 中,基质沥青为 70 号石油沥青,改性剂为 SBS801 型或 SBS802 型,改性剂掺量不小于沥青的 4.5%,纤维掺量为 0.3%。主集料采用玄武岩,磨光值大于 42%,与沥青黏附性为 4 级。SMA 整体具有良好的高低温性能和抗水性,动稳定度(60℃)>7000 次/mm,残留马歇尔稳定度 >85%,冻融劈裂残留强度 >80%。同时,耐磨和抗滑性能均突出。

Superpave-20 高性能沥青混凝土的基质沥青为 70 号石油沥青,具有骨架嵌挤结构;与 SMA 相比,沥青用量小,适中的沥青用量既能保证路面低温抗裂性能,又不会在高温天气出现泛油现象,具有良好的高温稳定性和抗疲劳性能。动稳定度(60℃)>6000 次/mm,残留马歇尔稳定度 >85%,冻融劈裂残留强度 >80%。

3.6.4 京港澳高速公路北京段大修工程

随着运营时间和交通流量的日益增长,部分路面出现了严重的龟裂及不同程度的车辙病害,已严重影响行车舒适性并危及行车安全。根据道路使用状况,首发集团安排了对京港澳高速公路北京段分阶段的大修工作。2005 年完成了六里桥—赵辛店段的大修任务,2010 年完成了进京方向窦店—六环路段大修工程。2011 年京港澳高速公路大修工程路段总长 11km,分为如下两个段落。

第 1 路段:起点为大石河桥 K41+500,终点为市界 K45+600,进京双向长约 9km。

第 2 路段:进京方向六环路 K29—良乡 K27,单向长为 2km。

工程从 2011 年 4 月 6 日开工,同年 5 月 12 日完工。

(1)大修路面结构

根据现场调查,针对路面病害的发展状况,采用以下大修路面结构。

①出京方向 K40+500~K45+600、进京 K27+000~K29+000 段:

铣刨 5cm+罩面 4cm 沥青玛蹄脂碎石混合料 SMA-13(SBS 改性沥青),设计油石比 6.0%;

高黏改性乳化沥青黏层(SBS)(设计洒布量为 0.4kg/m²);

5cm Superpave-20 高性能沥青混凝土(RA 抗车辙剂),设计油石比 4.3%;

高黏改性乳化沥青黏层(SBS)(设计洒布量为 0.6kg/m²);

非病害处理路段视路面具体情况,进行拉毛处理。

②出京 K20+000~K35+000 段,路面热再生:

路面热再生将旧沥青路面经过专用设备的翻挖、回收、加热、破碎、筛分后,与再生剂、新沥青、新集料等按一定比例重新拌和成混合料,重新铺筑路面。

(2)沥青混合料

SMA-13 中改性剂为 SBS801 型或 SBS802 型,改性剂掺量不小于沥青的 4.5%,纤维掺量为 0.3%。主集料采用玄武岩,磨光值大于 42%,与沥青黏附性为 4 级,具体试验值见表 3-27。Superpave-20 高性能沥青混凝土的路用性能检测值见表 3-28。

京港澳高速公路北京段大修工程 SMA-13 性能试验检测　　　　表 3-27

项　　目		试 验 值	规 范 要 求
沥青析漏试验的结合料损失(185℃)(%)		0.05	≤0.1
飞散试验的混合料损失(20℃)(%)		6.3	≤15
车辙试验(60℃)动稳定度 DS(次/mm)		6683	>3000
水稳定性	残留马歇尔稳定度(%)	88.7	>80
	冻融劈裂残留强度比(%)	84.2	>80
渗水系数(mL/min)		基本不透水	≤80
构造深度(mm)		1.06	0.8~1.5

京港澳高速公路北京段大修工程 Superpave-20 性能试验检测　　　　表 3-28

项　　目		试 验 值	规 范 要 求
车辙试验(60℃)动稳定度 DS(次/mm)		6592	>2800
水稳定性	残留马歇尔稳定度(%)	94.1	>85
	冻融劈裂残留强度比(%)	90.8	>80
渗水系数(mL/min)		基本不透水	≤120

3.7　其他资料

3.7.1　路面工程中出现的一些问题

京石公路北京段扩建一、二期工程建设时期较早,受当时技术条件所限,路面质量控制尚处于探索阶段。在工程施工期间,发现沥青混合料稳定度偏低问题,施工和检测单位分析原因如下:

(1)击实台固定问题,击实效果受到影响。

(2)原材料问题:石料存在风化问题,同时标准要求的压碎值、磨耗值试验并未进行,石料性能可能存在问题。

(3)试验不规范,试验数据偏差较大,稳定度只有 5kN,没有达到规范的相关要求。

京石高速公路北京段四期工程中 K5+860 处沥青混凝土面层出现裂缝,安排有经验的施工人员进行修补,修补方法为:用沥青液填实,用火烙铁烙平。

3.7.2 有益经验

京石公路北京段扩建一、二期工程时,北京市开始探索将政府监督纳入公路工程质量管理体系,成立了北京市工程质量监督总站第四分站,由指挥部质量监督组与北京市工程质量监督总站第四分站成立联合监督组,对京石公路扩建一、二期工程实施工程质量监督,对提高京石公路扩建一、二期工程质量起到了促进作用。

京石高速公路北京段三期工程,采用招、投标方式选择优秀施工单位,降低了工程造价、提高了施工质量、加快了工程进度。引进工程监理制度,对工程进度、质量、管理有很大的促进作用。采用先进技术,如采用沥青快速抽提仪,40min测出沥青混合料沥青含量,保证当天生产的沥青混合料质量;使用核子密度仪,15s准确显示路面密实度,有效防止路面碾压不足或碾压过度的现象。

京石高速公路北京段四期工程,在路面结构设计上充分考虑港湾式停车带停修车辆漏油对于沥青路面损坏的影响,所以在港湾式停车带和中央分隔带开口处路面采用水泥混凝土路面,既提高抗污染能力,又有利于主车道沥青路面机械化施工。京石高速公路四期工程窦店—市界段,天然砂砾场较远,因地制宜采用石灰土材料,既满足了强度要求,又降低了造价。

第 4 章
京沪高速公路

京沪高速公路(G2,原京津塘高速公路)北京段长35km,1987年12月开工,1990年9月12日通车,沥青混凝土面层厚度23cm,水泥砂砾基层、石灰土底基层厚度50cm。按照《国家高速公路网命名和编号规则》(JTG A03—2007),京津塘高速公路北京段更名为京沪高速公路北京段。该路段多年来路面技术状况稳定,未发生早期损坏、未出现结构性损坏,2009年和2015年分别进行了一次铣刨罩面。京沪高速公路北京段一览表见表4-1。

京沪高速公路北京段一览表　　　　　表4-1

工程概况			
完工时间	1990年9月	车道数量	双向四车道
里程长度	35km	交通量	>2000辆/(d·车道)
典型特征	是我国第一条部分利用世界银行贷款建设的跨省市高速公路项目,也是我国第一次按照国际惯例菲迪克条款建设的高速公路		
路面结构			
面层	类型	沥青混凝土	基层	类型	水泥稳定砂砾、石灰土
	厚度	23cm		厚度	50cm
特点描述	半刚性基层厚度较薄,沥青面层较厚		
路面性能			
技术状况	优良	病害特征	中上面层开裂、车辙
裂缝	PCI>85	早期损坏	无
车辙	RDI>90	罩面时间	2009年5月、2015年6月

4.1 概　　况

京沪高速公路(G2),是中国大陆第一条全线建成高速公路的国道主干线,是八五计划"八纵七横"和"两纵两横"三个重要路段中的一个,也是国家高速公路网规划(7918网)中的一条纵向主干线。

京津塘高速公路全长142.69km,起于北京市朝阳区十八里店乡,途经北京大兴、通州,河北廊坊、天津武清,止于塘沽。北京段长35km,河北段长6.84km,天津段长

100.85km。后经规划调整,京津塘高速公路作为京沪高速公路的一段。京沪高速公路起点在北京,途经河北、天津、山东、江苏,终点为上海。

从 1972 年开始,交通部和北京市政府对项目立项、决策及勘测设计等进行了反复调研和审慎论证,直至 1986 年通过设计批复并接受世界银行正式评估,1987 年 9 月与世界银行签订贷款协定。项目于 1987 年 12 月正式动工。1990 年 8 月,北京—天津杨村段 70km 主线完工,1990 年 9 月 12 日举行为亚运会服务通车典礼,1991 年 1 月 15 日正式开始试运行。1993 年 9 月 25 日全线贯通,被定为收费高速公路。1995 年 8 月全线通过国家竣工验收,工程质量等级评价为优良,被认定为工程总体水平达到国内领先水平。

京津塘高速公路为四车道外加两股备用道高速公路,计算行车速度为120km/h,路基宽度26m,中间带宽(含左侧路缘带)4.5m,行车道为 2×7.5m,硬路肩 2×2.5m,(含右侧路缘带)土路肩 2×0.75m,路面平曲线最小半径5500m,路线最大纵坡1.2%。

京津塘高速公路建设实施过程中,在项目管理、勘察设计、工程质量和科学技术等方面都取得了显著成果。1993 年被交通部授予改革开放以来"全国十大公路工程",1995 年被交通部评为公路优质工程一等奖,1996 年获中国建筑工程鲁班奖(国家优质工程)。"京津塘高速公路工程建设成套技术"于 1996 年获交通部科学技术进步特等奖,1997 年获国家科学技术进步一等奖。

4.2　路面结构与材料

4.2.1　路面设计参数

京津塘高速公路北京段主线采用半刚性基层沥青混凝土路面结构,设计使用年限 20 年,设计标准轴载为 100kN,每车道设计交通量为每昼夜 4563 辆次。

京津塘高速公路北京段主路路面结构如图 4-1 所示。

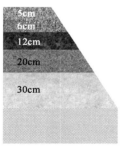

图 4-1　京津塘高速公路北京段主路路面结构示意图

（1）交通量及容许弯沉值

根据设计阶段对京津塘高速公路北京段的交通量预测,把到2008年设计期末沿线的累计交通量(换算为后轴重100kN的标准车的累计数)分为4个等级:A级、B级、C级、D级。在路面设计中半刚性基层路面不同交通量对应不同的容许弯沉值,见表4-2。

不同交通等级的累计交通量及容许弯沉值　　　　　表4-2

交通等级	累计交通量(辆)	容许弯沉值(mm)
A级	27.5×10^6	0.26
B级	20×10^6	0.28
C级	15×10^6	0.30
D级	10×10^6	0.34

主线和匝道面层均采用沥青混凝土路面,根据交通量等级将京津塘高速公路北京段划分为6个路段,见表4-3。

路面设计交通量等级及分段情况　　　　　表4-3

路 段	四环路—马驹桥	马驹桥—南营	南营—杨村北	杨村北—宜兴埠	宜兴埠—跃进路	跃进路—河北路
2008年平均日交通量(辆)	31115	23753	14926	25943	50983	30753
设计行车道日交通量N_t(辆)	4563	3483	3463	3804	7476	4510
20年内设计行车道上累计交通量(辆)	20×10^6	15×10^6	10×10^6	15×10^6	27.5×10^6	20×10^6
交通量分段	B	C	D	C	A	B

（2）回弹模量

根据试验研究,确定的土基回弹模量E_0取值在42.14~63.70MPa,水泥土、水泥石屑、水泥石灰土、石灰粉煤灰土回弹模量取值490~588MPa,石灰土回弹模量取值490MPa,石灰粉煤灰砂砾回弹模量取值686~784MPa,水泥稳定砂砾、石灰粉煤灰矿渣回弹模量取值784~882MPa,沥青碎石回弹模量取值1470MPa,沥青混凝土回弹模量取值1470MPa。

4.2.2 面层

（1）面层结构厚度

根据交通量等级将沥青面层厚度分为表4-4所示的3种。京津塘高速公路北京段主线正常地基路段面层厚度为23cm。

不同交通量对应的沥青面层厚度(单位:cm)　　　　　表4-4

路面类型	交通量等级		
	A	B,C	D
表面层:中粒式沥青混凝土 LH-20 Ⅰ型	5	5	4
中面层:粗粒式沥青混凝土 LH-30 Ⅰ型	7	6	5
底面层:沥青碎石 LS-40 Ⅱ型	8	12	6
合计厚度	20	23	15

（2）材料选择

京津塘高速公路北京段的沥青面层分为底面层、中面层和表面层三层。对表面层设计要求其抗滑、耐磨耗、透水性小和稳定性好；对中面层和底面层主要从提高面层的高温稳定性、减轻车辙以及增强面层的抗裂性能考虑，保持路面整体的使用寿命。

沥青：中面层、底面层选用盘锦沥青，表面层选用新加坡生产的壳牌石油沥青。两种沥青的有关技术性能见表4-5。

沥青技术性能　　　　　　　　　　　表4-5

指　　标		单位	壳牌沥青						盘锦沥青
针入度(25℃,5s,100g)		dm	87	93	88	88	86	96	88
软化点(R&B)	不小于	℃	46.8	45.8	49.2	47.0	46.6	46.8	49.5
15℃延度	不小于	cm	>100	>100	>100	>100	>100	>100	146
25℃延度	不小于	cm	>100	>100	>100	>100	>100	>100	>150
蜡含量(蒸馏法)	不大于	%	1.1	1.1	1.1	1.1	1.1	1.1	2.803
蜡含量(吸收法)	不大于	%	4.9	4.9	4.9	4.9	4.9	4.9	—
闪点	不小于	℃	326	332	330	336	330	332	276
溶解度	不小于	%	99.9	99.9	99.9	99.9	99.9	99.9	99.67
密度(15℃)		g/cm³	1.030	1.030	1.030	1.030	1.030	1.030	1.004
沥青薄膜加热试验(163℃,5h,3mm厚)									
针入度比		%	64	61	60	64	64	63	62.5
软化点		℃	51.4	50.8	53.6	51.8	51.6	51.2	55
延度		cm	>100	>100	>100	>100	>100	>100	102
质量损失		%	<0.1	<0.1	<0.1	<0.1	<0.1	<0.1	0.56

粗集料：中面层和底面层的粗集料为产自河北省三河地区和北京地区的石灰岩碎石，表面层的粗集料选用产自张家口北部沿尚义至赤城大断裂带北侧的玄武岩碎石。

细集料：采用山东龙口砂和北京地区的中砂。

填料：采用北京产的石灰石粉。

（3）配合比设计

京津塘高速公路北京段在沥青混合料的配合比设计过程中，对已确定使用的各种粒料筛分结果进行了合成计算，力求使不同粒径的粒料，按一定的比例组成一种具有最佳空隙率的矿质混合料。同时根据该级配组合，调整沥青用量，进行马歇尔稳定度、密度、空隙率、流值、沥青填隙度的试验和计算，以确定每种沥青混合料配合比的最佳沥青用量。

底面层沥青混合料组成设计中，由于集料最大粒径比较大，为50mm，而材料来源也不同，加之原材料的加工方法不一，造成每种粒料的级配也不尽相同。各种集料的合成级配见表4-6。经过试验及监理工程师认定，第一经理部的底面层沥青混合料的沥青用量为3.9%，第二、第三经理部沥青用量均为3.5%。

底面层各种集料的合成级配　　　　　　　　　　　　　　　表4-6

标准筛(mm)	通过质量百分率(%)			规范标准(%)
	第一经理部	第二经理部	第三经理部	
50	100	100	100	100
40	97.8	95.9	94.8	95~100
30	90.2	87.4	77.3	75~95
20	71.2	73.2	70.2	60~80
10	50.6	48.1	49.7	40~60
5	32.9	30.3	34.5	24~46
2.5	21.9	18.0	21.9	15~35
0.6	13.0	10.3	15.9	9~20
0.3	7.0	5.9	6.9	5~15
0.075	3.0	3.1	3.7	2~6

中面层粗粒式沥青混凝土的级配由最大粒径为40mm的碎石、石屑、砂、石粉四种材料组成。由于各承包商所采用的集料不同,为获得较好的合成级配曲线,经反复采用"图解法"和"计算",确定的中面层沥青混合料级配情况见表4-7。经过试验及监理工程师认定,第一经理部的沥青用量采用4.9%,第二、三经理部沥青用量均采用4.5%来控制沥青混合料的拌和。

中面层沥青混合料级配　　　　　　　　　　　　　　　　表4-7

标准筛(mm)	通过质量百分率(%)			规范标准(%)
	第一经理部	第二经理部	第三经理部	
40	100	100	100	100
30	95.7	97.7	95.8	95~100
20	86.8	93.8	80.2	80~90
10	65.7	70.5	59.2	56~76
5	47.2	51.1	44.3	42~62
2.5	32.4	33.6	30.2	30~50
0.6	26.2	17.9	22.1	14~29
0.3	15.2	9.8	8.8	8~21
0.075	4.8	5.0	4.5	3~8

表面层的中粒式沥青混合料级配合成时,由于只采用玄武岩与龙口砂,不能合成出符合规范要求的级配,故而选用了北京地区的砂。此外,各经理部的同类玄武岩和龙口砂级配也不尽相同,经多次调整后的表面层沥青混合料级配组成情况见表4-8。为保证该层的工程质量,提高路面的平整度,尽量减少路面横向接缝,第一、二、三经理部均采取集中供料、连续摊铺的施工工艺,沥青用量选用5.3%。

表面层沥青混合料级配　　　　　　　　　　　表 4-8

标准筛 （mm）	通过质量百分率(%)			规范标准 （%）
	第一经理部	第二经理部	第三经理部	
20	98.74	98.2	97.7	95~100
15	88.22	87.8	88.0	81~95
10	78.94	75.3	75.0	70~80
5	58.04	58.7	58.6	50~65
2.5	40.707	39.12	37.5	35~50
1.2	35.47	33.5	31.4	25~40
0.6	26.07	24.6	24.3	18~30
0.3	15.74	15.8	15.1	13~21
0.15	10.14	10.4	10.6	8~15
0.075	8.42	6.6	6.6	4~9

4.2.3　基层

京津塘高速公路北京段采用外掺水泥稳定砂砾、石灰、粉煤灰稳定碎石,形成半刚性基层。为防止反射裂缝,集料占比达80%,且级配良好。其中软土地段使用石灰粉煤灰稳定碎石,京津塘高速公路北京段主线正常地基路段基层为20cm水泥稳定砂砾。

水泥稳定砂砾使用的水泥强度等级为325号,7d无侧限抗压强度不小于3.0MPa。水泥稳定砂砾基层级配组成见表4-9。第一、二经理部的水泥用量为5%,第三经理部水泥用量为6%。

水泥稳定砂砾基层级配组成　　　　　　　　　　　表 4-9

标准筛 （mm）	通过质量百分率(%)			规范标准 （%）
	第一经理部	第二经理部	第三经理部	
50	100	100	100	100
40	96.12	95.45	95.44	90~100
20	59.22	70.45	66.48	58~80
10	41.06	49.55	45.0	40~60
5	30.46	38.75	33.60	30~50
2	24.54	32.4	25.65	18~35
0.5	12.34	21.7	12.03	6~25
0.075	0.56	1.6	0.7	0~10

4.2.4　底基层

底基层充分选用当地材料,适当外掺石灰形成石灰稳定土,底基层厚度各段变化在

28~43cm。京津塘高速公路北京段主线正常地基路段厚度为30cm，石灰剂量选用12%，石灰土7d无侧限抗压强度不小于0.8MPa。

4.3 交通量情况

4.3.1 试运行期间交通量情况

1991年全年交通流量为151.58万辆,1992年为282.46万辆,年增长幅度为89%。1993年上半年交通量为167.46万辆,比1992年同期增长40%。

4.3.2 正式运行期间交通量情况

华北高速公路股份有限公司从2004年开始对京津塘高速公路做了全线出口分型区段交通量统计,北京段交通量为加权平均后得到的结果。2004—2019年京津塘高速公路北京段历年出口分型区段交通量见表4-10。

京津塘高速公路北京段历年出口分型区段交通量统计(单位:辆)　表4-10

年份(年)	A型	B型	C型	D型	E型	合计	折算值	年日均交通量
2004	4765842	719397	866776	210964	214804	6777783	8211442	22497
2005	9946810	1309906	1462128	990199	995113	14704156	19070598	52248
2006	10920087	1117931	1150173	1068154	890746	15147091	19130789	52413
2007	11861613	995770	1118801	1009348	1704546	16690078	22165804	60728
2008	10637743	714653	882004	706077	1821480	14761957	19909323	54546
2009	9370703	595088	814961	654294	2076475	13511521	19023790	52120
2010	8918879	511526	711745	533085	2314109	12989344	18762283	51404
2011	9370533	519421	606762	372863	2171096	13040675	18318822	50189
2012	9578551	604112	633533	310103	1934266	13060565	17858023	48926
2013	9522856	721230	658898	304940	1927659	13135583	17985905	49276
2014	9260108	767756	522866	261601	1472514	12284845	16136785	44210
2015	8980547	703812	441036	208679	1352625	11686699	15173052	41570
2016	12343105	505151	190711	88844	539476	13667287	15183014	41484
2017	8594974	343184	228578	94010	787486	10048232	12003095	32885
2018	10739345	411561	174017	66055	349299	11740277	12797719	35062
2019	9563006	382352	137463	50355	455374	10588550	11809561	32355

注:华北高速公路股份有限公司根据收费标准,分为A、B、C、D、E五种车型,当时规定的折算系数分别为1、1.5、1.5、2、3。
　A型车标准为客车:≤7座;货车:≤2t。
　B型车标准为客车:≥8座,≤19座;货车:>2t,≤5t。
　C型车标准为客车:≥20座,≤39座;货车:>5t,≤10t。
　D型车标准为客车:≥40座;货车:>10t,≤15t。
　E型车标准为货车:>15t。

从表 4-10 中可以看出,2004—2007 年京津塘高速公路北京段的交通量一直在稳步增长,从 2008 年开始逐步减少。其中一个重要原因在于位于其东北部的京津高速公路建成通车,分流了部分交通量,同时,北京市自 2014 年对部分机动车采取交通管理措施,降低污染物排放,也使得京津塘高速公路北京段部分货车交通改行其他路线。按近年的交通量平均值计算,京津塘高速公路北京段的大客车及中型以上各类货车交通量超过 2000 辆/(d·车道),近 15 年来单车道累计大型客车和货车交通量超过 1200 万辆,属于重交通等级。

4.4 路面性能

4.4.1 工程质量评定

京津塘高速公路北京段工程完工后,京津塘高速公路北京监理所(简称"北京监理所")和京津塘高速公路总监理工程师(即总监)代表处对工程质量进行了检验评定,并由北京市公路工程质量检测中心对路面进行了质量检测。

(1)平整度

京津塘高速公路施工规范中要求路表的平整度,用 3m 直尺测定结果应小于 3mm。因在实测平整度过程中发现,3m 直尺不宜使用,故而采用北京市市政研究所研制的 CP-Ⅱ型路面平整度测定仪,其测定速度为 10~14km/h。该仪器每 1.5m 采集一个数据,有关测定结果见表 4-11。

北京段监理工程师路面平整度测定结果汇总   表 4-11

路段桩号	测定位置	施工单位	平整度 σ(mm)
K0+500~K14+500	左半幅左侧	第一经理部	0.6150
	左半幅右侧		0.5743
	右半幅左侧		0.3907
	右半幅右侧		0.4940
K14+500~K27+500	左半幅左侧	第二经理部	0.4983
	左半幅右侧		0.5167
	右半幅左侧		0.3335
	右半幅右侧		0.4093
K27+500~K35+000	左半幅左侧	第三经理部	0.8714
	左半幅右侧		0.8129
	右半幅左侧		0.6514
	右半幅右侧		0.8543

续上表

路段桩号	测定位置	施工单位	平整度 σ(mm)
K0+500~K35+000	左半幅左侧	京津塘高速公路联合公司	0.6616
	左半幅右侧		0.6346
	右半幅左侧		0.4585
	右半幅右侧		0.5859

总监代表处对每个经理部抽取500m,用CP-Ⅱ型路面平整度测定仪测定,有关测定结果见表4-12。其测定结果比表4-11的测定结果小,主要受测定距离短的影响。

总监代表处路面平整度测定结果 表4-12

单位名称	测定长度(m)	σ(mm)	σ平均值(mm)
第一经理部	500	0.234	0.321
第二经理部	500	0.290	
第三经理部	500	0.440	

(2)压实度

选用核子密度仪根据随机抽样的方法测定压实度,结果见表4-13。

核子密度仪法测定压实度值(单位:%) 表4-13

检测桩号	测定结果	压实度RC
K3+150~K4+150	97.8	96.2
	98.8	97.3
	97.8	96.2
	98.6	96.5
	97.9	97.2
K15+200~K15+700	97.4	96.3
	97.1	96.2
	97.9	96.8
	97.7	96.6
	98.0	97.0
K27+552~K28+000	98.4	96.8
	100.5	97.3
	99.1	98.5
	99.1	97.3

表4-13中第一经理部压实度测定结果RC=96.2%~97.3%,$RC_{平均值}$=96.68%。第二经理部的压实度测定结果RC=96.2%~97.0%,$RC_{平均值}$=96.58%。第三经理部的压实度测定结果RC=96.8%~98.5%,$RC_{平均值}$=97.475%。第一、二、三经理部的压实度平均值为96.912%。所测结果符合施工技术规范中要求。

(3)路面弯沉

北京监理所中心试验室于1990年秋末冬初,采用黄河汽车,轴重10.5t,单轮压强为

7kgf/cm²[1]，每100m测定其左、右轮的弯沉值，以与设计弯沉值相对比，有关测定资料见表4-14。

弯沉值测定结果汇总（单位:0.01mm）　　　　表4-14

位　　置		左轮 $l_{平均值}$	右轮 $l_{平均值}$	左右轮 $l_{平均值}$
K0+000~K14+500	左侧	2.4315	2.3425	2.3870
	右侧	3.0068	2.5548	2.7808
K14+500~K27+500	左侧	2.5154	2.0308	2.2731
	右侧	2.0923	2.3692	2.2308
K27+500~K35+000	左侧	2.1467	1.9600	2.0534
	右侧	2.6533	3.0267	2.8400
K0+000~K35+000	左侧	$l_{平均值}$ = 2.378		
	右侧	$l_{平均值}$ = 2.6172		
	左右侧	$l_{平均值}$ = 2.4976		

京津塘高速公路北京段弯沉平均值 l = 2.4976(0.01mm)，代表弯沉值 l_R = 5.0288(0.01mm)，代表弯沉值远小于设计弯沉值（北京段四环路—马驹桥为0.28mm，马驹桥—南营为0.30mm），说明京津塘高速公路北京段的路面整体质量是非常好的，承载能力优良。

随后，北京市公路工程质量检测中心使用法国连续式弯沉仪进行检测，弯沉代表值为0.056mm。

4.4.2　路面技术状况

2008年北京市公路工程质量检测中心使用加拿大ARAN路况测试系统，根据《公路技术状况评定标准》(JTG H20—2007)对京津塘高速公路北京段双方向路面进行了系统路况检测。此后，华北高速公路股份有限公司委托国家道路及桥梁质量监督检验中心等对路面性能进行现场检测。测试过程全部采用车载式自动化检测设备进行。相应检测结果见表4-15。

京沪高速公路北京段历年路面技术状况总体检测结果　　　　表4-15

出京	2008年	2009年	2010年	2011年	2012年	2013年	2014年
PCI	87.88	97.42	93.15	94.10	91.12	90.66	92.72
RDI	85.62	92.14	92.64	83.87	86.24	85.34	85.15
RQI	88.40	92.26	91.79	92.25	92.23	91.78	91.64
出京	2015年	2016年	2017年	2018年	2019年	2020年	
PCI	98.3	95.59	94.81	94.24	91.99	91.74	
RDI	88.5	90.1	92.81	93.80	96.34	96.13	
RQI	93.8	93.3	92.89	93.61	93.67	93.46	

---

[1] 1kgf/cm² = 0.098MPa。

续上表

进京	2008 年	2009 年	2010 年	2011 年	2012 年	2013 年	2014 年
PCI	92.73	99.05	98.89	97.84	94.82	94.88	94.93
RDI	86.81	92.60	94.95	85.95	88.34	89.44	89.44
RQI	92.82	92.28	93.91	93.99	94.06	93.80	93.67
进京	2015 年	2016 年	2017 年	2018 年	2019 年	2020 年	
PCI	95.9	94.8	90.71	91.61	90.05	90.60	
RDI	87.6	89.6	93.40	93.85	95.99	96.06	
RQI	93.6	90.5	90.75	94.36	92.74	93.17	

从13年来的路面技术状况演变趋势来看,京沪高速公路北京段的沥青路面技术状况总体保持在优良等级,路面行驶质量指数RQI常年处于优等级并保持稳定。对比路面损坏状况指数、路面车辙深度指数和路面行驶质量指数三个指标的演变规律来看,路面损坏状况指数PCI受维修养护影响较大,通常6~7年内总体上保持在优等级;路面车辙深度指数波动最大,2014年以前路面车辙深度指数较大,2015年以后路面车辙深度指数总体稳定向好;路面行驶质量指数总体趋于稳定,一直保持在较好水平。

(1)路面状况指数PCI演变

2008—2020年京沪高速公路北京段不同路段的路面状况指数变化见表4-16、图4-2。

京沪高速公路北京段 PCI 变化　　　　　表4-16

出京	2008 年	2009 年	2010 年	2011 年	2012 年	2013 年	2014 年
五环以内	89.64	90.58	91.20	88.25	83.50	79.24	81.76
五环—六环	90.99	97.74	98.18	96.35	96.34	94.83	95.35
六环外	86.29	98.53	91.44	94.25	91.08	91.03	93.64
出京	2015 年	2016 年	2017 年	2018 年	2019 年	2020 年	
五环以内	99.35	94.63	93.38	90.45	85.67	82.62	
五环—六环	95.08	92.46	90.66	91.90	89.97	89.37	
六环外	99.40	97.05	96.77	95.78	93.96	94.37	
进京	2008 年	2009 年	2010 年	2011 年	2012 年	2013 年	2014 年
五环以内	88.92	92.16	93.59	94.07	95.06	85.81	89.47
五环—六环	95.44	100.00	99.41	98.28	95.41	96.32	96.05
六环外	92.31	99.92	99.65	98.34	94.53	95.99	95.47
进京	2015 年	2016 年	2017 年	2018 年	2019 年	2020 年	
五环以内	99.37	95.55	95.00	90.58	88.14	86.11	
五环—六环	95.81	94.69	90.69	94.44	91.91	90.16	
六环外	95.34	94.68	89.94	90.73	89.63	91.59	

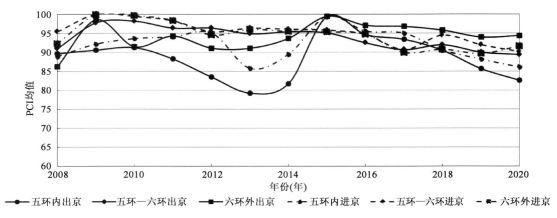

图 4-2 京沪高速公路北京段 PCI 变化规律

从图 4-2 来看,京沪高速公路北京段不同路段的路面损坏状况指数 PCI 差异明显。总体来讲,京沪高速公路北京段五环外路段的路面破损状况好于五环以里路段,路面损坏状况指数 PCI 的衰减也是五环外路段比五环内路段要缓慢。不同路段上下行的路面损坏状况指数演变不同。五环以内路段出京方向的路面破损相对最严重,进京方向 PCI 衰减相对较小;五环—六环段上下行路面破损状况无明显差异。2014 年以前,六环外路段出京方向路况比进京方向差,但在 2014 年以后,六环外路段出京方向路况明显优于进京方向,这与北京市在 2014 年对部分机动车采取交通管理措施是相符合的。

(2)路面车辙深度指数 RDI 演变

京沪高速公路北京段不同路段的路面车辙深度指数变化情况见表 4-17、图 4-3。

京沪高速公路北京段 RDI 变化 表 4-17

出京	2008 年	2009 年	2010 年	2011 年	2012 年	2013 年	2014 年
五环以内	89.48	88.40	91.99	84.55	85.13	86.67	83.60
五环—六环	90.18	92.30	95.52	87.53	88.84	87.76	88.93
六环外	83.06	92.75	91.57	82.25	85.38	84.10	83.89
出京	2015 年	2016 年	2017 年	2018 年	2019 年	2020 年	
五环以内	87.33	88.15	92.26	93.00	95.06	95.76	
五环—六环	88.63	89.13	92.61	94.41	96.74	96.46	
六环外	88.60	90.77	92.99	93.72	96.41	96.06	
进京	2008 年	2009 年	2010 年	2011 年	2012 年	2013 年	2014 年
五环以内	92.07	90.28	91.74	82.05	85.00	86.67	83.24
五环—六环	89.34	92.36	95.06	86.82	89.69	89.91	90.52
六环外	84.82	93.12	95.49	86.31	88.39	89.75	90.13
进京	2015 年	2016 年	2017 年	2018 年	2019 年	2020 年	
五环以内	90.53	88.55	94.73	95.20	95.95	95.60	
五环—六环	88.00	90.89	94.35	95.60	96.92	96.58	
六环外	86.95	89.34	92.73	92.93	95.61	95.93	

第4章
京沪高速公路

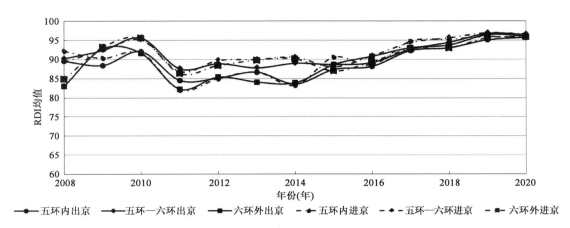

图 4-3　京沪高速公路北京段 RDI 变化规律

从图 4-3 来看,京沪高速公路北京段不同路段的路面车辙深度指数 RDI 波动不同。2014 年以前,五环—六环路段和六环以外进京路段的路面车辙深度指数小于五环以内路段和六环以外出京路段;2014 年以后,京沪高速公路北京段不同路段的路面车辙深度指数差异不大,路面车辙深度指数 RDI 总体保持在较高水平。

（3）路面行驶质量指数 RQI 演变

京沪高速公路北京段不同路段的路面行驶质量指数变化情况见表 4-18、图 4-4。

京沪高速公路北京段 RQI 变化　　　　　　表 4-18

出京	2008 年	2009 年	2010 年	2011 年	2012 年	2013 年	2014 年
五环以内	92.81	91.69	93.08	93.24	93.99	92.19	92.17
五环—六环	93.42	92.31	93.45	93.32	92.83	93.28	93.25
六环外	85.54	92.35	90.88	91.63	91.67	91.09	90.88
出京	2015 年	2016 年	2017 年	2018 年	2019 年	2020 年	
五环以内	94.97	94.65	94.29	94.60	94.59	94.17	
五环—六环	93.32	92.28	90.74	92.93	93.41	92.38	
六环外	93.84	93.53	93.51	93.68	93.62	93.78	
进京	2008 年	2009 年	2010 年	2011 年	2012 年	2013 年	2014 年
五环以内	93.68	93.31	93.81	93.81	94.27	93.71	93.05
五环—六环	92.76	90.90	93.59	93.53	93.82	93.55	93.24
六环外	92.69	92.66	94.06	94.21	94.12	93.92	93.96
进京	2015 年	2016 年	2017 年	2018 年	2019 年	2020 年	
五环以内	95.30	93.95	95.13	95.30	95.20	95.10	
五环—六环	93.48	92.69	90.71	94.39	93.18	92.83	
六环外	93.40	88.91	89.97	94.18	92.11	92.95	

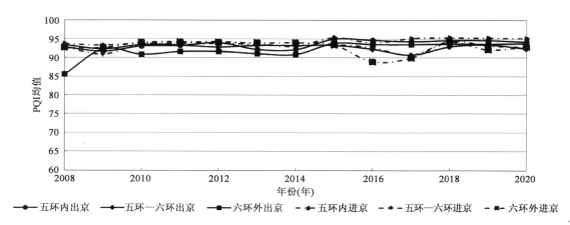

图 4-4 京沪高速公路北京段 RQI 变化规律

从图 4-4 来看,京沪高速公路北京段的路面行驶质量指数 RQI 波动较小,不同路段的路面行驶质量指数演变略有差异。五环以内路段的路面行驶质量指数历年保持在较高水平,衰减较小,总体呈现稳定状态;五环以外路段的路面行驶质量指数相对波动较大,但总体上仍处于优等级。

4.4.3 路面性能演变规律

京津塘高速公路建成通车以来,显著改善了京津冀地区的道路交通条件,构筑了区域快速交通道路,为加强京津冀实现优势互补,形成地区经济总体布局提供了良好的契机和重要的物质条件,对京津冀社会经济的迅速发展起到了积极的推动作用。京津塘高速公路北京段建成至今已通车运营 30 年,路面所承担的累计当量轴次已超过设计交通轴次。随着沥青路面病害的发展,京沪高速公路北京段于 2009 年、2015 年对路面开展了铣刨罩面,近年来路面技术状况总体保持稳定。

(1) PCI 演变规律

京沪高速公路北京段五环以内路段在 2009 年没有开展铣刨罩面,到 2015 年路面维修处理前的代表弯沉平均值为 18.5(0.01mm),路面承载能力仍然较好。基于京沪高速公路北京段五环以内路段 PCI 检测数据,计算得到 2015 年前的沥青路面 PCI 衰变方程见式(4-1)。

$$\text{PCI}_{五环内} = 100\{1 - \exp[-(31.1/y_{2009})^{0.55}]\} \quad (4-1)$$

式中:y_{2009}——从 2009 年开始计算的路面使用年限。

京沪高速公路北京段五环外路段的 PCI 发展规律基本相同,沥青面层先后于 2009 年、2015 年开展铣刨罩面,2009 年铣刨罩面后的代表弯沉平均值为 12.59(0.01mm),2015 年路面维修处理前的代表弯沉平均值为 20.26(0.01mm),虽然弯沉值有所增大,但路面承载能力仍能达到路面结构强度要求。基于京沪高速公路北京段五环外路段 PCI 检测数据,计算得到沥青路面 PCI 衰变方程见式(4-2)。

$$\text{PCI}_{\text{五环内}} = 100\{1 - \exp[-(46.73/y_{2009})^{0.62}]\} \quad (4\text{-}2)$$

对比京沪高速公路北京段五环内外典型路段的 PCI 衰变方程,五环以外路段的沥青路面寿命因子为 46.73,路面衰变模式因子为 0.62;五环以内路段的路面寿命因子为 31.1,路面衰变模式因子为 0.55。由此可见,在路面结构强度满足要求的情况下,定期对沥青路面开展维修养护可以延缓路面破损发展速度,从而延长路面的使用寿命,实现道路资产的保值增值。

(2)RDI 演变规律

京沪高速公路北京段的路面车辙深度在不同路段之间差别不大,总体来看,出京方向的 RDI 小于进京方向。从一次大修周期 2009—2015 年的京沪高速公路路面车辙深度 RDI 检测结果来看,RDI 呈现前期快速衰减,后期总体稳定的规律。基于京沪高速公路进出京方向 2009—2015 年的 RDI 检测数据,计算得到不同方向的沥青路面 RDI 衰变方程见式(4-3)和式(4-4)。

$$\text{RDI}_{\text{出京}} = 92.70 - 4.68\ln(y_{2009}) \quad (4\text{-}3)$$

$$\text{RDI}_{\text{进京}} = 93.16 - 2.79\ln(y_{2009}) \quad (4\text{-}4)$$

通过京沪高速公路北京段不同方向的路面车辙深度指数衰变方程对比来看,京沪高速公路北京段出京方向路面车辙深度指数较大,路面车辙深度指数在前期发展更快,进京方向的车辙深度指数相对更优,后期衰减也较为缓慢。经过 2015 年的全线铣刨罩面之后,京沪高速公路沥青路面车辙得到了较大改善,不同方向的 RDI 总体达到优等级。

(3)RQI 演变规律

从 2008—2020 年的京沪高速公路北京段路面行驶质量指数 RQI 发展趋势来看,路面行驶质量指数总体保持稳定,多年维持在 90～95。这与京沪高速公路半刚性基层板体性良好、路面结构强度优良有直接关系。路面结构承载能力长期保持稳定,是京沪高速公路北京段超过设计使用年限仍行驶质量优良的重要原因。

4.5 维修历史

4.5.1 概况

京津塘高速公路于 1990 年通车,至 2008 年已运营 18 年。除双向行车道部分路段表面层于 2004 年进行热再生维修外,中底面层及超车道表面层均未经过维修。维修前,路面主要病害为车辙、龟裂,同时也存在一些横向裂缝、纵向裂缝、块状裂缝等。

2009年5—8月,华北高速公路股份有限公司针对京津塘高速公路北京段下行K7+614~K35+000和上行K34+750~K7+614行车道、超车道的表面层和部分中面层进行了铣刨罩面维修。

2015年6—7月,为提高路面使用性能,延长道路使用年限,开展京沪高速公路北京段路面维修工程,对部分路段沥青路面开展养护维修。该工程分为两个作业区间:第一作业区间为起点(K0+000)—大羊坊收费站北(K4+300)路段,对该路段双向全幅进行整体罩面维修;第二作业区间为六环(K13+000)—市界(K38+000)路段,对该路段局部破损路面进行挖补维修。

4.5.2 路面维修结构

2009年,根据对旧路面结构形式、旧路面破损特点调查分析,以及路面实测弯沉的计算分析,结合道路等级及远期交通量的预测,本次维修方案如下。

(1)路面严重龟裂、严重车辙路段:将旧路铣刨12cm,将槽底清扫干净,有夹层的清除,再新做7cm中粒式沥青混凝土中面层(AC-20)+5cm沥青玛蹄脂碎石混凝土表面层(SMA-16),对水泥稳定砂砾基层出现破损的路段,在槽底铺设一层聚酯长丝针刺土工布,各沥青层间均喷洒改性乳化沥青作为黏层油。

(2)其他路段维修方案:将旧路铣刨5cm,有夹层的清除,喷洒乳化沥青黏层油,加铺5cm沥青玛蹄脂碎石混凝土表面层(SMA-16)。

(3)严重裂缝处维修方案:对贯穿整个路面的有规则的横向裂缝及单条规则的纵向裂缝使用MD型抗裂贴进行处理。在旧路铣刨后,清除槽底的浮沉等杂物及清干水分,保持路面干燥、清洁,先采用热沥青灌缝,后铺设抗裂贴,24h内摊铺沥青混合料。

4.5.3 材料设计

(1)表面层

表面层为5cm厚SMA-16,采用秦皇岛生产的成品SBS I-C改性沥青,具体检测结果和技术要求见表4-19。

改性沥青检测结果和技术要求 表4-19

项目	单位	指标要求	检测结果
针入度(100g,25℃,5s)	0.1mm	60~80	72.8
针入度指数PI	—	>−0.4	0.07
软化点	℃	≥70	80
5℃延度	cm	≥30	34.3
闪点	℃	≥230	323
溶解度	%	≥99	99.8

续上表

项 目	单 位	指标要求	检测结果
弹性恢复	%	≥65	90
密度(15℃)	g/cm³	实测	1.024
薄膜烘箱老化(TFOT)			
残留针入度比(25℃)	%	≥60	80.2
残留延度(5℃)	cm	≥20	23.3
质量变化	%	≤1.0	-0.075

粗集料为河北张家口采石厂生产的粒径10~20mm、5~10mm的玄武岩,玄武岩粗集料检测结果见表4-20。

玄武岩粗集料检测结果及技术要求 表4-20

指 标		单 位	检测结果	技术要求
石料压碎值		%	16.9	≤26
毛体积相对密度,不小于	10~20mm	—	2.837	≥2.600
	5~10mm		2.841	
吸水率,不大于	10~20mm	%	1.10	<3.0
	5~10mm		1.27	
针片状颗粒含量,不大于	10~20mm	%	8.6	<15
	5~10mm		9.4	<20
坚固性		%	0.6	≤12
软石含量		%	无	≤3
黏附性		—	5	≥4

细集料为河北三河生产的机制砂,主要性能检测结果见表4-21。

细集料性能检测结果 表4-21

指 标	单 位	检测结果	技术要求
表观相对密度,不小于	g/cm³	2.965	>2.500
砂当量,不小于	%	76	>60

矿料采用房山生产的矿粉,主要性能检测结果见表4-22。

矿粉性能检测结果 表4-22

指 标	单 位	检测结果	技术要求
视密度,不小于	g/cm³	2.780	>2.50
含水率,不大于	%	0.11	<1
亲水系数	—	0.62	<1
外观	—	无团粒结块	无团粒结块

采用的纤维为北京天成肯特莱公司生产的絮状木质素纤维,剂量为沥青混合料的

0.30%,主要性能检测结果见表4-23。

纤维(稳定剂)的性能检测结果　　　　表4-23

指　　标	单　位	检测结果	技术要求
灰分含量	%	19.2	18±5
含水率	%	3.5	≤5
pH值	—	7.9	7.5±1.0
密度	g/cm³	1.1	实测
吸油率	%	5.5	纤维质量的5.0±1.0

SMA-16的油石比为5.9%,矿料级配见表4-24。

SMA-16沥青玛琋脂碎石矿料级配　　　　表4-24

级配	通过下列筛孔(mm)的百分率(%)									
	19	16	13.2	9.5	4.75	2.36	1.18	0.6	0.3	0.15	0.075
	100	97.7	76.3	52.0	25.9	19.5	16.2	14.0	11.8	10.8	9.6

SMA-16生产配合比验证情况见表4-25。

SMA-16沥青玛琋脂碎石生产配合比验证结果　　　　表4-25

验证指标	单　位	验证结果	技术要求
混合料理论最大密度	g/cm³	2.557	实测
混合料实测密度	g/cm³	2.457	实测
空隙率	%	3.90	3～4
矿料间隙率	%	17.72	≥17.0
沥青饱和度	%	78.0	75～85
稳定度	kN	6.87	≥6.0
车辙动稳定度	次/mm	6000	≥3000
残留马歇尔稳定度	%	94.1	≥80
渗水系数	mL/min	基本不透水	≤80
构造深度	mm	1.11	0.8～1.5
析漏试验	%	0.04	≤0.1

针对其他区段的5cm厚SMA-16沥青玛琋脂碎石,采用滨州生产的成品SBS I-C改性沥青,具体检测结果和技术要求见表4-26。

改性沥青检测结果和技术要求　　　　表4-26

项　　目	单　位	指标要求	检测结果
针入度(100g,25℃,5s)	0.1mm	60～80	68
软化点	℃	≥70	74
5℃延度	cm	≥30	39
闪点	℃	≥230	288

续上表

项　目	单　位	指标要求	检测结果
弹性恢复	%	≥65	92.0
密度(15℃)	g/cm³	实测	1.020
薄膜烘箱老化(TFOT)			
残留针入度比(25℃)	%	≥60	70.6
残留延度(5℃)	cm	≥20	26
质量变化	%	±1.0	−0.15

粗集料为河北承德生产的粒径 10~20mm、5~10mm 的玄武岩，玄武岩粗集料检测结果见表 4-27。

玄武岩粗集料检测结果及技术要求　　　　表 4-27

指　标		单　位	检测结果	技术要求
石料压碎值		%	11.7	≤26
毛体积相对密度，不小于	10~20mm	—	2.941	≥2.600
	5~10mm		2.963	
吸水率，不大于	10~20mm	%	1.4	<3.0
	5~10mm		1.7	
针片状颗粒含量，不大于	10~20mm	%	8.9	<15
	5~10mm		8.7	<20
软石含量		%	无	≤3
黏附性		—	5	≥4

细集料为河北三河生产的机制砂，主要性能检测结果见表 4-28。

细集料性能检测结果　　　　表 4-28

指　标	单　位	检测结果	技术要求
表观相对密度，不小于	g/cm³	2.809	>2.500
砂当量，不小于	%	72.7	>60

矿料采用房山生产的矿粉，主要性能检测结果见表 4-29。

矿粉性能检测结果　　　　表 4-29

指　标	单　位	检测结果	技术要求
视密度，不小于	g/cm³	2.796	>2.50
含水率，不大于	%	0.4	<1
亲水系数	—	0.7	<1
外观	—	无团粒结块	无团粒结块

采用的纤维为北京节录斯公司生产的松散木质素纤维，剂量为沥青混合料的 0.30%，主要性能检测结果见表 4-30。

纤维稳定剂性能检测结果　　　　　　　　　　　　　　　　　表 4-30

指　标	单　位	检 测 结 果	技 术 要 求
灰分含量	%	20.7	18±5
含水率	%	3.8	≤5
pH 值	—	7.0	7.5±1.0
密度	g/cm³	1.2	实测
吸油率	—	6.7	不小于纤维质量的 5 倍

该路段 SMA-16 的油石比为 5.9%，矿料级配见表 4-31。

SMA-16 沥青玛琋脂碎石矿料级配　　　　　　　　　　　表 4-31

级配	通过下列筛孔（mm）的百分率（%）									
	19	16	13.2	9.5	4.75	2.36	1.18	0.6	0.3	0.15	0.075
	100	97.5	79.6	55.0	26.1	21.0	17.0	14.9	12.8	11.5	9.8

SMA-16 的生产配合比验证结果见表 4-32。

SMA-16 沥青玛琋脂碎石生产配合比验证结果　　　　　表 4-32

验证指标	单　位	验证结果	技 术 要 求
混合料理论最大密度	g/cm³	2.552	实测
混合料实测密度	g/cm³	2.460	实测
空隙率	%	3.6	3~4
矿料间隙率	%	17.4	≥17.0
沥青饱和度	%	79.3	75~85
稳定度	kN	8.06	≥6.0
车辙动稳定度	次/mm	7022	≥3000
残留马歇尔稳定度	%	92.8	≥80
渗水系数	mL/min	基本不透水	≤80
析漏试验	%	0.06	≤0.1

（2）中面层

针对 K20+500~K35+000 区段的中面层为 7cm 中粒式型沥青混凝土，采用滨州 70 号重交石油沥青，具体检测结果和技术要求见表 4-33。

沥青检测结果和技术要求　　　　　　　　　　　　　　　　表 4-33

项　目	单　位	指标要求	检测结果
针入度（100g,25℃,5s）	0.1mm	60~80	64.6
软化点	℃	≥46	48.2
15℃延度	cm	≥100	>100
闪点	℃	≥260	292
溶解度	%	≥99.5	99.8

续上表

项 目	单 位	指标要求	检测结果
密度(15℃)	g/cm³	实测	1.030
TFOT			
残留针入度比(25℃)	%	≥61	68.6
残留延度(10℃)	cm	≥6	24.8
质量变化	%	±0.8	-0.1

粗集料为河北张家口采石厂生产的粒径 10~20mm、5~10mm 的石灰岩,石灰岩粗集料检测结果见表 4-34。

粗集料检测结果 表 4-34

指　　标		单　位	检测结果	技术要求
石料压碎值		%	17.9	≤26
毛体积相对密度,不小于	4 号仓	—	2.825	≥2.500
	3 号仓		2.818	
吸水率,不大于	4 号仓	%	0.38	<2.0
	3 号仓		0.99	
针片状颗粒含量,不大于	4 号仓	%	8.1	<15
	3 号仓		—	<20
石料磨耗损失		%	19.8	≤28
软石含量		%	无	≤3
黏附性		—	5	≥4

细集料为河北三河生产的机制砂,主要性能检测结果见表 4-35。

细集料主要性能检测结果 表 4-35

指　　标	单　位	检测结果	技术要求
表观相对密度,不小于	g/cm³	2.813	>2.500

矿料采用房山生产的矿粉,主要性能检测结果见表 4-36。

矿粉主要性能检测结果 表 4-36

指　　标	单　位	检测结果	技术要求
视密度,不小于	g/cm³	2.780	>2.50
含水率,不大于	%	0.11	<1
亲水系数	—	0.62	<1
外观	—	无团粒结块	无团粒结块

该路段采用中粒式型沥青混凝土的油石比为 4.3%,矿料级配见表 4-37。

中粒式型沥青混合料矿料级配　　　　　　　　　　　　　　　表4-37

级配	通过下列筛孔(mm)的百分率(%)									
	19	16	13.2	9.5	4.75	2.36	1.18	0.6	0.3	0.15	0.075
	95.2	84.6	73.7	62.6	40.9	27.1	18.6	14.5	9.7	6.1	4.8

中粒式型沥青混凝土的生产配合比验证情况见表4-38。

中粒式型沥青混合料生产配合比验证结果　　　　　　　　　　表4-38

验证指标	单位	验证结果	技术要求
混合料理论最大密度	g/cm³	2.600	实测
混合料实测密度	g/cm³	2.489	实测
空隙率	%	4.3	4~6
矿料间隙率	%	13.4	≥13.0
沥青饱和度	%	68.4	65~75
稳定度	kN	10.95	≥8.0
车辙动稳定度	次/mm	1735	≥1000
残留马歇尔稳定度	%	97.5	≥80
渗水系数	mL/min	基本不透水	≤120
构造深度	mm	1.11	0.8~1.5
析漏试验	%	0.04	≤0.1

其他区段中面层为7cm中粒式型沥青混凝土,采用滨州70号重交石油沥青,具体检测结果和技术要求见表4-39。

沥青指标检测结果和技术要求　　　　　　　　　　　　　　　表4-39

项目	单位	指标要求	检测结果
针入度(100g,25℃,5s)	0.1mm	60~80	67.3
软化点	℃	≥46	47.1
15℃延度	cm	≥100	>100
密度(15℃)	g/cm³	实测	1.008
TFOT			
残留针入度比(25℃)	%	≥61	71.3
残留延度(10℃)	cm	≥6	8.3
质量变化	%	±0.8	0.03

粗集料为河北张家口采石厂生产的粒径10~20mm、5~10mm的石灰岩,对石灰岩粗集料性能检测结果见表4-40。

石灰岩粗集料性能检测结果 表4-40

指　　标		单　位	检测结果	技术要求
石料压碎值		%	14.2	≤28
毛体积相对密度,不小于	15~25	—	2.839	≥2.500
	10~20		2.812	
	5~10		2.806	
吸水率,不大于	15~25	%	0.4	<2.0
	10~20		0.6	
	5~10		0.9	
针片状颗粒含量,不大于	15~25	%	6.1	<15
	10~20		8.6	<20
	5~10		—	
石料磨耗损失		%	20.4	≤30
软石含量		%	无	≤3
黏附性		—	5	≥4

细集料为河北三河生产的机制砂,主要性能检测结果见表4-41。

细集料性能检测结果 表4-41

指　　标	单　位	检测结果	技术要求
表观相对密度,不小于	g/cm³	2.804	>2.500

矿料采用房山生产的矿粉,主要性能检测结果见表4-42。

矿粉性能检测结果 表4-42

指　　标	单　位	检测结果	技术要求
视密度,不小于	g/cm³	2.796	>2.50
含水率,不大于	%	0.4	<1
亲水系数	—	0.7	<1
外观	—	无团粒结块	无团粒结块

该路段的中面层沥青混合料油石比为4.3%,矿料级配见表4-43。

矿料级配 表4-43

级配	通过下列筛孔(mm)的百分率(%)										
	19	16	13.2	9.5	4.75	2.36	1.18	0.6	0.3	0.15	0.075
	93.7	83.3	72.7	62.6	40.6	27.8	17.7	12.7	8.7	6.7	5.5

该路段的中粒式沥青混凝土的生产配合比验证情况见表4-44。

生产配合比验证情况　　　　　　　　　表 4-44

验证指标	单位	验证结果	技术要求
混合料理论最大密度	g/cm³	2.596	实测
混合料实测密度	g/cm³	2.484	实测
空隙率	%	4.3	4~6
矿料间隙率	%	13.8	≥13.0
沥青饱和度	%	68.9	65~75
稳定度	kN	12.96	≥8.0
车辙动稳定度	次/mm	1652	≥1000
残留马歇尔稳定度	%	89.9	≥80

4.6 经验总结

4.6.1 有益经验

京津塘高速公路对我国高速公路建设具有积极的推动作用，积累了宝贵的经验。一是建成一条高标准、高质量、设施先进、功能齐全的现代化高速公路，二是探索了一条以京津塘高速公路联合公司为法人主体、与国际接轨的高速公路建设管理模式，三是培养和锻炼了一批高速公路建设队伍和人才。

(1)京津塘高速公路建设是在国务院直接领导下进行的，它的立项经历了一个很长时间的调研论证阶段，当时在国内确实存在着要不要建设高速公路、修建高速公路是否符合中国国情的不同认识和争论。国家有关部门从中国改革开放、经济发展、社会进步的三步走战略目标和交通设施在国民经济和社会发展中的地位和作用，在认真分析京津冀地区乃至全国经济发展对公路建设需求的基础上，果断作出修建京津塘高速公路的决策，并将它定为"七五"和"八五"国家重点基本建设项目。该高速公路建成后，进一步完善了地区公路网，为首都联系天津、河北地区和出海口岸开辟了快速通道。对加强京津冀地区经济联系，改善投资环境，对"两市一省"和华北地区及环渤海经济圈的经济发展及扩大开放具有重要作用。实践证明，建设京津塘高速公路的决策是非常正确的。它的决定意义不仅仅是修一条京津塘高速公路本身的价值，而是在于推动全国高等级公路迅速发展的步伐，它标志着我国以高等级公路为主的公路建设进入了一个新的历史时期。

(2)京津塘高速公路于 20 世纪 70 年代初开始技术准备工作，当时国内尚无高速公路建设的先例，要赶超世界先进水平，必须研究制订符合我国特点的高速公路建设标准和技术规范；解决重交通情况下的高速公路路基、路面结构和抗滑技术，高速公路交通安全设施及监控、通信、收费系统等一系列重大基础理论和技术难题;实现筑路材料工厂化和施工机械化的理论和实践。还要重点攻克软土地基筑路技术、穿越高地震区的桥梁建造技术和大型互通式立交桥通行能力计算等难题。为了实现上述目的,在京津塘高速公路建设过程中,共完成了75项大型生产性试验,16项科研课题,130余篇技术论文和6部专著,取得近200万个现场试验和实测数据,形成了12项关键基础和理论成果,即"京津塘高速公路工程建设成套技术",其中包括高速公路项目管理技术、勘察设计技术、工程施工技术和工程监理技术。科技成果保证了京津塘高速公路高标准地完成建设任务,并为我国高速公路建设发展奠定了理论和技术基础。凝聚着几代公路建设工程技术人员心血和智慧的"京津塘高速公路工程建设成套技术"代表了我国公路建设和管理的最高水平,带动和促进了我国公路交通科学技术进步,对全国基础设施建设行业的改革开放和科学技术进步起到了重要的示范和指导作用。

(3)京津塘高速公路的勘察设计从20世纪70年代开始,先后6次进行现场勘察调查,3次编报设计文件和可行性研究报告,精心完成施工图设计和按国际惯例编制国际竞争性招投标文件。在10余年的技术准备过程中,从高速公路的技术标准、勘察设计规范的制定,到路线、路基、路面、桥涵、互通式立交、交通工程设施等各专业,进行了大量的科学试验和专题研究,为我国高等级公路设计标准、工程规范体系的建立与完善积累了大量的资料。在勘察设计工作中,设计方案论证充分,技术标准掌握恰当,环境景观协调,线形流畅顺适,交通管理、监控、通信、收费设施完善齐全,注重行驶安全舒适,服务水平高。在全面系统引进高速公路可行性研究、设计技术的基础上,结合我国国情,提出一套先进、适用、经济可行的勘察设计技术,为建立我国高速公路勘察设计理论、方法和标准体系奠定了基础,对公路勘察设计进步起到了示范和促进作用,推动了我国公路建设可行性研究和勘察设计整体水平的提高。在设计工作中,运用现代高新技术,创新公路勘察设计体系,标志着我国公路勘察设计技术进入了国际先进行列。

(4)京津塘高速公路建设的管理模式:首先解决了跨省市的公路建设问题,遵照国务院指示,由交通部、财政部与"两市一省"主要领导共同成立了京津塘高速公路工程领导小组,负责检查、贯彻、实施建设计划,及时协调三省市在公路实施过程中的相互配合和衔接事宜,研究解决公路建设和管理的重大问题。其次由"两市一省"公路主管部门组成京津塘高速公路联合公司,以法人承担建设责任,按企业法人责任制实现筹资、建设、管理、运营、还贷全过程负责的管理模式,为我国在高速公路建设过程中推行法人责任制改革积累了经验,奠定了基础。三是通过竞争性招标选择施工队伍,组建独立的工程监理机构,采取FIDIC(国际咨询工程师联合会)条款的合同模式,通过合同规范业主、承包商、监理三者之间的相互关系,探索出在我国行之有效的基建管理体制。

在运营管理期间,从根本上改变了按行政区划设站收费的管理方法,采取对投资、里程、交通量等因素进行综合评价,分享经济权益,为跨省市高速公路运行中实行"一票制",提供了可靠的应用技术。京津塘高速公路开创的"统一建设、统一管理、统一收费、统一还贷"跨地区建设和运营的有效模式,打破了在计划经济体制下传统的管理办法和地区封锁,这种管理模式和思路符合社会主义市场经济形势下投资体制改革的基本框架。

(5)京津塘高速公路建设管理是严格按国际现代科学管理经验和办法进行的,即工程监理按照FIDIC条款对工程建设实行全面的科学控制。京津塘高速公路监理队伍由国际招标选定的外国工程咨询公司专家和交通部、两市一省的工程监理人员组成,能够相对独立地行使职权,严格执行FIDIC合同条款的规定,并结合我国国情制订相应的监理程序和严谨的报表制度。在工程实施过程中,组织多层次的培训工作,使中方的工程监理人员、建设和施工单位的管理人员了解掌握监理程序、合同条款和技术规范,并注重发挥外方监理专家的作用,使国外的成功经验同我国的实际相结合,总结出具有中国特色的"严格监理、热情服务"监理模式。通过严格、严密、公正、科学监理,使工程质量达到国内同类工程最好水平和国际先进水平,工程造价和工期控制在概算规模和合同工期之内,为我国推行工程监理制度做出了突出贡献。

(6)通过利用世界银行贷款的有利条件,积极借鉴和学习国际先进管理经验,实现了我国高速公路项目管理同国际惯例接轨,经建设、设计、施工、监理单位的共同努力,出色完成我国政府与世界银行签订的京津塘高速公路项目贷款协定中的有关规定。在项目实施工程中,除了全面完成高速公路建设任务外,还完成养护设备采购、科研课题、人员培训及建立道路数据库等贷款子项目,使京津塘高速公路利用国际金融组织贷款取得成功,为我国公路建设和争取贷款起到了示范和推动作用。1995年在我国召开的世界银行贷款公路项目执行总结研讨会上,京津塘高速公路工程项目被誉为"世界银行十年来在华贷款项目成功建设的典范"。1997年3月,世界银行在一份内部文件中指出:"京津塘高速公路是迄今为止中国建造的最好的干线公路""令人满意地完成京津塘高速公路是一个值得称赞的成就"。

4.6.2 沥青面层设计原则

在京津塘高速公路路面设计时,沥青面层设计要求如下:

(1)有足够的耐久性。至少应达到设计年限,除允许中间有一次恢复表面功能性的维修罩面外,沥青面层不应产生大规模破坏,要求对使用的材料(如沥青、集料、矿粉)进行认真选择,沥青混合料有充分的耐久性,包括水稳定性、抗老化性及抗疲劳性能充分得到保证。

(2)尽量减少沥青面层因荷载及气候条件作用而过早开裂,包括春融最不利时期因路面强度不足产生破坏性裂缝、秋末冬初寒流降温收缩产生温度裂缝、半刚性基层或底基层材料收缩裂缝引起的反射性裂缝、疲劳裂缝等。

（3）有足够的高温稳定性，不致产生过大的车辙、波浪、拥包等流动变形。

（4）不致发生水损害破坏，沥青路面要能封住水、少量渗入路面的水要能排出去。

（5）有足够的抗滑能力。尽可能提高高速行车下的摩擦系数，防滑性能应比一般公路高。而且不能产生大的车辙，否则路面积水将使高速行车产生水面滑溜现象，这对安全是一个很大的威胁。

（6）便于机械化施工。机械化施工不仅可以提高施工效率，还有利于减少不同施工作业班组因工人技术水平不同造成的质量差异，对工程质量控制起到良好的保障作用，这在当时我国普遍缺乏施工机械的条件下是很重要的。

第 5 章
首都机场高速公路

首都机场高速公路(S12)全长18.5km,1992年4月开工,1993年9月通车,沥青混凝土面层厚18cm,水泥稳定砂砾和石灰粉煤灰稳定砂砾基层厚34cm,石灰土底基层厚15cm。多年来路面技术状况稳定,未发生早期损坏,未出现结构性损坏,2006年5月进行了一次铣刨罩面。首都机场高速公路一览表见表5-1。

首都机场高速公路一览表　　　　　　　　　　表5-1

工程概况				
完工时间	1993年9月		车道数量	双向六车道
里程长度	18.5km		交通量	>3000辆/(d·车道)
典型特征	首都机场高速公路为首都国际机场的主要配套设施,被称为"国门第一路"			
路面结构				
面层	类型	沥青混凝土路面	类型	水泥稳定砂砾、石灰粉煤灰稳定砂砾、石灰土
	厚度	18cm	基层 厚度	49cm
特点描述	上基层采用水泥稳定砂砾提高早期强度,高速公路沥青路面首次使用SBS改性沥青			
路面性能				
技术状况	优良		病害特征	沥青面层老化开裂
裂缝	PCI>85		早期损坏	无
车辙	RDI>90		罩面时间	2006年5月

5.1 概　　况

首都机场高速公路(S12)位于北京市东北部,西起东三环路三元立交,东至首都机场2号桥,途经四元桥、大山桥、京包铁路、北皋村、苇沟村、温榆桥、天竺镇,全长18.5km。首都机场高速公路是首都国际机场的主要配套设施,也是北京市东北方向的一条重要高速公路放射线,是连接国际国内政治、经济、文化、科技交往的重要交通枢纽,被称为"国门第一路"。

原有首都机场路于1958年建成通车,路面宽度只有7~9m,天竺村至机场长2.5km

段于1980年被改建为两幅路。根据1988年北京市公安交通管理局观测,在三元立交南口(机场路起点处)测得的年平均交通量为22299辆/d,大山子南口测得的年平均昼夜交通量为12987辆/d,已超过机场路当时的最大通行能力12000辆/d的标准。为适应首都机场发展的需求,需要将原有首都机场路改建为安全、高速、舒适、美观的现代化高速公路。此外,作为争办2000年奥运会的基础设施项目,首都机场高速公路的建设具有重大的经济和社会意义。

全线根据交通量、地形地物、规划条件不同将道路横断面形式分为三段,具体方案为:

(1)三元桥—北皋村段,长8km,以旧路为中心,基本上对称向两侧展宽,双幅路,三上三下双向六车道,单向车道宽度$3 \times 3.75 = 11.25(m)$,中央分隔带宽3m,左侧路缘带宽0.75m,路肩宽3.25m(硬路肩2.5m,土路肩0.75m),共34.5m。

(2)北皋村—天竺村段,长8km,在原机场路北侧约100m处新辟路基,道路横断面仍为两幅路,三上三下六车道,单向车道宽度为12.5m,中央分隔带宽3m,两侧路肩宽3.25m,路基总宽34.5m。

(3)天竺村—机场段,长2.5km,按进出场路标准设计,双幅路,三上三下六车道,不设硬路肩。

1992年4月,经国家计划委员会审批,首都机场高速公路正式开工,由京津塘高速公路北京市公司和交通部中国公路桥梁建设总公司联合成立"首都机场高速公路有限公司",负责建设。该工程历时17个月,于1993年9月全线通车。

5.2 路面结构

首都机场高速公路全线为全封闭、全立交高速公路,设计车速为120km/h;路面采用高等级沥青混凝土路面,以BZZ-100为标准轴载,单车道使用初期日平均当量轴载次数570次/d。依据《公路柔性路面设计规范》(JTJ 014—86)的设计年限不小于15年,同时,首都机场高速公路行驶小客车较多,考虑其重要性并保持一定安全储备,决定采用设计年限为20年。其交通量平均增长率6.2%,设计年限内单车道累计标准轴载次数7.8×10^6,规范的结构类型系数采用11。根据对整体性基层上的沥青混凝土路面观测统计,结构类型系数采用6.4,设计路表容许回弹弯沉值22.8(0.01mm)。既有道路被改建为双幅路,三上三下共六车道,设硬路肩,路基总宽度为34.5m。首都机场高速公路主路路面结构见图5-1。

首都机场高速公路主路路面结构总厚度为67cm,结构组合见表5-2。根据北京市材料供应情况、常用配合比和实测数据,得到材料回弹模量及抗弯拉强度,见表5-3。

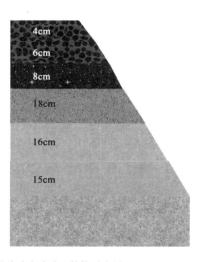

图 5-1 首都机场高速公路主路路面结构示意图

首都机场高速公路主路路面结构组合　　表 5-2

序号	层　位	结构层材料	厚度（cm）
1	表面层	中粒式沥青混凝土（玄武岩碎石）	4
2	中面层	粗粒式沥青混凝土（石灰岩碎石）	6
3	下面层	沥青稳定碎石（石灰岩碎石）	8
4	上基层	水泥稳定砂砾	18
5	下基层	石灰粉煤灰稳定砂砾	16
6	旧路路基	石灰土（12%）	15

首都机场高速公路主路路面结构材料参数　　表 5-3

路面材料	抗压回弹模量（MPa）	抗弯拉回弹模量（MPa）	抗弯拉强度（MPa）
中、粗粒式沥青混凝土	1000	2000	2.5~3.0
沥青稳定碎石	800		
水泥稳定砂砾	800	6000	0.8
石灰粉煤灰稳定砂砾	500	4000	0.4
石灰土	360	2000	0.5

5.3 路面材料

在材料选择上，针对首都机场高速公路耐磨抗滑要求，表面层使用了玄武岩碎石，沥青材料引进奥地利理查德费尔辛格集团（RF 集团）的 NOVOPHALT 改性沥青技术和设备，利用国产材料[90~100 号石油沥青、聚乙烯（PE）、热塑性弹性体（SBS）和石棉纤维]生产改性沥青，这在我国高速公路沥青路面采用这项新技术尚属首次。国产改性沥青全部用于首都机场高速公路，节约了大量外汇。改性沥青和玄武岩碎石的使用，增强了路面的抗滑性能,并具有强度高、防水性能好、热稳定性好等优点,对保证车辆高速行驶的交通安全具有重要作用。

5.3.1 改性沥青技术

路面采用了国内首次引进的改性沥青技术。该技术为理查德费尔辛格公司(RF集团)开发的聚合物改性沥青(NOVOPHALT)应用技术,是利用特殊的移动式制造设备,在沥青拌和厂现场将沥青改性剂均匀分散到沥青中,直接用来拌和沥青混合料的综合技术,分散程度远高于一般的高速搅拌。理查德费尔辛格公司开发的 NOVOPHALT 在欧美不少国家应用,第一次应用的公路项目是1977年维也纳 PRETER-HOCHBRUEKE 项目,该公路项目日交通量超过9万辆/车道,到1993年仍然使用良好;在奥地利、意大利等国家,NOVOPHALT 被应用于交通量特别大的高速公路、城市道路交叉口,也应用于水泥混凝土路面罩面。著名的捷克布尔诺汽车方程式大奖赛跑道就采用了 NOVOPHALT。

首都机场高速公路指挥部使用 RF 集团的改性沥青制造设备,对中国产的欢喜岭(盘锦)沥青(中文代号 HXL)掺加聚乙烯(PE)或再掺苯乙烯–丁二烯–苯乙烯共聚物(热塑性弹性体,即 SBS)改性,表面层使用石棉纤维(中文代号 NOV)。首都机场高速公路面层采用的沥青主要采用盘锦90号国产沥青,部分中面层使用胜利100号,聚乙烯为北京燕山石化总厂产品,热塑性弹性体(SBS)为湖南岳阳巴陵石化公司合成橡胶厂产品。

首都机场高速公路修建时,国内还没有提出针对改性沥青的评价标准,交通部公路科学研究所采用改性前后对比的方式,部分验证了 NOVOPHALT 的性能。表5-4列出欢喜岭沥青及用4%PE及2%SBS改性之后的指标对比。

欢喜岭沥青及改性之后的指标对比 表5-4

指　　标		欢喜岭沥青原样	表层改性沥青(2%SBS+4%PE)
针入度25℃(0.1mm)		74	55
延度15℃(cm)		77	12
延度10℃(cm)		16.3	8.8
延度5℃(cm)		5.1	6.1
延度0℃(cm)		0	3.6
软化点(℃)		47.8	59.0
60℃黏度(Pa·s)		156.9	1124.0
TFOT后	质量损失(%)	0.49	0.38
	针入度比(%)	75.3	89.5
	延度15℃(cm)	7.1	4.2
	延度10℃(cm)	3.0	4.9
	延度5℃(cm)	0	3.1
	60℃黏度(Pa·s)	406.2	—

任何一种改性剂都不是万能的,大都是针对某种指标,兼顾其他。表5-4中欢喜岭沥青改性后针入度减小了一个等级,软化点大为升高,黏度增加了约7倍,表明沥青的高温稳定性显著提高;另一方面,反映低温性能的15℃及10℃延度并没有增加,当温度降为5℃以下延度有所提高,而0℃延度的提高则比较明显,说明低温脆性得到改善,高低温性能都有明显的改善。

但是,研究者在试验中也发现,由于掺加PE、SBS改性沥青的相容性不好,一经制造必须立即投入混合料搅拌和使用,否则将很快离析。室内试验都经过灌模、冷却的过程,离析在所难免,而实际生产过程中,改性沥青制造后会立即喷入拌和锅进行拌和,所以,室内试验结果并不能完全反映生产上的改性效果。

5.3.2 密级配中粒式改性沥青混合料

(1)矿料级配

首都机场高速公路表面层采用了密级配中粒式改性沥青混合料,油石比6.0%,混合料矿料级配见表5-5。

密级配中粒式改性沥青混合料矿料级配　　　表5-5

筛孔尺寸(mm)	16	13.2	9.5	4.75	2.36	1.18	0.6	0.3	0.15	0.075
通过率(%)	98.2	78.1	70.7	38.9	30.1	21.3	15.5	10.7	9.0	6.3

(2)改性剂、纤维、沥青用量

为了确定改性沥青中改性剂用量及纤维用量,并确定沥青用量,交通部公路科学研究所进行了一系列马歇尔试验,考察因素主要根据奥地利、意大利的经验选取,考察因素及水平见表5-6。

考察因素及水平(单位:%)　　　表5-6

因素	SBS用量	PE用量	石棉纤维用量	沥青用量
水平	2	4.0	0.3	5.5
	2	4.5	0.4	6.0
	2	5.0	0.5	6.5

试验发现,PE用量为4%即可满足空隙率要求,石棉纤维用量不宜小于0.4%,油石比以6%为宜。按照室内试验结果,用工厂拌合料进行试验,马歇尔试验结果见表5-7。

工厂拌合料马歇尔试验结果　　　表5-7

外加剂用量(%)		油石比(%)	毛体积密度(g/cm^3)	最大密度(g/cm^3)	空隙率(%)	稳定度(kN)	流值(mm)
PE+SBS	石棉纤维						
4+2	0.4	6.0	2.521	2.632	4.22	11.03	33.12

按照常规马歇尔试验确定的配合比设计结果,PE+SBS改性沥青高温稳定性很好。

为了提高低温抗裂性,沥青用量宜比马歇尔试验配合比设计结果略大,但是当时对此还没有深刻的认识,生产上实际控制油石比仍为6%。由此,首都机场高速公路表面层沥青混合料采用的改性剂为4% PE + 2% SBS + 0.4%石棉纤维,油石比为6%。

5.3.3 基层材料

首都机场高速公路基层要求具有足够的强度和稳定性,并具备一定的抗冻性和较好的抗低温开裂性能,因此选用无机结合料稳定砂砾类材料。为了更好保持基层稳定,上基层材料采用水泥稳定砂砾,要求7d浸水抗压强度(湿养6d,浸水1d)不低于3MPa;底基层考虑强度和刚度自上而下递减的规律,并节约投资,使用石灰粉煤灰稳定砂砾,要求7d浸水抗压强度不低于0.7MPa。为了防冻及预防基层可能受到污染,设石灰土垫层,石灰含量为12%。对于路基比较湿软地段,采用生石灰(含量为9%)处理,处理厚度为15~20cm。

5.4 交通量情况

根据建设初期的交通量资料及调查统计,首都机场高速公路交通量车型比例为:大客车占10%、面包车占15%、小汽车占75%,路面竣工后第一年的日平均当量轴次见表5-8。

路面竣工第一年的日平均当量轴次计算表　　　表5-8

车　型	车种比例（%）	车辆数（veh/d）	标准轴载换算系数	1994年日平均当量轴次（次/d）	备　注
大客车	10	1276	1.1	1403.6	起控制作用
面包车	15	1914	0.01	19.17	影响较小
小客车	75	9570	0.0001	0.96	不起作用
路面竣工后第一年的日平均当量轴次				1424次	

从1993—2021年的日平均交通量(表5-9)来看,首都机场高速公路建成通车,极大地促进了周边经济的发展,交通流量迅猛增长。首都机场高速作为首都机场客、货运输的主干线,成为首都交通的大动脉之一。2011年之前,首都机场高速公路的交通量年均增长率达到10%以上。2012年首都机场交通流量趋于饱和,随着多项缓堵治堵措施陆续实施,机场第二高速公路交通分流作用逐渐显现,首都机场高速的交通量近10年来保持平稳。

首都机场高速通车历年交通量统计(天竺断面)　　　表5-9

年份(年)	1993	1994	1995	1996	1997	1998	1999	2000
日平均交通量(辆)	16504	21263	28104	32851	35975	38313	38008	43360
增长率(%)	—	28.8	32.2	16.9	9.5	7.9	-2.1	14.1

续上表

年份(年)	2001	2002	2003	2004	2005	2006	2007	2008
日平均交通量(辆)	49488	56998	63646	86563	125931	139613	163256	208600
增长率(%)	14.1	15.2	11.7	36.0	45.5	10.86	16.9	27.8
年份(年)	2009	2010	2011	2012	2013	2014	2015	2016
日平均交通量(辆)	228600	251400	295600	301300	312100	311400	314500	328100
增长率(%)	9.59	9.97	17.6	1.93	3.58	-0.02	1	4.32
年份(年)	2017	2018	2019	2020	2021			
日平均交通量(辆)	344500	346900	340000	239000	217700			
增长率(%)	5	0.1	-2	-30	-8.9			

从历年交通量统计资料分析,首都机场高速公路交通量的方向分布系数为0.55,车道分布系数为0.65。2018—2020年,单车道当量轴次分别为9789912次、9397902次、6239177次,近三年当量轴载累计作用次数25426991次,交通荷载等级为特重交通等级。

5.5 路面性能

首都机场高速公路1993年建成后,1995—1999年委托交通部公路工程检测中心进行过检测。2006年大修完成后,2007—2012年每年均开展路况检测。

5.5.1 1994—1999年路面技术状况

首都机场高速公路竣工通车后,1993年的检测结果见表5-10。

1993年首都机场高速公路沥青路面检测结果 表5-10

评价标准	实测值
路面损坏状况指数 PCI	100
代表弯沉值 $L_{代}$(0.01mm)	8.5
国际平整度指数 IRI(m/km)	1.9
横向力系数 SFC	55

交通部公路工程检测中心每年(1994—1999年)对首都机场高速公路全线进行路面状况、技术性能测试,内容包括路面弯沉、平整度和横向力系数共3项指标。1999年的检测评定结论如下:

(1)弯沉:弯沉值比较稳定,百米代表弯沉总平均值仅为道路使用年限末允许弯沉值的45%,路面强度状况良好。全线弯沉值沿线变化不大,90%的百米代表弯沉值分布在5~20(0.01mm)范围内。

(2)平整度:平整度处于较高水平,而且基本处于稳定状态,合格率95%以上。全线国际平整度指数 IRI 基本在 1.5m/km 左右,运行状况良好。这不仅与首都机场高速公路建设水平有关,还与道路交通组成以小客车为主,基本没有重型车辆有关。

（3）横向力系数:各车道 SFC 值 80% 以上均匀分布在 40~60 范围内,处于稳定状态。各车道沿线 SFC 分布较均匀,主要在道路两端有所下降,说明车辆在加减速时的磨光情况比较严重。

5.5.2 2007—2020 年路面技术状况

2007—2020 年,北京奥科瑞检测技术开发有限公司、中交路桥技术有限公司采用全自动路况检测车对首都机场高速公路路面技术状况进行了检测和评价,总体评价结果见表 5-11。

首都机场高速公路历年路面技术状况总体评价结果　　　表 5-11

出京	2007 年	2008 年	2009 年	2010 年	2011 年	2012 年	2013 年
PCI	99.99	98.14	97.5	96.31	95.22	93.18	90.41
RQI	96.68	94.18	93.98	96.31	94.19	93.80	93.78
RDI	97.12		97.51	98.36	90.61	88.97	86.95
出京	2014 年	2015 年	2016 年	2017 年	2018 年	2019 年	2020 年
PCI	87.94	89.87	91.33	91.64	92.75	90.6	91.01
RQI	93.11	94.42	93.55	94.10	93.73	93.43	93.45
RDI	90.15	92.03	93.80	94.30	96.14	97.64	97.37
进京	2007 年	2008 年	2009 年	2010 年	2011 年	2012 年	2013 年
PCI	99.71	98.43	96.91	95.74	94.27	94.69	90.16
RQI	96.6	93.87	93.68	95.74	94.01	92.95	93.36
RDI	98.22		98.75	98.42	91.28	85.23	83.08
进京	2014 年	2015 年	2016 年	2017 年	2018 年	2019 年	2020 年
PCI	89.39	90.25	91.72	93.1	88.41	85.29	92.62
RQI	92.97	94.29	93.28	94.08	93.59	93.75	93.58
RDI	88.77	91.82	94.51	95.06	95.39	97.19	97.23

从 2007—2020 年的路面技术状况演变趋势来看,首都机场高速公路的沥青路面技术状况总体上保持在较好水平,除了路面损坏状况指数 PCI 受维修养护影响出现一定波动外,路面车辙深度指数 RDI 和路面行驶质量指数 RQI 总体上保持稳定,沥青路面性能衰减不明显。

进出京方向的沥青路面损坏状况指数 PCI 演变规律,见图 5-2。首都机场高速公路沥青路面自 2006 年大修以后,经过 8 年长期运营,路面损坏状况指数 PCI 降到 90 左右。近年来主要通过中修方式对局部路段路面破损开展处治,路面损坏状况指数 PCI 总体上维持在 85 以上,达到良好等级。从进出京不同方向的路面破损状况对比来看,二者差异不大,但近年来进京方向的路面破损发展速度和波动程度大于出京方向。

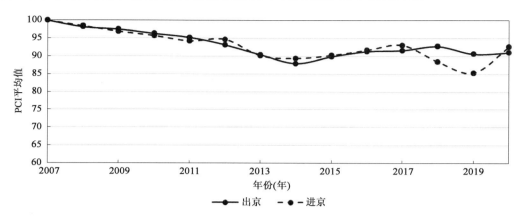

图5-2 首都机场高速公路进出京方向路面 PCI 演变

基于2007—2015年的进出京 PCI 检测数据,计算得到首都机场高速公路沥青路面 PCI 衰变方程见式(5-1)。

$$\text{PCI}_{\text{机场高速}} = 100\{1 - \exp[-(29/y_{2006})^{0.74}]\} \tag{5-1}$$

式中:y_{2006}——从2006年计算的路面使用年限。

通过式5-1可以看出,虽然首都机场高速公路交通量大,但是 PCI 衰减总体平稳。PCI 的寿命因子为29,PCI 衰减模式因子为0.74。说明首都机场高速公路在2006年大修以后,路面损坏状况的发展总体稳定,路面使用寿命较长。

沥青路面行驶质量指数 RQI 演变规律,见图5-3。首都机场高速公路沥青路面行驶质量指数总体保持稳定,进出京方向均为优等级,近年来一直保持在93以上。由首都机场高速 RQI 检测数据,拟合得到的 RQI 衰变方程见式(5-2)。

$$\text{RQI} = 95.5 - 0.91\ln(y_{2006}) \tag{5-2}$$

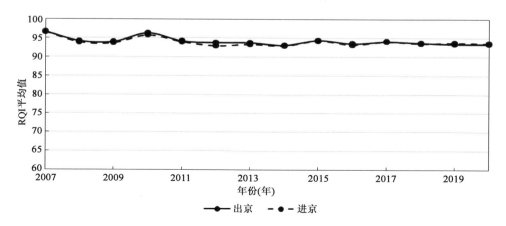

图5-3 首都机场高速公路进出京方向路面 RQI 演变

沥青路面车辙深度指数 RDI 演变规律,见图 5-4。

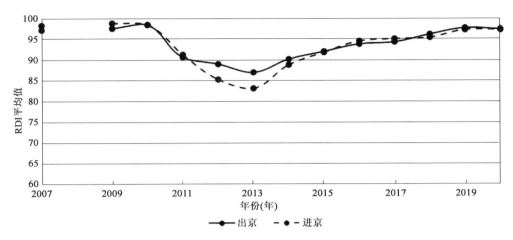

图 5-4　首都机场高速公路进出京方向路面 RDI 演变

首都机场高速公路沥青路面车辙深度总体稳定并略有减小,2014 年以前进京方向的车辙深度比出京方向发展更快,近年来随着中修处治的实施,进出京方向的车辙深度没有明显差异,均为优良评价等级。分析首都机场高速公路进京方向 2007—2013 年 RDI 衰变规律,见式(5-3)。

$$\mathrm{RDI}_{进京} = 100\{1 - \exp[-(13/y_{2006})^{1.46}]\} \quad (5\text{-}3)$$

由此可见,首都机场高速公路沥青路面 RDI 的发展规律与 PCI 不同,RDI 寿命因子为 13,RDI 衰变模式因子为 1.46,路面车辙深度指数的演变规律具有初期较为稳定,后期快速下降的特点。对比路面状况指数、行驶质量指数、车辙深度指数,路面车辙深度指数的发展最为明显,说明首都机场高速公路的沥青路面技术状况的衰变受车辙深度指数影响最大。对车辙开展专项治理,有利于沥青路面整体寿命的延长。从 2015—2020 年的车辙深度检测结果来看,近年来的中修处治效果明显,RDI 持续性提高,沥青路面车辙深度指数总体稳定并有所减小。

5.6　维修历史

5.6.1　1998 年路面中修

首都机场高速公路自通车以来,承担着极大客运交通流量,加之受冬季、雨季不良气候及交通事故的影响,路面、收费站及附属设施出现了不同程度的损害。为迎接新中国成立 50 周年大庆,提高首都机场高速公路的行车质量,首都高速公路发展公司根据养护计划,于 1998 年委托北京市公路局第二工程施工处,对首都机场高速公路实施中修工程。

中修工程主要对包括部分路段的路面、人行天桥、天竺收费站大棚及三匝道、北皋收费大棚、护栏等进行翻修。其中,路面工程主要包括:

(1)三元桥下路面破损:K0+020~K0+210,双方向路面铣刨旧路面4cm,由下到上依次加铺6cm粗粒式沥青混凝土、4cm密集配中粒式改性沥青混凝土,修补面积达5244m^2,其中水泥混凝土路面84m^2。

(2)K3+800机场方向火烧路面,铣刨4cm,加铺密级配中粒式改性沥青混凝土,玄武岩SBS改性剂。

(3)K10+700北京方向超车道火烧路面,铣刨4cm,加铺密级配中粒式改性沥青混凝土,玄武岩SBS改性剂。

(4)K13+100温榆河南桥头机场方向跳车,铣刨4cm,加铺密级配中粒式改性沥青混凝土,玄武岩SBS改性剂。

(5)K18+100北京方向路面接头跳车处理,铣刨4cm,加铺密级配中粒式改性沥青混凝土,玄武岩SBS改性剂。

5.6.2　2006年路面铣刨罩面

(1)工程概况

根据《公路养护技术规范》(JTJ 073—96)要求,沥青混凝土面层的使用周期为7~8年,到2006年首都机场高速公路已使用11年,超出使用年限4~5年,天竺收费站断面交通量峰值已经达到95000辆/d,已超过机场高速公路设计最大通行能力80000辆/d,路面损坏日益严重。道路损坏大多发生在沥青面层,裂缝、破损、沥青老化等病害现象严重,部分路段的基层也出现损坏。

为迎接2008年北京奥运会的召开,更好地完成机场高速公路的奥运通行保障任务,2004年5月开始筹备首都机场高速公路大修工程,2005年8月底组织完成初步方案设计,2006年6月开始大修施工。

首都机场高速公路大修工程路面工程共分为两个标段,均由路桥集团第一公路工程局第三工程公司承担负责施工,勘察设计单位为中交公路规划设计院,沥青混合料配合比设计由北京国道通公路设计研究院股份有限公司完成,监理单位为北京逸群工程咨询有限公司。

(2)路面结构

本次大修选用铣刨4cm原有路面、加铺沥青混合料的方案,通过比选加铺4cm改性沥青SMA-13、5cm改性沥青SMA-16、4cm改性沥青SMA-16三种方案(表5-12),最终确定选用加铺4cm改性沥青SMA-13方案。SMA-13型沥青混合料在北京的城市快速路中使用较多,混合料设计、生产及施工工艺比较成熟,使用效果良好,在路面层厚度为4cm时能很好保证混合料的均匀性,碾压容易成形,路面密实度较高,密水性好。

大修工程路面结构方案　　　　表 5-12

一般路段(结构-Ⅰ)	局部路段(结构-Ⅱ)	重做排水系桥面铺装(结构-Ⅲ)
4cm 改性沥青 SMA-13 改性乳化沥青黏层 现有路面铣刨 4cm	4cm 改性沥青 SMA-13 改性乳化沥青黏层 6cm 改性沥青 AC-20F 现有路面铣刨 4cm	4cm 改性沥青 SMA-13 改性乳化沥青黏层 4cm 改性沥青 SMA-16 现有铺装除去 8cm

方案中若结构-Ⅱ和结构-Ⅲ的数量较少,可将结构-Ⅱ改性沥青 AC-20F(细型密级配沥青混合料)、结构-Ⅲ改性沥青 SMA-16 改为同上面层的改性沥青 SMA-13。

(3)材料

本次大修对首都机场高速公路全线所有沥青混凝土路面上面层和局部中面层进行铣刨和摊铺,混合料采用改性沥青掺加 25% 特立尼达湖沥青,油石比 6.0%,沥青结合料中特立尼达湖沥青与 SBS 改性沥青按 25∶75 的比例掺配,粗集料采用张家口玄武岩,细集料采用石灰岩机制砂,矿粉采用磨细石灰石粉,稳定剂采用木质纤维素。

SMA-13 混合料级配见表 5-13。

SMA-13 混合料级配　　　　表 5-13

筛孔尺寸(mm)	16	13.2	9.5	4.75	2.36	1.18	0.6	0.3	0.15	0.075
通过率	100	95.6	70.2	26.5	19.4	15.4	14.1	12.3	11.4	10.2

①改性沥青。

配合比设计中采用的 SBS 改性沥青由秦皇岛中油沥青科技有限公司提供,该产品在北京地区高速公路沥青路面中使用较多,性能指标不但满足《首都机场高速公路大修项目设计初步设计》中 SBS 改性沥青技术要求,还满足美国 SHRP 性能分级 PG70-28 标准。改性沥青性能检测结果见表 5-14。

改性沥青性能检测结果　　　　表 5-14

项　目	单　位	试验结果	技术要求	试验方法
针入度(25℃)	0.1mm	52.0	50~60	JTJ T 0604
延度(5℃)	cm	31.8	≥30	JTJ T 0605
软化点	℃	82.5	≥80	JTJ T 0606
运动黏度(135℃)		1.43	≤3.0	JTJ T 0625
密度(15℃)	g/cm³	1.031	—	JTJ T 0603
弹性恢复(25℃)	%	90.5	≥75	JTJ T 0662
薄膜烘箱试验				
质量损失	%	0.70	≤0.8	JTJ T 0610
针入度比	%	66.9	≥65	JTJ T 0604
延度(5℃)	cm	23	≤20	JTJ T 0605

②特立尼达湖沥青。

特立尼达湖沥青是一种天然物质,本身就是沥青,而不是合成添加剂,其物理性质与常规沥青完全一致。因此,特立尼达湖沥青作为一种沥青改性剂掺加到石油沥青中,两者可以有效混合,混合后沥青使用性能得到改善。特立尼达湖沥青性能检测结果见表5-15。

特立尼达湖沥青性能检测结果　　　表5-15

项　目	单　位	试　验　值	标　准
针入度（25℃）	0.1mm	2.0	2±2
软化点	℃	93.0	93～99
加热损失(163℃,5h)	%	1.05	2.0
溶解度	%	53	52～55
灰分	%	37.4	35～39
密度	g/cm³	1.396	1.39～1.44

(4)交竣工情况

2007年7月,经交通部公路工程检测中心检测,由北京市道路工程质量监督站出具交工验收检测意见,首都机场高速公路大修工程路面国际平整度指数IRI平均值为1.41m/km,合格率94.66%,顺利交工验收。

5.6.3　2015—2018年部分路段中修

鉴于首都机场高速公路进京方向的车流量大增,标准轴载BZZ-100的日作用次数已达到饱和设计状态,交通荷载造成疲劳破坏、网裂、坑槽等病害,路面病害的表现与进出京方向车流量多少基本一致,出京方向路面病害轻于进京方向,超车道路面轻于主车道。

(1)处治方案

针对路面病害处治设计,主要对路面破损、坑槽、开裂、麻面集中路段的严重部位进行铣刨上面层后重新铺设沥青混凝土,新铺沥青混凝土面层为4cm SMA-13,并掺入稳定剂。

(2)施工流程

①现场复核路面处治位置、范围,对需要维修处治的部位进行重新测量复核、放样控制高程参考点,并记录,若发现设计外的路面存在严重的破损、开裂、麻面松散等同类病害,须报告业主、监理单位、设计单位,经批示后进行相应的处治。

②用醒目的线标识需更换的沥青混凝土上面层范围,先用切割机切割,分离后再用铣刨机铣刨并清理。

③查看铣刨路段的中面层粗粒式沥青混凝土有无破损、开裂病害,并将检查结果及时通知业主、监理单位和设计单位,若存在病害,建议切割铣刨,重新浇筑,一并处理。

④清理基面后,撒布改性乳化沥青黏层。

⑤重新铺设沥青混凝土上面层,压实。

第 6 章
京藏高速公路

京藏高速公路(G6)北京段,原名八达岭高速公路,全长69.98km,1994年1月开工,2001年9月12日通车,历时7年分三期修建。一期工程沥青混凝土面层厚20cm,石灰粉煤灰稳定砂砾基层厚31~36cm,石灰土底基层厚30cm。二期和三期工程沥青混凝土面层厚16~18cm,石灰粉煤灰稳定砂砾基层厚36~40cm,天然砂砾底基层厚36~40cm。多年来路面技术状况稳定,未发生早期损坏,未出现结构性损坏,先后在2009年、2011年和2014年对部分路段进行了铣刨罩面。

京藏高速公路北京段一期~三期工程见表6-1~表6-3。

京藏高速公路北京段一期工程　　　　表6-1

工 程 概 况			
完工时间	1996年11月	车道数量	双向六车道
里程长度	31.14km	交通量	约2000辆/(d·车道)
路面结构			
面层	类型	沥青混凝土	基层	类型	石灰粉煤灰稳定砂砾、石灰土
	厚度	20cm		厚度	61~66cm
特点描述	表面层首次大规模采用SMA沥青玛蹄脂碎石混合料		
路面性能			
技术状况	优良	病害特征	龟裂、车辙
裂缝	PCI>85	早期损坏	无
车辙	RDI>94	罩面时间	2009年

京藏高速公路北京段二期工程　　　　表6-2

工 程 概 况			
完工时间	1998年11月	车道数量	双向六车道
里程长度	30.67km	交通量	>2000辆/(d·车道)
路面结构			
面层	类型	沥青混凝土	基层	类型	石灰粉煤灰稳定碎石
	厚度	18cm		厚度	40cm
特点描述	部分结构为旧路基加宽后新建路面,部分为旧路面加铺		

续上表

路面性能			
技术状况	优良	病害特征	沉陷、网裂、坑槽
裂缝	PCI > 90	早期损坏	—
车辙	RDI > 95	罩面时间	2011年

京藏高速公路北京段三期 表6-3

工程概况			
完工时间	2001年9月	车道数量	双向四车道
里程长度	8.11km	交通量	1400~2000辆/(d·车道)
路面结构			
面层	类型	沥青混凝土	基层	类型	石灰粉煤灰稳定砂砾、天然砂砾
	厚度	18cm(进京)、16cm(出京)		厚度	80cm(进京)、72cm(出京)
特点描述	进出京交通组成不同,进京侧路面结构适当加强		
路面性能			
技术状况	优良	病害特征	龟裂、车辙
裂缝	PCI > 80	早期损坏	无
车辙	RDI > 85	罩面时间	2011年

6.1 概 况

京藏高速公路北京段,是北京通往张家口、呼和浩特、银川等地110国道的一部分,是丹东至拉萨国道主干线的一部分。于1994年1月开工建设,分段分期(共三期)进行建设,于2001年9月全线完工。京藏高速公路北京段起点为北京市北三环马甸桥,终点为延庆县康庄,全长69.98km,按全封闭、全立交的高速公路标准建设,平原段设计速度80~120km/h,山区段设计速度为80km/h。

6.1.1 京藏高速公路北京段一期工程

京藏高速公路北京段一期工程于1994年1月开工建设,起点为马甸(桩号K0+000),终点为昌平西关(桩号K31+200),全长31.14km,总资额19.8亿元,于1996年11月建成通车。全线按高速公路标准设计,设计速度为80km/h,主路为双向六车道,马甸—西三旗段路基宽度28.5m,西三旗—昌平段路基宽度33.5m,机动车道宽25m,中央分隔带2.5m,沿主路两侧各建一条辅路,路面宽10.5~12m。

6.1.2 京藏高速公路北京段二期工程

京藏高速公路北京段二期工程以交计发〔1997〕117号文件批准工可,以交公路发

〔1997〕196号文件批准初步设计,1997年6月交通部批准开工报告。起点自昌平西关(桩号K0+000),终点至延庆县八达岭西拨子(桩号K30+670),全长30.67km。二期工程从1997年2月开工,1998年11月全线完工,总工期23个月。全线按全封闭、全立交的高速公路标准设计,设计速度为80km/h,主路为双向六车道,单向路基标准宽度13.5m。

6.1.3 京藏高速公路北京段三期工程

京藏高速公路北京段三期工程于2000年11月开工建设,起点为京藏高速公路北京段二期工程终点(桩号K0-314),向西经岔道口村、营城子、国家粮食储备仓库、康庄镇、88604部队与河北段相接,终点为八达岭镇(桩号K7+796),全长8.11km,于2001年9月建成通车,总工期9个月,三期工程共有3个标段。全线按高速公路标准设计,设计速度为120km/h,主车道宽度为2×11.25m,为双向四车道,主路采用整体式路基,路基横断面设计全宽28m。

6.2 路面结构

6.2.1 京藏高速公路北京段一期工程

京藏高速公路北京段一期工程路面结构设计年限为15年。根据交通量预测提供的交通量,推算其累计标准数及路表容许回弹弯沉值,并将交通量分为A、B两级,详见表6-4。

交通量分级及弯沉值　　表6-4

路段名称	交通量分级	交通量增长率(%)	1995年平均日交通量(ved/d)	路面竣工后第一年日平均当量轴次(次/d)	单车道使用初期日平均当量轴次(次/d)	设计年限内单车道累计当量轴次(次)	路表容许回弹弯沉值(1/100mm)
马甸—西三旗	A	6	49135	12630	3789	32.19×10^6	17.1
西三旗—昌平	B	7	32572	8373	2512	23.04×10^6	18.3

原道路路面结构包括五部分:①1957年铺筑的水泥混凝土路面在1984年加铺沥青混凝土路面(马甸—西三旗段);②1957年铺筑的水泥混凝土路面未加铺沥青路面(主要集中在西三期—二毛环岛段,但不含沙河镇内);③1984年加宽的沥青混凝土路面,每侧各宽6~7.75m(马甸—西三旗段);④1985年加宽的沥青碎石路面,每侧各宽1.3~2.3m(西三期—二毛环岛段,但不含沙河镇内);⑤1984年修建的非机动车道宽5.2~7m沥青石屑面层。根据路面的实际使用状况,除④、⑤部分整体强度较差需要刨除外,其余部分路面使用状况较好,整体强度较高。为节约投资,将旧路补强,两侧加宽部分按新路结构

要求设计,故京藏高速公路北京段一期工程主路结构较为复杂,既有新修路面结构(表6-5、图6-1),又有利用旧路面加铺结构(表6-6)。

京藏高速公路北京段一期工程主路新修段路面结构　　　　表6-5

序号	层　位	结构层材料	厚度(cm)
1	表面层	沥青玛琋脂碎石混合料	5
2	中面层	中粒式沥青混合料	7
3	下面层	粗粒式沥青混合料	8
4	基层	石灰粉煤灰稳定砂砾	31~36
5	底基层	石灰土(12%)	30

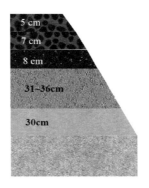

图6-1　京藏高速公路北京段一期工程主路新修路面结构示意图

京藏高速公路北京段一期工程主路加铺段路面结构　　　　表6-6

序号	层　位	结构层材料	厚度(cm)
1	表面层	沥青玛琋脂碎石混合料	5
2	中面层	中粒式沥青混合料	7
3	下面层	粗粒式沥青混合料	8
4	基层	石灰粉煤灰稳定砂砾	>16

6.2.2　京藏高速公路北京段二期工程

京藏高速公路北京段二期工程主路路面结构比较复杂,既有旧路基加宽,又有旧路面加铺。加宽部分按新建路面结构,旧路面上根据高差决定找平层采用无机结合料稳定集料或沥青稳定碎石。新建结构与旧有道路结构采用50cm宽搭接形式。主路路面结构见表6-7、图6-2。

该期工程路面结构设计参数为:路面设计以双轮组单轴轴载100kN为标准轴载;一条车道使用初期日平均当量轴次为1914次/d;设计年限为15年;交通量平均递增率7.2%,设计年限内一条车道的累计标准轴载数为17.83×10^6次;沥青路面结构类型系数采用6.4,路表容许回弹弯沉值为19.3(1/100mm)。

京藏高速公路北京段二期工程主路路面结构　　　表 6-7

序号	层位	结构层材料	厚度(cm)
1	表面层	沥青玛蹄脂碎石混合料	4
2	中面层	中粒式沥青混合料	6
3	下面层	粗粒式沥青混合料	8
4	基层	石灰粉煤灰稳定砂砾	40

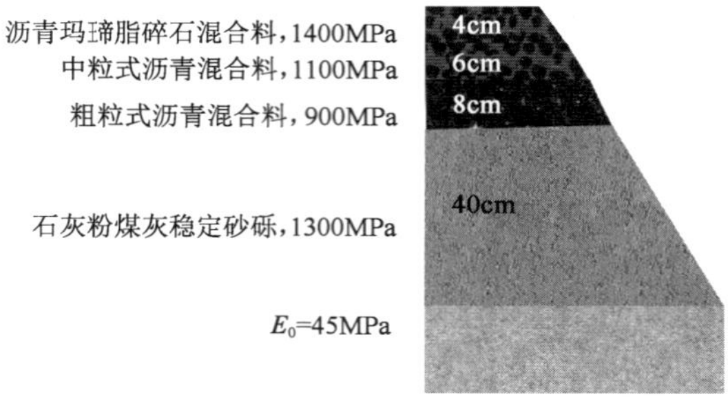

沥青玛蹄脂碎石混合料,1400MPa　4cm
中粒式沥青混合料,1100MPa　6cm
粗粒式沥青混合料,900MPa　8cm

石灰粉煤灰稳定砂砾,1300MPa　40cm

$E_0 = 45\text{MPa}$

图 6-2　京藏高速公路北京段二期工程主路路面结构示意图

6.2.3　京藏高速公路北京段三期工程

由于进京交通组成含有相当多的超载车辆(多为运煤货车等),考虑该部分车辆对路面结构的影响,设计过程中对进京侧路面给予加强。进京侧主路路面结构见表 6-8,出京侧路面结构见表 6-9。该期工程路面结构设计参数为:进京侧设计年限内一个车道上的累计当量轴次为 42212049 次,出京侧设计年限内一个车道上的累计当量轴次为 34241258 次;进京侧设计弯沉值为 18(1/100mm),出京侧设计弯沉值为 18.7(1/100mm)。京藏高速公路北京段三期工程主路沥青路面结构见图 6-3。

京藏高速公路北京段三期工程进京侧主路路面结构　　　表 6-8

序号	层位	结构层材料	厚度(cm)
1	表面层	沥青玛蹄脂碎石混合料 SMA-16	4
2	中面层	粗粒式沥青混凝土 AC-25 I	6
3	下面层	粗粒式沥青混凝土 AC-30 II	8
4	基层	石灰粉煤灰稳定砂砾 LFSG	40
5	底基层	天然砂砾 SG	40

京藏高速公路北京段三期工程出京侧主路路面结构　　　表 6-9

序号	层位	结构层材料	厚度(cm)
1	表面层	沥青玛蹄脂碎石混合料 SMA-16	4
2	中面层	粗粒式沥青混凝土 AC-25 I	5
3	下面层	粗粒式沥青混凝土 AC-30 II	7

续上表

序号	层　位	结构层材料	厚度(cm)
4	基层	石灰粉煤灰稳定砂砾 LFSG	36
5	底基层	天然砂砾 SG	36

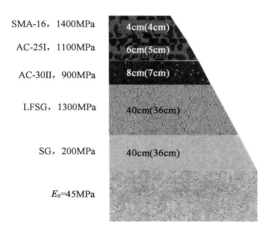

图 6-3　京藏高速公路北京段三期工程主路路面结构示意图

6.3　路面材料

6.3.1　京藏高速公路北京段一、二期工程

京藏高速公路北京段一、二期工程的沥青路面表面层，采用 SMA 沥青玛蹄脂混合料，是继首都机场道面工程后再次使用该技术。因当时交通部颁布的《公路沥青路面施工技术规范》(JTJ 032—94)中缺少改性沥青混合料的内容，为满足施工和质量控制要求，八达岭高速公路指挥部针对工程特点制定了《改性沥青玛蹄脂碎石混合料施工的技术要求》(以下简称《技术要求》)。《技术要求》对基质沥青、改性剂、改性沥青及集料提出技术要求的同时，还对改性沥青玛蹄脂碎石混合料的拌和、运输、摊铺、碾压工艺提出了具体的技术要求。作为对《公路沥青路面施工技术规范》(JTJ 032—94)的补充，施工中原则上仍执行当时的《公路沥青路面施工技术规范》(JTJ 032—94)、《公路工程沥青及沥青混合料试验规程》(JTJ 052—93)和《公路工程质量检验评定标准》(JTJ 071—94)，当规范和标准与《技术要求》不一致时，按《技术要求》执行。

(1) 沥青材料

该工程使用的沥青为胜利、大港和辽河油田生产的 A-100 号乙型沥青、盘锦 AH-90 号沥青，各项技术指标符合表 6-10 的要求。

沥青原材料技术指标 表6-10

试 验 项 目		单 位	标 号	
			A-100乙	AH-90
针入度(25℃,100g,5s)		0.1mm	80~120	80~100
延度(25℃,5cm/min) 不小于		cm	60	100
软化点(环球法)		℃	42~52	42~52
溶解度(三氯乙烯) 不小于		%	99.0	99.0
蒸发损失试验 (163℃,5h)	质量损失 不大于	%	1.0	1.0
	针入度比 不小于	%	65	50
闪电(COC) 不小于		℃	230	230

改性沥青中聚乙烯(PE)的掺加量为沥青用量的4%,苯乙烯与丁二烯的嵌段共聚物(SBS)Y791型,掺加量为沥青用量的2%,石棉纤维掺加混合料质量的4‰。改性沥青技术指标如表6-11所示。对于改性沥青的质量检测,除按表6-11所列各项技术指标检测外,还要用100倍的显微镜进行观察,检查改性材料是否充分被分散。

改性沥青技术指标 表6-11

试 验 项 目		单 位	胜利A-100乙号加改性材料	大港A-100乙号加改性材料	辽河A-100乙号加改性材料
针入度(25℃,100g,5s)		0.1mm	76.5	83.1	93.0
延度(25℃,5cm/min)		cm	47.0	30.6	33.6
软化点		℃	55.0	54.0	51.3
脆点		℃	-14.0	-13.5	-16.0
薄膜加热试验 (163℃,5h)	质量损失	%	0.02	0.10	0.12
	针入度比	%	77.2	78.9	64.1
	15℃延度	cm	9.8	6.0	16.5

(2)集料

粗集料使用门头沟的辉绿岩碎石和石屑,规格分别为10~20mm(圆孔筛)和3~10mm(圆孔筛)。细集料使用龙凤山产的中(粗)砂。各项指标符合表6-12和表6-13的技术要求。

沥青面层用粗集料质量技术要求(JTJ 032—94) 表6-12

指 标	单 位	高速公路、一级公路
石料压碎值 不大于	%	28
洛杉矶磨耗损失 不大于	%	30
视密度 不小于	t/m³	2.50
吸水率 不大于	%	2.0
对沥青的黏附性 不小于	—	4级

续上表

指 标	单 位	高速公路、一级公路
坚固性	不大于 %	12
细长扁平颗粒含量	不大于 %	15
软石含量	不大于 %	5
石料冲击值	不大于 %	28

沥青面层用细集料质量技术要求（JTJ 032—94） 表6-13

指 标	单 位	高速公路、一级公路
视密度	不小于 t/m³	2.50
坚固性（>0.3mm部分）	不大于 %	12
砂当量	不小于 %	60

（3）沥青混合料

京藏高速公路北京段一、二期工程所用的沥青混合料是以马歇尔试验来进行控制的，性能控制指标较少，最佳油石比按《公路沥青路面施工技术规范》（JTJ 032—94）附录B的有关规定确定，各项技术指标符合表6-14的要求。工程统一规定开始的击实温度为160℃，击实次数采用正反各50次。

沥青玛蹄脂碎石混合料标准 表6-14

技术指标	指标值	技术指标	指标值
稳定度（kN）	>6.2	饱和度（%）	75~85
流值（mm）	2~4	残留马歇尔稳定度	>75
空隙率（%）	2~5		

京藏高速公路北京段一、二期工程在首都机场高速公路使用改性沥青和玄武岩的基础上，针对该道路超载、重载车比例比较大等原因采用SMA沥青玛蹄脂碎石混合料。通车后经过多年运营发现SMA路面具有以下优点：良好的高温抗车辙能力；间断级配增加路面构造深度，抗滑性能好；同时，具有较好的耐老化性、低温抗裂性和水稳定性。

6.3.2 京藏高速公路北京段三期工程

京藏高速公路北京段三期工程道路材料的选择和配合比的设计，是依据1994年交通部颁布的《公路沥青路面施工技术规范》（JTJ 032—94）来进行的，试验方法依据《公路工程沥青及沥青混合料试验规程》（JTJ 052—93）、《公路工程集料试验规程》（JTJ 058—2000）。沥青路面表面层为改性沥青玛蹄脂混合料（SMA-16），中面层、底面层均为密级配沥青混凝土混合料（AC-25Ⅰ、AC-30Ⅱ），基层为石灰粉煤灰稳定砂砾。

(1) 沥青材料

该工程中面层、底面层使用的沥青为盘锦、滨化生产的 AH-90 重交通沥青,表面层采用的基质沥青为盘锦 AH-90 重交通沥青。沥青原材料各项技术标准和试验结果见表 6-15。

沥青原材料技术标准及试验结果 表 6-15

试验项目			单位	技术标准	试验结果
针入度(25℃,100g,5s)			0.1mm	80~100	86
软化点(环球法)			℃	42~52	47.8
延度(15℃,5cm/min)		不小于	cm	≥100	100
溶解度(三氯乙烯)		不小于	%	≥99.0	99.6
闪点(COC)		不小于	℃	230	276
密度(15℃)			g/cm^3	实测	1.0058
薄膜烘箱加热试验(163℃,5h)	质量损失	不大于	%	≤1.0	0.027
	针入度比	不小于	%	≥50	77.9
	延度(25℃)	不小于	cm	≥75	100

改性沥青中改性剂(SBS)掺量为沥青用量的 5%,稳定剂采用德国生产的木质纤维素,掺加沥青用量的 3‰。改性沥青技术标准及试验结果见表 6-16。

改性沥青技术标准及试验结果 表 6-16

试验项目		单位	技术标准	试验结果
针入度(25℃,100g,5s)		0.1mm	>40	47
延度(5℃,5cm/min)		cm	>20	26.9
软化点		℃	>60	72
溶解度(三氯乙烯)		%	>99.0	99.63
针入度指数 PI			>0.2	0.23
当量软化点 T_{800}		℃	>48	57
当量脆点 $T_{1.2}$		℃	<-15	-16.1
弹性恢复 25℃		%	>70	93
薄膜加热试验(163℃,5h)	质量损失	%	<1.0	0.12
	针入度比	%	>60	87.2

(2) 沥青混合料

京藏高速公路北京段三期工程所用的沥青混合料是以马歇尔试验来进行控制的。沥青路面生产配合比设计过程中,根据公路沥青路面 AC-30Ⅱ、AC-25Ⅰ和 SM-16 的目标配合比设计做出的配合比,对 LQB1200 型拌和机进行了热料仓筛分。根据筛分结果,矿料生产配比如表 6-17 所示。根据公路沥青路面的目标配合比设计做出的最佳油石比:AC-30Ⅱ 为 3.6%,AC-25Ⅰ 为 4.5%,SMA-16 为 6.0%。

沥青混合料矿料生产配比 表 6-17

混合料类型	四仓	三仓	二仓	一仓	矿粉
AC30 Ⅱ	45	16	16	20	3
AC25 Ⅰ	23	25	15	32	5
SMA-16	—	50	29	10	11

根据《公路沥青路面施工技术规范》(JTJ 032—94),沥青混合料各项技术指标应符合表 6-18 的要求。

沥青混凝土技术要求 表 6-18

指标名称	AC30 Ⅱ 规范要求	AC25 Ⅰ 规范要求	SMA-16 要求(建议值)
稳定度(kN)	>5.0	>7.5	>6.0
流值(0.1mm)	20~40	20~40	20~50
空隙率(%)	4~10	3~6	3~4
饱和度(%)	60~75	70~85	75~85
残留马歇尔稳定度(%)	>70	>75	>75

根据公路沥青路面的目标配合比设计做出的最佳油石比,上下相差 0.3%,做三组马歇尔试验,试验结果如表 6-19 所示。从表 6-19 可以看出,三期工程的沥青混合料的稳定度、流值达到了规范的要求。

马歇尔试验数据汇总表 表 6-19

材料名称	沥青用量(%)	密度(g/cm³)	空隙率(%)	饱和度(%)	稳定度(kN)	流值(0.1mm)
AC30 Ⅱ	3.6	2.488	4.8	64.3	6.33	23.4
AC25 Ⅰ	4.5	2.469	3.5	75.0	10.65	26.4
SM-16	6.0	2.541	3.5	80.3	7.7	32.5

(3)石灰粉煤灰稳定砂砾

京藏高速公路北京段三期工程的石灰粉煤灰稳定砂砾基层的设计施工,是按照《公路沥青路面施工技术规范》(JTJ 032—94)中的有关规定执行。设计过程中采用含灰量 6%、8%、10%,粉煤灰 10%,相应级配碎石含量 84%、82%、80% 的三种配合比进行无侧限抗压强度对比试验,最终确定采用石灰:粉煤灰:级配碎石 = 8:10:82 的配合比。相应的最大干密度 2.185g/cm³,最佳含水率 6.8%,强度平均值 R 为 0.96MPa。

6.4 交通量情况

京藏高速公路北京段是连接北京城区和八达岭地区的高速公路,该高速公路在延庆附近转为京张高速公路。京藏高速公路北京段是北京西北方向重点的放射性干线公路,是通往长城和十三陵旅游区的必经之路,沿途经过清河、沙河、昌平卫星城镇,并有高科技产业开发区,西三旗建材城、昌平科技园区。它的建设对沿线政治、经济、旅游及贫困山区开发起到了积极作用。据2008—2019年的京藏高速公路北京段断面年日均交通量数据来看(表6-20),京藏高速断面年日均交通量平均值超过5万辆,但交通空间分布差异较大,西三旗交通量最大,越往市界方向交通量越小。从客货比例来看,京藏高速公路北京段六环以内路段交通以小客车为主,小客车占总体交通量的70%左右;六环以外路段以货车为主,2014年前市界断面年日均交通量货车比例超过50%;随着进出京小客车数量大幅增长,近年的货车比例降至20%左右。

京藏高速断面年日均交通量统计表(单位:辆)　　　　表6-20

年份(年)	观测站名称	小型客车	大型客车	小型货车	中型货车	大型货车	特大型货车	集装箱车
2008	西三旗	95465	9895	3710	1765	902	313	957
	沙河桥	31188	5494	1788	1053	465	170	355
	居庸关	16261	3125	2292	2078	2839	1325	2458
	市界	5671	749	1637	2532	3713	620	5463
2009	西三旗	98796	11067	3422	2168	1617	280	1645
	沙河桥	54381	6073	2022	936	751	300	141
	居庸关	16430	4825	4962	4194	4259	1980	2342
	市界	7597	1265	1966	2031	2528	273	4110
2010	西三旗	118568	12241	1976	2481	2987	369	3535
	沙河桥	78244	11801	1341	545	2539	1879	673
	居庸关	50252	5320	2521	1938	3014	5707	1051
	市界	5441	1341	2900	2855	2365	172	6857
2011	西三旗	106774	10487	3246	2347	1122	354	3594
	沙河桥	83457	9499	3615	1791	183	2902	258
	居庸关	53961	7335	2992	2278	750	5908	1477
	市界	4639	1431	1756	2365	2498	19	6457
2012	西三旗	38247	4525	2035	2689	1118	402	2380
	沙河桥	58593	4580	2347	1681	769	979	806
	居庸关	14103	2463	2629	3446	2598	929	8551
	市界	11270	966	1907	2401	2726	974	8054
2013	西三旗	39316	4329	1863	2859	1210	425	3130
	沙河桥	82057	5091	2449	2056	386	1518	203
	居庸关	16757	1450	3957	3233	2838	924	11173
	市界	4346	1214	1086	1616	2464	14	2387
2014	沙河桥	77288	3930	2234	1765	701	1140	256
	市界	3641	1350	1217	1678	3140	227	2908

续上表

年份(年)	观测站名称	小型客车	大型客车	小型货车	中型货车	大型货车	特大型货车	集装箱车
2017	西三旗	67859	2676	7191	2378	1056	2635	724
	居庸关	8406	726	4764	1131	1569	2473	676
	市界	17518	406	1126	2446	966	1628	231
2018	西三旗	92991	3153	9979	3520	1517	4277	1171
	居庸关	31813	2260	2127	3717	2451	2997	818
	市界	24400	488	1656	2891	1036	1512	210
2019	西三旗	90024	3200	8389	2683	1194	3687	1009
	居庸关	31552	2832	1707	3970	432	1706	546
	市界	25376	479	1871	2670	921	1408	176
2020	西三旗	41226	1264	3634	1061	362	1157	317
	居庸关	11999	901	703	1862	125	524	215
	市界	7521	196	806	1447	606	897	89

从大客车及中型以上货车交通量来看,京藏高速公路北京段的大客车及中型以上货车交通量在1300~3200辆/(d·车道),属于重交通等级。从近三年的交通量来看,单车道大客车及中型以上货车交通量趋于1500辆/d,不同路段的断面交通量差异较大。

6.5 路面性能

6.5.1 质量检评情况

6.5.1.1 京藏高速公路北京段一期工程

京藏高速公路北京段一期工程于1996年9月至11月进行路面工程质量检测,取得了路面弯沉、平整度等数据,作为一期工程验收和评定的依据。

(1)检测项目

根据《公路工程质量检验评定标准》(JTJ 071—94)及《公路沥青路面施工技术规范》(JTJ 032—94)中规定,一期工程检测项目与频率如表6-21所示。

一期工程检测项目与频率　　　　　　表6-21

序号	项目名称	检测频率	检测方法	备注
1	平整度	每车道每100m一值	平整度仪	步距25cm
2	弯沉	每车道每4m一点	自动弯沉仪	

（2）检测结果

京藏高速公路北京段一期工程全线（K0+200～K31+200）路面平整度检测结果如表6-22所示。

路面平整度(mm)检测结果　　　　　表6-22

平整度(连续式)		分布情况(组数)		
上行(东侧)	0.791	(211组)	<0.7(44组)	0.7～1.0(153组)	>1.0(14组)
下行(西侧)	0.832	(211组)	<0.7(26组)	0.7～1.0(164组)	>1.0(21组)
上行最小值0.580、最大值1.235；下行最小值0.551、最大值1.171					

京藏高速公路北京段一期工程全线（K0+200～K31+200）弯沉值检测结果如表6-23所示。

弯沉值(0.01mm)检测结果　　　　　表6-23

弯沉值(连续式,代表值)			
上行(东侧)	6.30	207组	最小值:2.96;最大值:16.66
下行(西侧)	7.70	215组	最小值:4.14;最大值:17.86

（3）检测结论

检测结果表明，京藏高速公路北京段一期（马甸—昌平段）工程道路路面弯沉代表值为0.070mm、平整度0.81mm，符合设计要求，达到了优良标准。

6.5.1.2　京藏高速公路北京段二期工程

京藏高速公路北京段二期工程于1999年10月至11月进行路面工程质量检测。采用法国产连续式自动弯沉仪LCP，采集路表弯沉数据2.1万个，采用车载式颠簸累计仪测定路面平整度数据10万个，作为该工程验收和评定的依据。

（1）检测项目和结果

根据《公路工程质量检验评定标准》(JTJ 071—94)及《公路沥青路面施工技术规范》(JTJ 032—94)的规定，二期工程的检测项目和频率与一期工程相同。二期工程全线路面平整度检测结果如表6-24所示。

路面平整度检测结果(单位:mm)　　　　　表6-24

平整度(连续式)
一、二期工程全线平整度平均值 $\sigma=0.82$。
一、出京方向平整度平均值 $\sigma=0.73$。
1.最外车道，K4+500～K34+300,平整度平均值 $\sigma=0.78$。
2.最内车道，K4+500～K34+300,平整度平均值 $\sigma=0.77$。
3.中间车道，K4+500～K12+900,平整度平均值 $\sigma=0.63$。
二、出京方向平整度平均值 $\sigma=0.73$。
1.最外车道，K36+500～K4+500,平整度平均值 $\sigma=1.04$。
2.最内车道，K36+500～K4+500,平整度平均值 $\sigma=1.06$。
3.中间车道，K12+700～K4+500,平整度平均值 $\sigma=0.62$。

京藏高速公路北京段二期工程全线路面弯沉值检测结果如表6-25所示。

弯沉值检测结果（单位：0.01mm） 表6-25

弯沉值（连续式，代表值）
一、二期工程全线弯沉代表值为7.6。
一、出京方向弯沉代表值为7.8。
1. 最外车道，K4+500～K12+480段弯沉代表值为7.4，K17+850～K32+900段弯沉代表值为8.5。
2. 最内车道，K4+500～K17+820段弯沉代表值为8.1，K17+850～K32+900段弯沉代表值为8.4。
3. 中间车道，K4+500～K17+820段弯沉代表值为7.2。
二、出京方向弯沉代表值为7.3。
1. 最外车道，K17+820～K4+500段弯沉代表值为6.9，K17+800～K35+400段弯沉代表值为7.7。
2. 最内车道，K17+820～K4+500段弯沉代表值为6.7，K17+850～K35+500段弯沉代表值为9.5。
3. 中间车道，K12+900～K4+500段弯沉代表值为6.6

（2）检测结论

检测结果表明，京藏高速公路北京段二期（昌平西关—京藏段）工程道路路面弯沉代表值为0.076mm，其中下行方向0.078mm，上行方向0.073mm，小于设计允许值。平整度$\sigma=0.82$mm，其中下行方向$\sigma=0.73$mm，上行方向$\sigma=0.91$mm。

6.5.1.3 京藏高速公路北京段三期工程

京藏高速公路北京段三期工程于2001年8月至9月进行路面工程质量检测。检测项目包括路面弯沉、平整度、路面摩擦系数。路面弯沉检测采用JG-96型自动弯沉仪测定，平整度检测采用ZCD2000型平整度测试车测定。检测依据主要采用《公路工程质量检验评定标准》（JTJ 071—98）及《公路沥青路面施工技术规范》（JTJ 032—94）。全路段检测结果汇总见表6-26。

京藏高速公路北京段三期工程质量检测评定结果 表6-26

序号	检测项目	标准值	检测方法	检测数量	检测结果
1	弯沉	20.9(0.01mm)	自动弯沉仪	4893	代表弯沉平均值7.18(0.01mm)
2	平整度	1.2mm	颠簸累计仪	218	σ平均值0.69mm
3	摩擦系数		摩擦系数测定车	1079	SFC平均值为49.0

6.5.2 路面技术状况

自2007年，北京市首都公路发展集团有限公司按照相关规范的要求，对京藏高速公路北京段的路面损坏状况指数、路面行驶质量指数、路面车辙深度指数和抗滑性能指数进行了系统检测，为路面的养护管理和维修改造提供技术依据。

京藏高速公路北京段不同方向路面性能检测结果见表6-27。

京藏高速公路北京段不同方向路面性能检测结果 表6-27

出京	2007年	2008年	2009年	2010年	2011年	2012年	2013年
PCI	87.05	75.42	74.23	87.51	92.11	87.48	80.12
RDI		97.85	77.94	87.38	86.52	85.26	89.50
RQI	95.88	91.00	86.8	91.33	94.00	93.52	93.10
SRI	85.93	83.20	82.74	86.97	87.52	85.80	
出京	2014年	2015年	2016年	2017年	2018年	2019年	2020年
PCI	87.97	83.68	94.04	96.68	93.25	92.52	89.55
RDI	87.21	86.48	88.04	93.84	94.56	95.73	96.34
RQI	93.21	94.17	93.89	94.55	94.53	93.59	94.45
SRI	85.28	85.28	87.36	87.36	85.19	85.19	84.14
进京	2007年	2008年	2009年	2010年	2011年	2012年	2013年
PCI	89.19	70.68	84.59	85.39	94.32	92.98	89.29
RDI		94.85	88.99	83.57	85.81	83.00	88.75
RQI	93.78	90.13	85.13	91.04	93.13	92.62	92.55
SRI	86.7	80.78	79.15	89.78	89.50	89.35	
进京	2014年	2015年	2016年	2017年	2018年	2019年	2020年
PCI	89.16	85.61	91.36	91.56	92.01	91.29	88.10
RDI	87.68	87.11	86.42	92.63	94.23	95.04	96.06
RQI	93.31	93.84	93.61	93.74	94.09	92.19	94.23
SRI	87.72	87.72	89.57	89.57	80.35	80.38	87.31

总体来看,京藏高速公路北京段的路面技术状况维持在优良等级。路面损坏状况指数PCI波动大。路面车辙深度指数RDI在2017年前总体上为良等级,车辙深度较为明显,2017年后路面车辙深度有所减小,RDI达到优等级。路面行驶质量指数RQI总体上保持稳定,历年的RQI基本在优等级。

(1)路面损坏状况指数PCI性能演变

京藏高速公路北京段历时7年分三期修建,建成时间不同,结构材料不同,养护历史不同,路面损坏状况的演变规律也不相同。按照建成时间的不同,统计2006—2020年京藏高速公路北京段不同路段的路面损坏状况指数PCI变化见表6-28。京藏高速公路北京段不同路段PCI变化见图6-4。

京藏高速公路北京段PCI变化 表6-28

出京	2006年	2007年	2008年	2009年	2010年	2011年	2012年	2013年
一期	76.06	70.32	71.18	63.38	87.71	90.77	82.99	75.70
二期	77.12	77.41	90.53	91.00	87.54	93.30	90.69	84.83
三期	76.17	77.62		89.38	86.51	93.12	94.26	80.17

续上表

出京	2014 年	2015 年	2016 年	2017 年	2018 年	2019 年	2020 年	
一期	86.04	83.11	97.95	96.46	92.84	91.22	87.71	
二期	90.07	84.94	91.70	97.04	94.60	94.41	92.41	
三期	87.76	80.78	86.76	96.17	89.31	90.23	85.45	
进京	2006 年	2007 年	2008 年	2009 年	2010 年	2011 年	2012 年	2013 年
一期	77.85	67.19	69.43	83.59	94.14	92.25	91.63	82.70
二期	77.45	77.93	78.87	87.45	77.25	98.25	95.95	86.02
三期	83.55	74.01		91.16	87.23	86.24	85.65	72.73
进京	2014 年	2015 年	2016 年	2017 年	2018 年	2019 年	2020 年	
一期	91.49	88.30	94.25	90.52	90.83	91.22	85.88	
二期	89.82	87.20	91.14	95.09	94.69	93.16	89.89	
三期	75.75	66.12	79.17	80.18	85.42	83.85	90.81	

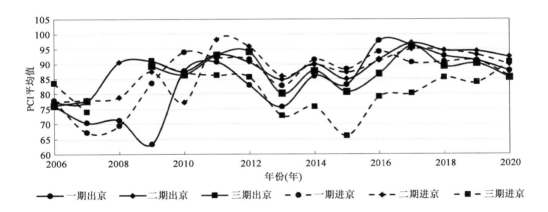

图 6-4 京藏高速公路北京段不同路段 PCI 演变规律

从图 6-4 来看，京藏高速公路北京段不同路段的路面损坏状况指数 PCI 波动明显。2010 年以前的京藏高速公路北京段一期的路面破损状况大于二期和三期。2009 年一期加铺罩面以后，路面破损状况得到了明显改善。从近年的总体情况看，二期 PCI 优于一期，一期 PCI 优于三期。从进出京不同方向的 PCI 演变规律来看，二期进出京的 PCI 差异不大，路面损坏状况指数衰减相对平稳；一期出京方向 PCI 略好于进京方向，但三期进京方向的 PCI 衰减明显比其他路段要快，出京方向的 PCI 要好于进京方向。

（2）路面行驶质量指数 RQI 性能演变

按照不同的建成时间，2006—2020 年京藏高速公路北京段不同路段的路面行驶质量指数变化，见表 6-29。京藏高速公路北京段不同路段 RQI 演变规律见图 6-5。

京藏高速公路北京段 RQI 变化　　　　　　　表 6-29

出京	2006 年	2007 年	2008 年	2009 年	2010 年	2011 年	2012 年	2013 年
一期	95.93	96.21	92.43	85.97	92.56	94.26	93.56	93.02
二期	95.77	95.14	89.41	87.55	90.05	93.71	93.57	93.16
三期	96.19	96.06	91.43	87.50	91.54	94.03	93.16	93.27
出京	2014 年	2015 年	2016 年	2017 年	2018 年	2019 年	2020 年	
一期	94.04	94.94	94.79	94.99	94.93	93.67	94.88	
二期	92.43	93.40	93.10	94.09	94.17	93.52	94.05	
三期	92.70	94.02	93.35	94.59	94.32	93.51	94.20	
进京	2006 年	2007 年	2008 年	2009 年	2010 年	2011 年	2012 年	2013 年
一期	95.69	95.82	91.23	85.65	93.13	93.65	93.37	93.16
二期	94.45	94.72	89.13	83.80	88.69	92.93	92.11	91.95
三期	96.00	95.80		89.12	93.18	92.57	92.09	92.36
进京	2014 年	2015 年	2016 年	2017 年	2018 年	2019 年	2020 年	
一期	94.59	95.30	94.68	94.89	94.79	93.10	94.80	
二期	92.49	93.00	92.81	93.63	93.62	91.64	93.62	
三期	91.53	91.03	92.39	89.01	92.66	90.35	94.13	

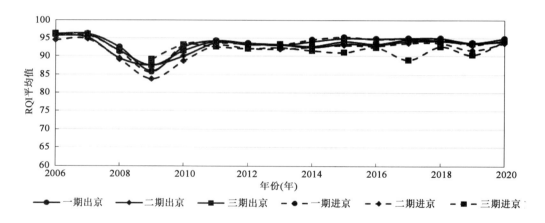

图 6-5　京藏高速公路北京段不同路段 RQI 演变规律

京藏高速公路北京段三条路段虽然建成时间和结构材料都不同,但路面行驶质量指数总体上没有显著差别。总体来看,一期北京段的路面行驶质量指数略好于二期和三期,京藏高速公路一期的 RQI 基本保持在 93 以上。二期和三期的路面行驶质量北京段出京方向优于进京方向。

（3）路面车辙深度指数 RDI 性能演变

2008—2020 年京藏高速公路北京段不同路段的路面车辙深度指数变化见表 6-30。京藏高速公路北京段不同路段 RDI 演变规律如图 6-6 所示。

京藏高速公路北京段 RDI 变化 表 6-30

出京	2008 年	2009 年	2010 年	2011 年	2012 年	2013 年	2014 年
一期	97.25	80.31	90.85	87.06	84.91	89.01	89.31
二期	100	76.13	84.21	85.79	85.41	89.83	85.16
三期		74.33	77.95	87.23	86.20	90.46	86.28
出京	2015 年	2016 年	2017 年	2018 年	2019 年	2020 年	
一期	88.65	90.56	95.03	94.84	95.34	96.52	
二期	84.40	85.48	92.66	94.44	96.15	96.43	
三期	85.78	87.89	93.62	93.84	95.63	95.19	
进京	2008 年	2009 年	2010 年	2011 年	2012 年	2013 年	2014 年
一期	95.20	84.45	88.35	87.25	85.18	89.27	89.63
二期	94.00	79.82	81.78	86.37	82.89	90.17	88.11
三期		71.14	76.02	76.34	74.89	78.81	76.97
进京	2015 年	2016 年	2017 年	2018 年	2019 年	2020 年	
一期	88.90	88.41	91.86	94.34	94.82	96.14	
二期	86.36	85.79	94.72	95.48	95.68	96.30	
三期	82.37	80.23	86.56	87.61	93.37	94.71	

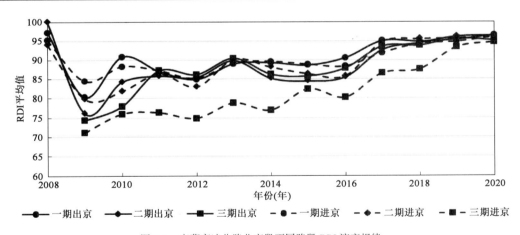

图 6-6 京藏高速公路北京段不同路段 RDI 演变规律

从图 6-6 来看,京藏高速公路北京段不同路段的沥青路面车辙深度指数总体呈现降低的趋势。2011 年的铣刨罩面工程实施以后,车辙深度增大的趋势得到抑制,RDI 指数总体趋于稳定,2014 年罩面工程和随后北京首发公路养护工程有限公司(简称"首发养护公司")实施的综合整治专项工程取得了良好效果,沥青路面车辙深度指数逐年增大,2019 年和 2020 年的 RDI 已达优等级。

6.5.3 路面性能演变规律

京藏高速公路北京段的货车交通占比较大,道路纵坡较大,随着路龄的增加,在荷载和环境因素的综合作用下,路面技术状况呈现波动下降的趋势。

(1)PCI状况性能演变规律

①京藏高速公路北京段一期

京藏高速公路北京段一期在1996年建成通车,其中起点至北安河(K15+000)路段在2011年、2014年开展了铣刨罩面,北安河(K15+000)至昌平西关(K31+500)路段先后在2009年和2014年进行了维修养护。

基于起点至北安河(K15+000)路段2006—2010年的PCI检测数据,计算得到京藏一期铣刨罩面前的沥青路面PCI衰变方程见式(6-1)。

$$PCI_{大修前} = 100\{1 - \exp[-(27/y_{2006})^{0.21}]\} \tag{6-1}$$

式中:y_{2006}——从2006年开始计算的路面使用年限。

基于北安河(K15+000)昌平西关(K31+500)路段2010—2015年的PCI检测数据,计算得到京藏高速公路北京段一期铣刨罩面后的沥青路面PCI衰变方程见式(6-2)。

$$PCI_{大修后} = 100\{1 - \exp[-(8.7/y_{2011})^{1.36}]\} \tag{6-2}$$

式中:y_{2011}——从2011年开始计算的路面使用年限。

对比大修前后的京藏高速公路北京段一期的PCI衰变方程,大修前的沥青路面寿命因子为27,路面衰变模式因子为0.21,PCI前期下降较快,但后期下降缓慢;大修后的路面寿命因子为8.7,路面衰变模式因子为1.36,PCI前期下降较慢,但后期衰变迅速。在交通荷载、结构强度、路面组合和环境状况差别不大的条件下,说明路面材料类型和面层层间结合状态对路面破损衰变存在较大影响。

②京藏高速公路北京段二期

京藏高速公路北京段二期在1998年建成通车,该路段先后在2011年和2014年进行了维修养护。基于K32~K29路段2011—2015年的PCI检测数据,计算得到京藏高速公路北京段二期铣刨罩面后的沥青路面PCI衰变方程,见式(6-3)和式(6-4)。

$$PCI_{二期出京} = 100\{1 - \exp[-(31.5/y_{2011})^{0.69}]\} \tag{6-3}$$

$$PCI_{二期进京} = 100\{1 - \exp[-(16.1/y_{2011})^{1.00}]\} \tag{6-4}$$

对比京藏高速公路北京段二期进出京大修后的PCI衰变方程,出京方向沥青路面寿命因子为31.5,路面衰变模式因子为0.69;进京方向的路面寿命因子为16.1,路面衰变模式因子为1.00,PCI前期下降较慢,但后期衰变迅速。在路面结构材料和环境状况相同的条件下,进京方向的交通轴载大于出京方向,导致进京一侧的沥青路面破损显著快于出京方向。

③京藏高速公路北京段三期

京藏高速公路北京段三期在2001年建成通车,该路段先后在2011年和2014年进行了维修养护。基于该路段2011—2015年的PCI检测数据,计算得到京藏高速公路北京段三期铣刨罩面后的沥青路面 PCI 衰变方程见式(6-5)和式(6-6)。

$$\text{PCI}_{三期出京} = 100\{1 - \exp[-(11.5/y_{2011})^{0.99}]\} \tag{6-5}$$

$$\text{PCI}_{三期进京} = 100\{1 - \exp[-(7.6/y_{2011})^{1.04}]\} \tag{6-6}$$

京藏高速公路北京段三期的 PCI 衰变大于二期,三期 PCI 衰变方程的衰变模式因子分别为 0.99、1.04,与二期进京方向的衰变模式因子 1.00 基本相同,三者的 PCI 衰变特征相同,前期下降缓慢,后期下降较快。但沥青路面寿命因子分别为 11.5 和 7.6,三期公路北京段进京方向 PCI 下降最快,同时,三期的沥青路面使用寿命显著小于京藏高速公路北京段二期。

(2) RQI 状况性能演变规律

从 2006—2020 年的京藏高速公路北京段路面行驶质量指数 RQI 检测结果来看,三条路段的路面行驶质量演变规律基本相同,2006—2009 年 RQI 出现了快速衰减的过程,2009 年铣刨罩面以后,路面行驶质量指数得到提升,并长期保持在 90 以上。基于京藏高速公路北京段 2006—2009 年的 RQI 检测数据,计算得到京藏高速公路北京段铣刨罩面前的沥青路面 RQI 衰变方程见式(6-7)~式(6-9)。

$$\text{RQI}_{一期} = 97\{1 - \exp[-(16.4/y_{2006})^{1.05}]\} \tag{6-7}$$

$$\text{RQI}_{二期} = 97\{1 - \exp[-(17.2/y_{2006})^{0.94}]\} \tag{6-8}$$

$$\text{RQI}_{三期} = 97\{1 - \exp[-(17.6/y_{2006})^{1.04}]\} \tag{6-9}$$

对比京藏高速公路北京段一期、二期和三期的路面行驶质量指数的衰变方程,三条路段 RQI 的寿命因子和模式因子基本一致,说明三条路段的路面行驶质量总体保持稳定,其演变规律没有显著差别。

(3) RDI 状况性能演变规律

从 2008—2015 年的京藏高速公路北京段路面车辙深度指数 RDI 检测结果来看,三条路段的路面车辙深度指数演变规律有一定差别。一期和二期 RDI 快速衰减以后保持稳定,但三期的 RDI 总体上呈现逐年提高的趋势。基于京藏高速公路北京段 2008—2015 年的 RDI 检测数据,计算得到京藏高速公路北京段的沥青路面 RDI 衰变方程,见式 6-10 和式(6-11)。

$$\text{RQI}_{一期} = 94.52 - 3.65\ln(y_{2008}) \tag{6-10}$$

$$\text{RQI}_{二期} = 93.85 - 4.51\ln(y_{2008}) \tag{6-11}$$

式中:y_{2008}——从 2008 年开始计算的路面使用年限。

由此可见,京藏高速公路北京段一期的路面车辙深度和发展速度均小于二期工程,同时,车辙深度指数随着路龄的增加呈现总体稳定状态。

6.6 维修历史

京藏高速从建成到投入运营的 18 余年里,随着交通量的逐年增加,路面及桥梁均出现了不同程度的病害。为保证京藏高速公路北京段重要的通道交通作用,提升高速公路的整体品质,并为承办 2008 年北京奥运会及迎接中华人民共和国成立 60 周年庆典创造良好的交通条件,分别与 2007—2009 年分段进行了三次维修养护。第一次维修工程在 2007 年进行,维修重点路段为昌平西关—长城段。第二次大修工程在 2008 年上半年进行,主要对出京方向居庸关至岔道城奥运会自行车赛道路面罩面处理。第三次维修工程在 2009 年进行,对京藏高速公路北京段北安河至西关环岛进、出京双向进行维修处理,维修长度达 16.5km。经过三次较大的维修施工后,路面养护状态得到一定改善。到 2011 年,没有进行维修处治的路段路面病害较为严重,严重影响路面的使用性能,为迎接 2011 年全国干线公路养护管理检查,提高首都公路发展水平,首发集团决定对京藏高速公路北京段病害严重路段进行大修。至 2014 年,沥青混凝土路面又出现不同程度的病害,首发集团决定对京藏高速公路北京段一些病害严重路段进行了大修,2014 年大修工程的主要内容为沥青混凝土路面维修。

6.6.1 2009 年对一期工程加铺罩面

京藏高速公路北京段一期工程于 1996 年通车,至 2009 年已投入运营 12 年。马甸至昌平段日均交通量在 2006 年已达到 10 万辆,昌平至西拨子段是重要的过境线,重型车及超载车辆所占比例超过 25% 以上,致使八达岭高速公路常年处于超负荷运营状态。西拨子—康庄路段从 2001—2005 年日交通量整体保持着较快的增长速度,特别是 2004—2005 年间,从 342148 辆/d 增加到 77986 辆/d,增长率超过 125%。在各车型中,以重型车辆和大型货车为代表的重交通车辆的比例超过 60%。2008 年改造后 110 国道定位为货运通道,分流了部分重载交通,使京藏高速公路北京段的交通压力有所缓解,但由于历年超负荷运营,已使部分路段路面破损严重,路面出现了严重的龟裂及不同程度的车辙病害,已达到需要大修的年限与标准。

本次路面大修为京藏高速公路北安河(K15+000)至昌平西关(K31+500)进、出京双向路段,全长 16.5km。大修主要内容包括原路面表面层进行 5cm 热再生处理,加铺 4cm SMA-13 橡胶改性沥青混凝土表面层,4cm SMA-13 温拌沥青混合料试验段施工。大修过程中,先对路面病害进行相关处理,然后对行车道进行现场热再生,最后完成整体路面的加铺工作,路面结构如表 6-31 所示。

2009年大修路面结构 表6-31

层位	结构层材料	厚度(cm)
1	橡胶改性沥青混凝土	4
2	改性乳化沥青黏层油	—
3	沥青现场热再生一层	5
4	旧路结构	—

1）沥青材料

ARSMA-13橡胶沥青的制备采用40目橡胶粉,辽河90号A级沥青与40目橡胶粉的掺配比例为82:18,按照《橡胶沥青及混合料设计施工技术指南》的项目要求,对制成的橡胶沥青进行检验,试验结果见表6-32。

橡胶沥青技术指标及试验结果 表6-32

试验项目	单位	技术指标	ARSMA-13
针入度(25℃,100g,5s)	0.1mm	30~70	47.0
延度(5℃)	cm	≥5	10.5
软化点(环球法)	℃	≥65	67.0
弹性恢复(25℃)	%	≥60	74.5
180℃旋转黏度	Pa·s	2.5~5.0	3.6

SMA-13温拌混合料生产配合比设计过程中,结合料采用壳牌成品改性沥青。按照《公路沥青路面施工技术规范》(JTG F40—2004)及工程要求,改性沥青的技术指标和试验结果如表6-33所示。试验结果表明,壳牌成品改性沥青的各项技术指标满足规范要求,可在工程中使用。

壳牌成品改性沥青技术标准及试验结果 表6-33

试验项目	单位	技术标准	SMA-13
针入度(25℃,100g,5s)	0.1mm	60~80	64
延度(5℃)	cm	≥30	41.5
软化点(环球法)	℃	≥55	72.5
闪点	℃	≥230	285
密度(15℃)	g/cm³	实测	1.030
沥青旋转薄膜烘箱试验(RTFOT)			
质量损失	%	≤±1.0	−0.20
针入度比	%	≥60	70.2
延度(25℃)	cm	≥20	20.5

2）沥青混合料

ARSMA-13型和SMA-13型沥青玛蹄脂混合料最佳油石比的确定:以目标配合比设计做出的最佳油石比为依据,上下相差0.3%做三组马歇尔试验。根据马歇尔试验结果,确定 ARSMA-13 的生产配合比最佳油石比为 6.4%，SMA-13 生产配合比最佳油石比为 6.0%。马歇尔试验指标（生产配合比）见表 6-34。

马歇尔试验指标汇总表　　　　　　　　　　表 6-34

材料名称	最佳油石比（%）	密度（g/cm³）	空隙率（%）	饱和度（%）	稳定度（%）	流值（0.1mm）
ARSMA-13	6.4	2.523	3.8	78.2	6.38	28.6
SMA-13	6.0	2.453	3.8	78.3	7.60	25.8

3）沥青路面就地热再生

本次就地热再生施工技术是首次在北京高速公路沥青路面维修养护中大面积进行，并且是对复合改性沥青混合料进行热再生施工。

根据施工规范要求混合料的出厂温度控制在 145～165℃，由于采用复拌再生工艺，因此将出厂新料温度提高到 175℃，再生剂添加量为原路沥青量的 3.2%，原路沥青与添加再生剂沥青试验结果见表 6-35。

原路沥青与添加再生剂沥青试验结果　　　　　　　　　　表 6-35

试验项目	单位	原路沥青试验结果	添加 3.2% 普通再生剂试验结果
针入度（25℃，100g，5s）	0.1mm	40	48
延度（15℃，5cm/min）	cm	4.7	6.4
软化点	℃	69	65
针入度指数 PI	—	0.8	1.18

本次沥青路面就地热再生添加了 10%～15% AC-20 型沥青混合料，AC-20 型沥青混合料采用 70 号沥青，新添 AC-20 沥青混合料与原路沥青合成目标配合比为 AC-16 混合料，AC-16 型热再生沥青混凝土配合比如表 6-36 所示。沥青路面矿料级配如图 6-7 所示。

AC-16 型热再生沥青混凝土配合比　　　　　　　　表 6-36

筛孔尺寸	比例	19	16	13.2	9.5	4.75	2.36	1.18	0.6	0.3	0.15	0.075
15%新沥青混凝土	0.15	100	78	62.0	50	26	16	12	8	5	4	3
原路混合料	0.85	100	99	94.3	81	50.1	28.5	20.4	15.9	11.2	8	5.4
合成级配	1	100	95.9	89.5	76	46.5	26.6	19.1	14.7	10.3	7.4	5.0
级配上限		100	100	92	80	62	48	36	26	18	14	8
级配下限		100	90	76	60	34	20	13	9	7	5	4
级配中值		100	95	84	70	48	34	24.5	17.5	12.5	9.5	6

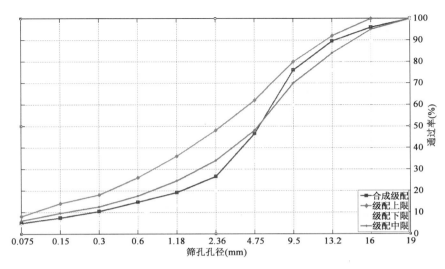

图 6-7 沥青路面矿料级配

再生后的改性沥青 SMA 级配掺加 AC-20 型沥青混合料后,级配曲线接近 AC-16 或 SAC 级配的改性沥青混合料,空隙率小于 5%,回弹率接近 40%,仍具有改性沥青性质,动稳定度在 6000 次/mm 以上。路面再生后的压实度,每天按马歇尔试验最佳密度进行检测,压实度平均能达到 99%,个别点超过 100%。路面平整度检测,出京方向共检测 267 个点,平均值为 0.63mm;进京方向共检测 258 个点,平均值为 0.69mm。

4) 新技术的应用

对于就地热再生施工技术,再生后材料性能及施工时的温度控制是质量控制的关键。橡胶沥青混凝土摊铺施工也是首次在北京的高速公路上大面积使用,橡胶沥青混凝土的铺筑厚度、压实度、平整度是质量控制的关键。

(1) 沥青路面就地热再生施工不需挖除旧路面,能 100% 利用废旧混合料,比传统的路面铣刨加铺方式在成本上节省 30%,从而大量降低成本,减少能源消耗,有效保护生态环境。就地热再生技术按车道施工,对社会交通影响小,同时是对原路面进行加热,使新旧路面达到热连接效果,可以有效保障工程质量。

(2) 橡胶改性沥青混凝土是将废旧轮胎加工成橡胶粉末,作为沥青改性剂使用,是国际公认的无害化、资源化处理"黑色污染"的最好方法,同时橡胶沥青混凝土面层在重交通环境下,能够大大改善沥青路面的抗车辙、抗疲劳的能力。与传统路面相比,可以延长道路使用寿命,降低维修成本。与 SBS 改性沥青相比,可以降低公路噪声 2~3dB(A),相当于减少了 30%~40% 的车流量行驶噪声。

(3) 温拌沥青在混合料拌和和摊铺碾压施工与热拌沥青混合料相比,温室气体排放减少 50% 以上,沥青烟排放减少 80% 以上。在节约燃油消耗的同时减缓热拌过程中沥青的老化,延长沥青路面的使用寿命。

6.6.2 2011年铣刨罩面工程

京藏高速公路北京段沥青面层经过2009年功能性大修后,运营养护状态得到一定改善,但没有进行大修处理的路段目前路面病害较为严重,严重影响路面的使用性能。至2011年,K0~K15段存在较多的网裂等病害,出京K31~K40段存在较多的路面沉陷、网裂、纵横缝、坑槽,K31~K68段进京存在较多的麻面、坑槽、纵横缝、沉陷等病害。为迎接2011年全国干线公路养护管理检查,提高首都公路养护水平,首发集团决定对八达岭高速公路病害严重路段进行大修。其中包括:进、出京K0~K15段病害处理,出京K31~K40病害处理和罩面,进京K31~K68段病害处理和罩面。维修方案如下:

进、出京侧K0~K15段,进京侧K56~K68段,铣刨沥青混凝土5cm,回补沥青混凝土。大修路面结构如表6-37所示。

进、出京侧 K0~K15 段和进京侧 K56~K68 段大修路面结构　　　　表6-37

层位	结构层材料	厚度(cm)
1	沥青玛蹄脂碎石混合料 SMA-16	5
2	高黏性改性乳化沥青黏层油(SBS)	—
3	旧路结构	—

出京侧K31~K40段,严重病害路段铣刨沥青混凝土5cm,回补沥青混凝土,然后对路面进行整体罩面,具体路面结构如表6-38所示。非病害处理路段视路面具体情况,进行拉毛处理。

出京侧 K31~K40 段大修路面结构　　　　表6-38

层位	结构层材料	厚度(cm)
1	沥青玛蹄脂碎石混合料 SMA-13	4
2	高黏性改性乳化沥青黏层油(SBS)	—
3	Superpave-20 高性能沥青混凝土(RA 抗车辙剂)	5
4	旧路结构	—

进京侧K31~K56段,严重病害路段铣刨沥青混凝土5cm,回补沥青混凝土,然后对路面进行整体罩面,大修路面结构如表6-39所示。非病害处理路段视路面具体情况,进行拉毛处理。

进京侧 K31~K56 段大修路面结构　　　　表6-39

层位	结构层材料	厚度(cm)
1	橡胶改性沥青混凝土 ARSMA-13	4
2	高黏性改性乳化沥青黏层油(SBS)	—
3	Superpave-20 高性能沥青混凝土(RA 抗车辙剂)	5
4	旧路结构	—

(1) 沥青材料

SMA-13型、SMA-16型沥青玛蹄脂碎石混合料与中面层成品改性Superpave-20高性能沥青混合料所采用的沥青结合料是壳牌成品改性沥青。按照《公路沥青路面施工技术规范》(JTG F40—2004)及工程要求,改性沥青的技术标准及试验结果如表6-40所示。试验结果表明,壳牌成品改性沥青的各项技术指标满足规范要求,可在工程中使用。

壳牌成品改性沥青技术标准及试验结果 表6-40

试验项目	单位	技术标准	Superpave-20	SMA-13	SMA-16
针入度(25℃,100g,5s)	0.1mm	60~80	73	69.1	73
延度(5℃)	cm	≥30	41.2	41.7	34
软化点(环球法)	℃	≥55	71.5	77.3	73
闪点	℃	≥230	285	280	271
密度(15℃)	g/cm³	实测	1.038	1.020	1.035
沥青旋转薄膜烘箱试验(RTFOT)					
质量损失	%	≤±1.0	-0.15	-0.21	-0.20
针入度比	%	≥60	68.5	87.3	80.6
延度(25℃)	cm	≥20	22.0	28.8	24

ARSMA-16型橡胶沥青混合料所生产的沥青结合料是兰派公司生产的橡胶沥青。按照《公路沥青路面施工技术规范》(JTG F40—2004)及工程要求,橡胶沥青的技术标准及试验结果如表6-41所示。

橡胶沥青技术标准及试验结果 表6-41

试验项目	单位	技术标准	ARSMA-16
针入度(25℃,100g,5s)	0.1mm	30~70	47.3
延度(5℃)	cm	≥5	10.1
软化点(环球法)	℃	≥65	67.2
弹性恢复(25℃)	%	≥60	78.2
180℃旋转黏度	Pa·s	2.5~5.0	3.5

(2) 沥青混合料

沥青混合料最佳油石比的确定:以目标配合比设计做出的最佳油石比为依据,上下相差0.3%做三组马歇尔试验。根据马歇尔试验结果确定的生产配合比最佳油石比。SMA-13沥青玛蹄脂混合料最佳油石比为6.0%,SMA-16沥青玛蹄脂混合料最佳油石比为5.9%,ARSMA-16橡胶改性沥青混凝土最佳油石比为6.4%,Superpave-20型沥青混凝土最佳油石比为4.3%,马歇尔试验技术指标(生产配合比)见表6-42。

马歇尔试验技术指标汇总表　　　表6-42

材料名称	最佳油石比（%）	密度（g/cm³）	空隙率（%）	饱和度（%）	稳定度（%）	流值（0.1mm）
SMA-13	6.0	2.818	3.6	79.8	8.13	29.7
SUP-20	4.3	2.513	4.1	69.7	13.55	26.0
SMA-16	5.9	2.481	3.8	78.0	7.80	—
ARSMA-16	6.4	2.460	4.0	77.7	11.17	28.70

6.6.3　2014年面层罩面工程

2014年京藏高速公路北京段大修工程的主要内容为沥青混凝土路面维修和附属结构物维修等。工程自2014年8月开工,于2014年10月顺利完工。本次大修工程中,对轻微病害路段拉毛处理后对路面进行整体罩面,路面结构如表6-43所示。

2014年京藏高速公路北京段路面结构　　　表6-43

层位	结构层材料	厚度(cm)
1	沥青玛琋脂碎石混合料SMA-13	4
2	改性乳化沥青黏层(0.6kg/m²)	—
3	路面精拉毛(深度3~5mm)	—
4	旧路结构	—

对内侧超车道车辙严重地段,施工下封层对路面进行整体罩面,路面结构如表6-44所示。

2014年京藏高速公路北京段内侧超车道路面结构　　　表6-44

层位	结构层材料	厚度(cm)
1	沥青玛琋脂碎石混合料SMA-13	4
2	改性乳化沥青微表处下封层(填补车辙)	1
3	旧路结构	—

对中间及外侧车道严重病害路段,铣刨沥青混凝土5cm,回补沥青混凝土,然后对路面进行整体罩面,路面结构如表6-45所示。

2014年京藏高速公路北京段中间及外侧车道路面结构　　　表6-45

层位	结构层材料	厚度(cm)
1	沥青玛琋脂碎石混合料SMA-13	4
2	改性乳化沥青黏层(0.6kg/m²)	—
3	中粒式沥青混凝土AC-20C(改性沥青)	5
4	旧路结构	—

沥青混合料配合比设计:根据《公路沥青路面施工技术规范》(JTG F40—2004)的设

计要求,对 AC-20C 型沥青混合料进行配合比设计,AC-20C 型沥青混合料生产配合比见表 6-46。

AC-20C 型沥青混合料生产配合比 表 6-46

级配类型		AC-20C
材料组成(%)	4 仓	39
	3 仓	20
	2 仓	18
	1 仓	19
	矿粉	4
最佳油石比(%)		4.4
毛体积相对密度		2.486

根据《公路沥青路面施工技术规范》(JTG F40—2004)的设计要求,对 SMA-13 型沥青玛琋脂碎石混合料进行生产配合比设计,SMA-13 型沥青玛琋脂碎石混合料生产配合比设计见表 6-47。

SMA-13 型沥青玛琋脂碎石混合料生产配合比 表 6-47

级配类型		SMA-13
材料组成(%)	4 仓	31
	3 仓	40
	2 仓	7
	1 仓	12
	矿粉	10
最佳油石比(%)		6.0
毛体积相对密度		2.409

第 7 章
五 环 路

五环路(S50),原称公路一环,是北京市第一条城市环线高速公路,全长 98.58km,2000 年 11 月开工,2003 年 10 月完工,沥青混凝土面层厚度为 17~18cm,石灰粉煤灰稳定砂砾基层和底基层厚度为 49~60cm,多年来路面技术状况稳定,未发生早期损坏,未出现结构性损坏,2014 年进行了一次铣刨罩面。五环路一期至四期一览表见表 7-1~表 7-4。

五环路一期一览表　　　　　　　　　表 7-1

工程概况			
完工时间	2001 年 9 月	车道数量	双向六车道
里程长度	15.2km	交通量	1500~3000 辆/(d·车道)
典型特征	—		
路面结构			
面层	类型	沥青混凝土	基层	类型	石灰粉煤灰稳定砂砾
	厚度	17cm		厚度	54~60cm
路面性能			
技术状况	优良	病害特征	路表裂缝、车辙
裂缝	PCI>90	早期损坏	无
车辙	RDI>90	罩面时间	2014 年

五环路二期一览表　　　　　　　　　表 7-2

工程概况			
完工时间	2003 年 10 月	车道数量	双向六车道
里程长度	28.79km	交通量	600~9300 辆/(d·车道)
典型特征	不同路段交通轴载差异大		
路面结构			
面层	类型	沥青混凝土	基层	类型	石灰粉煤灰稳定砂砾
	厚度	18cm		厚度	54cm
路面性能			
技术状况	优良	病害特征	路表裂缝、车辙
裂缝	PCI>93	早期损坏	无
车辙	RDI>90	罩面时间	2014 年

第7章 五 环 路

五环路三期一览表 表 7-3

工程概况			
完工时间	2002 年 11 月	车道数量	双向六车道
里程长度	23.9km	交通量	3000~9000 辆/(d·车道)
典型特征	交通轴载大,属于特重交通等级		
路面结构			
面层	类型	沥青混凝土	基层	类型	石灰粉煤灰稳定砂砾
	厚度	18cm		厚度	54cm
路面性能			
技术状况	优良	病害特征	路表裂缝、车辙
裂缝	PCI>90	早期损坏	无
车辙	RDI>85	罩面时间	2014 年

五环路四期一览表 表 7-4

工程概况			
完工时间	2003 年 10 月	车道数量	双向六车道
里程长度	31.778km	交通量	600~4800 辆/(d·车道)
典型特征	不同路段交通差异大		
路面结构			
面层	类型	沥青混凝土	基层	类型	石灰粉煤灰稳定砂砾
	厚度	18cm		厚度	49~54cm
路面性能			
技术状况	优良	病害特征	路表裂缝、车辙
裂缝	PCI>93	早期损坏	无
车辙	RDI>85	罩面时间	2014 年

7.1 概　　况

五环路全长 98.58km,为全封闭、全立交双向六车道加连续停车带高速公路,设计速度为 100km/h,路基宽度 28.5~35m,批复概算投资为 136.4 亿元,是北京市第一条环城高速公路。五环路于 2000 年 11 月开工至 2003 年 10 月底完工,工程分四期实施:一期工程(八达岭高速公路—首都机场高速公路)全长 15.2km,始建于 2000 年 11 月,于 2001 年 9 月建成通车;二期工程(八达岭高速公路—京石高速公路)全长 28.79km,始建于 2001 年 11 月,于 2003 年 10 月底建成通车;三期工程(首都机场高速公路—京津塘高速公路)全长 23.9km,始建于 2001 年 11 月,于 2002 年 11 月建成通车;四期工程(京石高速公路—京津塘高速公路),全长 31.778km,始建于 2003 年 2 月,于 2003 年 10 月底建成通车。

五环路是一条十分重要的城市环线高速公路。其距离北京市中心 10~15km,连接着规划居住人口 200 多万人的北苑、酒仙桥、东坝、定福庄、垡头、南苑、丰台、石景山、西苑、清河等 10 个区域和亦庄开发区,以及主要奥运场馆和科学城,并与北京市向外辐射的所有高速公路及国道、市道相交,是一条大容量的截流过境交通、疏导跨区交通的全封闭、全立交高速公路环,也是一条城市快速交通干线,兼有城市道路特征。

五环路作为重要的城市基础设施,对首都社会经济发展具有十分重要的作用。五环路的建成通车,极大改善了北京城市环境和交通条件,产生了十分巨大的社会经济效益,主要表现在:为城市形成一条新的交通大通道,改善城市交通环境,为汽车使用者降低了出行成本;促进五环路沿线及郊县土地与房产开发,进而加大投资与消费,并最终拉动区域经济增长而创造巨大的经济效益;对北京市城市布局和产业开发,以及改善环境都产生显著的效益。初步测算,五环路建成使用后,仅在 20 年评价期内可计算的各种效益就达到五环路总投资的 10.7 倍。此外,五环路对于促进沿线社会经济发展、城市现代化的建设,以及改善城市交通环境等方面,还具有大量的难以定量计算的各种直接与间接的经济效益。

7.2 路面结构

7.2.1 五环路一期工程路面结构参数

路面设计年限为 15 年,辅路设计年限为 12 年,设计轴载为 BZZ-100。其中,主路路面设计参数:路面设计以双轮组单轴轴载 100kN 为标准轴载,使用年限为 15 年,一个车道的标准累计标准轴载作用次数 22.56×10^6,五环主路设计弯沉值 0.203mm,路面基层顶面设计弯沉值为 0.261mm。填土高度≤3m 路段,土基回弹模量为 30MPa,路床设计弯沉值为 2.588mm;填土高度>3m 路段,土基回弹模量为 40MPa,路床设计弯沉值 1.941mm。填土高度小于 3m 段土基回弹模量为 30MPa,主路路面结构见表 7-5 和图 7-1。

五环路一期工程主路路面结构1　　　　　表 7-5

序号	层 位	结构层材料	厚度(cm)
1	表面层	沥青玛蹄脂碎石混合料 SMA-16	5
2	中面层	密级配粗粒式沥青混凝土 AC-25Ⅰ	5
3	下面层	粗粒式沥青混凝土 AC-30Ⅱ	7
4	基层	石灰粉煤灰稳定砂砾 LFSG	40
5	底基层	石灰粉煤灰稳定砂砾 LFSG	20

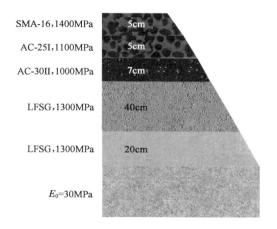

图 7-1 五环路一期工程主路路面结构示意图 1

填土高度大于 3m 段土基回弹模量为 40MPa，主路路面结构见表 7-6 和图 7-2。

五环路一期工程主路路面结构 2　　　　　　表 7-6

序号	层位	结构层材料	厚度(cm)
1	表面层	沥青玛琋脂碎石混合料 SMA-16	5
2	中面层	密级配粗粒式沥青混凝土 AC-25 I	5
3	下面层	粗粒式沥青混凝土 AC-30 II	7
4	基层	石灰粉煤灰稳定砂砾 LFSG	34
5	底基层	石灰粉煤灰稳定砂砾 LFSG	20

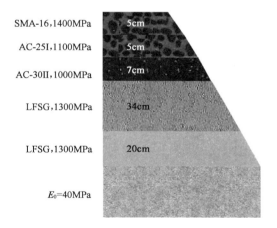

图 7-2 五环路一期工程主路路面结构示意图 2

7.2.2 五环路二期工程 A 段路面结构参数

路面设计参数：路面设计以双轮组单轴轴载 100kN 为标准轴载，使用年限为 15 年，设计年限内一个车道的标准累计标准轴载作用次数 23.7×10^6，设计弯沉值为 20.11

(1/100mm),路床验收弯沉值为258.8(1/100mm),主路路面结构见表7-7和图7-3。

五环路二期工程A段主路路面结构   表7-7

序号	层 位	结构层材料	厚度(cm)
1	表面层	沥青玛琋脂碎石混合料 SMA-16	5
2	中面层	密级配粗粒式沥青混凝土 AC-25 I	6
3	下面层	粗粒式沥青混凝土 AC-30 II	7
4	基层	石灰粉煤灰稳定砂砾 LFSG	36
5	底基层	石灰粉煤灰稳定砂砾 LFSG	18
6	路基	路基模量 $E_0 = 30$ MPa	

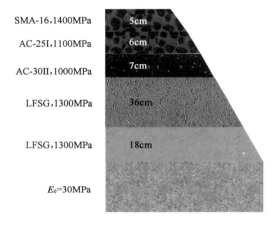

图7-3 五环路二期工程A段主路路面结构示意图

7.2.3 五环路二期工程B段路面结构参数

路面设计参数:路面设计以双轮组单轴轴载100kN为标准轴载,使用年限为15年,设计年限内一个车道的标准累计标准轴载作用次数33.1×10^6,设计弯沉值18.8(1/100mm),主路路面结构见表7-8和图7-4。

五环路二期工程B段主路路面结构   表7-8

序号	层 位	结构层材料	厚度(cm)
1	表面层	沥青玛琋脂碎石混合料 SMA-16	5
2	中面层	密级配粗粒式沥青混凝土 AC-25 I	6
3	下面层	粗粒式沥青混凝土 AC-30 I	7
4	基层	石灰粉煤灰稳定砂砾 LFSG	36
5	底基层	石灰粉煤灰稳定砂砾 LFSG	18
6	路基	路基模量 $E_0 = 40$ MPa,路床设计弯沉值为1.941mm	

五环路闵庄立交两端长1740m的旧路加铺段。该段于1999年2月完成施工图设计,并与当年建成后投入使用,经现场调查,路面基本平整,无变形,有少量裂缝。该段范围横

缝发展比较严重,横缝的平均缝宽3~5mm,缝的深度6mm以上。横缝附近无损坏情况,经实测路面弯沉值后,确定路面破坏的原因是温度收缩及基层裂缝反射,故可直接铺筑沥青面层进行补强,旧路表面弯沉值为0.274mm,补强结构总厚度18cm,加铺后表面设计弯沉值为0.188mm。补强结构组合如下:

表面层:5cm SMA-16沥青玛蹄脂碎石混合料(改性沥青)。

中面层:6cm AC-25Ⅰ密级配粗粒式沥青混凝土。

下面层:7cm AC-30Ⅰ粗粒式沥青混凝土。

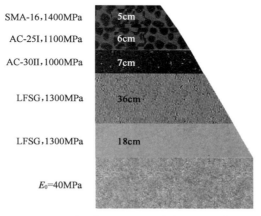

图7-4 五环路二期工程B段主路路面结构示意图

新旧路面接茬处注意衔接平顺,在其上施作新建路面结构面层;旧路与新建展宽路面相接,在旧路现况路面处加铺一层土工格栅,宽度为1.5m,行车道左侧展宽部分两侧各搭接0.75m;行车道右侧展宽部分道路左侧搭接1.03m,右侧搭接0.47m;搭接范围内旧路不用铣刨。格栅规格:网孔尺寸为20mm×20mm,形状为正方形,为背带胶自黏式玻璃纤维格栅,要求玻璃纤维格栅网抗拉强度>50kN/m(双向),最大荷载延伸率<3%。设计路面与现况路面高差大于加铺厚度18cm时,则设置调平层,采用粗粒式沥青碎石AM-30。

7.2.4 五环路三期工程路面结构参数

路面设计参数:路面设计以双轮组单轴轴载100kN为标准轴载,使用年限为15年,一个车道的标准累计标准轴载作用次数22.56×10^6,设计弯沉值20.3(1/100mm),路床验收弯沉值为258.8(1/100mm),主路路面结构见表7-9和图7-5。

五环路三期工程主路路面结构　　　　表7-9

序号	层　位	结构层材料	厚度(cm)
1	表面层	沥青玛蹄脂碎石混合料 SMA-16	5
2	中面层	密级配粗粒式沥青混凝土 AC-25Ⅰ	6
3	下面层	粗粒式沥青混凝土 AC-30Ⅱ	7
4	基层	石灰粉煤灰稳定砂砾 LFSG	54

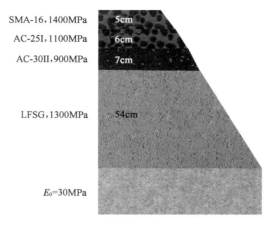

图 7-5 五环路三期工程主路路面结构示意图

7.2.5 五环路四期工程路面结构参数

路面设计以双轮组单轴轴载 100kN 为标准轴载,使用年限为 15 年,一个车道的标准累计标准轴载作用次数 24.89×10^6,设计弯沉值 19.9(1/100 mm)。五环四期主路的沥青路面结构组合,根据土基回弹模量的不同略有区别,填土高度≤3m 路段,土基回弹模量为 30MPa,路床设计弯沉值为 2.588mm;填土高度>3m 路段,土基回弹模量为 40MPa,路床设计弯沉值 1.941mm。填土高度小于 3m 段土基回弹模量为 30MPa,主路路面结构见表 7-10 和图 7-6。

五环路四期工程主路路面结构 1　　　　　　　　　表 7-10

序号	层 位	结构层材料	厚度(cm)
1	表面层	沥青玛蹄脂碎石混合料 SMA-16	5
2	中面层	密级配粗粒式沥青混凝土 AC-25 I	6
3	下面层	粗粒式沥青混凝土 AC-30 I	7
4	基层	石灰粉煤灰稳定砂砾 LFSG	36
5	底基层	石灰粉煤灰稳定砂砾 LFSG	18

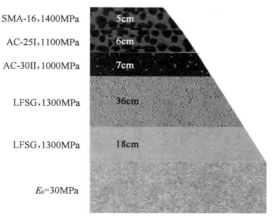

图 7-6 五环路四期工程主路路面结构示意图 1

填土高度大于3m段土基回弹模量为40MPa，主路路面结构见表7-11和图7-7。

五环路四期工程主路路面结构2　　表7-11

序号	层位	结构层材料	厚度(cm)
1	表面层	沥青玛琋脂碎石混合料 SMA-16	5
2	中面层	密级配粗粒式沥青混凝土 AC-25 I	6
3	下面层	粗粒式沥青混凝土 AC-30 I	7
4	基层	石灰粉煤灰稳定砂砾 LFSG	32
5	底基层	石灰粉煤灰稳定砂砾 LFSG	17

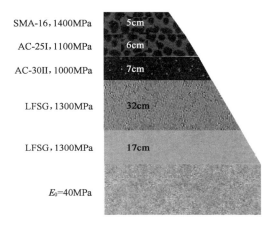

图7-7　五环路四期工程主线路面结构示意图2

7.3　路面材料

7.3.1　面层材料

五环路表面层路面材料均采用SMA-16沥青玛琋脂碎石混合料，粗集料为玄武岩或辉绿岩。考虑五环路一期工程为2008年北京奥运会期间重要交通干线，采用PE+SBS复合改性沥青玛琋脂碎石混合料SMA-16，其他路段均采用改性沥青SMA-16，沥青为90号改性沥青，设计油石比为5.8%~6.0%。

五环路中面层路面材料均采用AC-25 I型粗粒式沥青混凝土。沥青为90号石油沥青，设计油石比为4.3%~4.6%。

下面层路面材料采用AC-30 I型和AC-30 II型粗粒式沥青混凝土。其中，五环路一、二期工程采用AC-30 II粗粒式沥青混凝土，沥青为90号沥青；五环路三、四期工程采用AC-30 I粗粒式沥青混凝土，沥青为90号沥青，设计油石比为4.3%~4.4%。

7.3.2 基层材料

五环路基层材料比较统一,均为石灰粉煤灰稳定砂砾。设计强度为7d龄期无侧限抗压强度≥0.8 MPa,设计配合比有 6:13:81、5:15:80、5:12:83、4:12:84 等。

7.4 交通量情况

五环路的建成通车,极大改善了北京城市环境和交通条件,为城市形成了一条新的交通大通道,促进了沿线地区交通运输和经济发展,对城市布局和产业开发产生了显著的效益。据2008—2020年的五环路断面年日均交通量数据来看(表7-12),五环交通量年均增长率达7%,其中,五环路四期工程的日均交通量绝对值从2008年的2.2万辆增长到9.3万辆,增长了4倍;五环路三期工程的日均交通量绝对值从2008年的8.7万辆增长到16.1万辆,增长了近2倍;五环路一、二期工程的交通量增长率相对较小。交通空间分布来看,北五环交通量最大,其次是东五环和西五环,南五环交通量最小。从客货比例来看,五环交通以客车为主,货车比例只占20%左右;西五环货车比例相对较小,其他路段货车比例基本一致。

五环路断面年日均交通量统计表(单位:辆)　　　　表7-12

年份(年)	观测站名称	小型客车	大型客车	小型货车	中型货车	大型货车	特大型货车	集装箱车
2008	豆各庄	68878	5635	5124	3732	1923	1303	841
	狼垡	11753	383	2346	3690	2700	571	679
2009	豆各庄	80632	6841	5777	4217	2172	967	1065
	狼垡	18480	546	2539	3455	2509	515	680
2010(内环)	豆各庄	40819	3418	2905	2103	1092	486	267
	狼垡	24775	262	1596	2674	1008	94	174
2010(外环)	豆各庄	36184	3029	2575	1865	968	431	237
	狼垡	19851	340	1433	1322	1299	191	130
2011	豆各庄	80027	6698	6401	4125	2114	952	1045
	狼垡	76384	1076	2373	2524	2327	547	1479
2012(内环)	衙门口	29658	191	5279	2132	1978	1105	60
	豆各庄	50620	4238	3602	2608	1354	603	223
	亦庄	38997	278	2271	3613	4209	1469	690
	狼垡	22575	210	2711	2523	2248	335	73
2012(外环)	衙门口	29865	328	5406	2258	2104	1303	193
	豆各庄	44872	3757	3193	2312	1201	534	198
	亦庄	39092	338	2368	3715	4308	1617	790

第7章 五环路

续上表

年份(年)	观测站名称	小型客车	大型客车	小型货车	中型货车	大型货车	特大型货车	集装箱车
2012(外环)	狼堡	22632	289	2879	2637	2370	440	124
2013(内环)	衙门口桥	33593	273	4436	1940	1787	977	47
	豆各庄	52805	4696	3991	2890	1501	668	247
	亦庄	34144	247	1993	3172	3657	1266	573
	狼堡	21317	174	2257	2081	1930	333	54
2013(外环)	衙门口桥	33581	262	4427	1925	1775	962	36
	豆各庄	49716	4162	3538	2562	1330	592	219
	亦庄	34136	235	1981	3160	3648	1255	565
	狼堡	21304	163	2247	2070	1920	321	45
2014	肖家河	144317	12074	28047	19844	9614	3288	772
	顾家庄	144723	10023	33050	18753	7006	2484	1230
	衙门口桥	65455	525	8322	3633	3379	1840	81
	豆各庄	111274	9316	7918	5734	2978	2291	491
	亦庄	66260	474	4069	6488	7486	2703	3869
	狼堡	40486	450	4267	3934	3629	625	188
2016	北苑桥	64171	2558	6902	5786	1362	2750	132
	广泽桥	102695	2801	11834	11151	3219	3866	1892
	晓月隧道	20659	244	2117	2101	630	660	59
	环铁北桥	105410	893	3871	10820	1785	5348	245
	白家楼桥	79004	763	6273	8621	1774	4609	193
	五方桥北	46272	1741	6849	4587	1915	2452	331
	五方桥南	82382	7008	16281	17272	3545	6196	99
2017(内环)	上清桥西	67809	732	1645	4118	715	1746	58
	仰山桥西	48004	493	1431	2846	584	1584	59
	北苑桥	40329	1697	3670	2841	895	1643	373
	广泽桥	54130	1314	6633	4586	1574	1424	778
	向全桥北	35784	322	1964	2549	539	896	33
	晓月隧道	33375	287	3141	2720	948	1400	89
	环铁北桥	53078	450	2553	5838	876	3146	120
	白家楼桥	62164	513	7451	5511	1574	2921	244
	五方桥北	23196	297	1964	2866	805	1311	174
	五方桥南	45334	3493	10217	8796	2029	3040	48
	化工桥西	34694	324	3820	4242	1210	2015	130
	德茂桥西	40980	580	3952	5038	1726	1854	190
	西红门南桥东	46813	501	4569	4889	1443	1583	120

续上表

年份(年)	观测站名称	小型客车	大型客车	小型货车	中型货车	大型货车	特大型货车	集装箱车
2017(内环)	西红门南桥西	35011	579	2852	4083	1253	1399	151
	西黄村桥	33497	270	2441	2227	534	632	35
2017(外环)	上清桥西	65274	749	1605	5056	821	3020	112
	仰山桥西	49894	547	1776	4725	685	3037	108
	北苑桥	30299	1796	3547	2618	661	1681	407
	广泽桥	50738	1623	5922	6049	1606	1670	915
	向全桥北	44292	507	1516	3622	835	895	67
	晓月隧道	15799	173	1702	1730	512	460	50
	环铁北桥	34173	274	935	3056	684	1503	58
	白家楼桥	55473	410	9678	6294	1667	3922	94
	五方桥北	15647	274	3122	990	376	566	42
	五方桥南	40800	3968	6814	8752	1788	3006	48
	化工桥西	40892	756	3024	7757	1636	4096	302
	德茂桥西	40270	1149	3212	7970	1607	3543	310
	西红门南桥东	47239	668	2447	6964	2057	2122	362
	西红门南桥西	40238	837	2255	5262	1729	1670	158
	西黄村桥	30499	330	873	2997	602	805	70
2018(内环)	上清桥西	53242	479	1521	1817	376	854	16
	仰山桥西	49153	457	1940	2044	463	1770	26
	北苑桥	40628	1802	2338	2044	616	1658	453
	广泽桥	40307	1122	4889	3064	1302	2109	581
	老山桥	44210	1951	14096	12406	2095	9019	2469
	向全桥北站	34960	305	2073	1571	460	539	18
	化工桥西	37221	389	3855	3526	982	1403	25
	西红门南桥东	40107	380	4127	2269	941	721	23
	西红门南桥西	26555	388	2872	2675	831	790	22
	西黄村桥	38684	367	3343	1403	628	455	1
2018(外环)	上清桥西	54530	551	1614	2430	466	1159	28
	仰山桥西	55122	550	2220	2871	510	1358	54
	北苑桥	25153	1178	3516	1678	349	1609	438
	广泽桥	40121	1366	3332	2448	793	1299	355
	老山桥	43301	1609	4859	5410	909	3255	893
	向全桥北	42819	507	1937	2386	648	598	22
	化工桥西	44422	523	2845	5349	1166	1986	32
	西红门南桥东	43428	547	3283	4596	1406	1335	81

第7章 五环路

续上表

年份(年)	观测站名称	小型客车	大型客车	小型货车	中型货车	大型货车	特大型货车	集装箱车
2018(外环)	西红门南桥西	37378	552	3055	3885	898	1023	33
	西黄村桥	34395	397	1559	2298	499	669	5
2019(内环)	北苑桥	40642	1716	2353	1990	528	764	206
	老山桥	42786	1149	15949	11938	2631	7653	2088
	化工桥西	41256	442	3615	3637	690	1372	0
	西红门南桥东	24695	122	2464	620	102	96	0
	西红门南桥西	11762	226	1166	1191	319	384	7
	西黄村桥	29006	318	2176	884	357	301	0
2019(外环)	北苑桥	24568	1059	4725	2112	418	1509	411
	老山桥	37268	702	3756	6154	1256	5236	1435
	化工桥西	46955	571	2650	4929	969	1835	0
	西红门南桥东	34530	451	2668	3158	877	860	13
	西红门南桥西	17191	217	1307	1580	209	467	6
	西黄村桥	26374	329	1032	1454	256	422	0
2020(内环)	上清桥西	44165	302	11699	1399	429	252	0
	北苑桥	44176	2928	2760	3145	785	1201	326
	老山桥	31635	1335	10760	6023	853	2375	644
	向全桥北	34607	271	2814	1230	377	786	2
	五方桥南	46821	3158	8781	9040	1732	2324	637
	化工桥西	42271	321	5933	3212	584	1241	0
	西红门南桥西	44494	431	4360	2436	1048	1071	13
	西黄村桥	41459	357	3934	1447	643	752	0
2020(外环)	上清桥西	71516	751	3408	3772	694	2636	9
	北苑桥	27926	1385	3891	1798	337	1220	341
	老山桥	37469	1211	4850	2214	507	2842	774
	向全桥北	43558	372	2669	2262	421	813	0
	五方桥南	43721	3807	17523	19026	2221	2340	637
	化工桥西	44229	496	3502	5337	995	2429	0
	西红门南桥西	43676	514	2524	4213	911	1244	10
	西黄村桥	38736	368	1655	2487	551	1006	0

五环路的交通量分布系数在 0.5~0.6,内外环交通量没有显著差别。从单车道日均大客车及中型以上货车交通量的统计来看,五环路一期工程为 1500~3000 辆/(d·车道),属于重交通等级;五环路二期工程不同断面的车道交通量差异较大,老山桥为 3700~9300 辆/(d·车道),晓月隧道、向全桥北为 600~2000 辆/(d·车道);五环路三期工程为 3000~9000 辆/(d·车道),属于特重交通等级;五环路四期工程断面的车道交通量差异也较大,化

工桥、德茂桥为2000~4800辆/(d·车道),西红门桥、黄村桥为600~1400辆/(d·车道)。

7.5 路面性能

7.5.1 工程质量评定

五环路分期修建竣工后,北京市公路工程质量检测中心分别对其路面竣工质量进行了检测。以弯沉为例,检测中心于2002年10月,利用自动弯沉仪连续检测了五环路三期的路面面层,检测结果见表7-13。

五环路三期路面弯沉统计汇总表　　　　　　　　　　　　　表7-13

标段	桩号	位置	平均值(0.01mm)	标准差(0.01mm)	代表值(0.01mm)
内环	K7+550~K8+550(一期)和K0+000~K11+900	顺桩内侧车道	4.6	0.85	6.0
		顺桩中间车道	4.4	0.73	5.6
外环	K8+550~K7+550(一期)和K11+900~K0+000	逆桩内侧车道	4.0	0.46	4.8
		逆桩中间车道	4.2	0.58	5.2
内环	K11+900~K22+500	顺桩内侧车道	4.1	0.93	5.7
		顺桩中间车道	3.5	0.40	4.2
外环	K22+500~K11+900	逆桩内侧车道	4.1	0.57	5.0
		逆桩中间车道	3.8	0.50	4.65

2003年10月,利用自动弯沉仪连续检测了五环路四期、二期A段、连接线工程的路面面层,检测结果见表7-14。

五环路四期、二期A段、连接线工程路面弯沉统计汇总表　　　　表7-14

标段	桩号	位置	平均值(0.01mm)	标准差(0.01mm)	代表值(0.01mm)
四期	K6+300~K0+000	内环第二车道	6.1	2.36	10.0
	K0+000~K6+300	外环第二车道	5.6	2.10	9.0
二期A段	K0+000~K5+944	内环第二车道	6.1	2.44	10.1
	K0+000~K5+944	外环第二车道	5.2	2.29	9.0
连接段	K0+000~K1+300	内环第二车道	5.3	1.81	8.3
	K1+300~K0+000	外环第二车道	4.9	1.73	7.8

7.5.2 路面技术状况

为全面掌握五环路(S50)技术状况,科学评定公路使用性能,首发集团委托受北京奥科瑞检测技术开发有限公司,2006—2013年对五环路进行了全线公路技术状况检测和评定工作,六车道双向分道行驶的主要车道选择中间车道作为代表车道。历年路面技术状

第7章 五环路

况检测结果见表7-15。

五环路路面技术状况检测结果 表7-15

内环	2006年	2007年	2008年	2009年	2010年	2011年	2012年
PCI	86.46	88.51	95.47	91.95	92.29	92.23	90.12
RDI			94.95	85.22	91.98	73.54	80.72
RQI	96.67	96.87	93.23	94.42	93.42	93.80	92.95
内环	2013年	2014年	2015年	2016年	2017年	2020年	
PCI	86.36	89.55	97.63	96.11	93.37	93.62	
RDI	83.36	86.37	89.14	86.59	89.45	94.16	
RQI	92.32	93.67	95.30	94.37	94.33	93.99	
外环	2006年	2007年	2008年	2009年	2010年	2011年	2012年
PCI	82.38	78.53	95.31	90.73	90.53	90.50	93.13
RDI			95.92	82.64	90.74	74.56	79.31
RQI	96.68	96.87	93.95	94.39	93.34	93.61	93.72
外环	2013年	2014年	2015年	2016年	2017年	2019年	2020年
PCI	87.68	90.54	96.79	94.98	92.98		92.60
RDI	83.08	85.09	89.34	86.96	89.79		94.39
RQI	93.35	94.20	95.60	94.75	94.77		94.11

对比内外环路面技术状况变化情况可以看出,五环路外环路面状况指数的波动大于内环。2006年和2007年的PCI数据普遍偏低且波动较大,2008年采用《公路技术状况评定标准》(JTG H20—2007)的算法评定后,数据波动明显变小。从各项路面性能指数变化趋势来看,随着路龄的增加,路面状况逐渐变差,2014年五环路局部铣刨罩面维修后,PCI值得到明显改善,其路面状况有所恢复,近年来路面技术状况均维持在优等级。

(1) 路面损坏状况指数PCI性能演变

按照建成时间和路面结构的不同,统计2006—2020年五环路不同路段的路面损坏状况指数变化,统计结果见表7-16和图7-8。

五环路PCI变化 表7-16

内环	2006年	2007年	2008年	2009年	2010年	2011年	2012年
一期	86.34	91.17	95.77	89.76	93.71	92.85	91.92
二期	80.42	92.27	94.77	91.38	91.57	91.90	90.65
三期	89.05	90.98	94.89	90.70	92.48	90.96	90.39
四期	90.15	81.80	96.43	94.53	92.12	93.21	88.56
内环	2013年	2014年	2015年	2016年	2017年	2020年	
一期	85.58	94.79	95.98	93.15	89.01	93.51	

续上表

内环	2013年	2014年	2015年	2016年	2017年	2020年	
二期	85.69	83.18	98.84	97.33	94.48	94.39	
三期	84.77	97.08	96.59	94.54	92.63	92.61	
四期	88.59	87.13	98.11	97.63	95.01	93.69	
外环	2006年	2007年	2008年	2009年	2010年	2011年	2012年
一期	86.59	82.76	92.48	89.41	91.07	88.38	85.78
二期	80.92	77.96	97.28	92.65	92.28	90.61	92.89
三期	84.14	81.23	92.97	86.91	86.84	91.26	94.52
四期	80.35	74.94	96.65	92.54	91.48	90.85	93.36
外环	2013年	2014年	2015年	2016年	2017年	2020年	
一期	89.21	95.28	95.74	93.88	90.83	91.89	
二期	85.22	82.32	96.27	94.75	93.09	93.21	
三期	88.89	96.64	96.49	93.26	90.91	91.41	
四期	88.30	91.23	98.02	96.99	95.46	93.24	

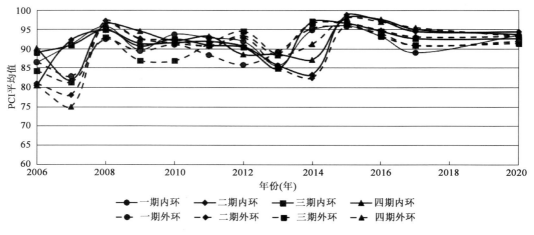

图7-8 五环路不同路段PCI演变规律

从图7-8来看,五环路不同路段的路面损坏状况指数PCI波动明显。五环路三期外环和二期内外环的PCI波动尤其明显,五环路一期和四期的PCI波动相对较小。说明路面破损状况的变化一定程度反映交通量的变化。2014年以前,五环路(机场高速公路—京沪高速公路)路段外环和(京藏高速公路—京港澳高速公路)路段的断面交通量要大于其他路段交通量。2014年五环路铣刨罩面维修实施,同时,北京市对部分机动车采取交通管理措施,五环路主路在每天6:00—23:00禁止核定载质量8t(含)以上载货汽车通行,交通条件的改善使得路面破损状况得到了缓解,近年来五环路不同路段的PCI逐渐趋同,整体达到优等级。

(2)路面行驶质量指数 RQI 性能演变

2006—2020 年五环路四条不同路段的路面行驶质量指数变化见表 7-17 和图 7-9。

五环路 RQI 变化　　　　表 7-17

内环	2006 年	2007 年	2008 年	2009 年	2010 年	2011 年	2012 年
一期	96.65	97.10	93.74	94.88	93.29	94.94	92.92
二期	96.72	96.60	92.96	93.90	93.27	93.18	92.89
三期	96.63	96.88	92.75	94.27	92.93	93.27	91.92
四期	96.67	96.99	93.58	94.77	93.98	94.20	93.78
内环	2013 年	2014 年	2015 年	2016 年	2017 年	2020 年	
一期	91.85	93.59	95.15	94.24	94.29	93.47	
二期	92.69	92.92	95.50	94.55	94.59	94.50	
三期	90.93	94.21	95.01	93.95	93.69	92.98	
四期	93.25	93.95	95.41	94.58	94.58	94.46	
外环	2006 年	2007 年	2008 年	2009 年	2010 年	2011 年	2012 年
一期	97.00	97.04	94.83	94.79	93.74	94.33	94.07
二期	96.63	96.80	93.52	94.29	93.72	93.88	93.55
三期	96.39	96.78	93.77	94.02	92.11	92.78	93.74
四期	96.79	96.94	94.05	94.59	93.72	93.64	93.74
外环	2013 年	2014 年	2015 年	2016 年	2017 年	2020 年	
一期	94.08	95.19	96.06	95.32	95.38	94.38	
二期	93.58	93.61	95.65	94.82	94.89	94.29	
三期	93.25	94.84	95.43	94.42	94.33	93.80	
四期	92.86	93.80	95.47	94.67	94.70	94.04	

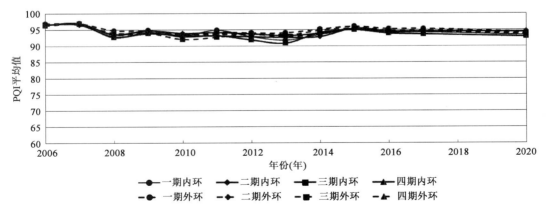

图 7-9　五环路不同路段 RQI 演变规律

五环路四条不同路段的路面行驶质量总体上保持稳定,15 年不同路段 RQI 均大于 90。总体对比来看,五环路一期的路面行驶质量指数衰变略好于二期和四期,五环路三期 RQI 指数衰变相对略大,三期内环的路面行驶质量较其他路段略差。

(3）路面车辙深度指数 RDI 性能演变

2008—2020 年五环路不同路段的路面车辙深度指数变化见表 7-18 和图 7-10。

五环路 RDI 变化 表 7-18

内环	2008 年	2009 年	2010 年	2011 年	2012 年	2013 年
一期	99.47	87.92	94.20	75.52	83.85	86.46
二期	93.86	83.50	91.09	71.16	78.22	81.10
三期	94.67	86.77	90.87	73.10	80.43	83.84
四期	94.00	84.32	92.59	75.15	81.77	83.61
内环	2014 年	2015 年	2016 年	2017 年	2020 年	
一期	91.97	88.79	86.05	89.74	95.74	
二期	81.18	89.64	87.47	90.23	94.65	
三期	93.13	88.21	84.79	87.12	93.11	
四期	83.30	89.58	87.43	90.39	93.73	
外环	2008 年	2009 年	2010 年	2011 年	2012 年	2013 年
一期	93.33	87.01	90.52	80.14	87.28	89.49
二期	96.48	82.28	90.70	75.46	78.26	84.03
三期	93.92	84.48	93.57	73.76	83.58	86.35
四期	98.19	79.42	88.68	71.63	75.30	76.55
外环	2014 年	2015 年	2016 年	2017 年	2020 年	
一期	92.22	90.19	88.48	92.42	96.03	
二期	82.06	89.83	88.24	90.89	94.37	
三期	91.93	88.21	86.00	88.53	93.91	
四期	79.17	89.35	85.85	88.54	93.98	

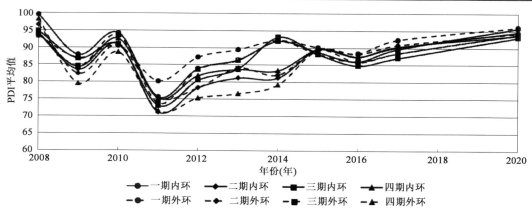

图 7-10 五环路不同路段 RDI 演变规律对比

从图 7-10 来看，五环路不同路段的沥青路面车辙深度指数变化较大，近年来车辙深度指数有所减小。2014 年五环路罩面工程实施前，五环路（京藏高速公路—京港澳高速公路—京沪高速公路）路段的路面车辙深度明显大于东五环和北五环的车辙深度。2014

年以后路面车辙得到治理,RDI 逐年增大,五环路不同路段的沥青路面车辙深度指数 RDI 均大于90。

7.5.3 路面性能演变规律

五环路通车以后,随着路龄的增加,在荷载和环境因素的综合作用下,路面技术状况呈现波动下降的趋势。

以豆各庄观测站为例,该观测站桩号为 K18+200,半刚性基层厚度 54cm,沥青面层厚度18cm,内环初始弯沉为4.0(0.01mm),外环初始弯沉为3.8(0.01mm);2010年内环标准轴载的当量作用次数 ESAL 为 8843 次/(d·车道),外环 ESAL 为 7843 次/(d·车道);2013年内环 ESAL 为 11165 次/(d·车道),外环 ESAL 为 9896 次/(d·车道)。路面大修前豆各庄观测站路面技术状况变化情况见表7-19。

豆各庄观测站路面技术状况变化情况　　　　　　　　表 7-19

技术指标	2008 年	2009 年	2010 年	2011 年	2012 年	2013 年
PCI 内环	97	94.4	95.11	91.31	91.04	87.66
RDI 内环	94	84.69	83.78	80.42	77.76	71.14
RQI 内环	93.93	93.97	93.06	92.48	92.85	92.21
PCI 外环	95.3	92.36	91.5	90.20	84.9	82.93
RDI 外环	94	92.41	88.94	85.22	81.64	78.04
RQI 外环	94.04	93.67	90.87	91.16	92.88	93.17

从表7-19来看,路面损坏状况指数和路面车辙深度指数逐渐降低,病害发展呈现逐年累积规律,但路面行驶质量指数演变规律不同,RQI 总体保持稳定,衰变较为缓慢,并具备一定的波动演变特征。基于上述数据,计算得到豆各庄观测站沥青路面 PCI 衰变方程见式(7-1)。

$$PCI = 100\{1 - \exp[-(20.78/y_{2008})^{1.027}]\} \quad (7-1)$$

计算得到豆各庄观测站沥青路面 RDI 衰变方程见式(7-2)和式(7-3)。

$$RDI_{内环} = 100\{1 - \exp[-(13.94/y_{2008})^{1.23}]\} \quad (7-2)$$

$$RDI_{外环} = 100\{1 - \exp[-(17.02/y_{2008})^{0.992}]\} \quad (7-3)$$

式中:y_{2008}——从2008年开始计算的路面使用年限。

以狼垡观测站为例,该观测站桩号为 K49+500,半刚性基层厚度 49cm,面层厚度18cm,内环初始弯沉为5.2(0.01mm),初始平整度为0.7m/km,外环初始弯沉为6.3(0.01mm),初始平整度为0.68m/km;2010年内环 ESAL 为 3475 次/(d·车道),外环 ESAL 为 4023 次/(d·车道);2013年内环 ESAL 为 5107 次/(d·车道),外环 ESAL 为 4920 次/(d·车道)。路面大修前狼垡观测站路面技术状况变化情况见表7-20。

狼垡观测站路面技术状况变化情况 表7-20

技术指标	2008年	2009年	2010年	2011年	2012年	2013年
PCI内环	97.8	96.8	96.56	95.23	93.78	91.38
RDI内环	94	92.24	83.78	81.70	80.07	75.46
RQI内环	93.71	95.05	94.63	94.59	94.63	94.02
PCI外环	97.7	96.71	95.01	94.51	92.4	90.66
RDI外环	98	92.59	84.64	82.14	81.42	75.67
RQI外环	94.4	95.14	94.01	93.15	94.53	93.37

狼垡观测站的路面性能演变规律与豆各庄站大致相同。基于表7-20数据，计算得到狼垡观测站沥青路面PCI衰变方程，见式(7-4)。

$$\text{PCI} = 100\{1 - \exp[-(36.02/y_{2008})^{0.689}]\} \tag{7-4}$$

计算得到狼垡观测站沥青路面RDI衰变方程见式(7-5)。

$$\text{RDI} = 100\{1 - \exp[-(13.93/y_{2008})^{1.19}]\} \tag{7-5}$$

对比两个观测站的路面性能演变方程，可以看出：由于狼垡观测站的交通轴载显著小于豆各庄站，狼垡观测站的路面PCI寿命因子36.01显著大于豆各庄观测站的20.78，但狼垡观测站的衰变因子为0.689也小于豆各庄观测站的1.027，说明狼垡观测站初期PCI下降快于豆各庄观测站，这可能与两个路段的初始弯沉不同有关。从路面RDI的衰变方程分析，狼垡观测站的RDI衰变方程与豆各观测庄内环的衰变方程较为一致，说明路面车辙的发展快于路面破损状况的发展，内环车辙的发展快于外环车辙的发展，这种演变规律的不同与交通轴载、结构组合和路用材料均存在一定关系。

7.6 维修历史

7.6.1 维修概况

2004年五环路建成并取消收费以来，不仅承担着大量的过境交通、具有部分高速公路的交通属性和功能，而且承担了部分城市快速路的交通功能，为北京市城市区域内的大量、长距离、快速交通服务，五环路交通功能的有效发挥对于保证北京市道路交通的顺畅运行具有重要的作用。与此同时，五环路面层结构经过多年交通荷载和环境的反复作用也出现了裂缝、车载等病害，需要对路面状况及时进行修补处理，以保持良好的路用性能，也为北京市亚洲太平洋经济合作组织(APEC)会议保障提供条件。

2014年6月至2014年9月，五环路部分路段迎来路面大修工程施工，维修工程范围为五环路 K70+000 至京藏高速公路(K88)、京藏高速公路至首都机场高速公路(K98+775)、首都机场高速公路(K0)至京沪高速公路(K28+000)。

7.6.2 路面维修结构

本次五环路部分路段路面维修工程,按照不同的路面质量状况划分不同路段设计了不同的路面处治工程措施,大量应用了近年兴起的新材料和新技术进行路面维修施工,通过精拉毛、铣刨原路面、设置黏层、超薄磨耗层、雾封层及温拌 SBS 改性沥青混凝土、SMA 沥青混凝土等综合处治技术提升路面使用性能。具体路面维修结构方案见表 7-21 ~ 表 7-26。

K70~K80 段路面维修结构方案 表 7-21

对路面破损进行处治
5cm SMA-16(温拌 SBS 改性) 改性乳化沥青黏层 铣刨后如有裂缝用热沥青灌缝
旧路面铣刨 5cm

K80~K88 段路面维修结构方案 表 7-22

路面轻微破损	路面状况较差且表面层破损	路面破损至中面层
2.5cm 超薄磨耗层 改性乳化沥青黏层 表面如有裂缝用热沥青灌缝	2.5cm 超薄磨耗层(含高黏乳化沥青黏层) 5cm SMA-16(温拌 SBS 改性) 改性乳化沥青黏层 铣刨后如有裂缝用热沥青灌缝	2.5cm 超薄磨耗层(含高黏乳化沥青黏层) 外环采用 5cm AC-20(温拌 SBS 改性);内环采用 5cm SMA-16(SBS 改性、木质纤维) 改性乳化沥青黏层 6cm AC-20(温拌 SBS 改性) 改性乳化沥青黏层 铣刨后如有裂缝用热沥青灌缝
旧路表面清洁	旧路面铣刨 5cm	旧路面铣刨 11cm

K88~K28 段(外环)段路面维修结构方案 表 7-23

路面轻微破损	路面状况较差且表面层破损	路面破损至中面层
4cm SMA-13(SBS 改性、木质纤维) 改性乳化沥青黏层 拉毛后如有裂缝用热沥青灌缝	4cm SMA-13(SBS 改性、木质纤维) 改性乳化沥青黏层 5cm AC-20(温拌 SBS 改性) 改性乳化沥青黏层 铣刨后如有裂缝用热沥青灌缝	4cm SMA-13(SBS 改性、木质纤维) 改性乳化沥青黏层 5cm AC-20(温拌 SBS 改性) 改性乳化沥青黏层 6cm AC-20(温拌 SBS 改性) 改性乳化沥青黏层 铣刨后如有裂缝用热沥青灌缝
旧路面精拉毛 1cm	旧路面铣刨 5cm	旧路面铣刨 11cm

K88～K28 段(内环)段路面维修结构方案

表 7-24

(1)K88～K94+400、K97+140～K12+380、K21+600～K28 段主路路面行车道及主路出入口结构方案		
路面轻微破损	路面状况较差且表面层破损	路面破损至中面层
4cm SMA-13(SBS 改性、木质纤维) 改性乳化沥青黏层 拉毛后如有裂缝用热沥青灌缝	4cm SMA-13(SBS 改性、木质纤维) 改性乳化沥青黏层 5cm AC-20(温拌 SBS 改性) 改性乳化沥青黏层 铣刨后如有裂缝用热沥青灌缝	4cm SMA-13(SBS 改性、木质纤维) 改性乳化沥青黏层 5cm AC-20(温拌 SBS 改性) 改性乳化沥青黏层 6cm AC-20(温拌 SBS 改性) 改性乳化沥青黏层 铣刨后如有裂缝用热沥青灌缝
旧路面拉毛 0.3～0.5cm	旧路面铣刨 5cm,旧路面拉毛 0.3～0.5cm	旧路面铣刨 11cm,旧路面拉毛 0.3～0.5cm
(2)K94+400～K97+140 段主路路面行车道结构方案		
路面轻微破损	路面状况较差且表面层破损	路面破损至中面层
4cm SMA-13(橡胶沥青、木质纤维) 改性乳化沥青黏层 拉毛后如有裂缝用热沥青灌缝	4cm SMA-13(橡胶沥青、木质纤维) 改性乳化沥青黏层 5cm AC-20(温拌 SBS 改性) 改性乳化沥青黏层 铣刨后如有裂缝用热沥青灌缝	4cm SMA-13(橡胶沥青、木质纤维) 改性乳化沥青黏层 5cm AC-20(温拌 SBS 改性) 改性乳化沥青黏层 6cm AC-20(温拌 SBS 改性) 改性乳化沥青黏层 铣刨后如有裂缝用热沥青灌缝
旧路面拉毛 0.3～0.5cm	旧路面铣刨 5cm,旧路面拉毛 0.3～0.5cm	旧路面铣刨 11cm,旧路面拉毛 0.3～0.5cm
(3)K12+380～K21+600 段主路路面行车道结构方案		
路面轻微破损	路面状况较差且表面层破损	路面破损至中面层
4cm SMA-13(SBS 改性、玄武岩纤维) 改性乳化沥青黏层 拉毛后如有裂缝用热沥青灌缝	4cm SMA-13(SBS 改性、玄武岩纤维) 改性乳化沥青黏层 5cm AC-20(温拌 SBS 改性) 改性乳化沥青黏层 铣刨后如有裂缝用热沥青灌缝	4cm SMA-13(SBS 改性、玄武岩纤维) 改性乳化沥青黏层 5cm AC-20(SBS 改性) 改性乳化沥青黏层 6cm AC-20(温拌 SBS 改性) 改性乳化沥青黏层 铣刨后如有裂缝用热沥青灌缝
旧路面拉毛 0.3～0.5cm	旧路面铣刨 5cm,旧路面拉毛 0.3～0.5cm	旧路面铣刨 11cm,旧路面拉毛 0.3～0.5cm

K28～K45 段(外环)段路面维修结构方案

表 7-25

路面轻微破损	路面状况较差且表面层破损	路面破损至中面层
4cm SMA-13(SBS 改性、木质纤维) 改性乳化沥青黏层 拉毛后如有裂缝用热沥青灌缝	4cm SMA-13(SBS 改性、木质纤维) 改性乳化沥青黏层 5cm AC-20(温拌 SBS 改性) 改性乳化沥青黏层 铣刨后如有裂缝用热沥青灌缝	4cm SMA-13(SBS 改性、木质纤维) 改性乳化沥青黏层 5cm AC-20(温拌 SBS 改性) 改性乳化沥青黏层 6cm AC-20(温拌 SBS 改性) 改性乳化沥青黏层 铣刨后如有裂缝用热沥青灌缝
旧路面精拉毛 1cm	旧路面铣刨 5cm	旧路面铣刨 11cm

K28～K45 段（内环）段路面维修结构方案　　　　　表7-26

路面状况较差且表面层破损	路面破损至中面层
5cm SMA-16（SBS改性、木质纤维） 改性乳化沥青黏层 铣刨后如有裂缝用热沥青灌缝	5cm SMA-13（SBS改性、木质纤维） 改性乳化沥青黏层 6cm AC-20（温拌SBS改性） 改性乳化沥青黏层 铣刨后如有裂缝用热沥青灌缝
旧路面铣刨5cm	旧路面铣刨11cm

7.7 其他资料

（1）桥头高填方段路基处理

考虑路基稳定性（填高8m），对此两段路基进行加固，加固方式由设计的振冲碎石桩变更为夯扩碎石桩，桩径0.6m，桩深9m，桩距1.6～2.0m，碎石桩总量2107颗。由于路基在冬、春季施工，路基清表后仍有30cm厚的冻土，为保证路基施工质量及工期要求，将30cm厚的冻土清除，并换填30cm厚砂砾。为保证路基压实度，在路基成型后用蓝派压路机对全合同段进一步压实。

为加强不良地基段填料的密实度，K13+600～K15+500段采用蓝派压路机追加填方的密实度，防止新填方路基日后出现较大沉降等问题。

（2）土方路基掺灰碾压

K15+500～K18+750段路基土方施工因含水率偏大，采用8%石灰土，但石灰土碾压时容易出现推移现象，振动压路机采用"高频、低幅"作业方式有效解决了推移问题。

（3）特殊路段路基处理

五环路四期工程K0+000～K2+600段起点与五环路二期工程A段的京石立交相接，路线位于永定河左大堤与大兴灌渠之间。该合同段路基填筑中填料全部采用天然级配砂砾，保证了路基填筑的质量。在高填方路段，采用冲击碾对路基填方进行追密；路基成型后，采用修筑围堰灌水，进行水沉，减少路基沉降。对于特殊路段的路基处理主要有共堤段路基处理和大砂坑处理两种。

K0+000～K1+380段为新建五环路基左侧与大堤共用。由于原大堤压实标准低，不符合高速公路路基施工质量要求，故将大堤边坡放缓，其坡比控制在1∶1，然后40cm一个台阶，开台阶宽度不小于压路机作业宽度进行重新碾压后，再在其上填筑砂砾料。对大堤平台段，全部翻挖依运，再重新碾压达到规范压实度。

由挖探坑和地质部门钻探检测，K1+750～K1+910段为原当地老百姓淘沙而形成一个深11m的大砂坑，其下埋藏黑色流塑状淤泥层。处治措施：将砂坑范围段所有不适宜材料全部挖除,挖至原砂石层面后,选用天然砂砾分层后填至现况地面高程。

(4)路面新材料应用

全线透层油采用壳牌沥青产品,以保证二灰基层与沥青底面层黏结牢固,形成一个整体。

路面表面层采用沥青玛蹄脂碎石混合料(SMA)及玄武岩耐磨石料,路面平整、耐候性好,行车安全舒适。

第 8 章

六 环 路

北京六环路（G4501）全长 187.6km，始建于 1998 年 12 月，2009 年 9 月中旬实现全线贯通，工程历时 11 年共分 9 期建成。沥青混凝土面层厚 15～20cm，水泥稳定碎石和石灰粉煤灰稳定砂砾基层厚 36～40cm，部分石灰粉煤灰稳定砂砾底基层厚 10～20cm，部分天然砂砾底基层厚 20～35cm。多年来路面技术状况稳定，未出现结构性损坏，2010 年进行了一次铣刨罩面。

北京六环路一览表见表 8-1。

六环路一览表　　　　表 8-1

工程概况			
完工时间	2009 年 9 月	车道数量	双向四、六车道
里程长度	187.6km	交通量	—
典型特征	北京市绕城高速公路，也是国家高速公路网主要城市绕城线路（G4501）		
路面结构			
面层	类型	沥青混凝土路面	基层	类型	水泥稳定碎石、石灰粉煤灰稳定砂砾、天然砂砾
	厚度	15～20cm		厚度	46～75cm
特点描述	路面基层厚度变化大，沥青面层厚度变化较小		
路面性能			
技术状况	优良	病害特征	车辙
裂缝	PCI＞85	早期损坏	车辙（良黄段）
车辙	RDI＞80	罩面时间	2010 年

8.1 概　　况

北京六环路又名北京绕城高速公路，曾称"公路二环"，是国家高速公路网中规划的北京城市环线，编号 G4501，共穿越北京市内 9 个行政区，连接顺义、通州、亦庄、大兴、房山、门头沟和昌平 7 个新城。六环路属于收费公路，与北京市的多条放射形高速公路和国道连接，距市中心 15～20km，是一条联系北京市郊区卫星城镇和截流、疏导城市过境交通的重要环线高速公路。六环路始建于 1998 年 12 月，各路段通车时间一览表见表 8-2。六环路设计速度 80～100km/h，横断面布置为双向四、六车道加连续停车道，路基宽度 26～

28.5m。六环路酸枣岭桥—双源桥段与大广高速公路并行,编号G45。

六环路各路段通车时间一览表　　　　表8-2

序号	路段名称	起止位置	路段长度(km)	通车时间
1	通马段一期	马驹桥立交—京津公路立交	17.931	1999年
2	通马段二期	京津公路立交—六合村	8.209	2000年9月
3	通黄段一期	马驹桥—孙村	14.2	2000年11月
4	通黄段二期	孙村—大庄	7.55	2001年9月
5	通昌段一期	胡各庄—高丽营	36.27	2002年9月
6	通昌段二期	高丽营—西沙屯	21.15	2002年10月
7	良黄段	双源桥立交—规划大件路	23.77	2004年11月
8	西寨段	西沙屯—寨口	19.6	2006年10月
9	西六环	良乡—寨口	38.92	2009年9月

8.2 路面结构

依据不同的交通荷载水平,六环路主路路面结构有所差异。其中,通黄段一期、良黄段由北京国道通公路设计研究院设计,其他路段由北京市市政工程设计研究总院设计。

(1)通马段路面结构

路面结构设计以单轴双轮组 BZZ-100 为标准轴载,使用年限为 15 年,单车道累计标准轴载作用次数为 18.59×10^6,路表设计弯沉为 0.211mm。主路路面结构见表8-3和图8-1。

六环路通马段主路路面结构　　　　表8-3

序号	层位	结构层材料	厚度(cm)
1	表面层	沥青玛蹄脂碎石混合料 SMA-16	4
2	中面层	密级配粗粒式沥青混凝土 AC-25 Ⅰ	5
3	下面层	粗粒式沥青混凝土 AC-30 Ⅰ	6
4	基层	石灰粉煤灰稳定砂砾 LFSG	36
5	底基层	石灰粉煤灰稳定砂砾 LFSG	16

(2)通黄段一期路面结构

主路路面设计年限为 15 年,单车道累计标准轴载作用次数为 11.8×10^6,路表设计弯沉为 23.1(1/100mm)。主路路面结构见表8-4和图8-2。

六环路通黄段一期主路路面结构　　　　表8-4

序号	层位	结构层材料	厚度(cm)
1	表面层	沥青玛蹄脂碎石混合料 SMA-16	4
2	中面层	密级配粗粒式沥青混凝土 AC-25 Ⅰ	5
3	下面层	粗粒式沥青混凝土 AC-30 Ⅱ	6
4	基层	石灰粉煤灰稳定砂砾 LFSG	36
5	底基层	石灰粉煤灰稳定砂砾 LFSG	10

第8章
六 环 路

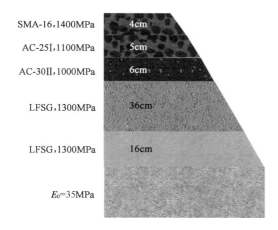

图 8-1 六环路通马段主路路面结构示意图

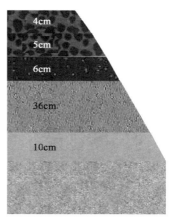

图 8-2 六环路通黄段一期主线路面结构示意图

六环路通黄段一期 K0+800～K3+800 由原通黄公路改建而成。原道路为一级路,主路为双向四车道,中央隔离带宽9.0m,行车道左右各设5m宽非机动车道,路面结构为11cm沥青混凝土+20cm水泥稳定砂砾+30cm石灰稳定砂砾。旧通黄路路面状况较好,旧路代表弯沉值小于设计弯沉值,主路补强按结构要求控制,补强最小厚度为9cm(4cm SMA-16+5cm AC-25Ⅰ)。旧路补强路段新旧路有3条接缝,设计在新旧路搭接处设置了玻璃纤维土工格栅。格栅设在底面层(6cm AC-30Ⅱ)及中面层(5cm AC-25Ⅰ)顶部,宽度为1.5m。主路路面补强设计如下:

补强厚度 0～3cm:铣刨至4cm,补强4cm SMA-16。

补强厚度 4～6cm:补强4～6cm SMA-16。

补强厚度 7～8cm:补强4cm SMA-16+3～4cm AC-25Ⅰ。

补强厚度 9～17cm:按原设计补强。

补强厚度 18～25cm:新建路面结构厚度(4+5+6)cm+15cm 石灰粉煤灰稳定砂砾(铣刨旧路面)。

(3)通黄段二期路面结构

路面结构设计以单轴双轮组 BZZ-100 为标准轴载,使用年限为15年,设计年限内单车道累计标准轴载作用次数为 18.59×10^6,路表设计弯沉值为0.211mm。主路路面结构见表 8-5 和图 8-3。

六环路通黄段二期主路路面结构　　　　表 8-5

序 号	层 位	结构层材料	厚度(cm)
1	表面层	沥青玛蹄脂碎石混合料 SMA-16	4
2	中面层	密级配粗粒式沥青混凝土 AC-25Ⅰ	5
3	下面层	粗粒式沥青混凝土 AC-30Ⅱ	6
4	基层	石灰粉煤灰稳定砂砾 LFSG	40
5	底基层	天然砂砾 SG	35、20

(4)通昌段一期路面结构

路面结构设计以单轴双轮组 BZZ-100 为标准轴载,使用年限为 15 年,单车道累计标准轴载作用次数为 15.44×10^6,路表设计弯沉为 0.219mm。主路路面结构见表 8-6 和图 8-4。

六环路通昌段一期主路路面结构　　　　表 8-6

序 号	层 位	结构层材料	厚度(cm)
1	表面层	沥青玛琋脂碎石混合料 SMA-16	4
2	中面层	密级配粗粒式沥青混凝土 AC-25 I	5
3	下面层	粗粒式沥青混凝土 AC-30 I	7
4	基层	石灰粉煤灰稳定砂砾 LFSG	38
5	底基层	石灰粉煤灰稳定砂砾 LFSG	16、13

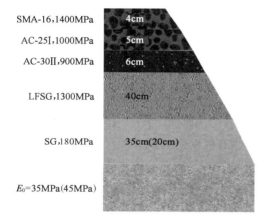

图 8-3　六环路通黄段二期主路路面结构示意图

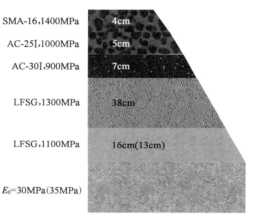

图 8-4　六环路通昌段一期主路路面结构示意图

(5)通昌段二期路面结构

路面结构设计以单轴双轮组 BZZ-100 为标准轴载,使用年限为 15 年,单车道累计标准轴载作用次数为 15.44×10^6,路表设计弯沉为 0.219mm。主路路面结构见表 8-7 和图 8-5。

六环路通昌段二期主路路面结构　　　　表 8-7

序 号	层 位	结构层材料	厚度(cm)
1	表面层	沥青玛琋脂碎石混合料 SMA-16	4
2	中面层	密级配粗粒式沥青混凝土 AC-25 I	5
3	下面层	粗粒式沥青混凝土 AC-30 I	7
4	基层	石灰粉煤灰稳定砂砾 LFSG	36
5	底基层	石灰粉煤灰稳定砂砾 LFSG	18、15

(6)良黄段路面结构

路面结构设计以单轴双轮组 BZZ-100 为标准轴载,使用年限为 15 年,单车道累计标准轴载作用次数为 19.44×10^6,路表设计弯沉为 0.209mm。主路路面结构见表 8-8 和图 8-6。

第8章 六环路

六环路良黄段主路路面结构　　　表 8-8

序　号	层　位	结构层材料	厚度(cm)
1	表面层	沥青玛蹄脂碎石混合料 SMA-16	5
2	中面层	密级配中粒式沥青混凝土 AC-20Ⅰ	6
3	下面层	密级配粗粒式沥青混凝土 AC-25Ⅰ	7
4	上基层	水泥稳定碎石 CCR	18
5	下基层	石灰粉煤灰稳定砂砾 LFSG	18
6	底基层	石灰粉煤灰稳定砂砾 LFSG	18

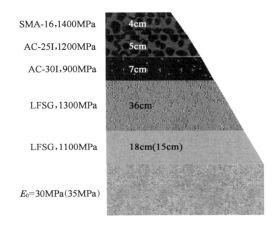

图 8-5　六环路通昌段二期主路路面结构示意图

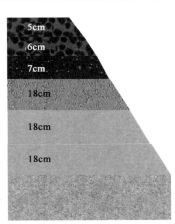

图 8-6　六环路良黄段主路路面结构示意图

(7) 西寨段路面结构

路面结构设计以单轴双轮组 BZZ-100 为标准轴载,使用年限为15年,单车道累计标准轴载作用次数为 21.89×10^6,主路路面设计弯沉为 0.204mm,主路路面结构见表 8-9 和图 8-7。

六环路西寨段主路路面结构　　　表 8-9

序　号	层　位	结构层材料	厚度(cm)
1	表面层	沥青玛蹄脂碎石混合料 SMA-16	5
2	中面层	密级配中粒式改性沥青混凝土 AC-20Ⅰ	6
3	下面层	密级配粗粒式沥青混凝土 AC-25Ⅰ	7
4	上基层	水泥稳定碎石 CCR	18
5	下基层	石灰粉煤灰稳定砂砾 LFSG	18
6	底基层	石灰粉煤灰稳定砂砾 LFSG	20

(8) 西六环路面结构

路面结构设计以单轴双轮组 BZZ-100 为标准轴载,使用年限为15年,单车道累计标准轴载作用次数为 64.47×10^6,路表设计弯沉为 0.181mm。主路路面结构见表 8-10 和图 8-8。

西六环路主路路面结构 表8-10

序号	层位	结构层材料	厚度(cm)
1	表面层	沥青玛蹄脂碎石混合料 SMA-16	5
2	中面层	密级配中粒式沥青混凝土 AC-20 I	6
3	下面层	密级配粗粒式沥青碎石 ATB-25	9
4	上基层	水泥稳定碎石 CCR	18
5	下基层	石灰粉煤灰稳定砂砾 LFSG	18
6	底基层	石灰粉煤灰稳定砂砾 LFSG	20

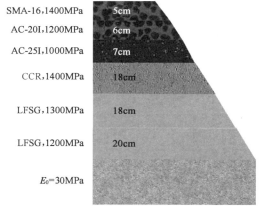

图8-7 六环路西寨段主路路面结构示意图

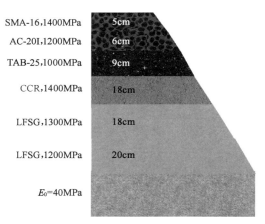

图8-8 西六环路主路路面结构示意图

8.3 路面材料

8.3.1 面层材料

六环路表面层路面材料均采用 SMA-16 沥青玛蹄脂碎石混合料,粗集料为玄武岩或辉绿岩,沥青采用 90 号沥青掺 SBS 改性剂和纤维,设计油石比为 5.8%~6.0%。

六环路中面层路面材料的应用情况变化较大。京藏高速公路与六环路相交处至大兴孙村乡段采用 AC-25 I 粗粒式沥青混凝土,沥青为 90 号沥青,设计油石比为 4.3%~4.6%;良黄段采用 AC-20 I 密级配中粒式沥青混凝土,沥青为 90 号沥青,设计油石比为 4.0%;西六环路采用 AC-20C 密级配中粒式沥青混凝土,沥青为 70 号成品改性沥青,设计油石比为 4.4%。

西寨段采用 AC-20 I 密级配中粒式沥青混凝土,为解决重载交通对沥青面层的剪切推移,减轻道路车辙病害,沥青采用 70 号成品改性沥青或 90 号基质沥青加抗车辙剂 PR-

PLASTS,设计油石比为4.3%。2005年,在六环路西寨段K7+000~K19+700段主要采用法国的PR抗车辙剂,通过适当延长拌和时间等工艺措施,掺加3‰抗车辙剂的中面层沥青混合料动稳定度达5100~5400。2006年,K0+000~K7+000路段使用德国产Duroflox抗车辙剂(掺量为5‰)及成品改性沥青,动稳定度也达到5000以上。

六环路下面层路面材料的应用情况变化较大。通马段和通昌段采用AC-30Ⅰ粗粒式沥青混凝土,沥青为90号沥青,设计油石比为4.3%~4.5%;通黄段采用AC-30Ⅱ粗粒式沥青混凝土,沥青为90号沥青,设计油石比为3.7%~3.8%;良黄段采用AC-25Ⅰ密级配粗粒式沥青混凝土,沥青为90号沥青,设计油石比为4.5%~4.7%;西寨段采用AC-25Ⅰ密级配粗粒式沥青混凝土,沥青为90号沥青,设计油石比为4.1%~4.2%;西六环路采用ATB-25密级配粗粒式沥青碎石,沥青为70号韩国SK沥青,设计油石比为3.8%。

8.3.2 基层材料

六环路基层材料有天然级配砂砾、石灰粉煤灰稳定砂砾和水泥稳定碎石三种。六环路通马段一期K0+000~K13+325路段和通黄段二期采用天然级配砂砾作为底基层,其他路段均采用石灰粉煤灰稳定砂砾作为底基层;六环路全线的下基层材料均为石灰粉煤灰稳定砂砾,下基层设计配合比一般为5:15:80、4:16:80、5:12:83和6:14:80,7d无侧限抗压强度不小于0.8MPa;通马段、通黄段和通昌段的上基层材料为石灰粉煤灰稳定砂砾,通马段部分路段采用了水泥石灰粉煤灰稳定砂砾作为上基层,设计配合比为2:6:14:78,设计强度2.0MPa;良黄段、西寨段和西六环路的上基层材料均为水泥稳定碎石,水泥掺量为4.5%~5.5%,良黄段7d无侧限抗压强度要求不小于3.0MPa,西寨段和西六环段要求不小于3.5MPa。

8.4 交通量情况

六环路是一条联系北京市郊区城镇和疏导市际过境交通的高速公路,同时又与京沈高速公路、八达岭高速公路共同构成国道主干线丹拉线的一部分。据2008—2020年的六环路断面年日均交通量数据来看(表8-11),五环路交通量年均增长率达8%~15%,其中,六环路通马段日均交通量绝对值从2008年的2.5万辆增长到2019年的5.5万辆,通昌段日均交通量绝对值从2008年的2.2万辆增长到2019年的4.7万辆,增长超过2倍有余;良黄段日均交通量绝对值从2008年的7000辆增长到2019年的2.2万辆,西寨段日均交通量绝对值从2009年的1.7万辆增长到2019年的5万辆,增长了近3倍;西六环路的日均交通量绝对值从2010年的8000辆增长到2019年的3.2万辆,增长了4倍。

六环路断面年日均交通量统计表（单位：辆）   表8-11

年份(年)	观测站名称	小型客车	大型客车	小型货车	中型货车	大型货车	特大型货车	集装箱车
2008	土桥	4911	87	3405	3773	3995	3883	6197
	马驹桥	4898	79	2630	3577	3720	3681	6147
	六元桥	6133	94	2986	4279	4337	3797	5758
	西沙屯	6847	667	548	632	3938	1280	1789
	新立西桥	2363	155	1092	1150	984	569	1507
2009	土桥	1742	1262	655	25868	2051	292	355
	马驹桥	1765	1278	680	24561	2077	312	363
	六元桥	4332	6160	6145	6682	104	5535	7221
	西沙屯	1491	4760	6418	7446	417	4744	8061
	新立西桥	1675	1640	1251	2724	199	686	1504
	沙阳	868	879	4006	1635	49	9290	630
2010（内环）	土桥	9270	776	660	478	248	110	61
	马驹桥	10238	857	728	528	274	122	67
	六元桥	4232	63	2572	3715	3677	3289	1896
	西沙屯	2693	202	1139	2438	3099	2339	2103
	新立西桥	1678	302	1735	1942	869	339	346
	沙阳	3311	53	1557	1524	4357	11506	1285
	大苑村	1824	112	396	553	449	60	431
	石门营	2333	80	722	298	279	49	425
2010（外环）	土桥	8218	688	585	423	220	98	54
	马驹桥	9075	760	646	468	243	108	59
	六元桥	2583	56	2234	2629	2532	2513	1833
	西沙屯	2925	226	902	2525	3424	2564	2126
	新立西桥	1754	438	2315	2185	1290	491	354
	沙阳	3109	57	1419	1568	4339	10448	1320
	大苑村	1864	95	467	371	323	61	405
	石门营	2110	121	315	431	1070	211	493
2011	土桥	18675	1569	1367	969	500	221	247
	马驹桥	19597	1662	1418	1026	563	236	264
	六元桥	4184	171	3296	3569	3838	3212	4588
	西沙屯	3923	185	3269	3736	3840	3235	4973
	新立西桥	3799	730	3886	4017	2254	915	1520
	沙阳	4988	238	2148	2013	1518	13351	167
	大苑村	3803	211	861	876	813	129	1640
	石门营	4409	215	965	756	1289	263	1707

第 8 章
六　环　路

续上表

年份(年)	观测站名称	小型客车	大型客车	小型货车	中型货车	大型货车	特大型货车	集装箱车
2012 （内环）	土桥	8965	1144	1149	1610	1318	480	3247
	马驹桥	2648	531	645	890	5496	3899	761
	张喜庄	3194	225	1135	704	2225	770	627
	西沙屯	2067	147	1972	1973	1907	1885	1549
	新立西桥	5377	560	819	1610	519	162	1854
	沙阳	3851	43	104	618	585	804	10
	大苑村	2754	61	321	417	803	600	31
	石门营	2765	347	806	940	504	162	250
2012 （外环）	土桥	8373	1516	870	1817	1284	477	4126
	马驹桥	2347	471	571	789	4872	3456	675
	张喜庄	3052	199	582	1173	1538	608	2819
	西沙屯	1958	137	1805	1829	1887	1819	1376
	新立西桥	4810	936	1008	1778	549	190	1752
	沙阳	4796	71	456	871	665	1141	1
	大苑村	2787	59	371	343	764	681	36
	石门营	3943	119	986	462	842	297	437
2013 （内环）	土桥	10944	1749	1318	1600	1202	379	4070
	马驹桥	3192	641	777	1073	6626	4701	918
	西沙屯	6313	61	590	662	4210	4484	0
	新立西桥	8631	499	967	1815	543	176	2580
	沙阳	4065	48	210	494	1027	1571	9
	大苑村	1791	106	436	453	388	71	85
	石门营	3490	115	704	1035	762	246	514
2013 （外环）	土桥	9612	1846	931	1976	1420	466	4561
	马驹桥	2830	568	689	951	5874	4167	813
	西沙屯	3075	519	650	360	897	959	1137
	新立西桥	6290	892	1298	2159	605	190	1842
	沙阳	4597	55	513	712	1263	1779	27
	大苑村	1779	93	423	442	373	58	74
	石门营	3885	27	984	344	792	280	1288
2014	马驹桥	5958	1196	1451	2003	12368	10730	1713
	西沙屯	9302	538	1187	1257	4964	5397	1836
	沙阳	6208	179	722	1370	1503	1970	81
	大苑村	5112	277	1218	1275	1085	168	219

续上表

年份(年)	观测站名称	小型客车	大型客车	小型货车	中型货车	大型货车	特大型货车	集装箱车
2016	张家湾北桥	35766	3035	1930	2672	1787	4911	1555
	尖堡桥	31121	1833	3900	4794	1833	7494	2053
	马驹桥	41786	1156	4468	4107	2144	3757	800
	张喜庄桥西	15276	1530	1824	3719	1403	2007	347
	东杜兰桥东	21879	3814	1484	4173	2029	4211	771
	六合北桥	26138	2111	2716	3347	1595	2861	318
	东赵村桥	21650	1127	1520	2429	811	1052	597
	新立东桥	19419	1393	2462	3285	1122	2220	656
	阳坊镇桥	29731	364	3155	1088	421	621	41
	紫草坞桥南	24346	312	1779	1384	608	1135	112
	石门营北	15159	576	2068	1771	657	506	182
2017（内环）	张家湾北桥	15162	1773	1095	1953	1166	2519	690
	尖堡桥	18514	923	2698	2634	865	4301	1176
	马驹桥	26308	2382	2175	3016	1142	2030	380
	张喜庄桥西	9904	937	1281	2667	512	366	100
	东杜兰桥东	14092	4475	1254	3501	1256	2301	446
	六合北桥	14472	1561	3775	4689	2502	3583	235
	酸枣岭桥西	18701	2220	1614	2642	1159	1594	136
	新立东桥	14212	954	1570	1851	670	1600	472
	阳坊镇桥	15861	187	337	525	146	270	2
	紫草坞桥南	5927	229	1030	802	459	644	59
	石门营北	7511	469	1159	1381	361	200	74
2017（外环）	张家湾北桥	15417	1458	829	1163	710	1882	640
	尖堡桥	17896	1259	1978	2594	1048	3787	1033
	马驹桥	18264	800	2590	2393	1215	1724	508
	张喜庄桥西	6390	662	981	2005	799	853	233
	东杜兰桥东	13659	1004	797	1279	1125	2301	502
	六合北桥	17698	791	2859	2575	1726	2062	355
	酸枣岭桥西	19160	831	1185	1480	1134	1536	245
	新立东桥	11522	908	1747	2095	651	961	284
	阳坊镇桥	17847	237	3914	651	333	455	22
	紫草坞桥南	23575	136	956	654	277	588	28
	石门营北	8442	289	1542	918	520	443	165
2018（内环）	张家湾北桥	14862	1811	1208	1879	917	1934	531
	尖堡桥	21142	1193	3374	2832	768	3341	915
	马驹桥	15280	4520	1252	3858	878	1320	508

第8章
六 环 路

续上表

年份(年)	观测站名称	小型客车	大型客车	小型货车	中型货车	大型货车	特大型货车	集装箱车
2018（内环）	张喜庄桥西	10692	959	924	1730	312	463	110
	东杜兰桥东	16814	4063	1412	2774	897	1228	399
	六合北桥	18077	1827	4306	4618	2097	2856	239
	酸枣岭桥西	21273	1074	2009	2038	679	825	95
	阳坊镇桥	19182	183	368	477	134	208	2
	新立东桥	14921	963	1427	1740	644	1042	295
	紫草坞桥南	6656	266	1181	721	327	395	45
	石门营北	8465	481	1385	1292	312	212	66
2018（外环）	张家湾北桥	18354	1793	994	1424	689	1873	512
	尖堡桥	20691	1493	2086	2482	853	2998	821
	马驹桥	19807	1460	1442	2351	754	754	593
	张喜庄桥西	6987	830	609	1298	329	450	100
	东杜兰桥东	16089	1207	918	1238	845	1376	439
	六合北桥	20597	1090	3486	2656	1396	1524	347
	酸枣岭桥西	21389	942	1146	1577	669	814	148
	新立东桥	12874	1017	1714	1907	643	729	208
	阳坊镇桥	20643	282	3716	661	290	327	20
	紫草坞桥南	24375	150	1070	572	209	396	19
	石门营北	8806	419	1504	854	317	278	96
2019（内环）	张家湾北桥	15910	1650	1090	1813	850	1915	525
	尖堡桥	22046	1210	3510	2518	633	2727	745
	马驹桥	18665	2715	1326	2662	693	827	354
	张喜庄桥西	11886	1493	679	1428	121	288	32
	东杜兰桥东	9606	2007	1249	2360	851	1005	375
	六合北桥	19445	1794	2179	3080	1399	1536	539
	酸枣岭桥西	23636	980	1653	1856	688	705	100
	新立东桥	16656	1061	1373	1753	768	992	271
	阳坊镇桥	24241	768	870	2009	215	253	36
	紫草坞桥南	7339	340	1440	840	343	335	61
	石门营北	9746	588	1682	1411	317	218	60
2019（外环）	张家湾北桥	19744	1538	1133	1405	693	1101	302
	尖堡桥	21683	1472	2039	2320	794	2438	667
	马驹桥	18880	1403	1449	2001	620	523	449
	张喜庄桥西	8026	1533	534	817	192	648	72
	东杜兰桥东	18190	1138	1169	1936	752	874	344

续上表

年份(年)	观测站名称	小型客车	大型客车	小型货车	中型货车	大型货车	特大型货车	集装箱车
2019 (外环)	六合北桥	25508	1795	2266	2646	1313	1166	650
	酸枣岭桥西	23510	1046	1231	1591	695	787	144
	新立东桥	13503	1031	1521	1704	659	456	125
	阳坊镇桥	18018	795	1580	1159	268	268	35
	紫草坞桥南	25170	180	1217	558	219	413	18
	石门营北	9260	524	1472	854	235	139	38
2020 (内环)	尖堡桥	19256	1182	3372	2565	672	2845	780
	马驹桥	17626	2424	1379	2518	734	704	412
	张喜庄桥西	8703	1558	526	1396	122	261	29
	东杜兰桥东	6621	1306	982	1850	771	791	363
	六合北桥	15597	1359	1726	1340	912	653	539
	酸枣岭桥西	20591	1014	1534	1852	719	618	100
	新立东桥	19558	933	2072	1617	705	790	212
	阳坊镇桥	23646	919	878	1995	205	275	33
	紫草坞桥南	6606	431	1662	1157	483	408	138
	石门营北	8077	489	1478	1305	303	165	46
2020 (外环)	尖堡桥	18142	1466	1693	2241	862	2213	607
	马驹桥	17112	1581	1549	2187	674	483	520
	张喜庄桥西	6627	1734	317	590	137	722	80
	东杜兰桥东	15137	1072	1029	1866	764	892	413
	六合北桥	21456	1674	1972	1674	1448	1245	759
	酸枣岭桥西	18200	1075	1305	1757	786	729	223
	新立东桥	16763	935	2197	1771	542	456	109
	阳坊镇桥	15214	765	1206	1111	256	262	32
	紫草坞桥南	19687	200	1071	462	171	258	122
	石门营北	7948	453	1327	821	232	120	33

从交通量的空间分布来看,六环路通马段的交通量最大,通昌段次之,再次是通黄段、良黄段和西寨段,西六环路交通量最小。从客货比例来看,六环路交通量中的客货占比变化较大,通马段和通昌段的货车占比由2008年的70%下降到2019年的25%,良黄段的货车占比由2008年的67%下降到2019年的23%,西寨段的货车占比由2009年的85%以上下降到2020年的13%。

六环路的交通量分布系数总体在0.5~0.58,紫草坞桥南站点的内外环交通量差别明显,外环的交通量占比在2017—2019年连续三年达到70%以上。从单车道日均大客车及中型以上货车交通量的统计来看,六环路通马段和通昌段的单车道日均大客车及中型以上货车交通量为3700~7000辆/(d·车道),属于特重交通等级;良黄段的单车道日均大客车及中型以上货车交通量为1900~2700辆/(d·车道),属于重交通等级;西寨段和西六环的单车道日均大客车及中型以上货车交通量为1500~2700辆/(d·车道),属于中等交通等级。

8.5 路面性能

8.5.1 工程质量评定

六环路各段分期建设交工后,北京市公路工程质量检测中心对其路面竣工质量进行了检测,利用JG-96型自动弯沉车和ZCD2000型平整度测试车连续检测了各段的路表弯沉和平整度,各段交工检测结果如表8-12所示。

六环路交工检测结果 表8-12

序号	路段名称	检测时间	检测指标	检测值
1	通马段	2000年9月	代表弯沉平均值	9.82(0.01mm)
			平整度σ平均值	0.68mm
2	通黄段一期	2000年7月	平整度σ平均值	0.71mm
3	通黄段二期	2001年8月	代表弯沉平均值	5.8(0.01mm)
			平整度σ平均值	0.75mm
4	通昌段一期	2002年8月	代表弯沉平均值	3.7(0.01mm)
			平整度σ平均值	0.59mm
5	通昌段二期	2002年10月	代表弯沉平均值	3.3(0.01mm)
			平整度σ平均值	0.66mm
6	良黄段	2004年11月	代表弯沉平均值	4.2(0.01mm)
			平整度σ平均值	0.80mm
7	西寨段	2005年10月	代表弯沉平均值	5.0(0.01mm)
			IRI平均值	1.23m/km
8	西六环	2009年9月	代表弯沉平均值	4.4(0.01mm)
			IRI平均值	1.10m/km

2005年,北京奥科瑞检测技术开发有限公司利用自动弯沉检测车对六环路主路外环和内环方向的外侧行车道进行了检测。2007年7—8月,该公司利用FWD落锤式弯沉车对六环路(除K64~K107外)进行了弯沉检测。2010年5月4—14日,国家道路及桥梁质量监督检验中心(交通部公路工程检测中心)利用JG-2005型激光式自动弯沉仪连续检测了六环路(除K108+000~K149+000段新建路面以外)的路面弯沉。弯沉检测结果见表8-13。

六环路弯沉检测结果　　　　　　表8-13

参　　数	检测方向	2005年	2007年	2010年
代表弯沉平均值(0.01mm)	内环	7.4	17.7	24.8
	外环	6.5	17.3	19.3
第85分位代表弯沉值(0.01mm)	内环	12.3	31.2	34.9
	外环	9.9	28.0	19.3

2010年6月，北京市公路工程质量检测中心利用ARAN4900路面综合检测车对六环路全线路面的平整度和破损状况进行检测。评定结果汇总见表8-14。

六环路路面技术状况评定结果汇总表　　　　　　表8-14

检测方向	IRI(m/km)	RQI	PCI	PQI
内环	1.62	92.86	94.83	93.65
外环	1.46	93.59	94.52	93.96
平均值	1.54	93.22	94.68	93.80

8.5.2　路面技术状况

自2006年，北京市首都公路发展集团有限公司按照相关规范的要求，对六环路路面损坏状况指数、路面行驶质量指数和路面车辙深度指数进行了系统的检测，历年检测结果见表8-15，为路面的养护管理和维修改造提供技术依据。

六环路路面技术状况检测结果　　　　　　表8-15

内环	2006年	2007年	2008年	2009年	2010年	2011年	2012年	2013年
PCI	84.39	83.98	96.31	93.96	99.51	98.14	97.85	95.81
RDI			83.45	84.93	86.78	80.62	80.37	85.06
RQI	96.4	96.63	93.6	93.44	92.43	94.43	93.66	93.25
内环	2014年	2015年	2016年	2017年	2018年	2019年	2020年	
PCI	93.65	91.55	92.71	92.40	90.97	91.75	90.00	
RDI	82.30	78.07	81.99	84.13	85.53	92.13	92.21	
RQI	93.17	94.24	93.37	93.26	93.39	92.79	93.59	
外环	2006年	2007年	2008年	2009年	2010年	2011年	2012年	2013年
PCI	84.57	84.72	94.72	91.77	98.47	97.6	96.43	93.42
RDI			83.77	70.43	89.36	81.51	79.49	82.55
RQI	96.63	96.54	93.35	93.66	93.09	94.09	93.28	92.54
外环	2014年	2015年	2016年	2017年	2018年	2019年	2020年	
PCI	93.67	91.60	93.53	94.35	92.68	91.84	89.21	
RDI	81.64	78.16	83.71	85.85	86.38	91.82	91.55	
RQI	93.02	93.99	93.54	93.51	93.34	92.52	93.09	

第8章
六 环 路

从 15 年的路面技术状况数据来看,六环路总体保持着较好的路面性能,路面损坏状况指数 PCI 和路面行驶质量指数 RQI 均保持在良和优的技术等级。六环路路面性能的下降主要受路面车辙的影响,该项也成为六环路主要的病害形式。

路面性能的衰变与路龄直接相关,随着道路通车时间的增加,路面性能持续下降。维修养护对提高路面损坏状况指数和路面行驶质量指数有一定促进作用,但对修复车辙并提高路面抗滑性能作用有限。六环路面车辙深度指数呈波浪形衰减趋势,在下降过程中由于日常或小、中修使得车辙深度指数出现一定程度回升,但之后又会出现一定程度衰减。

(1)路面损坏状况指数 PCI 性能演变

按照建成时间和路面结构的不同,将六环路划分为八条不同路段,统计 2006—2020 年六环路不同路段的路面损坏状况指数变化,统计结果见表 8-16 和图 8-9。

六环路 PCI 变化　　　　　　　　表 8-16

内环	2006 年	2007 年	2008 年	2009 年	2010 年	2011 年	2012 年	2013 年
通马段	75.44	70.70	100.00	99.01	98.71	94.35	96.40	95.65
通黄一期	86.92	87.36	97.99	91.97	100.00	98.75	97.31	94.12
通黄二期	90.89	92.95	94.87	94.13	99.69	96.32	94.60	91.07
通昌一期	78.49	83.96	94.34	89.22	100.00	99.39	98.60	96.05
通昌二期	84.44	80.23	87.82	87.82	100.00	99.52	97.94	95.82
良黄段	99.90	88.08	99.37	99.24	97.92	95.98	97.22	96.10
西寨段		95.07	99.82	97.32	99.65	99.03	97.34	96.04
西六环					100.00	99.79	99.58	96.96
内环	2014 年	2015 年	2016 年	2017 年	2018 年	2019 年	2020 年	
通马段	92.23	90.63	94.26	92.78	92.91	93.56	91.06	
通黄一期	94.69	93.16	90.62	90.25	91.22	89.98	86.60	
通黄二期	91.83	90.77	89.76	91.57	90.11	88.61	87.70	
通昌一期	91.68	88.73	93.13	92.37	85.69	93.32	91.48	
通昌二期	92.14	91.10	91.82	90.71	90.62	90.28	89.60	
良黄段	96.68	94.51	95.32	96.01	95.03	94.50	92.51	
西寨段	93.38	91.92	92.60	91.37	90.82	89.85	90.63	
西六环	95.51	92.63	91.76	92.47	92.55	90.36	87.92	
外环	2006 年	2007 年	2008 年	2009 年	2010 年	2011 年	2012 年	2013 年
通马段	77.61	77.16	89.09	84.98	99.85	98.91	97.45	94.69
通黄一期	78.68	76.85	90.94	91.40	100.00	99.07	98.41	94.03
通黄二期	84.26	90.75	100.00	90.46	100.00	96.54	94.05	88.26
通昌一期	79.42	83.86	94.06	90.43	95.15	94.95	94.22	91.43

续上表

外环	2006 年	2007 年	2008 年	2009 年	2010 年	2011 年	2012 年	2013 年
通昌二期	89.03	86.10	94.62	90.43	95.51	93.02	90.54	85.83
良黄段	99.38	87.42	98.85	98.06	99.66	98.32	97.93	95.84
西寨段		95.75	100.00	99.42	99.56	99.28	97.07	95.08
西六环					99.96	99.85	99.32	96.93

外环	2014 年	2015 年	2016 年	2017 年	2018 年	2019 年	2020 年
通马段	93.09	87.92	88.31	93.29	91.23	90.44	88.37
通黄一期	93.70	91.64	91.76	91.40	91.92	92.32	90.82
通黄二期	90.39	90.71	92.37	92.22	91.93	90.62	88.99
通昌一期	88.97	86.68	95.03	95.39	90.42	91.24	87.77
通昌二期	96.82	98.90	97.59	94.44	92.16	91.48	88.37
良黄段	96.23	95.06	96.96	96.43	96.24	95.26	93.43
西寨段	94.18	93.90	94.40	93.34	92.80	91.51	90.19
西六环	95.61	91.88	91.91	95.12	94.28	91.76	87.96

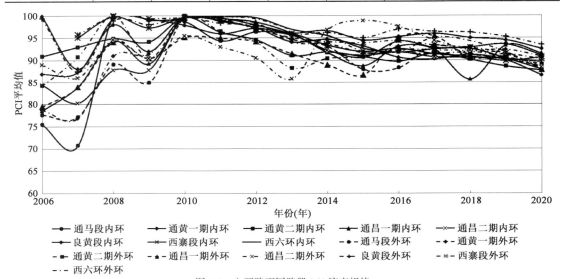

图 8-9 六环路不同路段 PCI 演变规律

从图 8-9 来看，六环路不同路段的路面损坏状况指数演变规律不尽相同。总体来看，西六环的路面技术状况优于东六环和东北六环路。六环路(京开高速公路—八达岭高速公路)路段的 PCI 相对最好，技术等级一直保持为优；通昌段二期(京承高速公路—八达岭高速公路)外环路段和通昌段一期(京承高速公路—京哈高速公路)路段的 PCI 波动最大，路面破损发展相对最快；通马段外环和通黄段二期内环的 PCI 波动相对也较大，路面破损状况的演变整体上与六环路交通量相吻合。

（2）路面行驶质量指数 RQI 性能演变

2006—2020 年六环路八条不同路段的路面行驶质量指数变化见表 8-17 和图 8-10。

第8章

六 环 路

六环路 RQI 变化 表 8-17

内环	2006年	2007年	2008年	2009年	2010年	2011年	2012年	2013年
通马段	96.09	96.94	94.51	94.00	93.06	93.21	92.63	92.62
通黄一期	96.81	96.60	93.53	92.72	92.95	95.05	94.89	94.77
通黄二期	96.91	96.59	93.33	93.99	92.86	94.82	94.74	94.35
通昌一期	96.46	96.85	94.23	92.98	90.31	94.89	93.53	92.19
通昌二期	96.04	95.98	91.61	92.34	91.39	94.85	93.95	92.81
良黄段	96.60	96.97	94.58	93.60	92.58	93.59	93.37	93.47
西寨段		96.09	92.00	94.93	93.69	94.56	93.95	93.96
西六环					93.40	94.71	93.69	93.61

内环	2014年	2015年	2016年	2017年	2018年	2019年	2020年
通马段	91.75	93.35	92.82	92.49	92.56	92.84	93.03
通黄一期	94.84	94.62	93.08	92.76	93.46	92.36	92.76
通黄二期	94.52	95.17	94.01	93.83	93.35	92.42	93.28
通昌一期	91.72	93.94	93.55	93.38	92.94	92.88	93.91
通昌二期	93.03	94.12	92.99	92.88	93.96	92.93	94.10
良黄段	93.84	94.46	93.79	94.00	93.85	93.32	93.75
西寨段	94.15	94.70	93.54	93.50	93.93	92.45	93.94
西六环	93.79	94.44	93.37	93.31	93.37	92.60	93.41

外环	2006年	2007年	2008年	2009年	2010年	2011年	2012年	2013年
通马段	96.47	96.36	92.61	92.74	92.73	94.27	93.77	92.66
通黄一期	96.63	96.55	93.19	93.04	94.00	94.76	94.11	94.01
通黄二期	96.79	96.67	93.68	93.62	93.74	93.83	93.72	93.08
通昌一期	96.93	96.83	94.03	94.21	92.70	94.18	93.05	91.75
通昌二期	96.70	96.03	93.21	93.84	91.71	93.77	92.39	90.53
良黄段	96.22	96.24	92.20	93.01	93.49	92.54	92.31	91.82
西寨段		97.13	94.83	95.25	93.78	94.60	94.01	94.06
西六环					93.38	94.49	93.42	93.20

外环	2014年	2015年	2016年	2017年	2018年	2019年	2020年
通马段	93.16	93.42	93.06	92.79	92.69	91.92	92.30
通黄一期	93.95	94.29	93.37	93.32	93.64	93.01	93.72
通黄二期	93.56	94.18	93.28	93.22	92.59	92.03	93.09
通昌一期	91.59	92.99	93.51	93.80	93.16	92.12	92.49
通昌二期	94.55	95.46	94.34	94.28	93.95	93.28	93.72
良黄段	91.30	93.45	93.40	93.09	93.11	92.62	93.28
西寨段	94.39	94.91	93.88	93.75	93.68	92.66	93.37
西六环	93.34	94.26	93.56	93.66	93.71	92.77	93.40

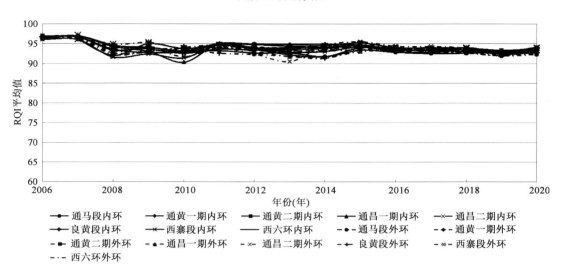

图 8-10 六环路不同路段 RQI 演变规律

从图 8-10 来看,六环路的路面行驶质量优良,虽然 RQI 总体上有所降低,但近年一直稳定在 91 以上。不同路段的路面行驶质量没有显著差异,通马段、通昌段和良黄段的 RQI 相对比其他路段略大。

(3)路面车辙深度指数 RDI 性能演变

2008—2020 年六环路八条不同路段的路面车辙深度指数变化见表 8-18 和图 8-11。

六环路 RDI 变化　　　　表 8-18

内环	2008 年	2009 年	2010 年	2011 年	2012 年	2013 年	2014 年
通马段	83.38	100.00	80.34	76.72	76.05	83.51	75.39
通黄一期	84.14	82.19	92.36	87.92	85.58	90.52	90.08
通黄二期	83.43	83.74	92.62	85.25	86.40	89.58	89.10
通昌一期	83.03	82.51	93.65	82.51	74.73	81.52	75.33
通昌二期	81.00	81.11	91.57	87.38	81.00	85.66	82.53
良黄段	80.33	72.45	73.16	58.24	79.86	78.44	81.68
西寨段	91.18	90.96	87.40	84.31	83.09	87.66	85.96
西六环			86.88	85.52	83.89	88.70	87.43
内环	2015 年	2016 年	2017 年	2018 年	2019 年	2020 年	
通马段	73.47	80.94	80.14	82.37	91.17	91.02	
通黄一期	83.13	81.36	85.31	86.96	92.32	91.49	
通黄二期	85.33	84.89	88.86	88.49	93.35	93.28	
通昌一期	72.95	81.90	83.23	81.39	91.59	92.17	
通昌二期	78.27	80.42	83.14	88.09	92.91	93.15	
良黄段	75.97	82.72	85.25	85.05	91.27	90.97	
西寨段	80.41	80.84	84.04	85.62	91.65	91.47	
西六环	82.33	83.40	85.96	89.00	93.29	93.65	

第8章 六环路

续上表

外环	2008年	2009年	2010年	2011年	2012年	2013年	2014年
通马段	81.38	73.26	92.04	82.99	80.28	83.77	82.82
通黄一期	83.71	63.37	91.59	83.16	82.73	85.46	82.19
通黄二期	83.43	65.93	81.41	83.01	81.15	81.96	82.92
通昌一期	82.27	75.16	92.02	75.69	76.02	78.59	74.70
通昌二期	84.90	75.34	90.94	76.93	76.20	78.49	90.42
良黄段	83.33	58.46	62.79	86.73	74.55	77.98	71.66
西寨段	90.12	74.78	95.96	82.14	83.15	85.48	86.00
西六环			96.89	84.01	83.28	87.76	85.93

外环	2015年	2016年	2017年	2018年	2019年	2020年	
通马段	77.37	83.16	84.63	86.56	91.84	91.17	
通黄一期	78.95	82.97	86.52	86.84	91.48	91.96	
通黄二期	78.43	83.24	84.46	84.78	90.89	92.20	
通昌一期	71.10	84.51	87.33	86.07	91.77	91.27	
通昌二期	89.47	86.70	88.33	87.54	92.28	91.39	
良黄段	73.07	82.22	80.77	80.73	89.23	89.96	
西寨段	81.27	82.18	85.28	87.38	92.54	91.82	
西六环	80.68	84.32	87.83	89.16	93.19	92.76	

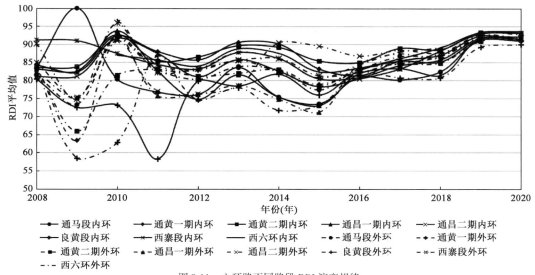

图 8-11 六环路不同路段 RDI 演变规律

从图 8-11 来看,六环路不同路段的沥青路面车辙深度变化较大,近年来车辙深度有所减小。六环路的路面车辙发展相对较快,尤其以良黄段最为明显,良黄段外环的 RDI 于 2009 年达到差等级,良黄段内环的 RDI 也于 2011 年达到差等级;六环路通马段和通昌段一期的路面车辙也比较明显,2014 年和 2015 年一度达到中等级。首发集团针对路面车辙问题多次采取铣刨罩面等综合治理措施,2016 年以后路面车辙得到较大改善,车辙深度总体上不断减小,在2019年和2020年整体上达到优等级。

8.5.3 路面性能演变规律

六环路通车以后,随着路龄的增加,在荷载和环境因素的综合作用下,路面技术状况呈现波动下降的趋势。

(1)通马段

以马驹桥观测站为例,该观测站桩号为K62+500,半刚性基层厚度54cm,沥青面层厚度18cm,内环初始弯沉为4.0(0.01mm),外环初始弯沉为3.8(0.01mm);2010年内环ESAL为8843次/(d·车道),外环ESAL为7843次/(d·车道);2013年内环ESAL为11165次/(d·车道),外环ESAL为9896次/(d·车道)。通马段内外环交通轴载差异明显,沥青路面PCI发展变化趋势也不相同,不同方向的PCI历年检测值见图8-12。

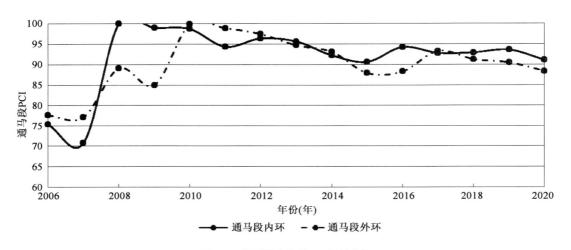

图8-12 通马段内外环PCI历年变化

通马段在2000年建成通车,从图8-12来看,通马段内环在2007年、2011年、2015年进行了维修养护,维修养护后的PCI分别为100、96.4、94.26;外环于2010年进行了罩面,2015年开展了预防性养护,维修养护后的PCI分别为99.85、93.29。

基于上述数据,计算得到通马段沥青路面PCI衰变方程见式(8-1)~式(8-3)。

$$PCI_{内环2007} = 100\{1 - \exp[-(34.67/y_{2007})^{0.43}]\} \quad (8-1)$$

$$PCI_{内环2011} = 96.4\{1 - \exp[-(28.18/y_{2011})^{0.49}]\} \quad (8-2)$$

$$PCI_{内环2010} = 99.85\{1 - \exp[-(17.07/y_{2010})^{0.61}]\} \quad (8-3)$$

式中:y_{2007}——从2007年开始计算的路面使用年限;

y_{2011}——从2011年开始计算的路面使用年限;

y_{2010}——从2010年开始计算的路面使用年限。

第8章 六 环 路

通马段通车后已使用20年,该路段在六环路中交通轴载最大,特别是内环的单车道交通量历年均在4000次/d。通马段路面维修养护以后的PCI演变均呈现出初期下降较慢,后期下降较快的特点,周期性养护有利于延长路面使用寿命,通马段内环二次维修后的路面寿命因子分别为35和24,均大于外环罩面维修后的寿命因子17。但内环的两次养护的路面衰变模式因子分别为0.43和0.49,内环路面维修后的初期PCI衰减速率大于外环。

图8-13为通马段路面车辙深度指数变化情况,通马段内外环沥青路面在维修养护之后的RDI均表现出早期快速下降,后期总体稳定的变化特点。拟合通马段的车辙深度指数衰变方程见式(8-4)和式(8-5)。

$$\mathrm{RDI}_{内环} = 94.13 - 11\ln(y_{2009}) \tag{8-4}$$

$$\mathrm{RDI}_{外环} = 90 - 6.24\ln(y_{2009}) \tag{8-5}$$

式中:y_{2009}——从2009年开始计算的路面使用年限。

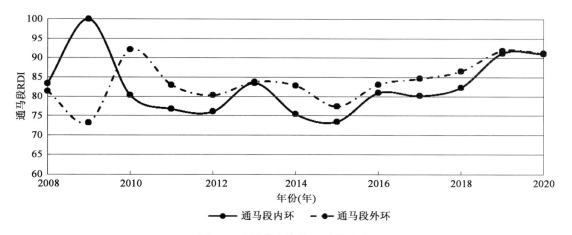

图8-13 通马段内外环RDI历年变化

图8-14为通马段路面行驶质量指数变化情况,通马段内外环沥青路面在维修养护之后的RQI也表现出早期快速下降,后期总体稳定的变化特点。拟合通马段的路面行驶质量指数衰变方程见式(8-6)和式(8-7)。

$$\mathrm{RDI}_{内环} = 96.6 - 2.2\ln(y_{2006}) \tag{8-6}$$

$$\mathrm{RDI}_{外环} = 96.9 - 2.8\ln(y_{2006}) \tag{8-7}$$

式中:y_{2006}——从2006年开始计算的路面使用年限。

(2)通昌一期

通昌一期半刚性基层厚度54cm,沥青面层厚度16cm,内环初始弯沉为4.4(0.01mm),外环初始弯沉为2.8(0.01mm),内环初始方差为0.60(mm),外环初始方差为0.59(mm);2010年内环ESAL为6320次/(d·车道),外环ESAL为4782次/(d·车道);2019 年内环 ESAL 为 3299 次/(d·车道),外环 ESAL 为 3785 次/(d·车道),交通荷载保持稳定。通昌一期不同方向的 PCI 历年检测值见图 8-15。

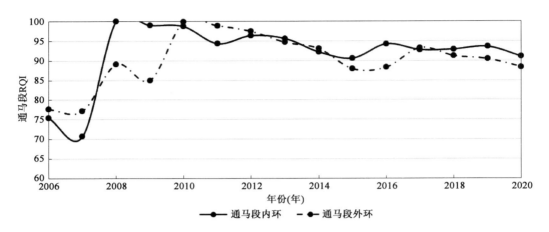

图 8-14　通马段内外环 RQI 历年变化

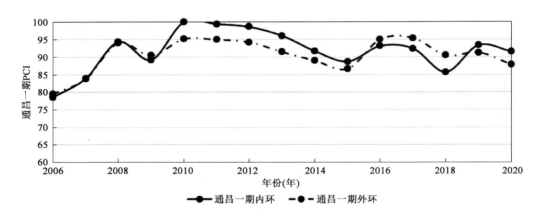

图 8-15　通昌一期内外环 PCI 历年变化

对比分析通昌一期内外环在 2010—2015 年间的 PCI 衰变规律,二者的 PCI 衰变方程见式(8-8)和式(8-9)。

$$\text{PCI}_{内环} = 100\{1 - \exp[-(14.5/y_{2010})^{0.73}]\} \tag{8-8}$$

$$\text{PCI}_{外环} = 95.15\{1 - \exp[-(17.4/y_{2010})^{0.71}]\} \tag{8-9}$$

式中:y_{2010}——从 2010 年开始计算的路面使用年限。

通昌一期内外环的衰减模式因子分别为 0.73 和 0.71,说明二者的衰减速率没有明显区别;内环路面的寿命因子为 14.5,外环路面的寿命因子为 17.4,说明外环的预期使用寿命大于内环,这与内外环二者之间交通轴载的差别密切相关。

图 8-16 为通昌一期路面车辙深度指数变化情况,分析其内外环在 2010—2015 年间的 RDI 衰变规律,拟合得到的车辙深度指数衰变方程见式(8-10)。

$$RDI = 90 - 10.6\ln(y_{2010}) \tag{8-10}$$

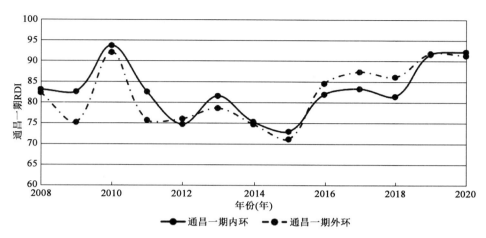

图 8-16 通昌一期内外环 RDI 历年变化

图 8-17 为通昌一期路面行驶质量指数变化情况，通昌一期内外环 RQI 总体上呈现维修早期快速下降，后期总体稳定的变化趋势，拟合得到的 RQI 衰变方程见式(8-11)。

$$RQI = 96.6 - 1.58\ln(y_{2006}) \tag{8-11}$$

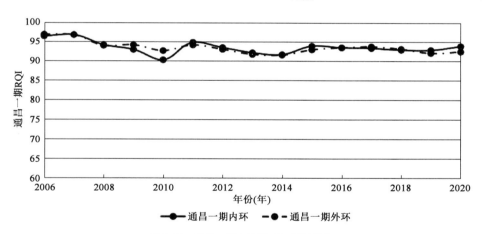

图 8-17 通昌一期内外环 RQI 历年变化

(3) 通昌二期

通昌二期半刚性基层厚度 54cm，沥青面层厚度 16cm，内环初始弯沉为 3.1(0.01mm)，外环初始弯沉为 3.5(0.01mm)，内环初始方差为 0.67(0.01mm)，外环初始方差为 0.66(0.01mm)；2010 年内环 ESAL 为 5091 次/(d·车道)，外环 ESAL 为 5433 次/(d·车道)；2019 年内环 ESAL 为 2165 次/(d·车道)，外环 ESAL 为 2131 次/(d·车道)，交通荷载保持稳定。通昌二期不同方向的 PCI 历年检测值见图 8-18，二者的 PCI 衰变方程见式(8-12)和式(8-13)。

$$PCI_{内环} = 100\{1 - \exp[-(27.7/y_{2010})^{0.52}]\} \tag{8-12}$$

$$PCI_{外环} = 95.5\{1 - \exp[-(25.5/y_{2010})^{0.4}]\} \tag{8-13}$$

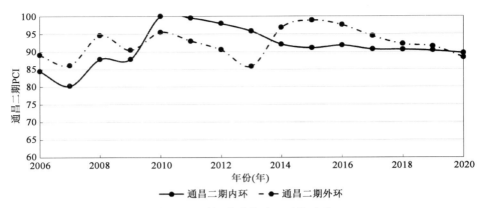

图 8-18 通昌二期内外环 PCI 历年变化

对比分析来看,通昌二期外环交通轴载略大于内环,外环罩面维修初期 PCI 下降大于内环,同时,外环的路面寿命因子也小于内环。

图 8-19 为通昌二期路面车辙深度指数变化情况,分析其内环在 2010—2015 年间的 RDI 衰变规律,拟合得到的车辙深度指数衰变方程见式(8-14)。

$$\text{RDI} = 91.3 - 6.86\ln(y_{2010}) \tag{8-14}$$

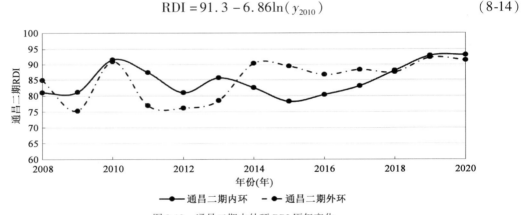

图 8-19 通昌二期内外环 RDI 历年变化

对比通昌一期的 RDI 衰变方程可知,通昌二期的车辙深度发展速率要小于通昌一期,这也反映出两个路段的交通轴载作用次数的不同。

图 8-20 为通昌二期路面行驶质量指数变化情况,外环的 RQI 波动幅度大于内环,其与 PCI 和 RDI 的变化趋势基本相同,尤其可知,路面行驶质量指数的变化与路面损坏状况指数和路面车辙深度指数的变化存在一定联系,是这两个指标的综合反映。

(4)良黄段

良黄段半刚性基层厚度 54cm,沥青面层厚度 18cm,内环初始弯沉为 4.1(0.01mm),外环初始弯沉为 4.2(0.01mm),内环初始方差为 0.77(0.01mm),外环初始方差为 0.82(0.01mm);2010 年内环 ESAL 为 1899 次/(d·车道),外环 ESAL 为 2379 次/(d·车道);2019 年内环 ESAL 为 2422 次/(d·车道),外环 ESAL 为 1988 次/(d·车道),交通荷载保持稳定。不同方向的 PCI 历年检测值见图 8-21,良黄段自 2010 年对中上面层铣刨罩面以后,PCI 总体保持稳定,路面破损状况衰减不明显。

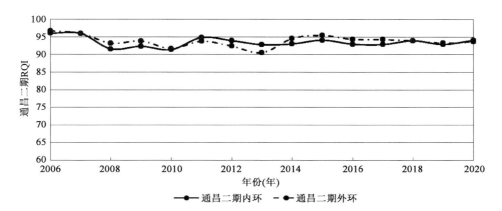

图 8-20　通昌二期内外环 RQI 历年变化

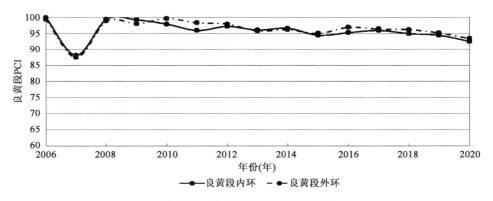

图 8-21　良黄段内外环 PCI 历年变化

图 8-22 为良黄段路面车辙深度指数变化情况。外环的平均车辙深度在 2009 年达到 22mm,内环的平均车辙深度在 2011 年达到 22mm,沥青路面永久变形严重。经过中上面层铣刨罩面以后,路面 RDI 得到了较大改善。内环的平均车辙深度在大修后长期维持在 10mm 以内,外环在 2010 年罩面维修的初期衰减明显,后期保持稳定。分析外环在 2010—2015 年间的 RDI 衰变规律,拟合得到的车辙指数衰变方程见式(8-15)。

$$\mathrm{RDI} = 84.4 - 8.55\ln(y_{2010}) \tag{8-15}$$

图 8-23 为良黄段路面行驶质量指数变化情况,分析内外环 2006—2014 年 RQI 衰变规律,拟合得到的 RQI 衰变方程见式(8-16)和式(8-17)。

$$\mathrm{RQI}_{内环} = 96.8 - 1.75\ln(y_{2006}) \tag{8-16}$$

$$\mathrm{RQI}_{外环} = 96.4 - 2.26\ln(y_{2006}) \tag{8-17}$$

通过上式衰变方程来看,外环沥青路面行驶质量指数衰减快于内环,既反映出外环交通量大于内环,还反映出外环的车辙病害状况较内环更为明显。

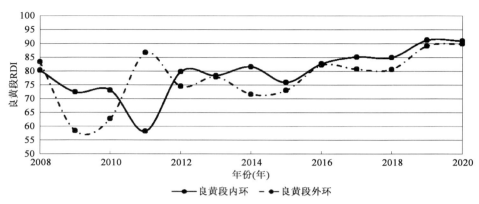

图 8-22 良黄段内外环 RDI 历年变化

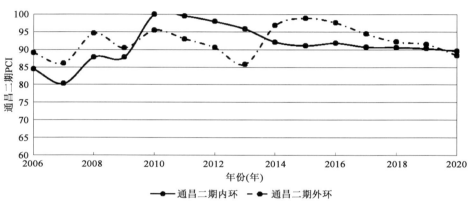

图 8-23 良黄段内外环 RQI 历年变化

(5)西寨段

西寨段半刚性基层厚度 56cm,沥青面层厚度 18cm,内环初始弯沉为 5.2(0.01mm),外环初始弯沉为 4.99(0.01mm),内环初始 IRI 为 1.04(m/km),外环初始 IRI 为 1.02(m/km);2010 年沙阳段内环 ESAL 为 9362 次/(d·车道),外环沙阳段 ESAL 为 8866 次/(d·车道);2014 年沙阳段 ESAL 降到 1126 次/(d·车道);2019 年内环 ESAL 为 1641 次/(d·车道),外环 ESAL 为 1263 次/(d·车道),由此可见西寨段交通轴载变化明显,2009—2011 年交通荷载达到特重等级,2012 年以后迅速下降到中等交通等级。不同方向的 PCI 历年检测值见图 8-24。

西寨段通车以后,沥青路面损坏状况指数逐渐降低,但衰变速率较小,经过 13 年发展仍维持在 90 以上。沥青路面 PCI 衰变方程见式(8-18)。

$$\text{PCI} = 100\{1 - \exp[-(56.81/y_{2010})^{0.57}]\} \tag{8-18}$$

西寨段 RDI 历年检测值见图 8-25。分析其内外环在 2010—2015 年间的 RDI 衰变规律,拟合得到的车辙深度指数衰变方程见式(8-19)。

$$\text{RDI} = 92.7 - 5.7\ln(y_{2010}) \tag{8-19}$$

第 8 章
六 环 路

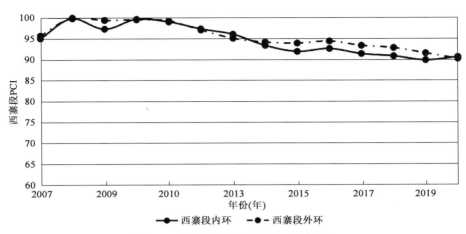

图 8-24 六环西寨段沥青路面 PCI 历年变化

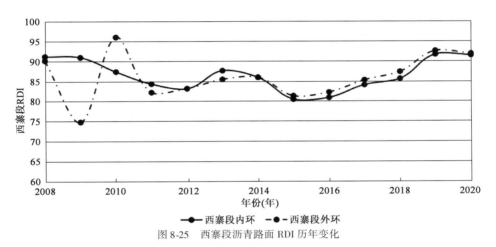

图 8-25 西寨段沥青路面 RDI 历年变化

西寨段 RQI 历年检测值见图 8-26。分析其内外环在 2007—2013 年间的 RQI 衰变规律,拟合得到的路面行驶质量指数衰变方程见式(8-20)。

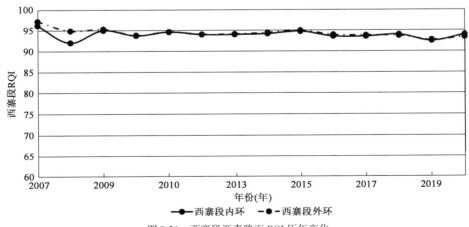

图 8-26 西寨段沥青路面 RQI 历年变化

$$RQI = 96.5 - 1.4\ln(y_{2007}) \tag{8-20}$$

(6) 西六环

西六环半刚性基层厚度 56cm,沥青面层厚度 20cm,内环初始弯沉为 4.4(0.01mm),外环初始弯沉为 4.5(0.01mm);2010 年内环 ESAL 为 565 次/(d·车道),外环 ESAL 为 1163 次/(d·车道);2019 年内环 ESAL 为 1297 次/(d·车道),外环 ESAL 为 895 次/(d·车道),交通等级属于中等交通等级,内环交通轴载增长明显,外环交通轴载有所降低。不同方向的 PCI 历年检测值见图 8-27。

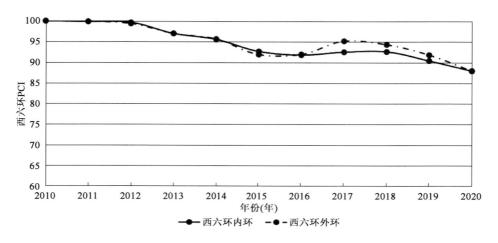

图 8-27 西六环沥青路面 PCI 历年变化

西六环在预防性养护前后的 PCI 演变规律有所差别,2016 年前后的路面 PCI 衰变方程见式(8-21)和式(8-22)。

$$PCI_{预养前} = 100\{1 - \exp[-(32/y_{2010})^{0.6}]\} \tag{8-21}$$

$$PCI_{预养后} = 93.8\{1 - \exp[-(24/y_{2016})^{0.46}]\} \tag{8-22}$$

式中:y_{2010}——从 2010 年开始计算的路面使用年限;

y_{2016}——从 2016 年开始计算的路面使用年限。

对比预养护前后的衰变模型,虽然预养护措施一定程度上改善了路面破损状况,但路面寿命因子并未提高,而预养护后的衰变模式因子由 0.6 降低到 0.46,说明养护初期的 PCI 衰变有所加快。

图 8-28 为西六环路面车辙深度指数变化情况。内外环 RDI 变化总体保持一致,平均车辙深度长期维持在 10mm 以内,2015 年以后 RDI 持续增加,行车安全性得到稳步改善。

图 8-29 为西六环路面行驶质量指数变化情况。内外环 RQI 的波动程度都不大,受路面养护影响的 2010 年和 2015 年,其路面行驶质量指数增加幅度也只增大了 1,其他检测时间的 RQI 指数均稳定在 93.3~93.8。

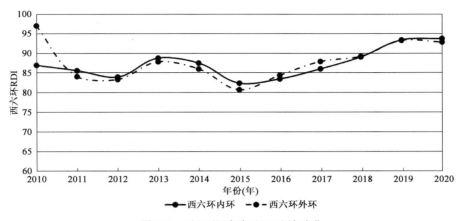

图 8-28　西六环沥青路面 RDI 历年变化

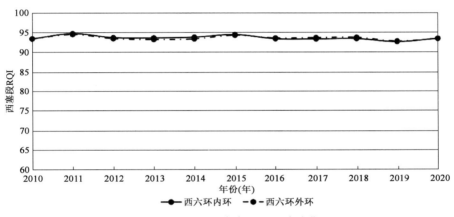

图 8-29　西六环沥青路面 RQI 历年变化

8.6　维修历史

六环路通黄段和黄良段(K62+000～K107+500)自建成通车后,交通量迅猛增长,特别是2005年,当量年平均日交通量为38802辆,相比2004年增幅超过200%;六环路的交通组成以重型货车为主,尤其南六环路已经成为市际过境车辆的主要通道,首发集团决定于2010年4月7日—2010年5月22日对该段进行大修;2010年8月13日—2010年9月,对六环路进行全面大修,维修工程范围为除京石高速公路(K107)至八达岭高速公路(K168)外所有路段。

8.6.1　维修措施

(1)通昌段(胡各庄—西沙屯)内环病害处理

工程处理范围是八达岭高速公路—六元桥段(K168+000～K188+660、K0+000～

K9+700)内环,单向30.36km。其中,对于轻微车辙路段(约5.3km),路面病害处理后直接罩面4cm左右,结构和材料如下:

4cm沥青玛蹄脂碎石混合料SMA-13(SBS改性沥青);

高黏改性乳化沥青黏层(SBS)0.6kg/m²。

对于车辙严重路段(约25km),路面病害处理后再铣刨沥青混凝土深度5cm左右,结构和材料如下:

5cm Superpave-20沥青混凝土(RA抗车辙剂);

高黏改性乳化沥青黏层(SBS)0.6kg/m²。

六元桥—京哈高速公路段(K9+700~K38+800)内环路段,单向29.1km。路面病害处理后再铣刨沥青混凝土深度5cm左右,结构和材料如下:

5cm Superpave-20沥青混凝土(RA抗车辙剂);

高黏改性乳化沥青黏层(SBS)0.6kg/m²。

(2)六环路(西沙屯—马驹桥)段外环病害处理

八达岭高速公路—六元桥—胡各庄—马驹桥段(K168+000~K188+660、K0+000~K9+700、K9+700~K38+800、K38+800~K62+000)外环,单向82.66km。其中,K37+262~K47+260段,对于病害严重的段落,先对损坏的基层进行处理,在恢复各沥青面层结构。下面层使用ATB-30型混合料(11~13cm)铺筑一层,上面层采用5cm抗车辙型Superpave-20型混合料铺筑至原路面顶高,全断面罩面采用4cm SBS改性沥青SMA-13混合料铺筑。

其余路段,采用铣刨(4cm)摊铺一层温拌SBS改性沥青SMA-13方案进行修复。各路面结构层间使用高黏SBS改性乳化沥青黏层油。

(3)通黄段(马驹桥—大庄)段内环、外环病害处理

工程处理范围是京津塘高速公路—京开高速公路段(K62+000~K84+000)内环、外环,双向44km。铣刨沥青混凝土表面层(铣刨深度4cm左右)。结构和材料如下:

4cm沥青玛蹄脂碎石混合料SMA-13(SBS改性沥青);

高黏改性乳化沥青黏层(SBS)0.6kg/m²。

(4)黄良段(大庄—闫村)段内环、外环病害处理

工程处理范围是京开高速公路—京石高速公路段(K84+000~K107+000)内环、外环,双向46km,铣刨沥青混凝土表面层、中面层(铣刨深度11cm左右),再加铺中上面层。结构和材料如下:

4cm沥青玛蹄脂碎石混合料SMA-13(SBS改性沥青);

高黏改性乳化沥青黏层(SBS)0.6kg/m²;

7cm Superpave-20沥青混凝土(RA抗车辙剂);

高黏改性乳化沥青黏层(SBS)0.6kg/m²。

其中,K99+000~K95+000外环行车道进行高模量课题试验。铣刨沥青混凝土表面层、中面层(铣刨深度11cm左右),而表面层采用SBS-RA双改性SMA-13。

4cm沥青玛蹄脂碎石混合料SMA-13(SBS改性沥青+RA抗车辙剂);

高黏改性乳化沥青黏层(SBS)0.6kg/m²;

7cm Superpave-20沥青混凝土(RA抗车辙剂);

高黏改性乳化沥青黏层(SBS)0.6kg/m²。

8.6.2 新材料新技术应用

(1)温拌沥青混合料

通过沥青的技术措施,使沥青在相对较低的温度下进行拌和和施工,其拌和温度一般保持在100~120℃,摊铺和碾压路面的温度为80~90℃,可以降低拌和成本,降低沥青混合料生产能耗,减轻老化,减少有害气体和粉尘排放量,延长施工季节,较快开放交通。

(2)抗车辙材料

抗车辙剂RA(Resin Alloy,树脂合金)通过不同种类的高聚物,采用物理或化学方法共混,形成具有所需性能的高分子混合物新材料。RA合成材料的选材及相关技术原理充分考虑到以沥青及沥青混合料改性为目的的气候条件,特别是针对季节性冻融区域,掺加RA的沥青混合料的熔融分散性能、高温抗车辙性能、抗水损坏性能、抗老化性能等得到全面提高。

(3)Superpave沥青混合料设计方法

Superpave沥青混合料设计方法提出了一个按照路用性能分级PG(Performance-based Gradation)的沥青混合料规范,包含了沥青标准和集料标准,矿料级配曲线的组成规定,混合料的体积设计方法三项内容。其引用了混合料的体积性质作为设计的关键标准,同时旋转压实的成型工艺较传统的马歇尔击实的成型方法更能模拟实际路面车轮的揉搓作用。Superpave沥青混合料与普通沥青混合料相比,具有骨架嵌挤结构;与SMA混合料相比,沥青用量小,其即能保证该路面在低温具有较好的抗裂性能,又不至于夏天出现泛油现象,具有良好的高温稳定性和抗疲劳性能。

8.7 其他资料

8.7.1 六环路各路段走向及建设概况

(1)通马段

六环路(通马段)位于通州区境内,起点为京津塘高速公路马驹桥立交,向东北方向在桑园与高古庄村之间过凉水河,跨越京沈高速公路、京津公路,越过北运河,穿越京秦铁路,与京哈高速公路相交,全长 26.5km。该路按高速公路标准设计,全线规划为双向六车道,近期按四车道施工,设连续停车带,路基宽度为 26.5m。该项目由北京市公路局组织建设,分两期实施,马驹桥立交(K0+000)至京津公路立交(K17+931.51)段于 1999 年完成;京津公路立交(K17+980.5)至六合村(K24+650)段从 1999 年 12 月开始至 2000 年 9 月底完工。214 号 B 段于 2002 年 8 月完工。本段共设 6 座互通式立交、7 座分离式立交、2 座铁路立交、4 座跨河桥、14 座通道。

(2)通黄段一期

通黄段一期,起点位于通州区马驹桥镇,施工桩号为 K0+800,向西经马驹桥镇、大兴县太和乡、垡上乡,终点为孙村乡,桩号为 K15+000,道路全长 14.2km。本段为旧路改建工程,设计速度为 120km/h,横断面为双向四车道加硬路肩,路基全宽 26.0m,该段于 2000 年 5 月开工,2000 年 11 月完工。

(3)通黄段二期

通黄段二期,起点位于大兴县黄村镇大庄村,接规划建设的北京公路二环西南段,经黄庄、王立庄、霍村,止于大兴县孙村乡,与在建北京公路二环孙村至马驹桥段相连,全长 7.55km。采用四车道高速公路标准建设,计算行车速度 100km/h,路基宽度 26.0m,该段于 2000 年 10 月开工,2001 年 9 月完工。

(4)通昌段一期

通昌段一期,起点位于通州区胡各庄乡京哈高速公路立交,终点为顺义区高丽营乡京承高速公路立交,全线按全封闭、全立交的高速公路标准设计,路线起止里程为 K0+982.34~K37+250,全长 36.27km。设计速度 100km/h,双向四车道加应急停车带,主路车道宽度 $2\times(3.75+3.75+3)$m,路基全宽 26m。该段于 2001 年 8 月开工,2002 年 9 月完工。

(5)通昌段二期

通昌段二期,起点为顺义区高丽营乡京承高速公路立交,终点与国道 110(八达岭高速公路)相交,全线按全封闭、全立交的高速公路标准设计,设计速度 100km/h,双向四车道加应急停车带,主路车道宽度 $2\times(3.75+3.75+3)$m,路基全宽 26m。该段于 2002 年 4 月开工,2002 年 10 月完工。

(6)良黄段

六环(良乡—黄村段)起点与京开高速公路双源桥立交相接,终点与规划大件路相接,全长 23.77km。道路技术等级为高速公路,设计速度为 100 km/h,全线主路断面布置为双向四车道加连续停车带,路基宽 26m。该段于 2004 年 3 月开工,2004 年 11 月完工。

(7)西寨段

六环路西沙屯—寨口段起点与昌平区八达岭高速公路西沙屯立交西侧与六环路胡各

庄—西沙屯段相接,沿线主要经过昌平区的马池口镇、阳坊镇、海淀区的苏家坨镇和北安河镇,终点与军温路相接,全长 19.6km。道路技术等级为高速公路,设计速度为 100km/h,全线主路断面布置为双向四车道加连续停车带,填方路段路基宽 26m,挖方路段路基宽 36m。该段于 2004 年 3 月开工,2006 年 10 月完工。

(8)西六环

西六环即六环良乡—寨口段,起点位于房山区良乡,与大件路立交相接,途经房山区、丰台区、门头沟区、石景山区、海淀区,终点至海淀区寨口,全长 38.28km。道路技术等级为高速公路,其中,卧龙岗—军庄段设计速度为 80km/h,其他路段设计速度为 100km/h,全线主路断面布置为双向四车道加连续停车带,路基宽 28.5m。全线共设特大桥 1 座,互通式立交 8 座,分离式立交 27 座,通道桥 16 座,人行天桥 2 座,隧道 1 处,与铁路相交 6 处,路堑结构 2 段。该段于 2006 年 11 月开工,2009 年 9 月完工。

8.7.2 有益经验

(1)通马段

针对高填土路基下沉质量通病,提出采取提高压实度等级的方法加以解决。对于填土高度达到 4.5m 以上的路段,压实度要求由 90% 提高到 93%,以保证填土的稳定性。针对软土地基处理,为保证苇坑、鱼池等区域的填筑质量,采用天然砂砾进行回填处理。

总结北京地区高速公路使用改性沥青的经验,SMA-16 沥青玛蹄脂碎石混合料粗集料采用辉绿岩,加入 SBS、PE 高分子材料对基质沥青改性,提高沥青混合料的高温稳定性和低温抗裂性。同时,在摊铺沥青混合料时,要求全断面一次成型,各施工单位必须配备足够的摊铺设备;并要求摊铺机在底面层施工时须挂双基准线,在中面层以上各层施工时摊铺机使用均衡梁。

(2)通黄段

通黄段一期辅路设计中采用了石灰粉煤灰钢渣设计,制订了二灰钢渣质量管理要求。对石灰、粉煤灰、钢渣材料质量和混合料强度进行了要求,同时规定了二灰钢渣的施工控制标准。

为防止桥头不均匀沉降造成填方路基和桥头跳车现象,对通黄段二期上跨京开高速公路的高填方段的桥头处采用水泥粉煤灰碎石桩(CFG 桩)进行处理。桩径 410mm,桩长 12m,间距 2m,采用此种方法处理后,理论沉降量可减少 8~10cm。

(3)通昌段

2000 年 12 月,北京市建设委员会转发了建设部《房屋建筑工程和市政基础设施工程实行见证取样各送样的规定》,增加道路工程见证取样和送样的项目:①石灰、粉煤灰、砂砾(碎石或矿渣)无机结合稳定材料;②沥青混合料(含磨耗层、上面层、下面层)必试项目为马歇尔流值和稳定度，抽样频率为每6000m²或三个工作班抽取一组。

通昌段二期的路面5标的表面层施工时，使用了非接触式平衡梁，在一定程度上去高填低，更好地保证了路面的平整度，简化了工艺过程，降低了劳动强度；在沥青混合料摊铺过程中，尝试将后一台摊铺机熨平板及侧面挡料板进行改造，基本消除了纵缝，较大程度提高了路面外观质量。

(4) 良黄段

1～8号合同段，路基填方段原地表基本为粉沙土，清表后直接进行填前碾压或蓝派压路机夯实不易施工，鉴于此情况，采取如下技术措施：

首先，清表完成后，进行场地平整，使用重型静碾(15t以上)进行初步碾压，使压实度达到85%以上；然后，静压完成并达到压实度标准后，采用倒车上土方法，填两层砂砾(每层虚厚30cm)，两层砂砾碾压成活并达到压实度95%后；再进行蓝派压路机夯实追密，第一层砂砾作为填前碾压线。对于非高填方段(高度小于5m)，清表后可施作一层20cm厚水泥稳定土(水泥掺量为3%)，压实度达到93%，7d强度达到0.5MPa。

水稳碎石的养护必须采用覆盖泡水法，覆盖的材料由施工单位从废弃棉毯、无纺布、草帘三种之中任选，覆盖养护时间由工序完成起5d之内，5d之内要时刻饱水，5～7d可采用洒水养护。1号、9号合同水泥稳定碎石基层出现裂缝，进行处理：对所有裂缝采用高渗透性透层油PSP进行灌封处理，对于贯通裂缝，在铺底面层之前，应在裂缝处铺4m宽双向土工格栅。

8号合同段K12+830～K13+125石灰粉煤灰稳定碎石基层7d养护后发现裂缝，处理方法为：在裂缝处喷灌壳牌透层油，直至灌满为止，并在裂缝处全副铺筑一层土工格栅，然后再进行水泥稳定碎石施工，水泥稳定基层施工完毕后养护7d，观察无裂缝出现，再铺筑一层土工格栅，格栅上进行AC-25Ⅰ沥青混合料摊铺。

路面1号合同在混合料摊铺中采用了沥青混合料转运车，采用转运车可以避免料车碰撞摊铺机，并且可以有效减少停机次数，大大提高了摊铺后的平整度；材料通过转运车的二次翻拌，明显减少了材料的离析现象，但也存在转运过程中混合料温度的部分损失、台班费较高、操作人员不熟练等问题。

(5) 西寨段

采用蓝派压路机路基压实技术，要求填前碾压完成后压实冲密一次，填高6m以上的路基每填高1.5m冲密一次，路基成型整形前冲密一次，每次夯拍15遍，以保证路基填筑质量。

六环路西寨段全线，由北京市公路工程质量检测中心对路基回弹弯沉、路面平整度、厚度、弯沉、抗滑性能、构造深度进行了检测。6号标K8+020～K8+220，由北京市公路工程质量检测中心对路面底基层强度采用可变能量动力贯入仪PANDA进行现场检测。

底基层强度平均值为 1.31MPa。

在北京地区高速公路第一次采用路面边缘排水系统,很好地解决了渗入和滞留在路面结构内的自由水排出问题。为克服沥青路面渗水对基层的影响,上基层采用水泥稳定碎石,提高早期强度和抗水毁能力。首次在道路结构中面层 AC-20 掺加抗车辙剂或成品改性沥青,减轻了重载交通对路面造成的破坏。

(6)西六环路

K9+600~K10+800 段的路堑结构段全长 1.2km,此段路堑结构为北京地区少见的膨胀土,最大下挖深度为 20~30m。为解决地表大面积的滞水渗漏汇集引起的土体液化,采取路基下超挖 2m,并埋设盲沟纵、横向排水;路面结构下换填强透水性材料;铺筑土工布及格栅解决高边坡的稳定性问题,采取网格植被等工程措施进行综合处治。

开展膨胀土处治技术的研究和监测。5 号标主线路堑段,进场开挖后,土质经试验判定为弱膨胀土,该路段开挖深度为 5~15m,大部分路段开挖深度为 10~15m,这是北京施工今年来首次发现大规模的膨胀土体。为此建设单位要求长沙理工大学组织设计单位、勘察单位开展专题研究,以有效防渗保湿为原则,采取土工格栅网包边柔性支护技术等处理措施,即削坡完成后坡面铺筑土工布及 80cm 厚碎石,坡底换填处理后铺设土工格栅并固定,土工格栅上填筑压实厚度为 50cm 土方。验收合格后重复土工格栅及土方填筑,直至坡顶。土工格栅施工完成后坡面进行网格砖砌筑。

地处门头沟区地段的门城地下结构段全长 3.8km,对开采砂石遗留下来的垃圾坑进行综合整治,对地基进行了强夯处理。考虑该处地势低洼而设立了排水旁站一座,在占地红线以内的可视范围采用了网格植被处理。

第 9 章

京承高速公路

京承高速公路(S11)北京段长130.4km,2002年开工,2009年9月全线通车,历时7年分三期修建。京承高速公路北京段一期工程沥青混凝土面层厚18cm,石灰粉煤灰稳定砂砾基层厚54cm。京承高速公路北京段二期和三期工程沥青混凝土面层厚18cm,一层水泥稳定碎石和两层石灰粉煤灰稳定碎石基层厚54cm。多年来路面技术状况稳定、未发生早期损坏、未出现结构性损坏,在2014年对京承高速公路北京段一期和二期工程进行了铣刨罩面。京承高速公路北京段一期工程一览表见表9-1,京承高速公路北京段二、三期工程一览表见表9-2。

京承高速公路北京段一期工程一览表　　　　表9-1

工程概况				
完工时间		2002年10月	车道数量	双向六车道
里程长度		21km	交通量	1500辆/(d·车道)左右
典型特征		—		
路面结构				
面层	类型	沥青混凝土	基层 类型	石灰粉煤灰稳定砂砾
	厚度	18cm	厚度	54cm
路面性能				
技术状况		优良	病害特征	龟裂、车辙
裂缝		PCI>85	早期损坏	—
车辙		RDI>90	罩面时间	2014年

京承高速公路北京段二期、三期工程一览表　　　　表9-2

工程概况				
完工时间		2009年9月	车道数量	双向六车道(二期) 双向四车道(三期)
里程长度		109.4km	交通量	>2000辆/(d·车道)(二期) 500~700辆/(d·车道)(三期)
典型特征		—		
路面结构				
面层	类型	沥青混凝土	基层 类型	水泥稳定碎石、石灰粉煤灰稳定碎石
	厚度	18cm	厚度	54cm
特点描述		上基层采用水泥稳定碎石,提高早期结构强度		
路面性能				
技术状况		优良	病害特征	路表裂缝
裂缝		PCI>88	早期损坏	—
车辙		RDI>90	罩面时间	2014年

第9章
京承高速公路

9.1 概　　况

京承高速公路北京段是 G45 大广高速公路的一段。北京段全长 130.4km，它是北京东北部主要的放射线，是北京与京郊顺义、怀柔、密云地区联系的重要纽带，承担着大量北京与河北、内蒙古、辽宁等地区的过境交通。京承高速公路北京段共分三期施工，一期工程为四环路至六环路，二期工程为顺义高丽营(一期终点)至密云沙峪沟，三期工程为密云沙峪沟(二期终点)至市界。

9.1.1　京承高速公路北京段一期工程

京承高速公路北京段一期工程起点为四环路望和桥，终点为顺义高丽营，于 2002 年 10 月通车，全长 21km。其中四环路望和桥至五环路为城市快速路，设计速度 80km/h；五环路至高丽营段为高速公路，设计速度 120km/h，技术标准为平原微丘区高速公路，路基宽度 35m，双向六车道加连续停车带。

9.1.2　京承高速公路北京段二期工程

京承高速公路北京段二期工程起点为顺义高丽营，终点为密云沙峪沟，于 2006 年 9 月通车，路线全长 46.7km。按全封闭、全立交的高速公路标准设计，设计速度 120km/h，路基宽度 35m，双向六车道加连续停车带。

9.1.3　京承高速公路北京段三期工程

京承高速公路北京段三期工程(密云沙峪沟—市界)工程全程位于密云县内，起点位于密云沙峪沟，途经穆家峪、巨各庄、大城子、北庄、太师屯、古北口，到达终点北京市界，于 2009 年 9 月通车，全长 62.7km。起点沙峪沟(K68+300)至横城子隧道南侧(K123+333)，设计速度为 100km/h；横城子隧道南侧(K123+333)至市界(K130+949)，设计速度 80km/h。路基标准宽度 26m，为双向四车道加连续停车带。

9.2　路面结构

9.2.1　京承高速公路北京段一期工程

京承高速公路北京段一期工程，主线采用半刚性基层沥青混凝土路面结构，设计使用年限15年,设计标准轴载为100kN,设计年限内单车道标准荷载作用次数为14867840次,设计弯沉值为0.221mm。

主路路面结构总厚度72cm,主路路面结构如表9-3、图9-1所示。

京承高速公路北京段一期工程主路路面结构   表9-3

序 号	层 位	结构层材料	厚度(cm)
1	表面层	沥青玛碲脂碎石混合料SMA-16	5
2	中面层	粗粒式沥青混凝土AC-25 I	6
3	下面层	粗粒式沥青混凝土AC-30 I	7
4	上基层	石灰粉煤灰稳定砂砾LFSG	18
5	下基层	石灰粉煤灰稳定砂砾LFSG	18
6	底基层	石灰粉煤灰稳定砂砾LFSG	18

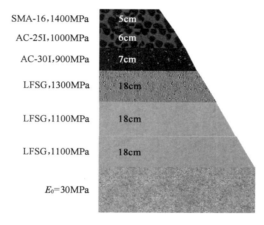

9-1 京承高速公路北京段一期工程主路路面结构示意图

9.2.2 京承高速公路北京段二期、三期工程

京承高速公路北京段二期、三期工程主路采用半刚性基层沥青路面结构,设计使用年限15年,设计标准轴载为100kN,设计年限内单车道累计标准轴载作用次数33.1×10^6,设计弯沉值18.8(1/100mm)。

京承高速公路北京段二期、三期工程的主路路面总厚度72cm,主路路面结构见表9-4、图9-2。

京承高速公路北京段二期、三期主路路面结构   表9-4

序 号	层 位	结构层材料	厚度(cm)
1	表面层	沥青玛碲脂碎石混合料SMA-16	5
2	中面层	中粒式沥青混凝土AC-20 I	6
3	下面层	粗粒式沥青混凝土AC-25 I	7
4	上基层	水泥稳定碎石CCR	18
5	下基层	石灰粉煤灰稳定碎石LFCR	18
6	底基层	石灰粉煤灰稳定碎石LFCR	18

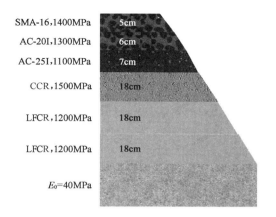

图 9-2 京承高速公路北京段二期、三期工程主路路面结构示意图

9.3 路面材料

9.3.1 面层材料

京承高速公路北京段路面表面层材料均采用 SMA-16 沥青玛蹄脂碎石混合料,粗集料为玄武岩或辉绿岩,改性沥青由 90 号基质沥青掺加 SBS 改性而成,设计油石比为 5.8%~6.0%。

京承高速公路北京段一期工程的中面层采用 AC-25 Ⅰ 粗粒式沥青混凝土,沥青为 90 号沥青,设计油石比为 4.3%~4.8%;二期、三期工程采用 AC-20 Ⅰ 密级配中粒式沥青混凝土,沥青为 90 号沥青,设计油石比为 4.3%~4.8%。

京承高速公路北京段一期工程的下面层采用 AC-30 Ⅰ 粗粒式沥青混凝土,沥青为 90 号沥青,设计油石比为 4.3%~4.5%;二期、三期工程采用 AC-25 Ⅰ 密级配粗粒式沥青混凝土,沥青为 90 号沥青,设计油石比为 4.0%~4.2%。

9.3.2 基层材料

京承高速公路北京段的基层材料有石灰粉煤灰稳定砂砾和水泥稳定碎石两种。一期工程的三层半刚性基层材料均为石灰粉煤灰稳定砂砾,二期、三期工程的上基层采用水泥稳定碎石,7d 龄期无侧限抗压强度要求不小于 3.5MPa,下基层和底基层材料采用石灰粉煤灰稳定碎石,7d 龄期无侧限抗压强度要求不小于 0.8MPa。

9.4 交通量情况

京承主站平均年日均交通量绝对值稳定在 3 万辆以上,整体交通以客车为主导,客车交通绝对数平均占比达80%。从大客车及中型以上货车交通量来看,京承高速公路北京段一期、二期的大型客车及中型以上货车交通量大于1500辆/(d·车道),属于重交通荷载等级;京承高速公路北京段三期工程单车道大型客车及中型以上货车交通量为500～700辆/d,属于轻交通荷载等级。不同观测断面没有明显差异。京承高速公路北京段断面年日均交通量统计表见表9-5。

京承高速公路北京段断面年日均交通量统计表(单位:辆)　　表9-5

观测年份(年)	观测站名称	小型客车	大型客车	小型货车	中型货车	大型货车	特大型货车	集装箱车
2008	京承主站	31398	2144	1924	1391	730	716	134
2009	京承主站	59985	3147	2464	1782	931	878	160
2010	京承主站	42817	2684	2770	2146	1535	1880	786
2010	京承穆家峪	5816	3312	411	439	415	652	319
2010	京承河下桥	5075	3190	435	438	411	674	343
2010	京承司马台	4286	2999	402	406	339	716	340
2011	京承主站	32785	2037	2258	1985	1566	1940	1323
2011	京承穆家峪	5294	577	286	251	245	420	202
2011	京承河下桥	5123	486	244	269	267	418	200
2011	京承司马台	4867	398	251	299	272	502	228
2012	穆家峪	5825	248	653	707	803	857	146
2012	河下桥	5248	270	605	692	778	849	130
2013	穆家峪	4777	948	1221	898	699	301	1165
2013	河下桥	4294	782	1066	800	524	303	949
2014	穆家峪	5345	1830	2089	1759	1488	1495	1166
2014	河下桥	5299	1470	2127	1549	1320	879	1636
2017	高丽营南桥	59783	2093	1757	4457	1362	2367	278
2017	高各庄桥北	39983	3001	3646	4306	371	2028	242
2017	新农村桥北	14266	270	1070	907	564	720	79
2017	司马台	8959	347	566	564	638	550	211
2017	市界	6542	243	441	847	190	248	53
2018	高丽营南桥	70622	3508	2825	3636	414	2677	352
2018	高各庄桥北	45286	5066	4436	6061	506	3050	262
2018	新农村桥北	18430	437	888	1251	433	566	96
2018	司马台	8651	418	768	955	478	496	153
2018	市界	8662	330	670	1307	228	223	52
2019	高丽营南桥	70956	2847	2761	3224	420	3040	348
2019	高各庄桥北	49462	6451	3133	5197	1917	3657	250
2019	新农村桥北	17498	423	877	1330	566	814	97

续上表

观测年份(年)	观测站名称	小型客车	大型客车	小型货车	中型货车	大型货车	特大型货车	集装箱车
2019	司马台	14046	905	934	1029	858	904	247
	市界	8933	168	741	993	243	203	34
2020	高丽营南桥	31296	1047	1190	1187	176	1139	118
	高各庄桥北	20519	2393	832	1480	949	1093	108
	新农村桥北	6916	208	389	800	432	514	34
	司马台	4534	241	299	446	490	346	95
	市界	3269	90	358	442	152	164	42

9.5 路面性能

9.5.1 质量检评情况

9.5.1.1 京承高速公路北京段一期工程

2002年11月对京承高速公路北京段一期工程全线路面进行了自动化检测,详细检测结果如下。

(1)路面结构强度检测

采用自动弯沉检测仪对一期工程路面弯沉进行检测,计算三条车道的弯沉代表值,见表9-6。

京承高速公路北京段一期工程路面弯沉检测结果　　表9-6

桩　　号	平均值(0.01mm)			代表值(0.01mm)		
	出京方向 外侧车道	进京方向 中间车道	进京方向 外侧车道	出京方向 外侧车道	进京方向 中间车道	进京方向 外侧车道
K0+700~K1+000	4.3	—	—	5.8	—	—
K1+000~K2+000	3.4	2.9	2.9	4.4	3.7	3.7
K2+000~K3+000	3.3	2.7	3.2	4.2	3.3	4.2
K3+000~K4+000	3.3	2.7	3.3	4.2	3.3	4.2
K4+000~K5+000	3.1	2.8	3.5	3.8	3.6	4.7
K5+000~K6+000	3.6	2.5	2.5	5.1	2.7	2.9
K6+000~K7+000	3.2	2.6	2.7	4.1	3.2	3.8
K7+000~K8+000	3.1	2.5	2.6	3.8	2.7	3.4
K8+000~K9+000	3.2	2.6	2.6	4.1	3.0	3.3
K9+000~K10+000	3.3	4.3	4.4	4.4	5.6	6.1
K10+000~K11+000	2.7	3.7	3.5	3.3	4.5	3.9
K11+000~K12+000	2.6	3.6	3.6	3.1	4.2	4.6

续上表

桩 号	平均值(0.01mm)			代表值(0.01mm)		
	出京方向 外侧车道	进京方向 中间车道	进京方向 外侧车道	出京方向 外侧车道	进京方向 中间车道	进京方向 外侧车道
K12+000~K13+000	3.0	4.2	5.1	4.3	5.8	7.7
K13+000~K14+000	2.9	3.6	3.8	4.1	4.2	5.0
K14+000~K15+000	2.8	3.7	3.8	4.0	4.9	5.1
K15+000~K16+000	2.4	3.8	3.6	2.9	5.1	4.7
K16+000~K17+000	2.6	4.4	4.5	3.6	6.5	6.9
K17+000~K18+000	2.3	3.7	3.7	2.7	4.7	5.2
K18+000~K19+000	2.4	3.6	3.5	2.9	4.5	4.4
K19+000~K20+000	2.4	2.6	2.8	3.0	3.0	3.8
K20+000~K21+000	2.3	2.6	3.0	2.5	3.1	4.2
汇总	3.0	3.3	3.4	2.8	4.3	4.6

(2) 路面行驶质量

采用 RTP-2004 激光断面仪,对京承高速公路北京段一期工程的路面行驶质量进行检测,检测结果见表 9-7 和表 9-8。

京承高速公路北京段一期工程(出京)路面行驶质量检测结果　　表 9-7

起点桩号	路线长度 (m)	出京方向内侧车道 IRI 平均值(m/km)	出京方向中间车道 IRI 平均值(m/km)	出京方向外侧车道 IRI 平均值(m/km)
K0	1000	0.75	0.70	
K1	1000	0.66	0.62	0.73
K2	1000	0.66	0.66	0.74
K3	1000	0.71	0.71	0.76
K4	1000	0.72	0.81	0.87
K5	1000	0.79	0.69	0.7
K6	1000	0.71	0.70	0.76
K7	1000	0.67	0.66	0.69
K8	1000	0.65	0.65	0.77
K9	1000	0.66	0.70	0.8
K10	1000	0.65	0.72	0.73
K11	1000	0.73	0.69	0.79
K12	1000	0.63	0.65	0.72
K13	1000	0.64	0.67	0.76
K14	1000	0.64	0.65	0.7
K15	1000	0.63	0.63	0.7
K16	1000	0.63	0.67	0.72

续上表

起点桩号	路线长度（m）	出京方向内侧车道IRI平均值（m/km）	出京方向中间车道IRI平均值（m/km）	出京方向外侧车道IRI平均值（m/km）
K17	1000	0.63	0.67	0.74
K18	1000	0.64	0.63	0.68
K19	1000	0.63	0.68	0.73
K20	1000	0.63	0.73	

京承高速公路北京段一期工程（进京）路面行驶质量检测结果　　　表9-8

起点桩号	路线长度（m）	进京方向内侧车道IRI平均值（m/km）	进京方向中间车道IRI平均值（m/km）	进京方向外侧车道IRI平均值（m/km）
K1	1000	0.63	0.63	0.68
K2	1000	0.61	0.62	0.63
K3	1000	0.63	0.63	0.72
K4	1000	0.67	0.63	0.70
K5	1000	0.68	0.72	0.72
K6	1000	0.69	0.74	0.68
K7	1000	0.7	0.68	0.67
K8	1000	0.7	0.70	0.66
K9	1000	0.71	0.70	0.75
K10	1000	0.68	0.67	0.82
K11	1000	0.65	0.63	0.78
K12	1000	0.65	0.66	0.71
K13	1000	0.65	0.61	0.75
K14	1000	0.65	0.61	0.72
K15	1000	0.65	0.62	0.70
K16	1000	0.65	0.62	0.75
K17	1000	0.68	0.64	0.78
K18	1000	0.68	0.67	0.77
K19	1000	0.7	0.70	0.71
K20	1000	0.69	0.69	

9.5.1.2　京承高速公路北京段三期工程

2009年9月，采用自动弯沉检测仪、横向力系数检测车、激光断面仪，对京承高速公路北京段三期工程全线路面进行了自动化检测，检测结果见表9-9。

京承高速公路北京段三期工程路面检测结果　　　表9-9

参　　数	平　均　值	标　准　差	代　表　值
弯沉（0.01mm）	1.9	1.37	4.1
横向力系数SFC	52.3	4.35	51.2
国际平整度指数IRI（m/km）	1.04	0.196	99.4（合格率）

9.5.2 路面技术状况

京承高速公路北京段分三期建设而成，路面结构和材料也有所差别，路面技术状况在交通荷载的影响下表现出不同的演变规律。京承高速公路北京段在2006—2020年的路面技术状况检测结果见表9-10。

京承高速公路不同方向路面技术状况检测结果　　　　　　　　表9-10

出京	2006年	2007年	2008年	2009年	2010年	2011年	2012年	2013年
PCI	98.78	98.25	99.31	94.00	98.70	98.40	97.19	95.03
RDI			94.32	82.00	85.10	84.66	85.28	86.25
RQI	97.03	96.78	97.91	95.20	93.86	94.89	94.68	94.43
SRI	89.71	92.67	92.68	91.61	95.91	95.91	93.03	91.93
出京	2014年	2015年	2016年	2017年	2018年	2019年	2020年	
PCI	93.75	94.21	94.11	93.73	91.65	90.14	89.94	
RDI	86.48	86.60	88.47	91.76	91.84	95.32	95.24	
RQI	94.58	95.10	92.96	94.51	94.71	94.32	94.72	
SRI	93.80	93.77	90.48	90.48	92.78	92.78	88.89	
进京	2006年	2007年	2008年	2009年	2010年	2011年	2012年	2013年
PCI	99.26	98.67	99.49	99.08	98.14	97.77	96.52	92.93
RDI			94.56	90.71	91.03	84.20	84.77	83.52
RQI	97.05	97.03	96.12	95.01	92.90	94.37	94.14	93.67
SRI	92.19	88.03	81.74	81.76	93.69	93.69	92.25	91.14
进京	2014年	2015年	2016年	2017年	2018年	2019年	2020年	
PCI	92.15	92.73	92.89	92.83	91.47	89.97	88.89	
RDI	83.38	85.12	86.23	90.41	91.47	94.39	94.20	
RQI	94.03	94.71	92.83	94.13	94.30	93.87	93.79	
SRI	92.61	93.96	91.93	91.43	92.77	91.81	84.79	

总体来看，京承高速公路北京段的路面技术状况维持在优良等级。路面损坏状况指数PCI随着路龄的增加而降低，总体上仍在良等级。路面车辙深度指数RDI在2017年前总体上为良等级，车辙深度较为明显，2017年后路面车辙深度有所减小，RDI达到优等级。路面行驶质量指数RQI总体上保持稳定，历年的RQI基本在优等级。路面技术状况具有明显的方向性，出京方向总体上优于进京方向。

（1）路面损坏状况指数PCI性能演变

按照建成时间的不同，统计2006—2020年京承高速公路北京段不同路段的路面损坏状况指数变化，统计结果见表9-11、图9-3。

第 9 章

京承高速公路

京承高速公路北京段 PCI 变化　　表 9-11

出京	2006 年	2007 年	2008 年	2009 年	2010 年	2011 年	2012 年	2013 年
一期	96.11	95.68	97.78	96.71	92.21	95.70	92.45	88.00
二期	100	99.40	100	99.80	99.82	98.81	97.94	96.57
三期					100	98.97	98.20	96.25
出京	2014 年	2015 年	2016 年	2017 年	2018 年	2019 年	2020 年	
一期	94.79	93.09	94.93	93.89	89.65	86.98	85.41	
二期	91.41	91.10	91.60	90.95	90.24	88.16	89.41	
三期	95.17	94.60	93.83	93.67	93.39	92.69	91.91	
进京	2006 年	2007 年	2008 年	2009 年	2010 年	2011 年	2012 年	2013 年
一期	98.94	99.65	100	100	93.37	94.22	94.14	83.69
二期	100	96.47	98.36	97.03	97.78	97.15	95.77	94.95
三期					100	99.44	97.80	94.52
进京	2014 年	2015 年	2016 年	2017 年	2018 年	2019 年	2020 年	
一期	93.44	90.82	93.10	91.42	91.42	89.65	87.93	
二期	88.63			91.00	89.70	88.63	89.02	
三期	94.38	93.39	92.83	93.32	93.39	91.67	90.03	

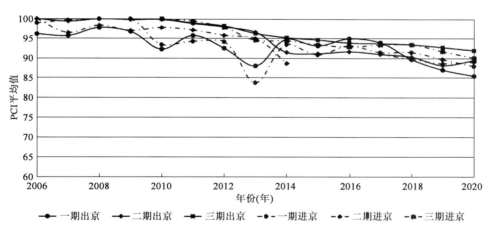

图 9-3　京承高速公路北京段不同路段 PCI 演变规律

从图 9-3 来看,京承高速公路北京段不同路段的路面损坏状况指数 PCI 随着路龄增大而降低。京承高速公路北京段三期的 PCI 优于二期,京承高速公路北京段二期的 PCI 优于一期。京承高速公路北京段一期 PCI 的波动最大,同时,京承高速公路北京段一期进京方向的路面损坏状况指数波动也大于出京方向。京承高速公路北京段二期在 2014 年维修罩面前的进京方向路面破损,相对出京方向更加严重,但 2014 年以后进出京方向PCI 没有显著差异。京承高速公路北京段三期建成时间最短,路面破损状况相对最好,出京方向的 PCI 略好于进京方向。

(2) 路面行驶质量指数 RQI 性能演变

按照不同的建成时间,统计 2006—2020 年京承高速公路北京段三个路段的路面行驶质量指数变化,统计结果见表 9-12 和图 9-4。

京承高速公路北京段 RQI 变化　　　　表 9-12

出京	2006 年	2007 年	2008 年	2009 年	2010 年	2011 年	2012 年	2013 年
一期	96.68	96.67	97.81	94.97	93.56	94.93	94.17	93.05
二期	97.19	97.21	97.96	95.30	94.18	94.89	95.08	95.06
三期					93.73	94.87	94.55	94.41
出京	2014 年	2015 年	2016 年	2017 年	2018 年	2019 年	2020 年	
一期	94.06	95.17	94.11	94.88	94.84	93.36	94.63	
二期	95.20	95.5	94.6	95.00	95.05	95.05	95.09	
三期	94.30	95.08	92.56	94.38	94.42	94.13	94.47	
进京	2006 年	2007 年	2008 年	2009 年	2010 年	2011 年	2012 年	2013 年
一期	97.19	97.20	95.45	95.11	90.99	94.09	93.22	91.94
二期	96.73	96.65	97.62	94.78	92.27	94.22	94.32	93.78
三期					94.02	94.59	94.32	94.17
进京	2014 年	2015 年	2016 年	2017 年	2018 年	2019 年	2020 年	
一期	94.58	94.70	93.92	94.66	94.66	94.84	93.93	
二期	93.88			94.17	93.89	94.03	93.80	
三期	93.96	94.72	92.47	93.95	94.42	93.74	93.61	

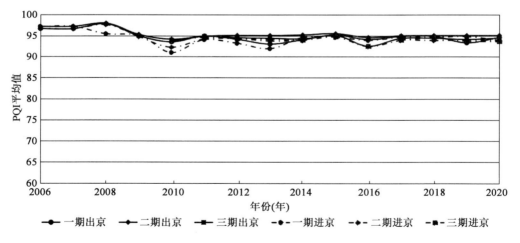

图 9-4　京承高速公路北京段不同路段 RQI 演变规律

京承高速公路北京段三个路段的路面行驶质量总体上没有显著差别。总体来看,二期的路面行驶质量指数略好于其他路段,RQI 基本保持在 95 以上。京承高速公路北京段出京方向的路面行驶质量普遍优于进京方向。

第 9 章
京承高速公路

（3）路面车辙深度指数 RDI 性能演变

2008—2020 年京承高速公路北京段不同路段的路面车辙深度指数变化见表 9-13 和图 9-5。

京承高速公路北京段 RDI 变化 表 9-13

出京	2008 年	2009 年	2010 年	2011 年	2012 年	2013 年	2014 年
一期	93.25	81.90	80.56	86.26	86.63	88.11	90.34
二期	94.79	82.38	81.38	80.52	82.06	82.11	82.97
三期			93.10	87.18	87.20	88.80	87.84
出京	2015 年	2016 年	2017 年	2018 年	2019 年	2020 年	
一期	88.62	91.76	94.81	93.87	95.51	95.99	
二期	84.90	93.3	92.13	92.49	95.78	95.99	
三期	85.90	87.30	90.68	89.21	94.91	94.44	
进京	2008 年	2009 年	2010 年	2011 年	2012 年	2013 年	2014 年
一期	94.39	90.81	88.14	87.04	84.29	86.27	90.78
二期	94.94	90.48	90.05	77.40	82.96	77.18	76.44
三期			92.74	88.44	86.45	87.47	86.17
进京	2015 年	2016 年	2017 年	2018 年	2019 年	2020 年	
一期	88.33	89.65	92.60	92.6	93.87	94.58	
二期			91.22	91.45	94.62	95.34	
三期	83.99	85.02	89.64	90.65	94.15	93.18	

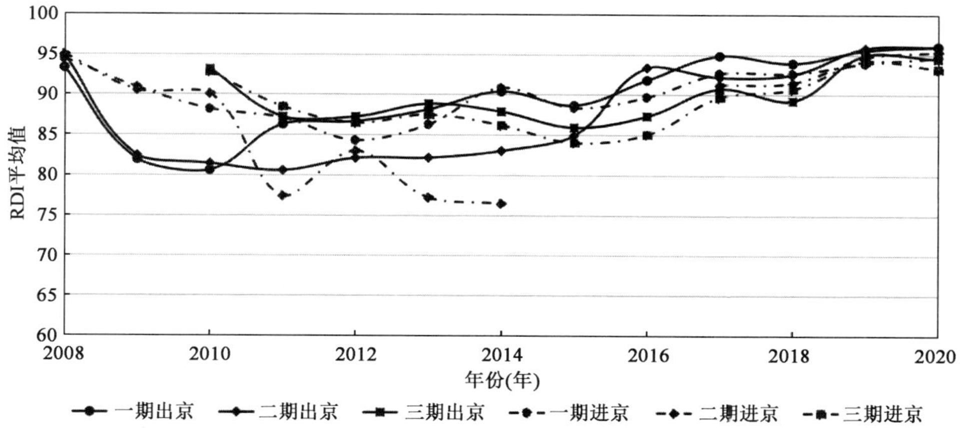

图 9-5 京承高速公路北京段不同路段 RDI 演变规律

从图 9-5 来看，近年来不同路段的路面车辙深度总体上趋于下降。2014 年前京承高速公路北京段三期和一期的车辙深度小于二期，2014 年后京承高速公路北京段一期的车辙深度得到较大改善，总体上京承高速公路北京段一期和二期的车辙深度优于三期。

9.5.3 路面性能演变规律

京承高速公路北京段一期 2002 年建成通车,2014 年整体罩面;京承高速公路北京段二期 2006 年建成通车,2014 年对病害严重路段铣刨罩面,其余路段采用雾封层或微表处进行处治;京承高速公路北京段三期 2009 年通车以来未开展过大中修作业。随着路龄的增加,在荷载和环境因素的综合作用下,路面技术状况呈现波动下降的趋势。

(1) PCI 状况性能演变规律

从 2006—2020 年的京承高速公路路面损坏状况指数 PCI 检测结果来看,京承高速公路北京段一期至京承高速公路北京段三期的路面损坏状况演变规律大致相同,沥青路面 PCI 随着路龄增长而不断衰减。不同之处在于,京承高速公路北京段一期在 2014 年大修中进行了整体罩面补强。基于京承高速公路 2006—2020 年的 PCI 检测数据,计算得到京承高速公路北京段的沥青路面 PCI 衰变方程见式(9-1)~式(9-3)。

$$\mathrm{PCI}_{一期} = 100\{1 - \exp[-(38.9/y_{2006})^{0.56}]\} \tag{9-1}$$

$$\mathrm{PCI}_{二期} = 100\{1 - \exp[-(45.0/y_{2006})^{0.67}]\} \tag{9-2}$$

$$\mathrm{PCI}_{三期} = 100\{1 - \exp[-(49.7/y_{2006})^{0.48}]\} \tag{9-3}$$

式中:y_{2006}——从 2006 年开始计算的路面使用年限。

对比京承高速公路北京段三个路段的 PCI 衰变方程,京承高速公路北京段一期的沥青路面寿命因子为 38.9,如果加上罩面补强前已经使用 12 年,路面整体使用寿命因子达到 51;京承高速公路北京段二期的沥青路面寿命因子为 45,京承高速公路北京段三期的沥青路面寿命因子为 49.7,说明京承高速公路北京段的沥青路面的整体使用寿命均较长。京承高速公路北京段一期的路面衰变模式因子为 0.56,京承高速公路北京段二期的路面衰变模式因子为 0.67,京承高速公路北京段三期的路面衰变模式因子为 0.48。京承高速公路北京段三期的交通量最小,沥青路面破损发展速度相对最慢;京承高速公路北京段一期通过罩面补强,路面衰变模式因子小于公路北京段二期,说明罩面补强减缓了沥青路面破损发展速度,可以起到延长路面使用寿命的效果。

(2) RQI 状况性能演变规律

从 2006—2020 年的京承高速公路北京段路面行驶质量指数 RQI 检测结果来看,京承高速公路北京段一期和二期的路面行驶质量指数在 2006—2009 年快速衰减,2009 年以后保持稳定;京承高速公路北京段三期的路面行驶质量指数从 2009 年建成通车以来均保持在 93~95 区间。基于京承高速公路北京段 2006—2020 年的 RQI 检测数据,计算得到京承高速公路北京段铣刨罩面前的沥青路面 RQI 衰变方程见式(9-4)和式(9-5)。

$$\mathrm{RQI}_{一期} = 97.11 - 1.14\ln(y_{2006}) \tag{9-4}$$

$$\mathrm{RQI}_{二期} = 97.11 - 1.09\ln(y_{2006}) \tag{9-5}$$

对比京承高速公路北京段一期和二期路面行驶质量指数的衰变方程,京承高速公路北京段二期的 RQI 衰减速率略小于高速公路北京段一期,一定程度上反映出路龄对沥青路面行驶质量的影响。

(3) RDI 状况性能演变规律

从 2008—2020 年的京承高速公路北京段路面车辙深度 RDI 检测结果来看,三个路段的路面车辙深度指数演变规律基本一致,RDI 快速衰减以后保持稳定,2014 年大修以后的 RDI 得到提高。基于京承高速公路北京段 2008—2014 年的 RDI 检测数据,计算得到京承高速公路的沥青路面 RDI 衰变方程见式(9-6)~式(9-8)。

$$\text{RDI}_{一期} = 91.29 - 3.64\ln(y_{2008}) \tag{9-6}$$

$$\text{RDI}_{二期} = 93.40 - 7.74\ln(y_{2008}) \tag{9-7}$$

$$\text{RDI}_{三期} = 91.89 - 3.61\ln(y_{2008}) \tag{9-8}$$

由此可见,在 2014 年大修之前,京承高速公路北京段二期的路面车辙深度发展速度大于京承高速公路北京段一期和三期。京承高速公路北京段二期通过铣刨罩面以后,近年来的 RDI 指数发展趋势与京承高速公路北京段一期和三期基本相同,三期没有显著差异。

9.6 维修历史

9.6.1 京承高速公路北京段一期路面整治工程

截至 2014 年,京承高速公路北京段一期工程已通车运营 12 年,随着交通量的逐年增加,路面出现不同程度的病害。京承高速公路北京段一期工程沥青路面以日常养护为主,未进行过系统性维修,路表出现了较严重的老化病害,主要表现在局部开裂、表面磨损、车辙和泛油。本次维修工程对 K4+000~K21+000 路段进行路面维修。路面整治主要方案如下:

针对轻微病害路段,先路面精拉毛 8~10mm,再整体罩面。具体结构为:

1cm 改性乳化沥青微表处下封层,部分路段高黏改性乳化沥青黏层(洒布量为 0.8kg/m²);

4cm 沥青玛琋脂碎石混合料 SMA-13(SBS 改性沥青)。

针对严重病害路段,采用挖补+整体罩面的方案,具体结构为:

铣刨沥青混凝土 5cm;

高黏改性乳化沥青黏层(洒布量为 0.8kg/m²);

5cm 中粒式沥青混凝土 AC-20C(改性沥青);

高黏改性乳化沥青黏层(SBS)(洒布量为 0.8kg/m²);

4cm 沥青玛琋脂碎石混合料 SMA-13（SBS 改性沥青）。

京承高速公路北京段一期路面整治工程采用改性乳化沥青微表处下封层，改性乳化沥青技术指标见表 9-14，下封层矿料质量要求见表 9-15，沥青玛琋脂碎石混合料采用 SBS 改性形成的 SMA-HMAC 高模量沥青混合料，其技术指标要求见表 9-16。

dB60 微表处及微表下封层改性乳化沥青技术指标　　　　表 9-14

试验项目		单位	dB60 乳化沥青	试验方法
筛上剩余量（1.18mm 筛）		%	≤0.1	T 0652
赛波特黏度			20 ~ 50	T 0622
蒸发残留物含量		%	≥62	T 0651
蒸发残留物性质	针入度（100g,25℃,5s）	0.1mm	40 ~ 90	T 0604
	软化点	℃	≥ 57.0	T 0606
	延度（5℃）	cm	≥20.0	T 0605
	延度（15℃）	cm	—	
	溶解度（三氯乙烯）	%	≥ 97.5	T 0607
储存稳定性	1d/5d（%）	%	≤1/5	T 0655

路面加铺下封层矿料质量要求　　　　表 9-15

材料名称	测试项目		技术要求	试验方法	备注
粗集料	石料压碎值（%）	不大于	28	T 0316	
	洛杉矶磨耗损失（%）	不大于	30	T 0317	
	坚固性（%）	不大于	15	T 0314	
	针片状颗粒含量（%）	不大于	18	T 0312	
矿料	砂当量（%）	不小于	55	T 0334	合成矿料小于 4.75mm 部分

SMA-HMAC 高模量沥青混合料技术指标要求　　　　表 9-16

试验项目	单位	技术要求	试验方法
马歇尔试件尺寸	mm	φ101.6 × 63.5	T 0702
空隙率 VV	%	3 ~ 4.5	T 0702
矿料间隙率 VMA，不小于	%	16.5	T 0702
沥青饱和度 VFA	%	75 ~ 85	T 0702
动稳定度，不小于	次/mm	4200	T 0719
低温抗弯拉强度	MPa	11.5	T 0709
低温最大弯拉应变	10^{-6}	2800	T 0709
浸水马歇尔残留稳定度，不小于	%	90	T 0709
冻融劈裂残留强度	%	92	T 0709
回弹模量（15℃）	MPa	2700	T 0715
回弹模量（20℃）	MPa	2000	T 0715
低温试验破坏应变，不小于	10^{-6}	2800	T 0715

9.6.2 京承高速公路北京段二期路面整治工程

京承高速公路北京段二期工程于 2006 年 9 月投入运营以后,到 2014 年已运营 8 年,路面未进行过系统整治,以日常养护为主。随着交通量的增加,路面出现不同程度的病害。2014 年 8 月—2014 年 9 月,对京承高速公路北京段二期工程开展路面整治维修。

根据路面检测数据,采用不同的整治方案,见表 9-17。

京承高速公路北京段二期路面整治方案　　表 9-17

一层沥青罩面	两层沥青罩面	其余路段
5cm SMA-16 改性乳化沥青黏层 铣刨路面 5cm	5cm SMA-16 改性乳化沥青黏层 6cm AC-20C(改性,掺 4‰抗车辙剂) 改性乳化沥青黏层 铣刨路面 11cm	雾封层、微表处沥青灌缝

京承高速公路北京段二期路面整治工程采用 70 号基质沥青,高效阳离子慢裂快凝型乳化剂,改性剂采用丁苯胶乳,可以有效改善沥青混合料的高温稳定性、低温抗裂性和水稳定性。改性乳化沥青性能指标和 SBS 改性沥青性能指标分别见表 9-18 和表 9-19。

改性乳化沥青性能指标　　表 9-18

项　目	单　位	丁苯胶乳改性沥青
残留物针入度(25℃,100g)	0.01mm	40~100
残留物延度(15℃)	cm	≥80
残留物软化点	℃	≥56
残留蒸发物	%	≥60
溶解度(三氯乙烯)	%	≥97.5

SBS 改性沥青性能指标　　表 9-19

项　目	单　位	70 号沥青
针入度(25℃,100g)	0.01mm	50~70
针入度指数 PI	—	≥-0.2
延度(5℃,5cm/min)	cm	≥25
软化点(R&B)	℃	≥75
135℃运动黏度	—	≥3
闪点	℃	≥230
溶解度	%	≥99
质量变化	%	±1
残留针入度比(25℃)	%	≥65
残留延度(10℃)	cm	≥15

第10章

其他高速公路

10.1 通燕高速公路

通燕高速公路(G102)全长13.8km,1988年7月开工,1990年9月通车,沥青混凝土面层厚度11cm,石灰粉煤灰稳定砂砾基层、石灰土底基层厚度54cm。多年来路面技术状况稳定,未发生早期损坏,未出现结构性损坏,2005年5月进行了一次铣刨罩面。

通燕高速公路一览表见表10-1。

通燕高速公路一览表 表10-1

工程概况			
完工时间	1990年9月	车道数量	双向四车道
里程长度	13.8km	交通量	—
典型特征	建成年代较早,原名京哈高速公路,于2010年改名为通燕高速公路		
路面结构			
面层	类型	沥青混凝土	基层	类型	石灰粉煤灰稳定砂砾、石灰土
	厚度	11cm		厚度	54cm
特点描述	半刚性基层厚度较薄,沥青面层偏薄		
路面性能			
技术状况	优良	病害特征	路面龟裂、车辙
裂缝	PCI>85	早期损坏	无
车辙	RDI>80	罩面时间	2005年

10.1.1 概况

通燕高速公路(G102)原名京哈高速公路,根据《国家高速公路网命名和编号规则》(JTG A03—2007),其与G1京哈高速公路重名,于2010年改名为通燕高速公路(通州—燕郊高速公路)。该路自1988年7月20日开工建设,于1990年9月建成通车,起点通州北关环岛,终点河北省三河县燕郊镇,全长13.8km。道路横断面为双向四车道加连续停车带,路基宽度为25m,路面宽度23m,设计速度为100km/h。通燕高速公路于2005年进行了全线大修,2011年对进京K19~K24段外侧车道进行了路面病害处理,2015年对进京K24~K29段外侧车道进行了路面病害处理。

10.1.2 路面结构及材料

通燕高速公路沥青路面结构厚度为65cm,具体路面结构见表10-2。

通燕高速公路沥青路面结构　　　　　表10-2

序 号	层 位	结构层材料	厚度(cm)
1	表面层	沥青石屑	2
2	中面层	中粒式沥青混凝土	4
3	下面层	沥青稳定碎石	5
4	基层	石灰粉煤灰稳定砂砾	36
5	底基层	12%石灰土	18

沥青及沥青混合料按照《公路柔性路面设计规范》(JTJ 014—86)的指标进行控制,石灰粉煤灰稳定砂砾基层上施工乳化沥青保护层,乳化沥青用量为1.2kg/m²,0.5~1.0mm碎石用量6m³/1000m²;石灰粉煤灰稳定砂砾的配合比采用5∶15∶80,7d无侧限抗压强度不低于1.0MPa,12%的石灰土7d无侧限抗压强度不低于0.5MPa。

10.1.3 交通量状况

通燕高速公路全长13.8km,是北京通往河北燕郊的一条重要的交通走廊。从2008—2013年的通燕高速公路断面年日均交通量数据来看(表10-3),通燕高速公路断面年日均交通量平均值保持在2万辆以上,其交通组成以小客车为主,小客车占总体交通量平均达70%左右。从大客车及中型以上货车交通量来看,近年来通燕高速公路的大客车及中型以上货车交通量为600~1200辆/(d·车道),属于中等交通等级。

通燕高速公路断面年日均交通量统计表(单位:辆)　　　　　表10-3

年份(年)	观测站名称	小型客车	大型客车	小型货车	中型货车	大型货车	特大型货车	集装箱车
2008	白庙站	16471	1366	1108	780	576	292	213
2009	白庙站	21419	1940	1329	887	997	269	326
2010	白庙站	18322	1664	1130	758	847	231	280
2011	白庙站	19721	1872	1272	854	882	246	299
2012	常屯	16114	1193	3402	1127	785	264	221
2013	常屯	17620	737	2875	468	543	127	603

10.1.4 路面技术状况

为全面掌握通燕高速公路(G102)技术状况,科学评定公路使用性能,同时为高速公路养护工作提供基础数据和相关信息,北京奥科瑞检测技术开发有限公司受北京市首都公路发展集团有限公司委托,2006—2020年,按照《公路技术状况评定标准》(JTG H20—2007)、《公路技术状况评定标准》(JTG 5210—2018)的要求,对通燕高速公路(G102)进行全线公路技术状况检测和评价工作。通燕高速公路为双向四车道,检测方向为外侧车道。

通燕高速公路路面技术状况历年检测结果见表10-4。

通燕高速公路路面技术状况历年检测结果　　表10-4

出京	2006年	2007年	2008年	2009年	2010年	2011年	2012年	2013年
PCI	91.46	92.36	98.22	97.10	96.04	94.47	93.62	91.91
RDI			82.31	91.87	87.61	83.83	84.75	86.84
RQI	96.58	96.46	92.77	93.32	92.65	92.86	92.70	92.55
SRI	99	99.82	84.41	83.99	81.70	81.70	81.97	
出京	2014年	2015年	2016年	2017年	2018年	2019年	2020年	
PCI	89.97	85.86	85.13	94.06	95.08	90.27	88.88	
RDI	84.57	80.37	82.11	92.49	94.88	96.69	96.26	
RQI	92.24	92.27	89.50	93.72	94.29	93.97	92.83	
SRI	77.77	78.02	66.39	72.71	86.88	86.91	68.70	
进京	2006年	2007年	2008年	2009年	2010年	2011年	2012年	2013年
PCI	91.21	84.68	90.81	97.99	95.45	96.79	91.72	89.11
RDI			82.51	93.60	86.57	83.15	80.58	82.17
RQI	96.02	96.22	91.36	92.33	91.96	92.80	92.06	91.06
SRI	98	99.87	79.44	79.95	70.60	70.60	74.34	
进京	2014年	2015年	2016年	2017年	2018年	2019年	2020年	
PCI	87.30	88.77	87.70	95.19	91.94	90.86	90.82	
RDI	80.41	82.14	83.80	94.31	94.47	96.15	95.77	
RQI	90.53	92.03	89.91	93.00	93.50	93.12	93.63	
SRI	70.15	70.17	62.42	75.16	78.45	78.42	60.43	

从15年的路面技术状况数据来看，通燕高速公路沥青路面的路用性能呈现较大的波动，但总体上仍保持优良技术等级。对比进出京不同方向的路面状况，出京方向略优于进京方向，但近年来两侧路面性能指标状况趋于相同，总体上没有显著差异。

从图10-1来看，通燕高速公路沥青路面的破损状况总体保持优良。PCI随着路龄增加而有所衰减，经2015年铣刨罩面维修后，路面破损增加的趋势有所缓解。近四年的路面损坏状况指数达到优等级，但出京方向的PCI的衰变速度大于进京方向。

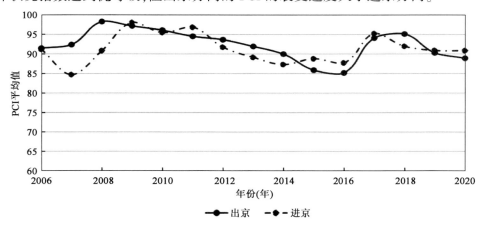

图10-1　通燕高速公路不同方向历年PCI对比

第10章 其他高速公路

基于2008—2016年的进出京PCI检测数据,计算得到通燕高速公路沥青路面PCI衰变方程,见式(10-1)和式(10-2)。

$$\text{PCI}_{出京} = 100\{1 - \exp[-(25.3/y_{2008})^{0.79}]\} \tag{10-1}$$

$$\text{PCI}_{出京} = 100\{1 - \exp[-(28.5/y_{2008})^{0.65}]\} \tag{10-2}$$

式中:y_{2008}——从2008年开始计算的路面使用年限。

对比分析通燕高速公路进出京的PCI衰变方程,两个方向的PCI的寿命因子分别为25.3和28.5,PCI衰减模式因子分别为0.79和0.65。进出京方向的PCI发展演变规律基本一致,该路段交通量为中等交通,路面整体寿命较长。

从图10-2来看,通燕高速公路路面行驶质量指数总体上维持在优良水平。历年行驶质量变化总体稳定,没有明显衰减。对比不同方向的路面行驶质量指数,出京方向RQI略优于进京方向。由2006—2016年通燕高速公路RQI检测数据,拟合得到的RQI衰变方程见式(10-3)。

$$\text{RQI} = 96.5 - 2.3\ln(y_{2006}) \tag{10-3}$$

式中:y_{2006}——从2006年开始计算的路面使用年限。

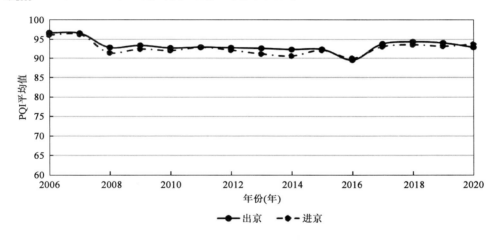

图10-2 通燕高速公路不同方向历年RQI对比

通过RQI衰变方程来看,通燕高速建成年代早,而且路面结构相对偏薄,路面行驶质量在2005年铣刨罩面以后,其衰减速率还是较快的。

从2008—2020年的车辙深度指数对比来看(图10-3),通燕高速公路路面车辙深度指数波动较大。2016年以前的通燕高速公路沥青路面的车辙深度较大,车辙病害较为普遍,RDI指数长年保持在80~86区间。经过2015年和2016年的综合治理后,路面车辙病害大为改善,车辙深度指数RDI转变为优等级,且进出京方向的RDI指数趋于一致,达到93左右。

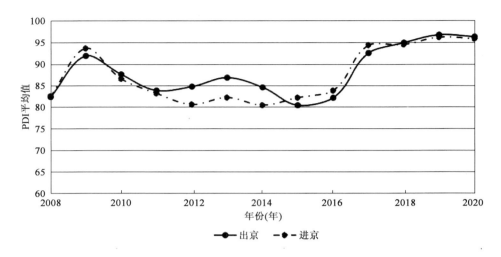

图 10-3　通燕高速公路不同方向历年 RDI 对比

10.1.5　路面维修历史

(1) 通燕高速公路大修工程

通燕高速公路在交通荷载及自然条件多年的作用下,路面一定程度上出现了破损。评定结果表明:现况路面破损、龟裂严重,道路横向通长裂缝较多,中小桥桥台台后路面沉降严重,直接影响了道路交通运行的舒适性和使用功能。沥青路面老化、雨雪和超载车辆等原因对该工程的路基路面造成了较大损害,使其使用功能下降,日常养护费用逐年增大;加之原设计采用的技术标准偏低,致使现有的道路使用条件与其所承担的繁重交通功能极不相称。因此,为了改善道路使用状况,充分发挥其作为高速公路的功能,2005 年对通燕高速公路进行综合铣刨罩面,以发挥更大的经济效益和更好社会效益。

本次大修设计方案总体为分段实施,起点 K1+141.94~K5+110 路段,将现况路面进行拉毛处理,平均铣刨 2cm,喷洒改性乳化沥青黏层油,然后加铺 5cm 厚 SMA-16 沥青混凝土表面层。K5+110~终点 K12+620,将路面进行拉毛处理,平均铣刨 2cm,喷洒改性乳化沥青黏层油,然后加铺 6cm 厚 AC-20 密级配中粒式沥青混凝土中面层,再加铺 5cm 厚 SMA-16 沥青混凝土表面层。

(2) 通燕高速公路病害处理

2011 年和 2015 年,首发养护公司分别对通燕高速公路进京 K19~K24 路段外侧车道路面进行了病害处理。2015 年,对进京 K24~K29 段外侧车道进行了路面病害处理。处理项目主要包括车辙、推移、波浪、拥包、网裂、下沉等多种病害。

10.2 京哈高速公路

京哈高速公路(G1)北京段,原名京沈高速公路,长39.891km,1998年7月开工、1999年9月通车,沥青混凝土面层厚度15~17cm,石灰粉煤灰稳定砂砾基层厚度为38~54cm。多年来路面技术状况稳定,未发生早期损坏,未出现结构性损坏,2010年进行了一次铣刨罩面。

京哈高速公路北京段一览表见表10-5。

京哈高速公路北京段一览表　　　　表10-5

工程概况			
完工时间	1999年9月	车道数量	双向六车道
里程长度	39.891km	交通量	六环以内路段>1000辆/(d·车道); 六环以外路段>1500辆/(d·车道)
典型特征	中国东北地区与北京连接的重要高速公路		
路面结构			
面层	类型	沥青路面	基层	类型	石灰粉煤灰稳定砂砾
	厚度	17cm/15cm		厚度	K0+000~K16+500: 54cm(路基为素土); 48cm/47cm(路基为石灰土); 40cm(路基为天然砂砾或30cm石灰土) K16+500~K39+891: 38cm
特点描述	根据不同的路基处理情况,半刚性基层厚度不同		
路面性能			
技术状况	优良	病害特征	路表裂缝、车辙
裂缝	PCI>80	早期损坏	无
车辙	RDI>85	罩面时间	2010年

10.2.1 概况

京哈高速公路(G1)北京段于1997年交通部批准立项,1998年7月全线陆续开工,1999年9月竣工通车。京哈高速公路北京段起于北京市朝阳区左安东路,向东延长经松榆南路与四环相交点,路线经朝阳区南磨房乡、王四营乡、双桥乡、过通马路进入通县台湖乡、张家湾镇南、二次过凉水河、跨北运河、经郎府乡北、西集镇南至大沙务村的京冀交界点,全长39.891km。设计标准为路基宽度34.5m,双向六车道,采用全立交、全封闭,设计交通量10万辆/d。其中,K0+000~K6+900段按城市快速路标准进行建设,设计速度为100km/h;其余路段按平原高速路标准进行建设,设计速度为120km/h。

10.2.2 路面结构

京哈高速公路北京段计算年限为15年,起点至K16+500段一条车道使用初期的日平均当量轴次为2378次/d,设计年限内单车道累计轴载作用次数 $N_e = 2356.7$ 万,路表面设计弯沉值 $L_d = 20.1(0.01\text{mm})$;K16+500至京冀界设计年限内累计当量轴次28579792次,设计弯沉值0.194mm。土基回弹模量 E_0 取值为:路基填方高度大于80cm, $E_0 = 40\text{MPa}$;路基挖方或填方高速小于80cm, $E_0 = 30\text{MPa}$。路基设计弯沉为2.0mm。

京哈高速公路北京段施工期间恰遇1998年异常气候,全年降雨量达同期的5倍,10月降雨量达同期的10倍。综合考虑质量、工期和造价等因素后,路面基层结构由原30cm石灰土底基层+32cm石灰粉煤灰稳定砂砾基层,全部改为石灰粉煤灰稳定砂砾。在考虑各标段施工进度不同步的基础上,路面结构做差异化处理,路面结构组合如下:

1)K7+800至市界

(1)路面面层

4cm沥青玛蹄脂碎石混合料;

5cm密级配粗粒式沥青混合料;

6cm粗粒式沥青混合料。

(2)路面基层

①路基填筑材料为天然砂砾:

K16+500~市界路面基层为38cm石灰粉煤灰稳定砂砾;

K7+800~K16+500路面基层为40cm石灰粉煤灰稳定砂砾。

②路基填筑材料为素土,路面基层为54cm石灰粉煤灰稳定砂砾。

③路基填筑材料为掺6%~8%石灰的石灰改善土,路面基层为48cm石灰粉煤灰稳定砂砾。

④路基施工已完成一层15cm、12%石灰土,路面基层可按原设计施工,也可采用47cm石灰粉煤灰稳定砂砾。

⑤路基施工已完成30cm、12%石灰土,路面基层按原设计施工。

2)起点至K7+800(京沈主收费站)

(1)路面面层

4cm沥青玛蹄脂碎石混合料;

5cm密级配粗粒式沥青混合料;

8cm粗粒式沥青混合料。

(2)路面基层

路基填筑材料为天然砂砾,路面基层为40cm二灰砂砾;

路基填筑材料为素土,路面基层为54cm二灰砂砾。

10.2.3 路面材料

(1)面层材料

京哈高速公路北京段表面层路面材料均采用SMA-16沥青玛蹄脂碎石混合料,粗集料为玄武岩,沥青采用90号沥青掺4.5%SBS改性剂,设计油石比为6.0%。

中面层路面材料采用AC-25Ⅰ粗粒式沥青混凝土,沥青为90号沥青,设计油石比为4.4%~4.5%;下面层路面材料采用AC-30Ⅰ粗粒式沥青混凝土,沥青为90号沥青,设计油石比为4.0%~4.4%。

(2)基层材料

京哈高速公路北京段基层材料主要为石灰粉煤灰稳定砂砾。基层设计配合比主要有6∶13∶81、6∶12∶82、8∶12∶80、7∶13∶80、8∶12∶80,7d无侧限抗压强度均大于或等于0.8MPa。

10.2.4 交通量状况

京哈高速公路北京段的建成,为北京市新增加了一条向东的主放射线,并与京津塘高速公路相呼应,有力地促进了北京、天津及沿线其他地区社会经济和交通运输的发展,对加强东北和华北地区的经济联系起到重要的作用,是沟通东北与华北、华南的交通运输大动脉。京哈高速公路建成通车以来,年平均日均交通量稳步增长,年均增长率达13%,2019年日均交通量超过4万辆(表10-6)。

京哈高速公路断面年日均交通量统计表(单位:辆) 表10-6

观测站名称	年份(年)	小型客车	大型客车	小型货车	中型货车	大型货车	特大型货车	集装箱车
白鹿站	2008	14492	1340	1089	781	410	396	70
	2009	21036	1759	1473	1083	556	433	93
	2010	21295	1783	1516	1098	570	439	94
	2011	22383	1870	1560	1127	623	463	107
	2012	26225	2197	1868	1353	702	541	117
	2013	29979	2512	2134	1545	803	556	192
	2014	30595	2563	2178	1577	819	630	135
台湖站	2017	34912	815	3041	2458	642	1788	489
望君桥站		17903	682	1457	933	1726	2141	620
市界站		21388	1266	2213	3984	1597	1045	2002
台湖站	2018	41089	1006	3263	2768	714	2190	596
望君桥站		24184	867	1739	1138	1622	2486	715
市界站		17727	1068	2207	3213	1285	1047	1463
台湖站	2019	40143	990	3231	2634	660	1968	538
望君桥站		23451	902	1620	1010	1248	1820	532
市界站		32694	1499	2813	4678	1922	2377	1426

续上表

观测站名称	年份(年)	小型客车	大型客车	小型货车	中型货车	大型货车	特大型货车	集装箱车
台湖站	2020	17994	500	1468	1257	287	795	218
望君桥站		8794	481	766	555	634	976	290
市界站		10823	682	1490	2504	1264	1775	935

京哈高速公路整体交通以客车为主导,客车交通绝对数平均占比达到80%。从大客车及中型以上货车交通量来看,近年来京哈高速公路六环路以内路段的大客车及中型以上货车交通量大于1000辆/(d·车道),属于中等交通等级;京哈高速公路六环路以外路段的单车道大客车及中型以上货车交通量平均超过1500辆/(d·车道),属于重交通等级。

10.2.5 路面性能

10.2.5.1 交工检测状况

2000年京哈高速公路北京段建成交工后,北京市公路工程质量检测中心对其路面质量进行了检测,交工检测结果见表10-7。

京哈高速公路北京段交工检测汇总表　　表10-7

序号	检测指标	出京方向检测值	进京方向检测值
1	弯沉代表值	9.2(0.01mm)	9.6(0.01mm)
2	平整度平均值	0.83mm	0.82mm
3	摆值平均值	F_b = 51.7BPN,标准偏差4.546,变异系数0.088	

其中,交工检测时K0~K27.7路段面层厚度为15cm,K27.7~K39.6路段面层厚度为11cm,逐公里检测弯沉代表值如图10-4和图10-5所示。

2007年,交通部公路工程检测中心对京哈高速公路路面弯沉进行了检测,逐公里检测弯沉代表值如图10-6和图10-7所示。

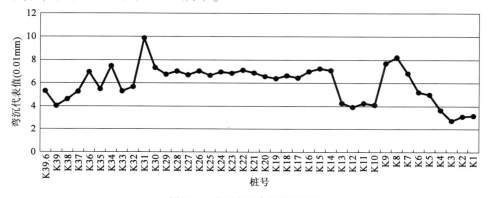

图10-4　交工弯沉代表值(上行)

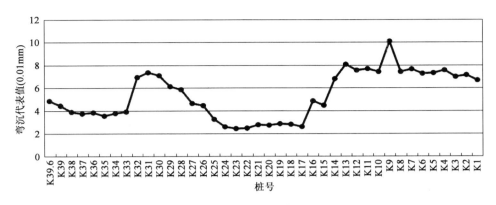

图 10-5 交工代表弯沉值(下行)

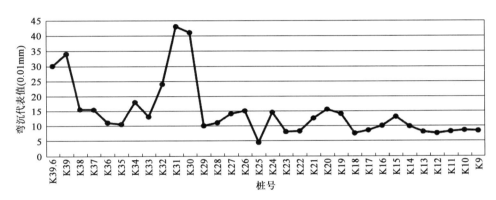

图 10-6 2007 年弯沉代表值(上行)

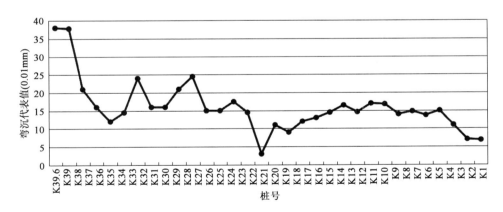

图 10-7 2007 年弯沉代表值(下行)

10.2.5.2 路面技术状况

自 2006 年,北京市首都公路发展集团有限公司按照相关规范的要求,对京哈高速公路北京段路面损坏状况、路面行驶质量、路面车辙和抗滑性能进行了系统检测,技术状况见表 10-8。

京哈高速公路北京段路面技术状况历年检测汇总表　　表 10-8

出京	2006 年	2007 年	2008 年	2009 年	2010 年	2011 年	2012 年	2013 年
PCI	81.4	79.8	92.6	94.3	94.6	97.7	96.8	91.8
RQI	96.2	96.2	94.2	88.9	92.5	94.5	93.8	93.6
RDI			92.4	78.9	91.4	87.3	86.3	89.9
SRI	88.7	80.2	88.9	88.9	87.2	87.2	87.3	
出京	2014 年	2015 年	2016 年	2017 年	2018 年	2019 年	2020 年	
PCI	88.77	84.75	92.05	90.91	90.13	93.63	92.71	
RQI	93.14	94.70	93.87	94.04	93.96	92.99	93.03	
RDI	87.96	86.13	90.53	93.69	93.91	95.79	96.63	
SRI	89.95	89.95	79.45	79.45	90.30	90.30	91.04	
进京	2006 年	2007 年	2008 年	2009 年	2010 年	2011 年	2012 年	2013 年
PCI	81.6	85.1	91.1	95.5	98.2	91.6	94.4	91.4
RQI	96.2	96.2	98.3	88.2	88.4	94.4	93.8	93.0
RDI			91.4	82.3	94.5	87.6	86.4	89.8
SRI	86.1	77.0	87.5	88.6	92.4	92.4	88.4	
进京	2014 年	2015 年	2016 年	2017 年	2018 年	2019 年	2020 年	
PCI	86.79	86.09	87.77	88.21	90.95	88.40	86.31	
RQI	92.38	94.53	93.39	94.30	94.47	91.53	91.19	
RDI	87.87	86.22	90.96	93.98	94.51	96.44	94.32	
SRI	89.75	89.75	81.92	81.92	90.39	90.31	93.77	

从 15 年来的路面技术状况演变趋势来看,京哈高速公路北京段的沥青路面技术状况随着路龄的增长有所衰减。对比路面损坏状况指数、路面行驶质量指数和路面车辙深度指数三个指标的演变规律来看,路面损坏状况指数 PCI 受维修养护影响出现波动,整体衰减速度有所增加;路面行驶质量指数总体保持稳定,但在 2009 年和 2010 年存在较大衰减,铣刨罩面实施后行驶质量得到恢复;路面车辙深度指数 RDI 存在波动,近年来路面车辙深度总体稳定向好。进出京不同方向路面技术状况不存在显著差异,路面性能演变的方向性差异不大。

(1) 路面损坏状况指数 PCI 性能演变

根据不同的路面结构,统计 2006—2020 年京哈高速公路不同路段的路面损坏状况指数变化,统计结果见表 10-9 和图 10-8。

京哈高速公路北京段 PCI 变化　　表 10-9

出京	2006 年	2007 年	2008 年	2009 年	2010 年	2011 年	2012 年	2013 年
K0 ~ K7 + 800	78.80	79.79	86.29	92.44	95.40	97.93	95.06	90.18
K7 + 800 ~ K16 + 500	81.71	75.40	91.78	92.36	98.53	99.25	99.46	95.78
K16 + 500 ~ 市界	82.20	81.45	95.15	95.71	92.83	96.97	96.33	90.75

续上表

出京	2014年	2015年	2016年	2017年	2018年	2019年	2020年	
K0~K7+800	83.25	80.07	84.12	86.12	84.42	82.92	83.21	
K7+800~K16+500	93.16	87.96	95.08	93.62	91.85	92.17	88.04	
K16+500~市界	88.98	85.12	93.63	91.52	91.44	97.94	97.73	
进京	2006年	2007年	2008年	2009年	2010年	2011年	2012年	2013年
K0~K7+800	80.04	78.71	89.60	95.54	97.38	93.07	94.18	89.92
K7+800~K16+500	78.72	82.91	90.44	96.19	99.50	96.56	96.57	96.11
K16+500~市界	83.26	88.17	91.84	95.80	97.89	89.20	93.64	90.09
进京	2014年	2015年	2016年	2017年	2018年	2019年	2020年	
K0~K7+800	84.99	84.30	85.38	88.14	85.72	85.31	82.17	
K7+800~K16+500	91.86	87.92	91.42	89.09	91.50	89.16	88.65	
K16+500~市界	85.43	85.99	87.17	87.90	92.55	89.18	86.82	

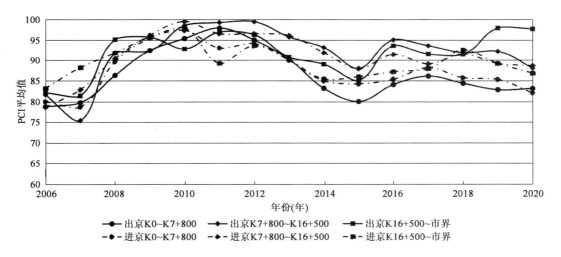

图 10-8　京哈高速公路北京段 PCI 变化规律

从图 10-8 来看,京哈高速公路不同路段的路面损坏状况指数 PCI 总体发展趋势一致,但不同路段 PCI 存在一定差别。京哈高速公路城市快速路标准路段(起点~K7+800)的 PCI 总体上要小于其他路段,路面破损相对最为明显;同时,该路段进京方向 PCI 波动最大,衰减幅度最大。主收费站—六环路路段(K7+800~K16+500)路面损坏状况指数相对较好,该路段出京方向 PCI 略好于进京方向。京哈高速公路六环以外路段的 PCI 介于前两个路段之间,出京方向 PCI 也优于进京方向。

基于 2010—2015 年的进出京 PCI 检测数据,计算得到京哈高速公路北京段沥青路面 PCI 衰变方程,见式(10-4)~式(10-6)。

$$PCI_{快速路} = 100\{1 - \exp[-(12.8/y_{2010})^{1.38}]\} \qquad (10\text{-}4)$$

$$\text{PCI}_{\text{六环内}} = 100\{1 - \exp[-(12.5/y_{2010})^{2.02}]\} \quad (10\text{-}5)$$

$$\text{PCI}_{\text{六环外}} = 100\{1 - \exp[-(17.1/y_{2010})^{1.23}]\} \quad (10\text{-}6)$$

式中：y_{2010}——从2010年开始计算的路面使用年限。

对比分析京哈高速公路北京段的 PCI 衰变方程，京哈高速公路六环路以内路段的 PCI 寿命因子基本相同，但城市快速路标准路段的 PCI 的衰变速率略低于六环内其他路段。京哈高速公路六环路以外路段的 PCI 寿命因子为17.1，大于六环以内路段；PCI 衰变模式因子为1.23，也明显小于六环路以内路段。对比2016—2020年的 PCI 性能演变数据，京哈高速公路六环路外路段的 PCI 发展趋势要好于六环路以内路段。

（2）路面车辙深度指数 RDI 性能演变

京哈高速公路不同路段的路面车辙深度指数变化情况见表10-10和图10-9。

京哈高速公路 RDI 北京段变化　　　　　表10-10

出京	2008年	2009年	2010年	2011年	2012年	2013年	2014年
K0~K7+800	92.75	81.00	91.15	91.38	89.35	92.61	90.36
K7+800~K16+500	94.00	76.67	95.19	90.52	89.43	92.79	91.04
K16+500~市界	94.78	78.96	90.07	84.59	84.04	87.87	85.92
出京	2015年	2016年	2017年	2018年	2019年	2020年	
K0~K7+800	89.00	90.19	93.31	92.93	95.21	95.67	
K7+800~K16+500	89.62	91.80	94.16	95.03	96.63	96.72	
K16+500~市界	83.76	90.14	93.64	93.81	95.66	96.94	
进京	2008年	2009年	2010年	2011年	2012年	2013年	2014年
K0~K7+800	99.00	83.00	94.87	90.63	88.63	92.43	90.29
K7+800~K16+500	98.44	82.67	95.73	89.83	88.87	92.71	90.50
K16+500~市界	97.91	79.83	93.85	85.68	84.64	87.67	85.99
进京	2015年	2016年	2017年	2018年	2019年	2020年	
K0~K7+800	88.40	90.39	92.75	94.08	96.15	96.23	
K7+800~K16+500	88.80	91.65	94.95	95.51	96.91	97.12	
K16+500~市界	84.44	90.38	94.03	94.27	96.37	96.76	

从图10-9来看，京哈高速公路不同路段的路面车辙深度指数 RDI 波动趋势相同，六环路以外路段的路面车辙深度较其他路段更明显。主收费站—六环路段的路面车辙深度相对最小，但六环路以里路段的 RDI 总体上没有显著差异，京哈高速公路六环路以外路段路面车辙深度在2016年以前相比其他路段明显较大；经过2015年和2016年综合治理后，京哈高速公路六环路以外路段 RDI 得到改善，全路段路面车辙深度指数水平达到优。

基于2010—2015年的京哈高速公路 RDI 检测数据，计算六环路以内路段和六环路以外路段的京哈高速公路沥青路面 RDI 衰变方程，见式（10-7）和式（10-8）。

$$\mathrm{RDI}_{六环内} = 93.22 - 2.45\ln(y_{2010}) \tag{10-7}$$
$$\mathrm{RDI}_{六环外} = 90.0 - 3.56\ln(y_{2010}) \tag{10-8}$$

式中：y_{2010} ——从2010年开始计算的路面使用年限。

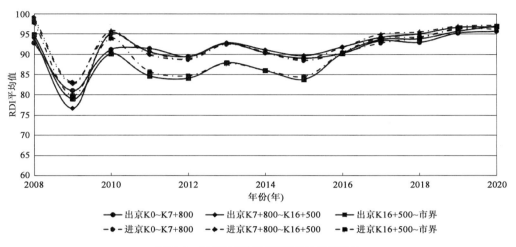

图10-9 京哈高速公路北京段RDI变化规律

对比分析京哈高速公路北京段的RDI衰变方程,路面车辙深度指数的发展呈现前期快速衰减,后期逐渐稳定的特点。京哈高速公路六环路外路段的车辙深度指数的初始值要小于六环路内路段,同时,其衰减速率也快于六环路内路段。

（3）路面行驶质量指数RQI性能演变

京哈高速公路北京段不同路段的路面行驶质量指数变化情况见表10-11和图10-10。

京哈高速公路北京段RQI变化　　　　表10-11

出京	2006年	2007年	2008年	2009年	2010年	2011年	2012年	2013年
K0 ~ K7+800	95.89	95.96	92.02	88.95	93.57	94.67	94.34	93.99
K7+800 ~ K16+500	96.20	96.14	92.43	88.43	92.95	95.05	94.82	94.84
K16+500 ~ 市界	96.32	96.38	92.57	89.09	91.89	94.30	93.26	92.89
出京	2014年	2015年	2016年	2017年	2018年	2019年	2020年	
K0 ~ K7+800	93.87	94.87	93.79	93.90	93.86	93.36	94.04	
K7+800 ~ K16+500	94.67	95.46	94.64	94.74	94.78	93.87	87.76	
K16+500 ~ 市界	92.28	94.34	93.60	93.82	93.67	92.51	94.63	
进京	2006年	2007年	2008年	2009年	2010年	2011年	2012年	2013年
K0 ~ K7+800	96.22	96.75	91.26	88.78	91.86	94.80	94.54	94.38
K7+800 ~ K16+500	95.88	96.30	90.36	87.09	86.16	94.77	94.45	94.31
K16+500 ~ 市界	96.24	96.04	91.78	88.91	88.00	94.07	93.21	92.06
进京	2014年	2015年	2016年	2017年	2018年	2019年	2020年	
K0 ~ K7+800	94.11	94.90	93.92	93.98	94.00	93.75	87.40	
K7+800 ~ K16+500	94.12	95.03	94.37	94.55	94.51	93.75	94.44	
K16+500 ~ 市界	91.09	94.21	92.81	94.31	94.61	89.90	91.09	

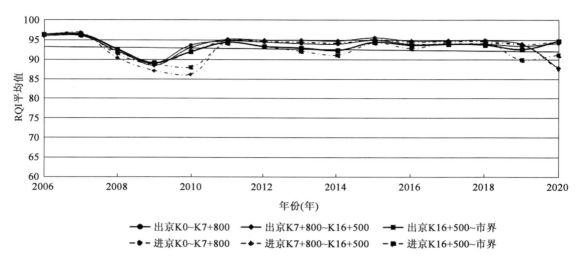

图 10-10 京哈高速公路北京段 RQI 变化规律

总体来看,京哈高速公路北京段的路面行驶质量指数 RQI 总体保持优良,但局部路段波动相对较大。路面行驶质量指数在 2009 年和 2010 年下降较明显,铣刨罩面实施以后,路面行驶质量得到一定恢复。六环路以外路段的路面行驶质量相对波动较大,而近两年的路面行驶质量发展有所分化,K7+800~K16+500 路段出京方向、K0~K7+800 进京方向、K16+500~市界进京方向的 RQI 的衰减速度都较为明显。

京哈高速公路通车以后,路面行驶质量长期保持稳定。2010 年路面大修以后,RQI 近十年保持在 90 以上。基于 2005—2010 年的 RQI 检测数据,计算京哈高速路段 RQI 衰变方程,见式(10-9)。

$$RQI = 97.1 - 4.59\ln(y_{2005}) \tag{10-9}$$

式中:y_{2005}——从 2005 年开始计算的路面使用年限。

从上述方程可以看出,京哈高速公路北京段在 2005—2010 年的路面行驶质量指数下降还是较快的。经过 2010 年和 2011 年大修以后,整体 RQI 得到了提升,路面行驶质量总体上保持稳定。

10.2.6 路面维修历史

京哈高速公路北京段由首发养护公司负责养护。自建成通车以来进行过两次功能性大修,分别为 2004 年表面层施工和 2010 年沥青面层大修。

10.2.6.1 2004 年罩面工程

京哈高速公路北京段 K27+737~K39+041 路段修建时因地基不良,表面层沥青混合料未铺筑。1999年竣工通车后,经过多年行车,路基基本稳定,因此于2004年加铺沥青混凝土表面层。

本次罩面工程全长11.3km,路基宽度34.5m,路面宽30m、双向六车道。单向车道宽3~3.75m,中央分隔带宽3m,左侧路缘带宽0.75m,硬路肩宽3.0m,土路肩宽0.75m。本次工程处治方案为:进出京方向外侧车道车辙深度超过3cm的路段,铣刨5cm后铺筑5cm厚AC-20Ⅰ中粒式改性沥青混合料,行车道全断面再加铺5cm厚SMA-16沥青玛蹄脂碎石混合料。硬路肩加铺3~5cm厚的AC-16沥青混凝土。

10.2.6.2　2010年大修工程

由于使用年限较长,部分路面破损严重,北京市首都公路发展集团有限公司对京哈高速公路北京段部分破损严重的路段相继进行了维修。2008年对京哈高速公路出京方向K22~K25+500路段,2009年对进京方向K17+500~K27+500路段进行了病害维修。为完善京哈高速公路北京段的使用功能,提高运营质量,2010年大修工程范围有:京哈高速出京方向K0+300~K27+800、K39+000~市界,进京方向K40+000~K39+000、K27+800~K21+000和K20+000~K0+000等路段。此次大修首先进行病害处理,后加铺4cm沥青混凝土面层,使用橡胶改性沥青、温拌沥青和薄层罩面等新技术。大修历时两个多月完成。

2011年对出京K14+000~K15+000、K26+000~K29+000,进京K24+000~K23+000段路面进行微表处维修作业。

10.3　京开高速公路

京开高速公路(G45)北京段是国家G45大广高速公路的组成部分,全长42.15km,2000年4月开工,2001年6月通车,沥青混凝土面层厚度16~18cm,石灰粉煤灰稳定砂砾基层厚度为38~54cm,天然砂砾底基层厚度为40cm。多年来路面技术状况稳定,未发生早期损坏,未出现结构性损坏,仅开展过病害处理。京开高速公路北京段一览表见表10-12。

京开高速公路北京段一览表　　表10-12

工 程 概 况			
完工时间	2001年6月	车道数量	双向四、六车道
里程长度	42.151km	交通量	1500~3300辆/(d·车道)
典型特征	是大广高速公路的一部分,是贯穿南北的一条主干线和南北运输大动脉		

续上表

路面结构				
面层	类型	沥青混凝土	基层	类型	水泥稳定碎石、石灰粉煤灰稳定砂砾、天然砂砾
	厚度	16cm/18cm		厚度	一期工程:40cm(二灰砂砾); 38cm+40cm(二灰砂砾+天然砂砾) 二期工程:54cm(水稳碎石+二灰碎石)
特点描述			不同建设标准,路面结构不同		
路面性能					
技术状况		优良	病害特征		路表裂缝、车辙
裂缝		PCI>80	早期损坏		无
车辙		RDI>85	罩面时间		—

10.3.1 概况

京开高速公路北京段分两期工程建设而成。一期工程为 G106 国道京开高速公路北京段,位于北京市南部,全长 41.54km。路线北南走向,经过北京市丰台区和大兴县,起点为北京市南三环玉泉营立交,终点为京冀界固安大桥。由城市快速路、高速公路和一级路三部分组成,起点至 K4+589 段,按城市主干道标准修建,双向六车道,设计速度 80km/h,路基宽度 34m;K4+589~K35+900 段按高速公路标准修建,设计速度 120km/h,双向四车道或六车道,路基宽度 28~34m;K35+900 至终点段按一级路标准修建,设计速度 100km/h,主路行车道宽 17m,双向四车道。该项目始建于 2000 年 4 月,2001 年 6 月竣工通车,设计使用寿命为 15 年。

二期工程为辛立村—市界段公路工程,位于大兴区榆垡镇辛立村,现况京开高速公路 K32+456 处向西南,通过永定河大桥与河北省大广高速公路衔接,路线全长 8.83km。道路设计为六车道加连续紧急停车带,路基设计宽度为 34.5m,设计速度为 120km/h。

10.3.2 路面结构与材料

京开高速公路北京段一期工程主路起点至 K18+000 段设计年限为 15 年,路面设计弯沉为 0.18mm,路面结构总厚 58cm。路面结构见表 10-13。

京开高速公路北京段一期工程起点至 K18+000 段主路沥青路面结构　　表 10-13

序号	层位	结构层材料	厚度(cm)
1	表面层	沥青玛蹄脂碎石混合料 SMA-16	4
2	中面层	粗粒式沥青混凝土 AC-25I	6
3	下面层	粗粒式沥青混凝土 AC-30I	8
4	上基层	石灰粉煤灰稳定砂砾 LFSG	10
5	下基层	石灰粉煤灰稳定砂砾 LFSG	15
6	底基层	石灰粉煤灰稳定砂砾 LFSG	15

京开高速公路北京段一期工程主路 K18+000~市界段设计年限内一个车道上的累计当量轴次为 19751057 次,路面设计弯沉为 0.208mm,路面结构总厚 94cm。路面结构见表 10-14。

京开高速公路北京段一期工程 K18+000~市界段主路沥青路面结构　　　表 10-14

序　号	层　位	结构层材料	厚度(cm)
1	表面层	沥青玛碲脂碎石混合料 SMA-16	4
2	中面层	粗粒式沥青混凝土 AC-25 I	5
3	下面层	粗粒式沥青混凝土 AC-30 II	7
4	基层	石灰粉煤灰稳定砂砾 LFSG	38
5	底基层	天然砂砾 SG	40

二期工程主路路面设计弯沉值为 19.5(1/100mm),路面结构总厚 72cm。路面结构见表 10-15。

京开高速公路北京段二期工程主路沥青路面结构　　　表 10-15

序　号	层　位	结构层材料	厚度(cm)
1	表面层	沥青玛碲脂碎石混合料 SMA-13	4
2	中面层	密级配改性沥青混凝土混合料 Superpave-20	6
3	底面层	密级配沥青混凝土混合料 Superpave-25	8
4	上基层	水泥稳定碎石 CCR	18
5	下基层	石灰粉煤灰稳定碎石 LFCR	18
6	底基层	石灰粉煤灰稳定碎石 LFCR	18

京开高速公路北京段基层材料采用水泥稳定碎石,设计 7d 无侧限抗压强度≥3.5MPa,基层材料采用石灰粉煤灰稳定碎石,设计 7d 无侧限抗压强度≥0.8MPa,二期工程的底基层采用石灰粉煤灰稳定碎石,设计 7d 无侧限抗压强度≥0.6MPa。

10.3.3　交通量状况

京开高速公路是国家规划的干线公路,与北京市的三环路、四环路、五环路和六环路相交。京开高速公路的建成,提高了北京与河北、河南,华北、中原地区的中国南北大通道的运输能力,大大增强了中心城市向周边地区的辐射功能,同时对完善全国公路网、促进北京南部地区的经济发展有着重要的意义。根据京开高速公路近年的交通量数据来看(表 10-16),交通量的空间分布差异很大,西红门观测站年日均交通量绝对值在 2012 年已超过 13 万辆;六环路外的观测站点从 2008 年的日均交通量近 5000 辆增长到 2019 年超过 6 万辆,年均增长率达到 25%。

从客货比例来看,西红门观测站交通以客车为主,客车比例超过 80%;榆垡、黄各庄桥、市界观测站以货车为主,货车比例平均超过 35%。从大客车及中型以上货车交通量来看,不同断面的大客车及中型以上货车交通量差异不大,单车道大客车及中型以上货车每日交通量在 1500~3300 辆,属于重交通等级。

京开高速公路北京段断面年日均交通量统计表（单位：辆） 表10-16

年份(年)	观测站名称	小型客车	大型客车	小型货车	中型货车	大型货车	特大型货车	集装箱车
2008	西红门	65959	2431	7715	2578	1738	129	190
	榆垡	3306	351	436	281	274	124	93
2009	西红门	77571	2592	6517	3013	1946	186	228
	榆垡	3725	385	1028	758	318	95	68
2010	西红门	78313	3992	6967	3864	2106	503	978
	榆垡	3689	825	1765	1355	737	375	387
2011	西红门	56123	2907	6740	7175	1971	317	341
	榆垡	3704	636	2125	1708	810	401	348
2012	西红门	108421	3536	5372	11338	6157	2297	2272
	榆垡	3854	696	2365	1898	920	4813	457
2013	榆垡南	4160	700	2945	2387	992	513	477
2014	榆垡南	4254	714	2994	2429	1006	529	499
2017	黄各庄桥	14736	980	2304	5527	939	2302	990
	市界	26007	1444	2246	4172	1272	1181	1452
2018	黄各庄桥	31110	2172	4610	9857	1752	4179	1811
	市界	42251	2363	4027	7677	2133	1901	2273
2019	黄各庄桥	32066	2281	4602	9275	1503	2842	1241
	市界	43888	2273	3958	6813	1873	1533	1970
2020	黄各庄桥	14533	1703	2301	3421	566	1176	511
	市界	13956	925	1686	2368	676	444	931

10.3.4 路面性能

10.3.4.1 一期工程交工检测质量情况

2001年，北京市公路工程质量检测中心对京开高速公路K1+450～K35+570段路面进行交工质量检测，检测项目包括路面弯沉、平整度、路面厚度和摩擦系数。其中，代表弯沉实测值为4.86(0.01mm)[设计值为18.00(0.01mm)]，平整度标准差 σ 为0.72mm。K1+450～K18+000厚度平均值为18.81cm，K18+000～K35+570厚度平均值为17.20cm，抗滑摩擦系数SFC为58.73。沥青路面上下行检测结果见表10-17～表10-19。

路面弯沉汇总表 表10-17

检测段落	方向	车道	平均值(0.01mm)	标准差(0.01mm)	代表值(0.01mm)
K1+450～K5+200	上行	超车道	3.07	1.090	4.86
		行车道	2.44	1.157	4.34
	下行	超车道	1.05	0.665	2.14
		行车道	2.21	1.058	3.95

续上表

检测段落	方向	车道	平均值(0.01mm)	标准差(0.01mm)	代表值(0.01mm)
K5+200~K11+500	上行	超车道	4.29	1.366	6.53
		行车道	2.72	1.261	4.79
	下行	超车道	2.22	1.048	3.94
		行车道	2.62	1.226	4.63
K11+500~K13+352.29	上行	超车道	4.05	0.988	5.68
		行车道	2.25	1.500	4.71
	下行	超车道	2.45	1.227	4.47
		行车道	2.25	1.330	4.44
K13+352.29~K18+000	上行	超车道	5.57	2.135	9.08
		行车道	3.27	1.393	5.56
	下行	超车道	1.91	0.927	3.43
		行车道	2.51	1.203	4.49
K18+000~K27+000	上行	超车道	2.22	1.302	4.60
		行车道	2.45	1.212	4.69
	下行	超车道	2.91	1.189	5.13
		行车道	2.54	1.186	4.74
K27+000~K35+600	上行	超车道	3.61	1.260	5.99
		行车道	2.24	1.147	4.35
	下行	超车道	3.14	1.556	6.02
		行车道	1.99	1.110	4.02

平整度检测数据汇总表　　　　表10-18

检测段落	方向	超车道(mm)	行车道(mm)
K1+450~K35+570	上行	0.75	0.74
	下行	0.68	0.69

摩擦系数SFC检测数据汇总表　　　　表10-19

检测段落	上行SFC平均值	下行SFC平均值	平均值
K1+450~K5+200	56	57	56
K5+200~K11+500	57	60	59
K11+500~K13+352.29	60	63	61
K13+352.29~K18+000	57	59	58
K18+000~K27+000	56	62	59
K27+000~K35+600	60	59	60

10.3.4.2　二期工程竣工检测质量情况

2013年10月,北京市京开高速公路(辛立村—市界)工程全线进行了竣工质量鉴定检测,路面弯沉检测结果见表10-20,车辙深度检测结果见表10-21,平整度检测结果见表10-22,摩擦系数检测结果见表10-23,构造深度检测结果见表10-24。

路面弯沉检测结果 表10-20

检测段落	幅位	平均值(0.01mm)	标准差(0.01mm)	代表值(0.01mm)
K1342+950~K1351+790	左幅	9.5	6.52	20.2
	右幅	4.1	3.03	9.1

车辙深度检测数据汇总表 表10-21

里程桩号	左幅断面最大值(mm)	右幅断面最大值(mm)	标准值(mm)
K1342+950~K1351+790	25.2	21.7	10
平均值:4.6mm	检测数据(个):1712	合格率(%):99.28	

平整度检测数据汇总表 表10-22

检测段落	左幅(m/km)	右幅(m/km)
K1342+950~K1351+790	1.23	1.11

摩擦系数(SFC)汇总表 表10-23

检测段落	幅位	平均值	标准差	代表值
K1342+950~K1351+790	左幅	54.6	1.63	54.10
	右幅	55.9	2.37	55.39

构造深度汇总表(激光法) 表10-24

里程桩号	左幅(mm)	右幅(mm)
K1342+950~K1351+790	0.926	0.831

10.3.4.3 路面技术状况

自2006年,北京市首都公路发展集团有限公司按照相关规范的要求,对京开高速公路北京段路面损坏状况、路面行驶质量、路面车辙和抗滑性能进行了系统的检测,为路面的养护管理和维修改造提供技术依据。京开高速公路北京段路面技术状况历年检测情况见表10-25。

京开高速公路北京段路面技术状况历年检测汇总表 表10-25

出京	2006年	2007年	2008年	2009年	2010年	2011年	2012年	2013年
PCI	84.8	76.7	96.3	95.6	95.6	94.4	92.3	84.6
RQI	96.9	96.8	94.2	94.5	93.9	94.5	94.0	93.7
RDI			83.8	84.6	86.7	79.1	80.5	81.8
出京	2014年	2015年	2016年	2017年	2018年	2019年	2020年	
PCI	88.4	81.82	82.78	96.61	94.91	95.23	91.85	
RQI	93.1	94.12	91.75	94.62	94.71	93.07	94.34	
RDI	74.6	73.92	76.48	91.76	89.90	92.57	92.49	

续上表

进京	2006 年	2007 年	2008 年	2009 年	2010 年	2011 年	2012 年	2013 年
PCI	85.1	88.8	94.0	91.6	90.6	93.5	88.5	77.8
RQI	97.0	96.9	94.2	94.4	94.0	94.6	94.5	94.1
RDI			83.1	90.7	88.3	81.4	81.6	83.8
进京	2014 年	2015 年	2016 年	2017 年	2018 年	2019 年	2020 年	
PCI	80.1	80.39	79.29	90.02	95.17	97.75	93.32	
RQI	93.6	94.70	91.56	94.29	94.89	93.39	94.70	
RDI	77.6	77.80	80.75	88.21	93.00	94.37	94.87	

从15年来的路面技术状况演变趋势来看，京开高速公路北京段的沥青路面技术状况随着路龄的增长有所衰减，不同的技术状况指标演变规律有所差别。对比路面损坏状况指数、路面行驶质量指数和路面车辙深度指数三个指标，路面损坏状况指数PCI总体保持优良，2018年实施罩面以前，出京方向的路面破损状况整体上优于进京方向；路面行驶质量指数总体保持稳定，多年来均维持在94上下波动；京开高速公路车辙较为明显，2018年前部分检测年的路面车辙深度指数RDI已达到中的评价等级，但近年来路面车辙深度总体稳定向好，同时，出京方向的车辙深度总体上大于进京方向。

（1）路面损坏状况指数PCI性能演变

根据不同的建设标准和路面结构，统计2006—2020年京开高速公路北京段不同路段的路面损坏状况指数变化，统计结果见表10-26和图10-11。

京开高速公路北京段 PCI 变化规律对比分析　　　表10-26

出京	2006 年	2007 年	2008 年	2009 年	2010 年	2011 年	2012 年	2013 年
城市快速路	85.96	82.55	93.96	92.78	94.82	92.16	91.86	88.65
高速六环内	85.45	77.07	97.21	95.65	95.69	96.05	91.42	82.78
高速六环外	83.94	73.88	96.74	96.79	95.84	94.43	93.00	84.07
出京	2014 年	2015 年	2016 年	2017 年	2018 年	2019 年	2020 年	
城市快速路	86.03	87.65	89.51	98.12	94.61	93.11	89.73	
高速六环内	86.75	81.58	83.99	96.17	93.46	95.31	93.47	
高速六环外	90.07	79.37	80.16	96.37	95.70	95.82	91.58	
进京	2006 年	2007 年	2008 年	2009 年	2010 年	2011 年	2012 年	2013 年
城市快速路	84.60	88.14	93.68	91.19	87.73	88.60	86.28	80.43
高速六环内	85.46	88.96	93.45	92.19	88.99	90.99	87.28	71.69
高速六环外	85.02	88.92	94.39	93.69	92.83	97.05	90.19	80.26
进京	2014 年	2015 年	2016 年	2017 年	2018 年	2019 年	2020 年	
城市快速路	84.13	85.26	85.39	89.73	95.80	97.32	87.81	
高速六环内	75.63	83.10	81.57	83.50	92.94	99.78	95.43	
高速六环外	81.32	76.73	76.33	93.37	96.13	96.87	93.65	

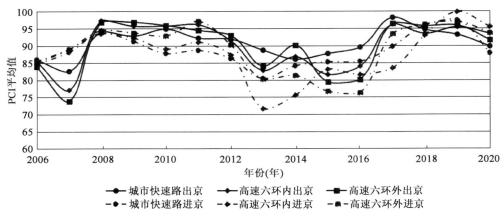

图 10-11 京开高速公路北京段 PCI 变化规律

从图 10-11 来看,京开高速公路北京段不同路段的路面损坏状况指数 PCI 波动较大,不同路段 PCI 演变规律各不相同。京开高速公路城市快速路段的 PCI 波动总体上要小于其他路段,出京方向的路面破损状况总体上优于进京方向;对比京开高速公路北京段六环路以内路段和以外路段,总体上也是出京方向的路面破损状况优于进京方向,六环路内进京方向的 PCI 波动最大,六环路外进京方向的 PCI 次之,京开高速公路北京段出京方向二者没有明显差异。

基于 2008—2016 年的进出京 PCI 检测数据,计算得到京开高速公路北京段沥青路面 PCI 衰变方程,见式(10-10)~式(10-15)。

$$PCI_{快速路出京} = 100\{1 - \exp[-(42.4/y_{2008})^{0.57}]\} \quad (10\text{-}10)$$

$$PCI_{快速路进京} = 100\{1 - \exp[-(33.0/y_{2008})^{0.66}]\} \quad (10\text{-}11)$$

$$PCI_{六环内出京} = 100\{1 - \exp[-(22.8/y_{2008})^{1.08}]\} \quad (10\text{-}12)$$

$$PCI_{六环内进京} = 100\{1 - \exp[-(18.0/y_{2008})^{1.06}]\} \quad (10\text{-}13)$$

$$PCI_{六环外出京} = 100\{1 - \exp[-(21.1/y_{2008})^{1.12}]\} \quad (10\text{-}14)$$

$$PCI_{六环外进京} = 100\{1 - \exp[-(22.4/y_{2008})^{0.91}]\} \quad (10\text{-}15)$$

式中:y_{2008}——从 2008 年开始计算的路面使用年限。

对比分析京开高速公路进出京的 PCI 衰变方程,城市主干路标准的京开高速公路路段的 PCI 寿命因子明显高于京开高速公路北京段其他路段,城市主干路标准两个方向的 PCI 的寿命因子分别为 42.4 和 33.0,PCI 衰减模式因子分别为 0.57 和 0.66。城市主干路标准路段的 PCI 衰变模式是前期衰减略快,后期衰减较慢。高速公路路段的 PCI 衰变模式因子分别为 1.08、1.06、1.12、0.91,其前期衰减相对较慢,但后期衰减较快,需要及时开展维修养护处治。经过 2015 年和 2018 年的两次维修后,近年来京开高速公路北京段的路面损坏状况指数有了大幅改善。

(2)路面车辙深度指数 RDI 性能演变

京开高速公路北京段不同路段 2008—2020 年的路面车辙深度指数变化情况见表 10-27 和图 10-12。

京开高速公路北京段 RDI 变化 表 10-27

出京	2008 年	2009 年	2010 年	2011 年	2012 年	2013 年	2014 年
城市快速路	84.00	90.25	88.22	83.15	83.72	84.60	79.31
高速六环内	83.20	85.60	87.02	85.31	85.13	86.43	82.96
高速六环外	84.11	81.56	85.03	73.82	76.43	78.08	68.46
出京	2015 年	2016 年	2017 年	2018 年	2019 年	2020 年	
城市快速路	77.15	74.79	96.83	93.66	94.83	94.04	
高速六环内	82.71	84.91	94.66	92.95	95.18	95.99	
高速六环外	67.61	72.77	88.80	87.43	90.59	90.35	
进京	2008 年	2009 年	2010 年	2011 年	2012 年	2013 年	2014 年
城市快速路	83.50	90.75	89.56	86.08	77.11	87.48	82.40
高速六环内	82.80	89.40	89.77	82.12	81.69	85.00	80.85
高速六环外	83.11	84.00	86.88	78.98	83.48	81.75	74.20
进京	2015 年	2016 年	2017 年	2018 年	2019 年	2020 年	
城市快速路	81.13	83.70	84.41	96.49	96.08	96.71	
高速六环内	82.47	85.98	89.67	94.47	95.97	96.95	
高速六环外	73.72	77.25	88.62	91.40	93.05	93.38	

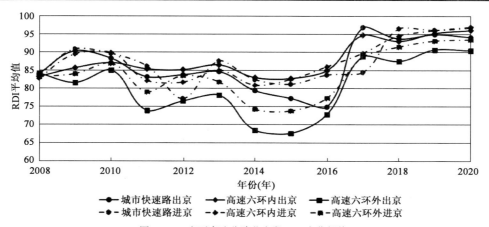

图 10-12 京开高速公路北京段 RDI 变化规律

从图 10-12 来看,京开高速公路北京段不同路段的路面车辙深度不同。六环以外出京方向的车辙深度最大,该路段进京方向略好于出京方向,但总体上比其他路段的 RDI 要低。京开高速城市快速路段的 RDI 波动较大,尤其是进京方向的路面车辙深度指数在 2012 年有明显下降。京开高速公路六环路以内路段的 RDI 相对波动幅度最小,总体上进出京方向的路面车辙深度指数也没有显著差异。从全路段整体来看,京开高速公路北京段的路面车辙状况得到了一定改善,近三年的 RDI 总体上没有降低。

基于 2008—2016 年的进出京 RDI 检测数据,京开高速公路的六环路以内路段的 RDI 指数长年稳定在 82~89 之间,衰变规律不明显,因此,计算城市主干路段和六环路外路段的京开高速沥青路面 RDI 衰变方程见式(10-16)~式(10-19)。

$$\text{RDI}_{快速路出京} = 100\{1 - \exp[-(22.0/y_{2008})^{0.83}]\} \quad (10\text{-}16)$$

$$\text{RDI}_{快速路进京} = 100\{1 - \exp[-(37.9/y_{2008})^{0.56}]\} \quad (10\text{-}17)$$

$$\text{RDI}_{六环外出京} = 100\{1 - \exp[-(15.5/y_{2008})^{1.18}]\} \quad (10\text{-}18)$$

$$\text{RDI}_{六环外进京} = 100\{1 - \exp[-(19.0/y_{2008})^{0.95}]\} \quad (10\text{-}19)$$

式中:y_{2008}——从 2008 年开始计算的路面使用年限。

对比分析京开高速公路进出京的 RDI 衰变方程,与 PCI 衰变方程类似,城市主干路标准的京开高速公路路段的 RDI 寿命因子明显高于京开高速公路六环路外路段,城市主干路标准两个方向的 RDI 寿命因子分别为 22.0 和 37.9,PCI 衰减模式因子分别为 0.83 和 0.56。六环外路段的 RDI 寿命因子分别为 15.5 和 19.0,衰变模式因子分别为 1.18 和 0.95,说明京开高速公路的六环路外路段的车辙深度在后期发展相对较快。

(3)路面行驶质量指数 RQI 性能演变

京开高速公路北京段不同路段的路面行驶质量指数变化情况见表 10-28、图 10-13。

京开高速公路北京段 RQI 变化　　　　表 10-28

出京	2006 年	2007 年	2008 年	2009 年	2010 年	2011 年	2012 年	2013 年
城市快速路	96.50	96.47	93.66	94.04	93.78	94.01	93.90	93.07
高速六环内	96.98	96.87	94.29	94.92	94.33	95.19	94.51	94.55
高速六环外	96.95	96.85	94.41	94.47	93.78	94.29	93.68	93.54
出京	2014 年	2015 年	2016 年	2017 年	2018 年	2019 年	2020 年	
城市快速路	92.93	93.44	91.86	94.77	94.11	93.68	93.80	
高速六环内	94.39	95.32	92.69	95.15	94.97	93.23	94.23	
高速六环外	92.52	93.76	91.25	94.32	94.72	92.81	94.53	
进京	2006 年	2007 年	2008 年	2009 年	2010 年	2011 年	2012 年	2013 年
城市快速路	96.73	96.73	94.04	94.38	94.35	94.39	94.12	93.58
高速六环内	97.02	96.92	94.20	94.65	93.61	94.68	94.06	93.76
高速六环外	97.11	96.91	94.28	94.54	94.08	94.74	94.89	94.57
进京	2014 年	2015 年	2016 年	2017 年	2018 年	2019 年	2020 年	
城市快速路	93.44	94.48	91.60	93.44	94.71	94.06	94.12	
高速六环内	93.55	95.13	91.03	94.20	95.01	93.45	94.96	
高速六环外	93.76	94.55	91.81	94.59	94.87	93.15	94.72	

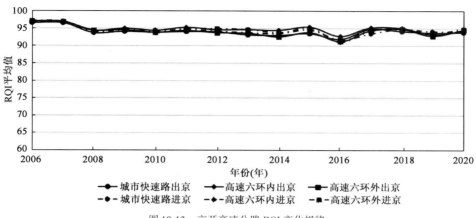

图 10-13 京开高速公路 RQI 变化规律

总体来看,京开高速公路的路面行驶质量指数 RQI 总体保持优良,不同路段的 RQI 没有显著差别。不同路段对比分析,六环路以内路段的路面行驶质量相对较好,六环路以外路段次之,城市快速路段略差,城市快速路段的变化最小,相对最稳定。基于 2008—2016 年的进出京 RQI 检测数据,计算得到京开高速公路北京段沥青路面 RQI 衰变方程,见式(10-20)。

$$\mathrm{RQI}_{京开高速} = 97.0 - 1.628\ln(y_{2008}) \quad (10\text{-}20)$$

式中:y_{2008}——从 2008 年开始计算的路面使用年限。

10.3.5　维修历史

随着交通量的大幅增长,京开高速公路北京段路面出现不同程度破损。为了保持良好的质量状况,北京市首都公路发展集团有限公司多次对京开高速公路北京段路面进行了功能性维修。

2009 年对京开高速公路北京段出京方向 K36+400~K37-260 和进京方向 K36+400~K36+504 进行了路面病害处理;2011 年对出京 K17~K22、进京 K29~K17+400 段进行了微表处作业;2015 年对京开高速公路(K5+000~K19+000)段内双向路面进行了病害处理。2018 年对京开高速公路六环路外魏永路至西黄垡桥段 K21+100~K32+460 实施拓宽工程;对大兴桥魏永路段 K14+420~K21+060 双向路面病害进行专项病害处理。

10.4　京津高速公路

京津高速公路(S14)北京段,原名京津高速公路第二通道,全长约 34.11km,2006 年 10 月开工,2008 年 7 月通车,沥青混凝土面层厚度 20cm,水泥稳定碎石上基层、石灰粉煤灰稳定碎石基层厚度为 54cm。多年来路面技术状况稳定,未发生早期损坏,未出现结构性损坏。京津高速公路北京段一览表见表 10-29。

京津高速公路北京段一览表　　　表 10-29

工程概况			
完工时间	2008 年 7 月	车道数量	双向八车道
里程长度	34.11km	交通量	500 辆/(d·车道)
典型特征	北京市首条双向八车道高速公路		
路面结构			
面层	类型	沥青混凝土	基层	类型	水泥稳定碎石、石灰粉煤灰稳定碎石
	厚度	20cm		厚度	54cm
路面性能			
技术状况	优良	病害特征	车辙
裂缝	PCI > 90	早期损坏	无
车辙	RDI > 86	罩面时间	—

10.4.1 概况

京津高速公路(S15)北京段也称为京津高速公路第二通道,是交通部规划的连接京津两市南、北、中三条高速公路中的北通道,是国道主干线系统中是北京至福州(GZ020)的重要组成部分,也是《国家高速公路网规划》中北京至上海、北京至台北两条放射线的共线段。

京津高速公路北京段起于五环路化工路、于家务,接京津高速公路天津段,路线全长约 34.11km。道路等级为高速公路,道路红线宽 100m;该工程采用两幅路布置形式,主路布置四上四下八车道加连续停车带,路基宽 41m。其中,五环路—六环路(K0+000~K3+500)路段设计速度为 100km/h,六环—市界(K3+500~K34+113.1)路段设计速度为 120km/h。京津高速公路北京段于 2006 年 10 月开工建设,于 2008 年 7 月正式通车。

10.4.2 路面结构

京津高速公路北京段路面结构总厚度 74cm,硬路肩与主路采用相同的路面结构,桥面铺装采用 5cm 改性沥青玛蹄脂碎石混合料,6cm 改性中粒式沥青混凝土。主路路面结构见表 10-30。

京津高速公路北京段主路路面结构　　　表 10-30

序号	层位	结构层材料	厚度(cm)
1	表面层	沥青玛蹄脂碎石混合料 SMA-16	5
2	中面层	密级配中粒式沥青混凝土 AC-20C、沥青混凝土 Superpave-19	6
3	底面层	密级配粗粒式沥青碎石混合料 ATB-25	9
4	上基层	水泥稳定碎石 CCR	18
5	下基层	石灰粉煤灰稳定碎石 LFCR	18
6	底基层	石灰粉煤灰稳定碎石 LFCR	18

京津高速公路北京段工程首次大规模采用ATB沥青稳定碎石混合料。针对本工程交通以重载货运交通为主,为避免重载交通对路面产生早期损坏,路面结构设计首次在底面层采用ATB-25密级配粗粒式沥青碎石混合料。部分路段的中面层采用Superpave-19沥青混合料,提高了沥青路面的抗车辙能力和稳定性。

10.4.3 交通量状况

京津高速公路是北京和天津之间直达的第二条高速公路,对加速京津地区一体化进程,促进环渤海地区经济快速协调发展起到促进作用。该工程是北京首条双向八车道高速公路,与京沪高速公路(京津塘高速公路)、京津公路天津段相连,大大缓解了京沪高速公路北京段双向四车道的交通压力。建成通车以后,京津高速公路北京段平均年日均交通量绝对值均在1万辆以上(表10-31),并保持逐步增长趋势。整体交通量以小客车为主导,小客车交通量绝对数平均占比达80%左右。从大客车及中型以上货车交通量来看,不同观测路段的交通量构成差别较小,2008—2014年的京津高速公路的大客车及中型以上货车交通量从200辆/(d·车道)增长到500辆/(d·车道),属于轻交通等级。

京津高速公路北京段断面年日均交通量统计表(单位:辆) 表10-31

年份(年)	观测站名称	小型客车	大型客车	小型货车	中型货车	大型货车	特大型货车	拖挂车	集装箱车
2008	台湖站	12124	673	573	412	213	98	108	49
	永乐站	12963	681	581	430	216	98	110	47
	牛堡屯站	11854	651	561	412	206	93	106	46
2009	台湖站	11619	860	731	527	275	122	134	45
	牛堡屯站	11520	844	715	519	270	118	129	46
	永乐站	11560	848	721	522	271	121	130	45
2010	台湖站	7981	959	853	595	308	138	150	52
	牛堡屯站	7915	961	818	591	307	138	152	53
	永乐站	7873	969	821	595	321	136	151	52
2011	台湖站	13380	1089	927	667	345	150	114	59
	牛堡屯站	11624	945	833	613	302	133	102	45
	永乐站	11996	993	842	611	317	151	107	50
2012	台湖站	16044	1347	1145	828	430	331		67
	牛堡屯站	19685	1210	1083	823	425	299		59
	永乐站	14141	1184	1006	730	378	291		60
2014	台湖站	19569	1644	1397	1121	526	405		88
	牛堡屯站	18165	1522	1293	937	487	374		79
	永乐站	18305	1534	1303	945	491	378		79

10.4.4 路面技术状况

10.4.4.1 交竣工检测资料

2008年6月,北京市公路工程质量检测中心对京津高速公路北京段路面工程全线进行了自动化设备系统检测,检测结果见表10-32。

路面交工检测结果一览表　　　表10-32

序号	抽测项目		检测路段	平均值	标准差	代表值
1	沥青路面弯沉代表值(0.01mm)		全线	2.4	1.42	4.7
			1标	2.6	1.69	5.4
			2标	2.1	1.15	4.0
2	国际平整度指数 IRI(m/km)		全线	1.21	0.249	
			1标	1.30	0.252	
			2标	1.12	0.247	
3	路面抗滑	构造深度(mm)	全线	1.02	0.121	
			1标	0.98	0.084	
			2标	1.07	0.158	
		SFC	全线	61.3	3.96	61.10
			1标	61.2	4.23	60.95
			2标	61.4	3.69	61.25

2013年,北京市公路工程质量检测中心对京津高速公路北京段路面工程全线进行了竣工复测,复测结果见表10-33。

路面竣工复测结果一览表　　　表10-33

序号	抽测项目		检测里程	设计值	竣工验收平均值
1	沥青路面弯沉代表值(0.01mm)		K0+000~K34+113	20.3	5.1
2	沥青路面车辙(mm)		K0+800~K34+110	≤10	5.0
3	国际平整度指数 IRI(m/km)		K0+800~K34+110	2.0	1.31
4	路面抗滑	构造深度(mm)	K0+800~K34+110	≥0.55	0.927
		SFC	K0+000~K34+113	≥45	60.4

10.4.4.2 路面技术状况

按照相关规范的要求,北京市首都公路发展集团有限公司对京津高速公路北京段路面损坏状况、路面行驶质量、路面车辙等指标进行了系统的检测,见表10-34、图10-14。总体来看,京津高速公路北京段路面技术状况优良,全路段除存在一定程度车辙外,整体质量状况保持良好。

第10章 其他高速公路

京津高速公路北京段路面技术状况历年检测结果　　　表10-34

出京	2010年	2011年	2013年	2014年	2015年
PCI	100.00	99.56	96.0	95.48	96.59
RQI	93.80	94.69	94.1	93.88	95.04
RDI	96.33	89.46	88.6	87.19	86.33
出京	2016年	2017年	2018年	2019年	2020年
PCI	95.16	94.67	92.39	91.16	90.86
RQI	90.58	94.33	94.33	94.28	94.33
RDI	88.78	91.68	92.34	95.69	95.11
进京	2010年	2011年	2013年	2014年	2015年
PCI	100.00	99.93	96.2	96.81	96.91
RQI	93.90	94.71	94.1	93.94	94.97
RDI	96.05	90.37	90.8	89.10	87.40
进京	2016年	2017年	2018年	2019年	2020年
PCI	96.56	95.44	91.82	90.86	90.93
RQI	90.08	94.13	94.06	93.96	93.98
RDI	89.75	92.95	93.76	96.41	95.93

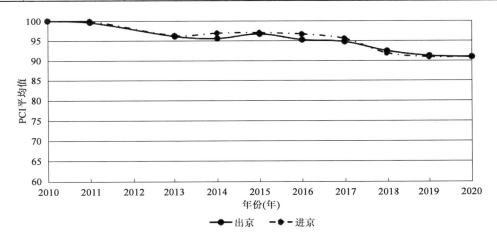

图10-14　京津高速公路北京段PCI变化规律

从图10-14来看,随着路龄的增加,京津高速公路北京段的沥青路面PCI有所衰减,但路面损坏状况指数仍为优等级。进出京方向的PCI发展规律一致,二者没有明显差异。根据历年PCI检测数据,京津高速公路北京段沥青路面PCI衰变方程见式(10-21)。

$$PCI = 100\{1 - \exp[-(78/y_{2010})^{0.43}]\} \quad (10-21)$$

式中:y_{2010}——从2010年开始计算的路面使用年限。

由上式来看,京津高速公路北京段沥青路面PCI衰变缓慢,路面寿命因子达78,沥青路面PCI指数长期保持稳定。

从图10-15来看,京津高速公路北京段的沥青路面车辙深度指数总体保持在优良水平,近年来的车辙深度指数稳步提高,路面车辙深度下降。对比不同方向的路面车辙深度指数变化,出京方向的RDI历年来均低于进京方向,京津高速公路的出京方向的车辙深度略大于进京方向。分析2010—2015年的RDI检测数据,得到RDI指数演变方程见式(10-22)。

$$\text{RDI} = 100\{1 - \exp[-(45/y_{2010})^{0.38}]\} \quad (10\text{-}22)$$

式中:y_{2010}——从2010年开始计算的路面使用年限。

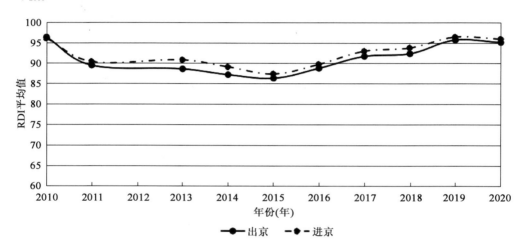

图10-15 京津高速公路北京段RDI变化规律

京津高速公路北京段的路面行驶质量优,分析十年的RQI变化,近年的路面行驶质量指数对比十年前略有波动(图10-16),说明京津高速公路北京段行驶质量多年均保持稳定。

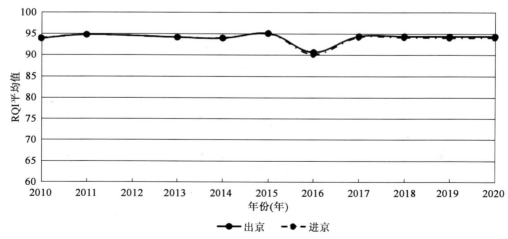

图10-16 京津高速公路北京段RQI变化规律

第10章 其他高速公路

10.5 京平高速公路

京平高速公路(S32)全长52.83km,2006年8月开工,2008年6月通车,沥青混凝土面层厚度18cm,水泥稳定碎石上基层、石灰粉煤灰稳定碎石基层厚度为54cm。多年来路面技术状况稳定,未发生早期损坏,未出现结构性损坏,2013年和2015年进行了路面病害维修。

京平高速公路一览表见表10-35。

京平高速公路一览表　　　　表10-35

工程概况			
完工时间	2008年6月	车道数量	双向四、六车道
里程长度	52.83km	交通量	700~1700辆/(d·车道)
典型特征	连接北京市区至平谷区的唯一一条高速公路		
路面结构			
面层	类型	沥青混凝土	基层	类型	水泥稳定碎石、石灰粉煤灰稳定碎石
	厚度	18cm		厚度	54cm
路面性能			
技术状况	优良	病害特征	车辙
裂缝	PCI>88	早期损坏	无
车辙	RDI>80	罩面时间	2015年

10.5.1 概况

京平高速公路(机场南线高速公路—市界)起点顺义区李天桥与机场南线六环立交处,终点与天津津蓟高速公路延长线相接,全长52.83km,经顺义、平谷两个区。其中顺义区26.28km,跨越京承铁路、潮白河,经赵庄村、北务镇、薛家庄向东进入平谷区。其中,京平高速公路从起点至顺义李遂镇为双向六车道,路基宽度33.5m,设计速度100km/h;顺义李遂镇至平谷区夏各庄为双向四车道,设计速度100km/h,路基宽度26m;平谷区夏各庄至终点为分离式断面,半幅路基宽12.75m,设计为双向四车道,设计速度80km/h。该项目于2006年8月5日开工建设,于2008年6月21日通过交工验收投入试运营。

10.5.2 路面结构

京平高速公路路面设计使用年限为15年,路面结构总厚度72cm,主路路面结构见表10-36。

京平高速公路主路路面结构　　　　　　　表 10-36

序　号	层　位	结构层材料	厚度(cm)
1	表面层	沥青玛蹄脂碎石混合料 SMA-13	4
2	中面层	中粒式沥青混凝土 AC-20C	6
3	下面层	粗粒式沥青混凝土 AC-25C	8
4	上基层	水泥稳定碎石 CCR	18
5	中基层	石灰粉煤灰稳定碎石 LFCR	18
6	下基层	石灰粉煤灰稳定碎石 LFCR	18

10.5.3　交通量状况

京平高速公路是连接北京市到平谷区的唯一一条高速公路。京平高速公路的建设使平谷处于以北京为圆心、半径 100km 的"1 小时经济圈"内,向东南将连接津蓟高速公路,成为连接北京至天津的又一条重要通道。高速公路通车将带动房地产、旅游、农业、物流、会展等各产业群的发展,使得平谷旅游成为北京城区市民休闲、娱乐的重要场所之一。京平高速公路是京津地区与环渤海开发区到达首都国际机场与天津国际港的快速通道,使沿线的工业区如顺义的北务开发区、平谷的马坊开发区等,纳入空海运输网络,有助于形成新的开发带,并以此带动京津北部地区的经济发展,充分发挥首都国际机场和天津国际港在环渤海经济圈中的作用。

京平高速公路建成后,交通量逐年快速增长,各车型交通量均有几倍甚至十几倍的增长(表 10-37)。近三年来断面年日均交通量绝对数平均值保持在 3 万辆左右,各车型交通量所占比例逐渐由货车为主转变为客车为主,小客车所占比例达到 60% ~ 80%。从大客车及中型以上货车交通量来看,不同断面的大客车及中型以上货车交通量差异较大,2012—2014 年的楼台桥观测站单车道大客车及中型以上货车日交通量突破 1500 辆,达到重交通等级;其他观测站的大客车及中型以上货车交通量在 700 ~ 1500 辆/(d·车道),为中等交通等级。

京平高速公路断面年日均交通量统计表(单位:辆)　　　　表 10-37

年份(年)	观测站名称	小型客车	大型客车	小型货车	中型货车	大型货车	特大型货车	集装箱车
2008	北务服务区	2075	591	669	435	357	184	38
	夏各庄站	365	197	440	526	427	432	71
2009	北务服务区	4048	533	850	847	937	1083	195
	马坊站	3507	536	821	907	977	1153	176
	夏各庄站	1442	265	673	696	800	933	143
2010	北务服务区	892	924	3246	481	881	1187	254
	马坊站	908	921	3255	512	856	1177	167
	夏各庄站	859	943	1485	204	770	1195	196

续上表

年份(年)	观测站名称	小型客车	大型客车	小型货车	中型货车	大型货车	特大型货车	集装箱车
2011	北务服务区	5502	487	905	923	981	1292	214
	马坊站	5381	430	953	970	1053	1276	172
	夏各庄站	3023	208	831	939	1036	1285	156
2012	北务服务区	9999	594	943	1214	1723	1972	39
	马坊站	8289	362	958	885	550	1635	92
	夏各庄站	11460	302	809	831	514	2746	120
	楼台桥	76221	1451	1701	1682	888	278	33
2013	楼台桥	58702	2193	3132	1610	2251	718	2128
	北务服务区	16182	717	948	429	683	247	542
	马坊站	8918	387	507	280	395	163	375
	夏各庄站	5753	277	380	234	279	133	256
2014	楼台桥	74402	3180	3731	1553	2577	1014	1794
	北务服务区	31681	1696	1990	975	1525	728	1235
	马坊站	11496	1243	1318	981	1171	913	1085
	夏各庄站	7181	941	1058	837	885	733	803

10.5.4 路面性能

(1)竣工检测状况

京平高速公路建成后路面技术状况保持良好,没有进行过大中修维修。2013年,北京市公路工程检测中心对京平高速公路全线进行了自动化设备系统检测,各检测项目的检测结果汇总见表10-38~表10-42。

沥青路面弯沉汇总表　　　　表10-38

合同段	起讫桩号	方　向	平均值(0.01mm)	标准差(0.01mm)	代表值(0.01mm)
1	K0+484.841~K12+773.762	左幅	9.0	2.77	14.3
		右幅	8.3	2.57	12.5
2	K12+773.762~K26+280	左幅	11.81	1.64	14.5
		右幅	9.59	2.85	14.3
3	K26+280~K37+637.32	左幅	9.2	2.54	13.4
		右幅	9.7	1.96	12.9
4	K37+637.32~K52+807.314	左幅	2.53	14.9	10.7
		右幅	3.10	15.6	10.6

沥青路面车辙汇总表　　　　　　　　　　　　　　　　　表 10-39

合同段	起讫桩号	平均值(mm)
1	K0 + 484 ~ K12 + 773	7.2
2	K12 + 773 ~ K26 + 280	9.5
3	K26 + 280 ~ K37 + 637	6.5
4	K37 + 637 ~ K52 + 830	7.2

路面平整度汇总表　　　　　　　　　　　　　　　　　表 10-40

合同段	起讫桩号	左幅平均值(m/km)	左幅平均值(m/km)	平均值(m/km)
1	K0 + 484 ~ K12 + 773	1.28	1.04	1.16
2	K12 + 773 ~ K26 + 280	1.17	0.96	1.06
3	K26 + 280 ~ K37 + 637	1.04	0.95	0.99
4	K37 + 637 ~ K52 + 830	1.27	1.22	1.24

路面摩擦系数 SFC 汇总表　　　　　　　　　　　　　　表 10-41

合同段	起讫桩号	方向	平均值	标准差	代表值
1	K0 + 484 ~ K12 + 773	左幅	57.4	3.62	56.69
		右幅	56.6	2.01	56.18
2	K12 + 773 ~ K26 + 280	左幅	58.1	3.05	57.51
		右幅	57.2	1.94	56.84
3	K26 + 280 ~ K37 + 637	左幅	54.4	1.87	54.07
		右幅	57.1	2.02	56.70
4	K37 + 637 ~ K52 + 807	左幅	54.2	2.73	53.74
		右幅	55.4	2.94	54.83

路面构造深度汇总表(激光法)　　　　　　　　　　　　表 10-42

合同段	起讫桩号	左幅平均值(mm)	左幅平均值(mm)	平均值(mm)
1	K0 + 484 ~ K12 + 773	1.028	0.914	0.971
2	K12 + 773 ~ K26 + 280	0.807	0.798	0.802
3	K26 + 280 ~ K37 + 637	0.836	0.799	0.818
4	K37 + 637 ~ K52 + 830	0.821	0.818	0.820

(2)路面技术状况

北京市道路建设工程项目管理中心对京平高速公路路面损坏状况指数、路面行驶质量指数、路面车辙深度指数等指标进行了系统的检测,检测结果见表10-43。总体来看,京平高速公路路面技术状况优良,除下行方向在 2012 年和 2013 年的 RDI 相对较低外,整体质量状况保持良好。

第10章 其他高速公路

京平高速公路路面技术状况检测评价结果　　　表10-43

上行	2010年	2011年	2012年	2013年	2014年	2015年
PCI	99.94	98.23	98.13	96.97	93.4	94.44
RQI	94.49	95.23	94.44	95.03	94.7	95.38
RDI	89.17	85.57	86.94	87.12	89.9	83.46
上行	2016年	2017年	2018年	2019年	2020年	
PCI	96.01	91.4	88.90	91.62	97.52	
RQI	94.80	95.5	94.42	94.61	94.74	
RDI	87.72	87.7	88.27	94.89	96.64	
下行	2010年	2011年	2012年	2013年	2014年	2015年
PCI	99.79	96.89	96.98	94.15	93.4	93.39
RQI	94.48	94.96	93.96	94.59	94.7	94.9
RDI	88.35	82.66	81.17	82.17	89.9	82.8
下行	2016年	2017年	2018年	2019年	2020年	
PCI	94.91	91.4	88.20	92.83	97.64	
RQI	94.32	95.5	93.87	94.16	94.61	
RDI	85.68	87.7	85.58	93.99	96.99	

① 路面损坏状况指数PCI性能演变

根据不同的路面结构断面宽度,统计2010—2020年京平高速公路不同路段的路面损坏状况指数变化,统计结果见表10-44、图10-17。

京平高速公路PCI变化　　　表10-44

上行	2010年	2011年	2012年	2013年	2016年
起点—李遂镇	99.68	97.87	97.14	95.10	94.58
李遂镇—夏各庄	100.00	98.80	98.80	97.83	96.44
夏各庄—终点	100.00	96.90	97.07	96.20	95.72
上行	2017年	2018年	2019年	2020年	
起点—李遂镇	88.26	86.47	95.04	97.52	
李遂镇—夏各庄	93.01	89.65	90.70	97.47	
夏各庄—终点		88.69	91.19	97.70	
下行	2010年	2011年	2012年	2013年	2016年
起点—李遂镇	99.39	96.26	96.15	91.39	92.41
李遂镇—夏各庄	99.90	97.64	97.77	95.75	95.89
夏各庄—终点	99.85	95.15	95.26	91.80	93.64
下行	2017年	2018年	2019年	2020年	
起点—李遂镇		89.79	96.59	99.37	
李遂镇—夏各庄		88.25	92.62	97.73	
夏各庄—终点		86.44	90.01	95.97	

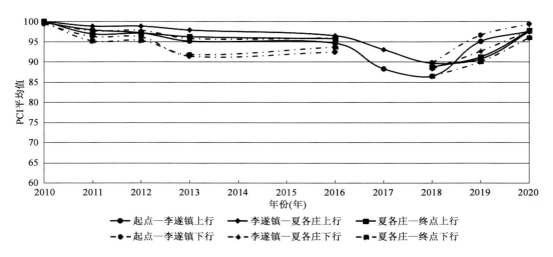

图 10-17　京平高速公路 PCI 变化规律

从图 10-17 来看，京平高速公路不同路段的路面损坏状况总体上为优良水平，不同路段 PCI 变化规律各不相同。李遂镇—夏各庄路段的 PCI 变化相对较小，上行方向的 PCI 略优于下行方向；夏各庄—终点路段的 PCI 波动较大，上行方向 PCI 明显优于下行方向；起点—李遂镇路段的 PCI 波动情况与夏各庄—终点路段类似，但近来年下行方向路面破损状况改善明显，下行方向 PCI 优于上行方向。基于京平高速公路 2010—2018 年 PCI 检测数据，建立 PCI 衰变方程见式(10-23)。

$$\mathrm{PCI} = 100\{1 - \exp[-(31/y_{2010})^{0.66}]\} \quad (10\text{-}23)$$

式中：y_{2010}——从 2010 年开始计算的路面使用年限。

②路面车辙深度指数 RDI 性能演变

京平高速公路不同路段 2010—2020 年路面车辙深度指数变化情况见表 10-45、图 10-18。

京平高速公路 RDI 变化　　　　表 10-45

上行	2010 年	2011 年	2012 年	2013 年	2016 年
起点—李遂镇	91.27	87.31	87.04	88.07	88.35
李遂镇—夏各庄	89.25	85.66	86.76	87.62	87.37
夏各庄—终点	87.05	83.74	87.37	84.81	87.71
上行	2017 年	2018 年	2019 年	2020 年	
起点—李遂镇	89.01	88.44	97.42	98.18	
李遂镇—夏各庄	87.05	88.22	94.02	96.04	
夏各庄—终点		88.28	95.13	97.03	
下行	2010 年	2011 年	2012 年	2013 年	2016 年
起点—李遂镇	88.22	86.87	85.17	85.21	85.85
李遂镇—夏各庄	87.57	81.80	79.93	81.37	84.75
夏各庄—终点	90.72	81.72	81.54	82.04	87.39

续上表

下行	2017 年	2018 年	2019 年	2020 年
起点—李遂镇		85.76	94.85	97.19
李遂镇—夏各庄		85.21	92.35	96.47
夏各庄—终点		86.50	97.98	98.48

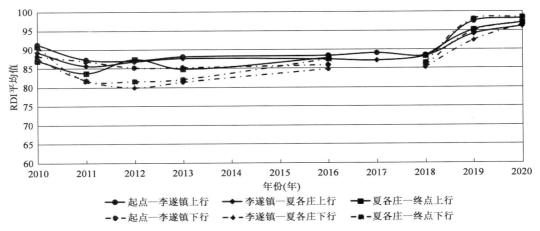

图 10-18　京平高速公路 RDI 变化规律

从图 10-18 来看,京平高速公路不同路段的路面车辙深度指数波动趋势相同,RDI 指数总体上有所提高。起点—李遂镇路段的路面车辙深度指数相对最小,其次是李遂镇—终点的上行方向,李遂镇—终点的下行方向车辙深度指数相对较大。经过近年来路面病害处治,京平高速公路在 2019 年和 2020 年的 RDI 超过 92,达到优水平。

③路面行驶质量指数 RQI 性能演变

京平高速公路不同路段的路面行驶质量指数变化情况见表 10-46、图 10-19。

京平高速公路 RQI 变化　　　　表 10-46

上行	2010 年	2011 年	2012 年	2013 年	2016 年
起点—李遂镇	94.62	95.39	94.75	95.00	94.98
李遂镇—夏各庄	94.60	95.40	94.58	95.36	94.92
夏各庄—终点	94.06	94.61	93.73	94.12	94.25
上行	2017 年	2018 年	2019 年	2020 年	
起点—李遂镇	95.41	94.19	95.14	95.32	
李遂镇—夏各庄	95.54	94.65	94.86	94.73	
夏各庄—终点		93.89	93.40	94.21	
下行	2010 年	2011 年	2012 年	2013 年	2016 年
起点—李遂镇	94.36	94.65	94.07	94.43	94.50
李遂镇—夏各庄	94.68	95.19	94.26	94.92	94.58
夏各庄—终点	94.02	94.50	92.88	93.69	93.44
下行	2017 年	2018 年	2019 年	2020 年	
起点—李遂镇		92.65	94.70	95.08	
李遂镇—夏各庄		94.13	94.30	94.96	
夏各庄—终点		94.22	93.28	93.19	

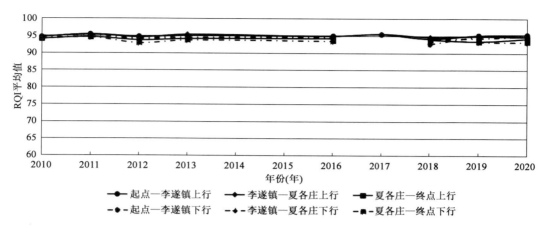

图 10-19 京平高速公路 RQI 变化规律

从图 10-19 来看,京平高速公路的路面行驶质量指数 RQI 历年均大于 92,不同路段的 RQI 没有显著差别,全路段路面行驶质量为优。

10.5.5 维修历史

(1)2013 年路面中修工程

京平高速公路自 2008 年 6 月通车以来,交通量不断增加,尤其是重载车辆的大量驶入,造成局部沥青混凝土路面出现沉陷、车辙和桥头跳车等病害。为进一步提高京平高速公路的出行环境,改善行车条件,北京市交通委员会路政局道路建设工程项目管理中心开展对京平高速公路全线路面病害统一治理工作。2011 年进京方向路面病害处理完成,2012 年底开始对出京方向路面病害进行治理。截至 2013 年 5 月,京平高速出京方向路面中修工程全部完工。

(2)2015 年路面病害维修工程

本次维修工程由北京市政路桥管理养护集团三处承建,起点为东六环立交(K17+500),终点为大岭后隧道(K70+330),全长 52.83km。主要施工内容为路面病害维修、铣刨旧路、加铺沥青混合料。

10.5.6 新材料新技术应用

(1)岩沥青改性沥青混合料

第一标段的部分中面层中采用了岩沥青改性 AC-20C 沥青混合料,使用量达 19992.4t。岩沥青改性 AC-20C 沥青混合料是在改性 AC-20C 沥青混合料的基质沥青中掺入 6% 的岩沥青加工拌和而成,对施工工艺提出了更高的要求。在运输上增加到三层保温苫布,使沥青到场温度控制在 175℃;在摊铺过程中严格控制摊铺速度为 3m/min;碾压取消静碾环节,直接进行振动碾压;对完工路段进行48h全封闭养护。

(2)Superpave 沥青混合料

Superpave 高性能沥青路面试验段长度为357m。试验段底面层采用8cm Sup-25普通70号沥青混合料,中面层采用6cm Sup-20改性沥青混合料(SBS-Ⅰ-C改性沥青)。通过试验路段的施工,在原材料质量控制要求、碾压温度、碾压工艺等方面取得了一定的基础数据和经验。

(3)阻燃改性沥青混合料

大岭后隧道全长2.4km,其中北京段约1.15km,路面宽度为11m,沥青表面层采用4cm厚SMA-13改性阻燃沥青混合料,北京市隧道工程首次采用此材料。改性阻燃沥青混合料是在隧道表面层沥青混合料中掺加一定剂量的阻燃剂,以减低沥青的可燃性,从而提高防火安全性。改性阻燃沥青混合料的摊铺施工工艺与普通混合料基本一致,但在施工过程中切忌过压,以避免造成泛油和玛蹄脂上浮现象。

10.6 首都机场沿线高速公路

首都机场沿线高速公路有首都机场北线高速公路、首都机场南线高速公路、首都机场第二高速公路。其中,首都机场北线公路全长11.3km,2005年5月开工,于2006年10月通车;首都机场南线公路全长17.5km,2006年9月开工,于2008年6月通车;首都机场第二高速公路全长11.5km,2007年8月开工,于2008年7月通车。三条高速公路工程的沥青混凝土面层厚度均为18cm,水泥稳定碎石上基层、石灰粉煤灰稳定碎石基层总厚均为54cm。多年来路面技术状况稳定,未发生早期损坏,未出现结构性损坏。首都机场北线高速公路一览表见表10-47,首都机场南线高速公路一览表见表10-48,首都机场第二高速公路一览表见表10-49。

首都机场北线高速公路一览表 表10-47

工程概况			
完工时间	2006年10月	车道数量	双向四车道
里程长度	11.3km	交通量	400~1000辆/(d·车道)
典型特征	解决了市区及北郊区通往首都机场的问题,也打破了首都机场高速公路为北京市区连接机场的唯一高速公路的现实		
路面结构			
面层	类型	沥青混凝土	基层	类型	水泥稳定碎石、石灰粉煤灰稳定碎石
	厚度	18cm		厚度	54cm
特点描述	二层石灰粉煤灰稳定碎石基层+一层水泥稳定碎石基层+三层沥青面层的典型结构		

续上表

	路面性能		
技术状况	优良	病害特征	—
裂缝	PCI > 85	早期损坏	无
车辙	RDI > 85	罩面时间	—

首都机场南线高速公路一览表　　　　　　　　　　表 10-48

	工 程 概 况		
完工时间	2008 年 6 月	车道数量	双向六、八车道
里程长度	17.5km	交通量	1600～2000 辆/(d·车道)
典型特征	直通首都机场 T3 航站楼，为首都北机场南线辟了一条新"国门路"，同时有效缓解首都机场高速路的拥堵状况		

		路面结构			
面层	类型	沥青混凝土	基层	类型	水泥稳定碎石、石灰粉煤灰稳定碎石
	厚度	18cm		厚度	54cm
特点描述	首次在高速公路沥青表面层采用 4cm SMA-13 沥青玛蹄脂碎石混合料				

	路面性能		
技术状况	优良	病害特征	路表裂缝
裂缝	PCI > 84	早期损坏	无
车辙	RDI > 85	罩面时间	—

首都机场第二高速公路一览表　　　　　　　　　　表 10-49

	工 程 概 况		
完工时间	2008 年 7 月	车道数量	双向六车道
里程长度	11.5km	交通量	1100～1800 辆/(d·车道)

		路面结构			
面层	类型	沥青混凝土	基层	类型	水泥稳定碎石、石灰粉煤灰稳定碎石
	厚度	18cm		厚度	54cm

	路面性能		
技术状况	优良	病害特征	车辙
裂缝	PCI > 86	早期损坏	无
车辙	RDI > 80	罩面时间	—

10.6.1　首都机场北线高速公路

（1）概况

首都机场北线高速公路工程，西起京承高速公路鲁疃互通式立交，向东跨温榆河，沿畿家坟村北侧、跨十三支渠,沿十三支渠北侧继续向东,经天北路、八干渠、火寺路、十三支渠至京密路折向南,经顺平路在顺平路南至回民营与规划首都机场北外环路相接,全长约11.3km。该工程道路主线路基设计宽度为28m,为双向四车道加硬路肩,设计速度120km/h。该项目于2005年5月31日开工建设,于2006年10月26日通过交工验收投入试运营。

(2)路面结构

首都机场北线高速公路路面结构总厚度72cm,路面结构如表10-50所示。

首都机场北线高速公路路面结构　　　　　　　　　表10-50

序号	层位	结构层材料	厚度(cm)
1	表面层	沥青玛琋脂碎石混合料SMA-16	5
2	中面层	中粒式改性沥青混凝土AC-20I	6
3	下面层	粗粒式沥青混凝土AC-25I	7
4	上基层	水泥稳定碎石CCR	18
5	下基层	石灰粉煤灰稳定碎石LFCR	18
6	底基层	石灰粉煤灰稳定碎石LFCR	18

(3)交通量状况

机场北线高速公路是首都机场一条快捷的货运通道,并为北部进出机场T1、T2航站楼的部分旅客车辆提供快速通道。其开通运行解决了市区及北郊区通往机场的沿线交通问题,也终结了北京市区连接首都机场仅有一条高速路的历史,使得首都机场因重大活动实行部分交通管制时对社会车辆起到有效的疏导作用。

从近年来的交通量统计来看,机场北线年日均断面交通量稳定在15000辆以上,总体交通组成以小客车为主,其交通量绝对数占总体交通量的70%以上(表10-51)。单车道大客车及中型以上货车交通量在每天1000辆左右,属于中等交通等级。

首都机场北线断面年日均交通量统计表(单位:辆)　　　　表10-51

年份(年)	观测站名称	小型客车	大型客车	小型货车	中型货车	大型货车	特大型货车	集装箱车
2010、2011	北七家(出京)	7175	178	347	657	356	589	269
	北七家(进京)	7078	186	326	702	399	521	226
	北门(出京)	7636	226	410	328	307	566	307
	北门(进京)	7046	188	340	362	260	546	284
2012	北门(出京)	6239	394	959	283	149	60	104
	北门(进京)	4809	225	866	687	170	58	484
2013	北门(出京)	6856	304	643	372	82	33	98
	北门(进京)	5527	117	353	422	72	26	163

（4）路面性能

①交工质量状况

2006年，北京市公路工程质量检测中心对首都机场北线高速公路路面质量状况进行了检测。其中，代表弯沉实测值为3.48（0.01mm）[设计值为20.3（0.01mm）]，国际平整度指数IRI为1.06m/km，构造深度为0.64mm，抗滑摩擦系数摆值为50.16。

②竣工质量状况

2013年，北京市公路工程检测中心对首都机场北线高速公路全线进行了自动化设备系统检测，各检测指标结果见表10-52~表10-56。

路面弯沉汇总表　　　　　　　　　　　　　　　　　　　　　　　　表10-52

检测段落	幅位	平均值（0.01mm）	标准差（0.01mm）	代表值（0.01mm）
K0+000~K5+000	左幅	4.5	3.05	9.5
	右幅	4.9	3.98	11.4
K5+000~K11+303	左幅	4.6	3.07	9.7
	右幅	3.6	2.48	7.7

沥青路面车辙汇总表　　　　　　　　　　　　　　　　　　　　　　表10-53

起讫桩号	平均值（mm）	起讫桩号	平均值（mm）
K0+000~K5+000	5.4	K5+000-K11+303	4.5

平整度检测数据汇总表　　　　　　　　　　　　　　　　　　　　　表10-54

检测段落	左幅行车道（m/km）	右幅行车道（m/km）
K0+000~K5+000	1.09	1.05
K5+000~K11+003	1.13	1.10

摩擦系数检测数据汇总表（横向力系数法）　　　　　　　　　　　　表10-55

检测段落	幅位	平均值	标准差	代表值
K0+000~K5+000	左幅	61.3	1.98	60.9
	右幅	55.1	2.83	54.6
K5+000~K11+303	左幅	60.6	3.72	59.9
	右幅	64.3	3.64	63.7

路面构造深度检测数据汇总表（激光法）　　　　　　　　　　　　　表10-56

检测段落	左幅行车道（mm）	右幅行车道（mm）	标准值（mm）
K0+000~K5+000	1.01	1.00	0.45
K5+000~K11+303	1.00	1.03	0.45

③路面技术状况

按照相关规范要求,北京市首都公路发展集团有限公司对机场北线路面损坏状况指数、路面行驶质量指数、路面车辙深度指数等指标进行了系统的检测(表10-57、图10-20),为路面的养护管理和维修改造提供技术依据。总体来看,首都机场北线路面技术状况优良,全路段除路面车辙深度指数波动较明显外,整体质量状况保持良好。

首都机场北线路面技术状况一览表 表10-57

机场北线(上行)	2009年	2010年	2011年	2013年	2014年	2015年
PCI	99.32	98.60	95.98	92.5	87.74	89.85
RQI	90.68	94.64	94.84	91.6	94.38	95.34
RDI	86.18	92.57	85.99	94.6	88.47	85.56
机场北线(上行)	2016年	2017年	2018年	2019年	2020年	
PCI	88.98	88.12	87.35	84.99	95.67	
RQI	92.85	94.65	94.55	93.63	94.63	
RDI	88.55	91.75	91.15	94.93	96.49	
机场北线(下行)	2009年	2010年	2011年	2013年	2014年	2015年
PCI	99.16	98.41	97.79	93.1	89.24	89.09
RQI	90.67	94.42	95.22	93.6	93.97	94.88
RDI	83.09	92.27	85.05	94.3	86.56	84.81
机场北线(下行)	2016年	2017年	2018年	2019年	2020年	
PCI	87.90	87.80	93.47	93.80	93.70	
RQI	91.40	94.14	94.06	94.45	94.49	
RDI	87.23	90.88	93.54	96.59	95.27	

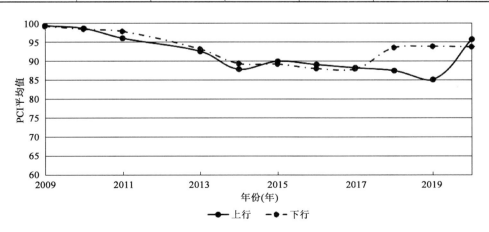

图10-20 首都机场北线高速公路历年PCI检测结果

从图 10-20 来看,首都机场北线高速公路的路面损坏状况指数有所衰减,下行方向的 PCI 波动总体上小于上行方向。2017 年和 2019 年受路面养护影响,下行方向的 PCI 和上行方向的 PCI 有所提升。基于 PCI 检测数据,首都机场北线高速公路沥青路面 PCI 衰变方程见式(10-24)。

$$PCI = 100\{1 - \exp[-(41.4/y_{2009})^{0.5}]\} \tag{10-24}$$

式中:y_{2009}——从 2009 年开始计算的路面使用年限。

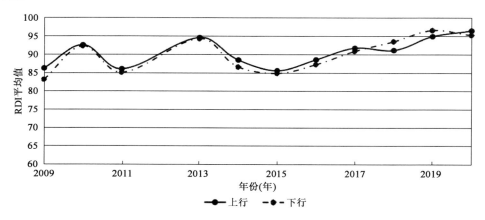

图 10-21　首都机场北线高速公路历年 RDI 检测结果

从图 10-21 来看,首都机场北线高速公路的路面车辙深度指数属于优良水平,车辙深度总体上有所减小。下行方向和下行方向的 RDI 变化趋势相同,不同方向的路面车辙深度指数没有显著差别,二者车辙水平基本相同。沥青路面车辙深度指数演变规律呈波动变化趋势,RDI 指数总体维持在 90 左右。

从图 10-22 来看,首都机场北线高速公路的路面行驶质量指数总体为优。RQI 总体保持稳定,路面行驶质量波动较小,历年 RQI 均达到优水平。

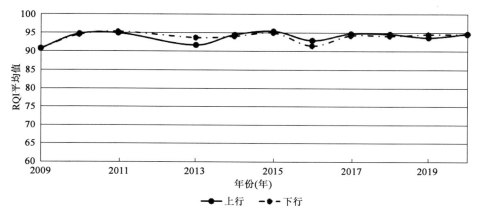

图 10-22　首都机场北线高速公路历年 RQI 检测结果

10.6.2 首都机场南线高速公路

(1) 工程概况

首都机场南线(京承高速公路—东六环路)高速公路工程,起点位于京承高速公路黄港立交,自西向东依次跨越规划二路、规划四路、京密路、规划七路、巡河路、机场高速公路、机场支线、机场辅路、机场第二高速公路、机场运油专线、六环路、京承铁路、通顺路后与京平高速公路相接,途经朝阳区、通州区、顺义区,道路全长17.5km。2011年,根据《北京市高速公路命名和编号规则》的规定,北京市交通委员会将"机场南线"与"京平高速公路"将统一命名为京平高速,编号为S32。

公路等级标准为高速公路,道路红线宽80m,设计速度100km/h,均采用两幅路布置形式。其中,京承高速公路至机场高速公路、机场第二高速公路至东六环路段为三上三下双向六车道加连续停车带,中央分隔带宽2m,两侧土路肩各宽0.75m,路基宽33.5~42m;机场高速公路至机场第二高速公路路段为四上四下双向八车道加连续停车带,中央分隔带宽3m,两侧土路肩各宽0.75m,路基宽42m。该项目于2006年9月6日开工建设,于2008年6月21日通过交工验收投入试运营。

(2) 路面结构

首都机场南线由北京市市政工程设计研究总院设计。路面结构设计以单轴双轮组BZZ-100为标准轴载,使用年限为15年,单车道累计标准轴载作用次数为18.59×10^6,路表设计弯沉为0.211mm。主路路面结构见表10-58。

首都机场南线高速公路主路路面结构 表10-58

序 号	层 位	结构层材料	厚度(cm)
1	表面层	沥青玛蹄脂碎石混合料 SMA-13	4
2	中面层	中粒式改性沥青混凝土 AC-20	6
3	下面层	粗粒式沥青混凝土 AC-25	8
4	上基层	水泥稳定碎石 CCR	18
5	下基层	石灰粉煤灰稳定碎石 LFCR	18
6	底基层	石灰粉煤灰稳定碎石 LFCR	18

(3) 交通量状况

首都机场南线是一条东西走向的高速公路,连接京承高速公路和六环路,与京平高速公路相接。建成通车以后,机场南线平均年日均交通量绝对值稳定在5万辆以上(表10-59)。机场南线整体交通量以小客车为主导,小客车交通量绝对数平均占比达90%左右。从大客车及中型以上货车交通量来看,机场南线高速公路交通荷载增长较快,2013年的单车道大客车及中型以上货车交通量已超过1500辆/d,达到重交通等级。

首都机场南线断面年日均交通量统计表（单位：辆） 表10-59

年份（年）	观测站名称	小型客车	大型客车	小型货车	中型货车	大型货车	特大型货车	集装箱车
2008	楼台桥	49487	1430	495	465	77	36	36
2009	楼台桥	57819	1481	211	635	289	65	78
	吴各庄	26865	1115	164	617	129	130	100
2010	楼台桥	65148	1434	717	1016	673	266	192
	吴各庄	33459	1132	895	317	238	307	225
2011	楼台桥	50585	811	510	743	668	391	257
	吴各庄	49483	813	675	585	713	322	184
2012	楼台桥	77509	1161	1762	1638	1072	474	61
2013	楼台桥	75190	2787	4022	2336	3154	1058	2352
2014	楼台桥	74402	3180	3731	1553	2577	1014	1794

（4）路面性能

①交工质量状况

2008年首都机场南线建设交工后，北京市公路工程质量检测中心对其路面质量进行了检测，利用ARAN3路况综合检测车、IRIS-L2路面厚度雷达仪、SFC-2001摩擦系数测试车、JG-2005激光自动弯沉仪、RTP2004激光断面仪检测了各段的路表弯沉和平整度等项目，交工检测结果见表10-60。

首都机场南线交工检测结果汇总表 表10-60

序号	检测指标	检测值
1	代表弯沉平均值	2.4(0.01mm)
2	IRI平均值	1.20m/km
3	横向力系数SFC平均值	64.5

②竣工质量状况

2013年6月，北京市公路工程质量检测中心对首都机场南线公路全线进行了自动化设备系统检测，检测结果见表10-61和表10-62。

首都机场南线沥青路面弯沉汇总表 表10-61

检测段落	幅位	平均值(0.01mm)	标准差(0.01mm)	代表值(0.01mm)
K0+000～K18+600	左幅	10.4	3.22	15.7
	右幅	10.4	2.10	13.8

首都机场南线路面竣工复测检测数据汇总表 表10-62

上行(K0+000～K17+370)				
桩号	平整度(m/km)	车辙(mm)	SFC	构造深度(mm)
K0+000～K1+000	1.06	2.9	58.5	1.295

第10章
其他高速公路

续上表

上行(K0+000~K17+370)				
桩号	平整度(m/km)	车辙(mm)	SFC	构造深度(mm)
K1+000~K2+000	1.12	2.7	56.9	1.273
K2+000~K3+000	1.19	2.7	62.1	1.222
K3+000~K4+000	0.99	2.6	62.1	1.115
K4+000~K5+000	1.02	2.6	61.7	1.221
K5+000~K6+000	1.03	3.8	50.2	1.356
K6+000~K7+000	1.12	4.3	45.2	1.288
K7+000~K8+000	1.23	4.6	47.8	1.2
K8+000~K9+000	1.00	3.8	55	1.119
K9+000~K10+000	0.82	2.5	47	0.946
K10+000~K11+000	0.96	2.9	49.3	0.995
K11+000~K12+000	1.01	2.8	57.2	0.954
K12+000~K13+000	1.15	3.0	56.4	0.962
K13+000~K14+000	0.93	3.7	60.3	1.194
K14+000~K15+000	0.88	2.8	61.6	1.181
K15+000~K16+000	0.91	3.2	60.5	1.228
K16+000~K17+000	0.99	3.2	61.1	1.268
K17+000~K17+370	0.95	3.1	57	0.974
平均	1.02	3.2	56.1	1.155
下行(K17+500~K0+000)				
桩号	平整度(m/km)	车辙(mm)	SFC	构造深度(mm)
K17+500~K17+000	1.08	4.7	57.2	1.237
K17+000~K16+000	1.10	4.8	56.8	1.188
K16+000~K15+000	1.11	5.1	57	1.200
K15+000~K14+000	0.99	6.4	57.2	1.174
K14+000~K12+830	1.48	5.2	53.7	0.971
K12+490~K12+000	1.06	2.9	55.1	0.973
K12+000~K11+000	1.02	3.7	58	1.103
K11+000~K10+000	0.89	3.3	59.9	1.014
K10+000~K9+000	1.07	3.3	60.1	0.911
K9+000~K8+000	1.18	4.6	59.4	1.144
K8+000~K7+000	1.02	3.6	59.6	1.197
K7+000~K6+000	1.21	3.5	60	1.208
K6+000~K5+000	1.17	2.8	60.5	1.281
K5+000~K4+000	1.00	2.7	59.7	1.170

续上表

桩号	下行（K17+500～K0+000）			
	平整度（m/km）	车辙（mm）	SFC	构造深度（mm）
K4+000～K3+000	1.08	2.5	57.3	1.156
K3+000～K2+000	1.04	2.5	62.3	1.098
K2+000～K1+000	1.11	2.5	64	1.175
K1+000～K0+000	1.07	2.5	64.5	1.142
平均	1.09	3.7	59.0	1.130

③路面技术状况

按照相关规范的要求，北京市路政局道路建设工程项目管理中心对首都机场南线路面损坏状况指数、路面行驶质量指数、路面车辙深度指数等指标进行了系统的检测（表10-63），为路面的养护管理和维修改造提供技术依据。总体来看，机场南线路面技术状况优良，全路段除PCI有所衰减外（图10-23），整体质量状况保持良好。

机场南线路面技术状况评价一览表　　　表10-63

上行	2009年	2010年	2011年	2014年	2015年
PCI	98.80	99.84	99.14	92.97	90.86
RDI	88.25	92.90	91.26	90.24	87.85
RQI	90.61	94.24	95.37	94.77	95.60
上行	2016年	2017年	2018年	2019年	2020年
PCI	93.06	90.67	88.84	87.00	85.25
RDI	89.04	93.13	92.54	94.50	94.77
RQI	94.84	94.96	94.89	95.83	95.77
下行	2009年	2010年	2011年	2014年	2015年
PCI	100.00	100.00	99.60	93.76	90.74
RDI	90.84	92.31	90.90	89.49	86.99
RQI	90.31	94.35	95.32	94.61	95.34
下行	2016年	2017年	2018年	2019年	2020年
PCI	89.68	88.72	88.06	84.85	85.63
RDI	88.72	92.51	91.81	95.49	95.74
RQI	94.70	94.73	94.75	94.26	94.68

从图10-23来看，首都机场南线高速公路的路面损坏状况指数随路龄的增加而衰减，但总体上仍维持优良技术水平。首都机场南线高速公路上下行方向的PCI指数变化趋势基本相同，2017年超薄罩面实施以后，上行方向的路面破损状况有所好转，但长期下降的趋势没有得到改变。基于PCI检测数据，首都机场南线高速公路沥青路面PCI衰变方程见式（10-25）。

$$\mathrm{PCI} = 100\{1 - \exp[-(47/y_{2009})^{0.47}]\} \quad (10\text{-}25)$$

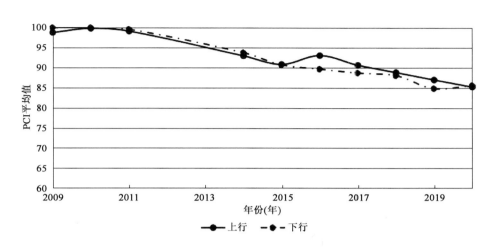

图 10-23　首都机场南线高速公路历年 PCI 检测结果

对比首都机场北线高速公路沥青路面 PCI 衰变方程来看,首都机场南线高速公路的沥青路面 PCI 衰变模式因子差别较小,但首都机场南线高速公路的 PCI 寿命因子为 47,大于首都机场北线高速公路。

从图 10-24 来看,首都机场南线高速公路的路面车辙深度指数总体稳定并略有提高。首都机场南线高速公路 RDI 历年均为优良水平,上下行方向的 RDI 指数变化趋势相同,二者没有显著差异,说明首都机场南线高速公路上下行路面车辙深度基本相同。近年来首都机场南线高速公路 RDI 稳定提高,路面车辙深度持续减小。

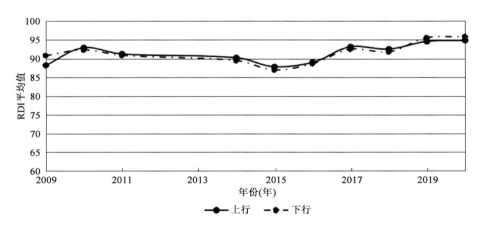

图 10-24　首都机场南线高速公路历年 RDI 检测结果

从图 10-25 来看,首都机场南线高速公路的路面行驶质量指数持续为优水平,路面行驶质量好。上下行方向的路面行驶质量指数发展趋势相同,二者没有明显差别,首都机场南线高速公路的路面行驶质量稳定。

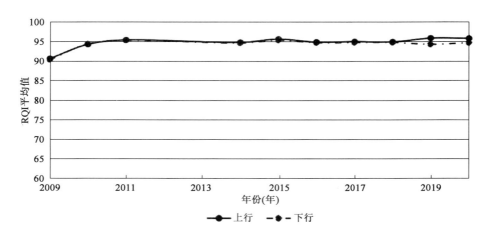

图 10-25 首都机场南线高速公路历年 RQI 检测结果

10.6.3 首都机场第二高速公路

(1) 工程概况

首都机场第二高速公路原名为首都机场第二通道,从姚家园路向北与机场南线(后划入京平高速公路)接驳,全长 11.5km,起点是西小井,终点是首都机场 T3 航站楼。工程于 2007 年 8 月开工,于 2008 年 7 月建成通车。设计等级为城市快速路,道路主路为双向六车道,设计速度为 100km/h,道路红线宽 80m,路基宽度 33.5m,最大纵坡为 2%,最小纵坡为 0.3%。

(2) 路面结构

首都机场第二高速公路的主路路面总厚度 72cm,主路路面结构如表 10-64 所示。

首都机场第二高速公路主路路面结构　　　　表 10-64

序号	层　位	结构层材料	厚度(cm)
1	表面层	沥青玛蹄脂碎石混合料 SMA-13	4
2	中面层	中粒式改性沥青混凝土 AC-20	6
3	下面层	粗粒式密级配沥青混凝土 AC-25	8
4	上基层	水泥稳定碎石 CCR	18
5	下基层	石灰粉煤灰稳定砂砾 LFCR	18
6	底基层	石灰粉煤灰稳定砂砾 LFCR	18

(3) 交通量状况

首都机场 T3 航站楼及相应配套设施完工并投入使用后,首都机场高速公路的交通压力有所增加,首都机场第二高速公路开通后将缓解市区至机场的交通压力,是北京 2008

第10章
其他高速公路

年奥运会期间市区至机场之间重要联络线之一。建成通车以后，首都机场第二高速公路交通量稳定增长，近年平均年日均交通量绝对值达到6万辆以上（表10-65）。整体交通量虽然以客车为主导，但货车交通量绝对数平均占比正逐年增长。从大客车及中型以上货车交通量来看，首都机场第二高速公路的交通荷载增长同样较快，2013年的单车道大客车及中型以上货车交通量已超过1800辆/d，达到重交通等级。

首都机场第二高速公路断面年日均交通量统计表（单位：辆） 表10-65

年份（年）	观测站名称	小型客车	大型客车	小型货车	中型货车	大型货车	特大型货车	集装箱车
2008	朝阳北路	38524	828	1479	586	338	130	95
2009		47935	856	2661	1548	1034	279	105
2010		52272	684	3833	3316	2196	528	180
2011		54301	444	4169	3763	3145	421	205
2012	焦庄桥	49009	1562	6084	2860	2878	939	385
2013		46846	983	5394	2949	2996	1008	3026

（4）路面技术状况

按照相关规范的要求，北京市首都公路发展集团有限公司对首都机场第二高速公路路面损坏状况指数、路面行驶质量指数、路面车辙深度指数等指标进行了系统的检测（表10-66），为路面的养护管理和维修改造提供技术依据。总体来看，首都机场第二高速公路路面技术状况优良，全路段除存在一定程度车辙外，整体质量状况保持良好。

首都机场第二高速公路路面技术状况评价结果 表10-66

上行	2010年	2011年	2013年	2014年	2015年
PCI	99.93	99.40	96.55	94.33	92.37
RDI	97.34	82.13	90.70	89.86	86.72
RQI	93.72	95.15	94.56	94.20	95.40
上行	2016年	2017年	2018年	2019年	2020年
PCI	93.36	93.41	90.22	86.26	88.12
RDI	88.64	91.54	91.80	95.49	94.23
RQI	91.88	94.66	94.62	94.26	94.41
下行	2009年	2010年	2011年	2014年	2015年
PCI	99.80	100.00	96.43	94.51	93.11
RDI	96.98	80.59	90.46	89.24	85.81
RQI	93.94	94.86	94.78	94.26	95.41
下行	2016年	2017年	2018年	2019年	2020年
PCI	93.34	92.93	89.72	87.35	88.24
RDI	87.52	90.48	90.29	94.67	93.55
RQI	91.03	94.66	94.56	94.05	94.30

从图 10-26 来看,首都机场第二高速公路的路面损坏状况指数随路龄的增加而衰减,但总体上仍维持优良技术水平。首都机场第二高速公路上下行方向的 PCI 变化趋势基本相同,2017 年以前的 PCI 较为稳定,近年来 PCI 衰减速度有所加快。基于 PCI 检测数据,首都机场第二高速公路沥青路面 PCI 衰变方程见式(10-26)。

$$PCI = 100\{1 - \exp[-(59/y_{2009})^{0.36}]\} \quad (10\text{-}26)$$

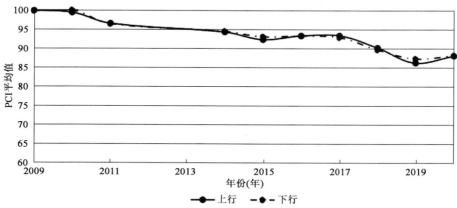

图 10-26　首都机场第二高速公路历年 PCI 检测结果

对比首都机场北线和首都机场南线的高速公路沥青路面 PCI 衰变方程,首都机场第二高速公路的沥青路面 PCI 寿命因子最高,其衰变模式因子为 0.36,虽然首都机场第二高速公路初期 PCI 下降较为明显,但后期衰变速率小于首都机场南线和首都机场北线的高速公路。

从图 10-27 来看,首都机场第二高速公路的路面车辙深度指数波动较大,近年来路面车辙深度有所减小。首都机场第二高速公路的 RDI 总体上为优良水平,上行方向的 RDI 略优于下行方向,二者变化趋势基本相同。

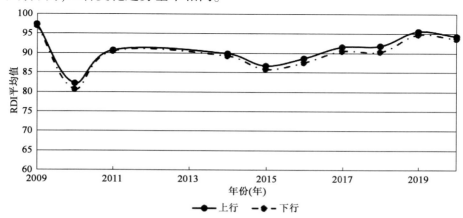

图 10-27　首都机场第二高速公路历年 RDI 检测结果

从图 10-28 来看,首都机场第二高速公路的路面行驶质量指数历年均为优水平,上下行方向的 RQI 没有明显差异,路面行驶质量总体较好。

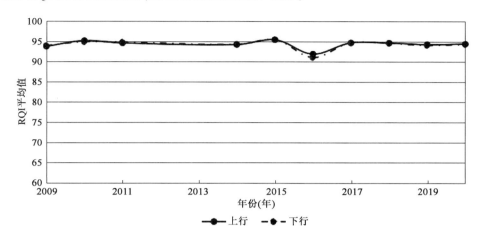

图 10-28　首都机场第二高速公路历年 RQI 检测结果

10.7　京新高速公路

京新高速公路(G7)北京段,原名京包高速公路,全长 37.7km,2014 年 5 月通车,沥青混凝土面层厚度 18~21cm,水泥稳定碎石上基层、石灰粉煤灰稳定碎石基层厚度为 56cm。多年来路面技术状况稳定,未发生早期损坏,未出现结构性损坏。

京新高速公路北京段一览表见表 10-67。

京新高速公路北京段一览表　　表 10-67

工程概况				
完工时间	2014 年 5 月	车道数量	双向六车道/四车道	
里程长度	37.7km	交通量	市区路段:1200~2000 辆/(d·车道) 延庆段:500 辆/(d·车道)	
路面结构				
面层	类型	沥青混凝土	基层	类型	水泥稳定碎石、石灰粉煤灰稳定碎石
	厚度	18~21cm		厚度	56cm
典型特征	五环路至六环路段沥青路面表面层,采用橡胶沥青改性技术;六环路至德胜口段路面采用了温拌沥青路面材料				
路面性能				
技术状况	优良	病害特征	路表裂缝	
裂缝	PCI>80	早期损坏	无	
车辙	RDI>88	罩面时间	—	

10.7.1 概况

京新高速公路(G7)北京段(五环路—德胜口段),全长37.7km。起于五环路箭亭桥,终点位于昌平区德胜口村南。其中六环路—德胜口段于2008年7月份建成通车,五环路—六环路段于2009年11月开工建设,2011年12月完成五环路—北清路段工程,2014年5月完成北清路—六环路段工程,至此,京新五环路—德胜口段全线贯通。该路K0+000~K30+050为双向六车道,路基宽度为34.5m;K30+050~K32+084双向四车道,路基宽度为28m;K32+084~K37+370为上下行分离段,上下行各有两车道,路基宽度为2×13.5m。道路设计速度100km/h。

10.7.2 路面结构

京新高速公路五环路—六环路段主路路面设计年限为15年,设计弯沉值为18.0(1/100mm),土基验收弯沉值为200(1/100mm)。主路路面结构总厚度为74cm,主路路面结构见表10-68和表10-69。

京新高速公路五环路—六环路段主路路面结构 表10-68

序号	层位	结构层材料	厚度(cm)
1	表面层	沥青玛蹄脂碎石混合料 SMA-13	4
2	中面层	中粒式沥青混合料 Superpave-20	6
3	底面层	粗粒式沥青碎石混合料 ATB-25	8
4	上基层	水泥稳定碎石 CCR	18
5	下基层	石灰粉煤灰稳定碎石 LFCR	18
6	底基层	石灰粉煤灰稳定碎石 LFCR	20

京新高速公路六环路—德胜口段主路路面结构 表10-69

序号	层位	结构层材料	厚度(cm)
1	表面层	沥青玛蹄脂碎石混合料 SMA-16	5
2	中面层	粗粒式改性沥青混凝土 AC-25	7
3	底面层	粗粒式密级配沥青碎石混合料 ATB-25	9
4	上基层	水泥稳定碎石 CCR	18
5	下基层	石灰粉煤灰稳定碎石 LFCR	18
6	底基层	石灰粉煤灰稳定碎石 LFCR	20

六环路—德胜口路段设计使用年限15年,设计标准轴载为100kN,设计年限内单车道累计当量轴次为73151506辆次,路面设计弯沉值为16.04(0.01mm),主路路面结构总厚度为77cm。

10.7.3 交通量状况

京新高速公路六环路以北至京冀界段双向贯通,成功分流八达岭高速公路的货车交通,与北京原有交通路网衔接初步形成北京西北方向货运交通走廊。新建的京新高速公路五环路至六环路段,位于八达岭高速公路的西侧,与八达岭高速公路平行,沿线平均间距约3km,建成后直接分流八达岭高速公路的车流,并成为上地、海淀后山一带居民进出市区的快捷通道。京新高速公路不同路段的交通量差异明显(表10-70),市区段断面年日均交通量维持在1万辆左右,交通组成以货车为主,客车交通仅占10%左右;延庆段断面年日均交通量在2000辆左右,交通组成以货车为主,货车交通占50%以上。从大客车及中型以上货车交通量来看,市区路段的大客车及中型以上货车交通量在1200~2000辆/(d·车道),属于中重交通等级;延庆段的单车道大客车及中型以上货车交通量在500辆/d左右,属于轻交通等级。

京新高速公路北京段断面年日均交通量统计表(单位:辆)　　表10-70

年份(年)	观测站名称	小型客车	大型客车	小型货车	中型货车	大型货车	特大型货车	集装箱车
2008	入六环口	494	6	223	727	2160	9125	122
2009	入六环口	587	8	246	298	1525	4833	147
2010	入六环口	642	542	279	412	789	6643	830
2011	入六环口	947	164	282	547	122	6318	579
2012	西山口桥	636	793	342	3629	2581	919	3507
2013	西山口桥	622	505	383	3661	2554	854	4733
2017	下营	1644	28	534	260	182	1699	53
2018	下营	1129	16	146	356	179	1582	86
2019	下营	1376	15	185	328	61	1281	73
2020	下营	270	2	44	57	11	204	17

10.7.4 路面技术状况

北京市首都公路发展集团有限公司对京新高速公路北京段的路面损坏状况指数、路面行驶质量指数、路面车辙深度指数等指标进行了检测,京新高速公路的历年路面技术状况检测结果见表10-71。

京新高速公路北京段路面技术状况检测结果　　表10-71

出京	2009年	2010年	2011年	2013年	2014年	2015年
PCI	100.00	100.00	99.66	95.27	96.42	95.42
RQI	90.02	93.67	94.78	94.23	93.94	95.09
RDI	76.91	79.88	79.95	92.07	90.46	87.78

续上表

出京	2016 年	2017 年	2018 年	2019 年	2020 年	
PCI	97.20	95.56	92.22	86.44	89.14	
RQI	94.28	94.43	94.35	93.36	94.26	
RDI	88.67	92.31	91.98	94.34	96.56	
进京	2009 年	2010 年	2011 年	2012 年	2013 年	2015 年
PCI	100.00	99.82	99.73	94.07	95.00	94.07
RQI	89.82	91.96	94.43	93.72	93.60	86.47
RDI	92.18	89.94	82.91	91.27	89.43	86.47
进京	2016 年	2017 年	2018 年	2019 年	2020 年	
PCI	93.90	92.74	93.47	88.48	86.18	
RQI	93.75	93.71	93.84	92.63	93.27	
RDI	86.64	90.33	90.57	93.54	93.95	

从表 10-71 来看,京新高速公路北京段的路面技术状况总体上为优良水平,不同的技术状况指标演变规律有所差别。路面损坏状况指数 PCI 总体保持优良,随着路龄的增加,京新高速公路北京段路面破损状况有所增大,PCI 衰减速度有所加快,出京方向的路面破损状况总体上优于进京方向。路面行驶质量指数总体保持稳定,近年的 RQI 均为优;京新高速公路北京段上下行车辙深度变化规律不同,出京方向车辙较明显,近年有了显著改善;进京方向车辙总体为优良,车辙深度扩展趋势不明显。

(1)路面损坏状况指数 PCI 性能演变

根据不同的通车时间和路面结构,统计 2009—2020 年京新高速公路北京段不同路段的路面损坏状况指数变化,统计结果见表 10-72、图 10-29。

京新高速公路北京段 PCI 变化　　　　　表 10-72

出京	2009 年	2010 年	2011 年	2013 年	2014 年	2015 年
五环路—北清桥				95.39	95.91	93.54
北清桥—六环路					98.37	98.03
六环路外	100.00	100.00	99.68	95.21	95.42	94.39
出京	2016 年	2017 年	2018 年	2019 年	2020 年	
五环路—北清桥	95.17	97.16	91.04	82.73	86.62	
北清桥—六环路	98.19	95.17	91.00	84.42	91.20	
六环路外	97.61	94.94	93.79	90.04	89.01	
进京	2009 年	2010 年	2011 年	2013 年	2014 年	2015 年
五环路—北清桥				92.99	93.09	91.78
北清桥—六环路					95.00	97.12
六环路外	100.00	99.82	99.75	94.64	96.00	92.79

续上表

进京	2016年	2017年	2018年	2019年	2020年
五环路—北清桥	91.82	93.15	93.89	81.96	79.77
北清桥—六环路	95.14	91.50	93.85	88.83	86.53
六环路外	94.14	93.44	92.96	91.90	89.52

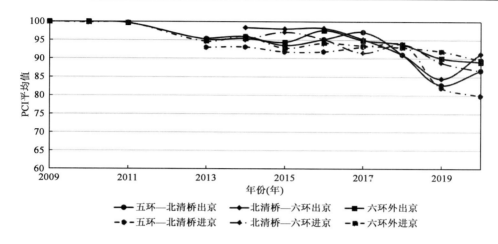

图 10-29　京新高速公路北京段 PCI 变化规律

从图 10-29 来看，京新高速公路北京段不同路段的路面损坏状况指数 PCI 波动较大，不同路段 PCI 演变规律各不相同。京新高速公路五环路—北清桥路段的 PCI 衰减相对最大，其次是北清桥—六环路段，六环路以外路段的衰减最小，进出京方向的 PCI 仍为优。京新高速公路北京段五环路—六环路段的出京方向 PCI 总体上大于进京方向，但近年来出京方向的波动幅度明显大于进京方向。基于 PCI 检测数据，京新高速公路北京段沥青路面 PCI 衰变方程见式(10-27)~式(10-31)。

$$PCI_{五环—北清桥} = 100\{1 - \exp[-(20.4/y_{2011})^{0.59}]\} \quad (10-27)$$

$$PCI_{北清桥—六环进京} = 100\{1 - \exp[-(36/y_{2014})^{0.44}]\} \quad (10-28)$$

$$PCI_{北清桥—六环出京} = 100\{1 - \exp[-(15/y_{2014})^{0.68}]\} \quad (10-29)$$

$$PCI_{六环外进京} = 100\{1 - \exp[-(73/y_{2009})^{0.37}]\} \quad (10-30)$$

$$PCI_{六环外出京} = 100\{1 - \exp[-(50/y_{2009})^{0.44}]\} \quad (10-31)$$

式中：y_{2009}——从 2009 年开始计算的路面使用年限；

y_{2011}——从 2011 年开始计算的路面使用年限；

y_{2014}——从 2014 年开始计算的路面使用年限。

通过上式可知，京新高速公路六环路外为轻交通等级，PCI 衰减不明显，沥青路面寿命因子分别为 73 和 50，显著大于五环路—六环路段的路面寿命因子。北清桥—六环路进京方向的 PCI 的寿命因子为 36,大于出京方向和五环路—北清桥路段,同时其衰变模式因子为 0.44,其 PCI 后期衰减速率也小于出京方向和五环路—北清桥路段。

(2)路面车辙深度指数 RDI 性能演变

京新高速公路北京段不同路段 2009—2020 年路面车辙深度指数变化情况见表 10-73、图 10-30。

京新高速公路北京段 RDI 变化　　　　　表 10-73

出京	2009 年	2010 年	2011 年	2013 年	2014 年	2015 年
五环路—北清桥				92.41	90.28	87.94
北清桥—六环路					91.99	88.68
六环路外	76.91	79.88	79.50	92.96	89.56	87.02
出京	2016 年	2017 年	2018 年	2019 年	2020 年	
五环路—北清桥	89.41	91.10	90.78	94.21	96.03	
北清桥—六环路	89.29	93.79	92.74	94.32	97.25	
六环路外	87.79	91.90	92.10	94.44	96.34	
进京	2009 年	2010 年	2011 年	2013 年	2014 年	2015 年
五环路—北清桥				91.29	89.04	86.26
北清桥—六环路					88.19	88.32
六环路外	92.18	89.94	83.02	91.26	90.43	85.17
进京	2016 年	2017 年	2018 年	2019 年	2020 年	
五环路—北清桥	88.02	90.52	90.84	93.63	94.09	
北清桥—六环路	88.85	92.62	93.23	94.49	95.23	
六环路外	84.22	88.50	88.42	92.76	92.91	

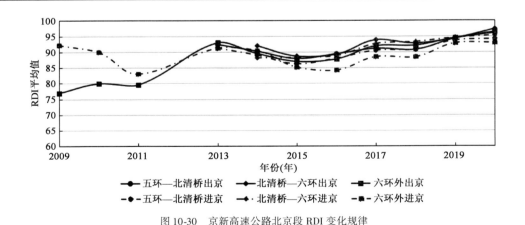

图 10-30　京新高速公路北京段 RDI 变化规律

从图 10-30 来看,京新高速公路北京段不同路段的路面车辙深度指数波动趋势相同,RDI 总体上有所提高。六环路以外出京方向的车辙深度指数改善最明显,整体上从中水平提高到优水平,六环路以外进京方向的车辙深度指数较为稳定,持续处于优良区间。五环路—六环路段的 RDI 总体优良,两个不同通车时间的路段车辙深度指数没有显著差异,出京方向的 RDI 略大于进京方向。分析 2013—2016 年的 RDI 检测数据,得到 RDI 演变方程见式(10-32)和式(10-33)。

$$RDI_{出京} = 92.68\{1 - \exp[-(25.5/y_{2013})^{0.5}]\} \quad (10\text{-}32)$$

$$RDI_{进京} = 91.28\{1 - \exp[-(14.6/y_{2013})^{0.7}]\} \quad (10\text{-}33)$$

式中:y_{2013}——从 2013 年开始计算的路面使用年限。

(3)路面行驶质量指数 RQI 性能演变

京新高速公路北京段不同路段的路面行驶质量指数变化情况见表 10-74、图 10-31。

京新高速公路北京段 RQI 变化 表 10-74

出京	2009 年	2010 年	2011 年	2013 年	2014 年	2015 年
五环路—北清桥				94.80	94.70	95.83
北清桥—六环路					93.58	94.82
六环路外	90.02	93.67	94.78	94.90	93.76	94.93
出京	2016 年	2017 年	2018 年	2019 年	2020 年	
五环路—北清桥	95.09	95.52	95.41	95.04	95.03	
北清桥—六环路	93.79	93.68	93.48	91.99	94.12	
六环路外	94.21	94.38	94.41	93.45	93.94	
进京	2009 年	2010 年	2011 年	2013 年	2014 年	2015 年
五环路—北清桥				93.00	92.82	95.71
北清桥—六环路					93.90	94.67
六环路外	89.82	91.96	94.46	94.10	93.83	94.56
进京	2016 年	2017 年	2018 年	2019 年	2020 年	
五环路—北清桥	94.80	95.04	95.10	94.46	94.19	
北清桥—六环路	93.45	93.29	93.48	91.71	92.88	
六环路外	93.38	93.28	93.41	92.28	93.05	

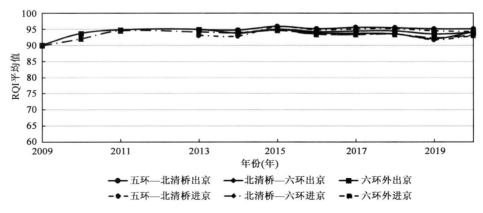

图 10-31 京新高速公路北京段 RQI 变化规律

从图 10-31 来看,京新高速公路北京段的路面行驶质量指数 RQI 总体保持优良,不同路段的 RQI 没有显著差别。通过不同路段对比分析,五环路—北清桥路段的路面行驶质量相对较好,六环路以外路段次之,北清桥—六环路段的 RQI 近年来波动有所增大。

10.7.5 新材料新技术应用

(1)建筑废弃物填筑路基技术

该工程沿线拆迁后产生大量建筑废弃物,建筑废弃物的堆积不仅占用土地资源,还会造成扬尘等环境问题。通过对建筑废弃物材料进行特性分析,明确填筑路基的粒径大小与使用范围,采取冲击碾压的施工工艺,共使用了约 3 万 m^3 建筑废弃物用于路基填筑,取得了较好的环境效益和经济效益。

(2)沥青转运车在底面层摊铺中的应用试验

京新高速公路北京段底面层采用 ATB-25 粗粒式沥青碎石混合料。为了减少粗粒式沥青碎石在摊铺过程中的离析现象,路面工程二号合同段在底面层摊铺时采用了美国 ROADTEC SB2500C 沥青混合料转运车,进行摊铺试验。转运车配置的抗离析螺旋搅拌器,可以在沥青混合料进入摊铺机之前重新混合,从而保证摊铺连续进行。通过实际摊铺效果来看,转运车通过二次搅拌,明显改善了混合料集料离析。此外,由于转运车消除了运料车与摊铺机之间的接触,改善了摊铺机牵引状况,使其能保持稳定的作业速度,极大地提高了摊铺路面的平整度。

(3)采用新型路面结构材料

五环路—六环路段的沥青路面表面层,采用橡胶沥青改性技术,这不仅减少了施工过程中碳排放也提高了道路使用舒适性,具有较好的社会效益。

六环路—德胜口段采用了温拌沥青路面材料。由于在沥青中添加了表面活性剂,可以有效降低沥青混合料的拌和温度和摊铺碾压温度,降温幅度为 30℃ 左右。从实际使用效果来看,该温拌沥青混合料挥发出的沥青有害烟雾明显减少,极大地改善了现场施工作业环境。

10.8 京昆高速公路

京昆高速公路(G5)北京段全长 50.942km,2011 年 11 月开工,2014 年 12 月通车,沥青混凝土面层厚度 20cm,水泥稳定碎石、石灰粉煤灰稳定碎石基层厚度为 56cm。多年来路面技术状况稳定,未发生早期损坏,未出现结构性损坏。京昆高速公路北京段一览表见表 10-75。

第10章 其他高速公路

京昆高速公路北京段一览表　　　　表10-75

工程概况			
完工时间	2014年12月	车道数量	双向六车道
里程长度	50.942km	交通量	680辆/(d·车道)左右
典型特征	北京西南方向重要的对外联系通道,对于缓解京石高速公路的交通压力有重要作用		
路面结构			
面层	类型	沥青混凝土	基层	类型	水泥稳定碎石、石灰粉煤灰稳定碎石
	厚度	20cm		厚度	56cm
路面性能			
技术状况	优良	病害特征	路表裂缝
裂缝	PCI>80	早期损坏	无
车辙	RDI>87	罩面时间	—

10.8.1 概况

京昆高速公路(G5)北京段是国家公路网的重要组成部分,对于推动京津冀地区区域经济,缓解京石高速公路的交通压力有重要作用;也是北京西南方向重要的对外联系通道,可以加强与中心城的快速连接,推动西南地区旅游业的发展。

京昆高速公路北京段位于北京市房山区中部,路线起点位于大苑村(西六环路东侧1.4km处),与京良路西延相接,经青龙湖镇、城关镇、阎村镇、窦店镇、石楼镇、韩村河镇、周口店镇、长沟镇、张坊镇及大石窝镇至终点市界(京冀界),与京昆高速公路河北段相接,全长50.942km,设计标准为双向六车道高速公路,设计速度120km/h,路基宽度35.5m,红线宽度80m。该工程2011年11月开工,2014年12月建成。

10.8.2 路面结构

京昆高速公路北京段路面结构总厚度76cm,硬路肩与主路采用相同的路面结构,主路路面结构见表10-76。

京昆高速公路北京段主路路面结构　　　　表10-76

序号	层位	结构层材料	厚度(cm)
1	表面层	沥青玛蹄脂碎石混合料 SMA-13	4
2	中面层	粗粒式沥青混凝土 AC-25C	7
3	下面层	密级配沥青碎石 ATB-25	9
4	上基层	抗裂型水泥稳定碎石 CCR	20
5	基层	石灰粉煤灰稳定碎石 LFCR	36

10.8.3 路面材料

(1)面层材料

京昆高速公路北京段表面层主集料采用张家口的玄武岩或门头沟的辉绿岩,磨光值大于42,与沥青黏附性为4级。表面层沥青采用橡胶沥青,相关技术要求满足相关行业标准。中面层改性沥青为 SBS 成品改性沥青和壳牌特种沥青 + Thiopave,优先采用Thiopave。底面层采用70号沥青 + Thiopave,如果 Thiopave 在使用过程中出现问题,用70号沥青代替。面层所用沥青混合料的集料通过率见表10-77。

沥青混合料集料通过率　　　　　　　　　　　表10-77

结构类型	31.5	26.5	19.0	16.0	通过下列方孔筛(mm)的质量百分率(%)							
					13.2	9.5	4.75	2.36	1.18	0.6	0.3	0.15	0.075
SMA-13				100	90~100	50~75	20~34	15~26	14~24	12~20	10~16	9~15	8~12
ATB-25	100	90~100	60~80	48~68	42~62	32~52	20~40	15~32	10~25	8~18	5~14	3~10	2~6
AC-25C	100	90~100	70~90	60~83	51~76	40~65	24~52	14~42	10~33	7~24	5~17	4~13	3~7

工程所用的沥青混合料是以马歇尔试验来进行控制的,中面层配合比设计中4.75mm通过率宜小于40%,底面层 ATB-25 配合比设计中 4.75mm 通过率宜小于或等于30%,试验中采用大马歇尔试验。沥青混合料标准见表10-78。

沥青混合料标准　　　　　　　　　　　表10-78

沥青混合料类型	试验项目				
	击实次数(次)	稳定度(kN)	流值(mm)	空隙率(%)	动稳定度(次/mm)
SMA-13	两面各50次	>6	—	3~4	>3000
ATB-25	两面各75次	>8	2~4	3~6	>800
AC-25C	两面各75次	>8	1.5~4	3~6	>1000

沥青混合料马歇尔稳定度见证试验记录如表10-79所示。

沥青混合料稳定度记录　　　　　　　　　　　表10-79

层位	毛体积相对密度	稳定度(kN)	流值(mm)
AC-25C	2.444	17.7	2.6
ATB-25	2.428	17.24	3.1
ARSMA-13	2.426	9.57	2.4

(2) 基层材料

京昆高速公路北京段上基层抗裂型水泥稳定碎石7d无侧限抗压强度≥4.0MPa，石灰粉煤灰碎石7d无侧限抗压强度≥0.8MPa，底基层石灰粉煤灰碎石7d无侧限抗压强度≥0.6MPa。

10.8.4 交通量情况

京昆高速公路（G5）北京段，又称为京石二通道，与现状京港澳高速公路基本平行。京昆高速公路北京段的通车，对于加强北京西南地区与中心城的快速连接具有重要作用。据2017—2020年的京昆高速公路北京段断面年日均交通量数据来看（表10-80），京昆高速公路北京段在2018年和2019年的日均交通量已接近2万辆。从客货比例来看，京昆高速公路北京段车辆以客车为主，货车比例占23%左右；从大客车及中型以上货车交通量来看，京昆高速公路北京段2018年、2019年的客车及中型以上货车交通量在680辆/(d·车道)左右，属于轻交通等级。

京昆高速公路北京段断面年日均交通量统计表（单位：辆）　　表10-80

年份(年)	观测站名称	小型客车	大型客车	小型货车	中型货车	大型货车	特大型货车	集装箱车
2017	北拒马河桥南站	9114	153	855	396	328	1057	26
2018		15030	377	1882	936	566	2238	45
2019		14712	376	1192	1158	505	1886	83
2020		4665	167	184	489	134	542	42

10.8.5 路面性能

(1) 交工检测情况

2015年5月，北京市公路工程质量检测中心对京昆高速公路北京段路面工程全线，进行了自动化设备系统检测，路面结构强度检测采用自动弯沉检测仪连续测定，弯沉均值为3.6(0.01mm)；路面抗滑性能检测采用横向力系数检测车进行检测，横向力系数SFC代表值为66.7；路面行驶质量指数采用RTP-2004激光断面仪，国际平整度指数IRI均值为1.12m/km。

(2) 路面技术状况

北京市首都公路发展集团有限公司对京昆高速公路北京段路面技术状况各指标进行了系统的检测（表10-81）。从历年的检测结果来看，京昆高速公路北京段路面技术状况优良，整体质量状况保持良好，但路面损坏状况指数衰减较快。

京昆高速公路北京段路面技术状况历年检测结果　　　　　表 10-81

出京	2015 年	2016 年	2017 年	2018 年	2019 年	2020 年
PCI	99.54	99.13	97.49	92.85	89.04	82.56
RQI	95.96	94.58	93.94	93.66	92.28	93.35
RDI	89.78	92.92	88.83	87.38	92.19	92.26
SRI	98.04	89.35	89.35	86.35	86.02	87.39
进京	2015 年	2016 年	2017 年	2018 年	2019 年	2020 年
PCI	99.56	99.42	98.37	94.17	92.12	89.22
RQI	95.78	95.08	95.30	95.21	93.32	95.19
RDI	89.98	96.05	95.11	94.75	95.83	96.29
SRI	97.47	95.85	95.85	86.69	86.71	91.16

从图 10-32 来看,京昆高速公路北京段沥青路面损坏状况指数达到优良水平,PCI 随路龄的增加而减小。进京方向的 PCI 总体上优于出京方向,出京方向的 PCI 衰减速度明显大于进京方向,从近年来 PCI 数值对比来看,出京方向 PCI 的衰减速度达到进京方向的 2 倍。基于进出京 PCI 检测数据,计算得到京昆高速公路北京段沥青路面 PCI 衰变方程,见式(10-34)和式(10-35)。

$$\text{PCI}_{出京} = 100\{1 - \exp[1 - (11/y_{2015})^{0.91}]\} \quad (10\text{-}34)$$

$$\text{PCI}_{进京} = 100\{1 - \exp[1 - (17/y_{2015})^{0.76}]\} \quad (10\text{-}35)$$

式中：y_{2015}——从 2015 年开始计算的路面使用年限。

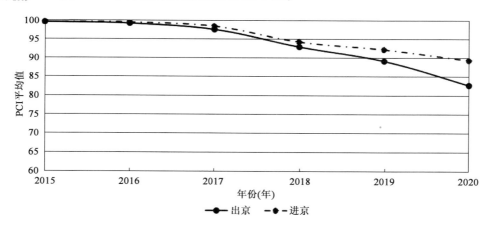

图 10-32　京昆高速公路北京段 PCI 变化规律

通过上式可以看出,虽然京昆高速公路北京段目前的交通等级为轻交通,但是 PCI 衰减仍然较为明显。出京 PCI 的寿命因子为 11,进京 PCI 寿命因子为 17。进京方向的 PCI 衰减模式因子为 0.76,小于出京方向 PCI 衰减模式因子,进京方向路面初期的 PCI 下降略大于出京方向。

从图 10-33 来看,京昆高速公路北京段沥青路面车辙深度指数达到优良水平,RDI 的演变总体上保持稳定。进京方向的 RDI 波动较小,历年均优于出京方向,说明进京方向的车辙深度小于出京方向。京昆出京方向 2015—2018 年 RDI 衰变规律如式(10-36)所示。

$$RDI_{出京} = 100\{1 - \exp[1 - (31/y_{2015})^{0.36}]\} \quad (10\text{-}36)$$

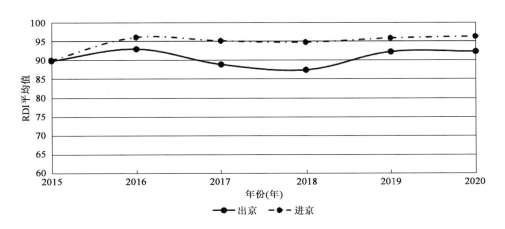

图 10-33　京昆高速公路北京段 RDI 变化规律

由此可见,京昆高速公路北京段沥青路面车辙深度指数的发展规律与 PCI 不同,RDI 衰变模式因子为 0.36,车辙深度的演变规律为初期快速下降,后期缓慢下降的特点。

从图 10-34 来看,京昆高速公路北京段路面行驶质量指数为优,RQI 衰减较小。对比不同方向的 RQI,同样是进京方向优于出京方向,说明京昆高速公路北京段的质量状况总体上为进京一侧好于出京一侧。

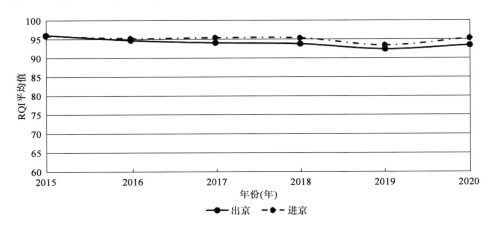

图 10-34　京昆高速公路北京段 RQI 变化规律

10.9　近年其他高速公路

近年来,为促进北京市"三城一区"建设、京津冀协同发展,支持北京2022年冬奥会、新机场建设,北京先后建成通车了八条高速公路。其中,京密高速公路(怀柔段)全长6.1km,2011年4月开工,2012年4月通车;京台高速公路北京段全长26.6km,2014年12月开工,2016年12月通车;京秦高速公路(北京东六环—京冀界)全长6.294km,2016年11月开工,2018年8月通车;首都地区环线高速公路(通州—大兴段)全长38.2km,2016年12月开工,2018年8月通车;兴延高速公路全长43.4km,2016年4月开工,2018年12月通车;延崇高速公路全长33.2km,2016年12月开工,2019年12月通车;北京新机场高速公路全长27.2km,2016年11月开工,2019年7月通车;新机场北线高速公路全长14.66km,2017年12月开工,2019年7月通车。

10.9.1　京密高速公路

(1)工程概况

京密高速公路(S35)位于北京市北部地区,是北京市雁栖湖生态示范区对外联络通道的组成部分。工程南起京承高速公路南侧,向北经京承高速公路、大秦铁路、庙城南街、创业街、怀昌路、怀杨路、怀耿路,终点止于开放环岛,道路全长6.1km。其中,京承高速公路—庙城南街段为既有道路改造,改造段长2.4km;庙城南街—开放环岛段于现京密路主路两侧新建高架桥,高架桥全长3.7km。路基宽度28m,分隔带宽度2m。该工程于2011年4月开工建设,于2012年4月建成通车。

(2)路面结构

京密高速公路由北京市市政工程设计研究总院设计,路面结构总厚度68cm,路面结构如表10-82所示。

京密高速公路主路路面结构　　　　　表10-82

序号	层位	结构层材料	厚度(cm)
1	表面层	温拌改性沥青玛蹄脂碎石混合料 SMA-13	4
2	中面层	温拌改性中粒式改性沥青混凝土 AC-20C	6
3	下面层	粗粒式温拌沥青混凝土 AC-25	8
4	上基层	水泥稳定碎石 CCR($\geqslant$4MPa)	17
5	下基层	水泥稳定碎石 CCR($\geqslant$4MPa)	17
6	底基层	水泥稳定碎石 CCR($\geqslant$2.5MPa)	16

(3)质量检评情况

2012年3月,采用激光断面仪和横向力系数测试车,对京密高速公路沥青路面全线进行了连续检测,其中路面工程(K1+830.34~KB6+307,K1+830.34~KD6+147)平整度检测255段,IRI平均值1.54(m/km),合格率92.9%;抗滑性能SFC检测1736段,平均值56.3,标准差3.82,代表值56.12。

10.9.2 京台高速公路

(1)工程概况

京台高速公路(G3)北京段,起于北京市大兴区南五环的旧宫新桥,向南沿凉凤灌渠布置,经瀛海镇规划中心区西侧后与六环路相交,之后沿北野场灌渠向南,下穿京山铁路与京沪高铁,向南经大渠村西侧至终点,在田家营村(京冀界)与京台高速公路廊坊段相接,全长26.6km。该工程设计速度为100km/h和120km/h(从设计起点至主收费站为100km/h,主收费站至设计终点为120km/h),标准路基宽度为41m和42m两种,横断面布置为双向八车道加硬路肩,路面宽度为37.5m。该工程于2014年12月底开工建设,于2016年12月9日正式通车。

(2)路面结构

京台高速公路北京段主路路面结构总厚度76cm,路面结构如表10-83所示。

京台高速公路北京段主路路面结构　　　　表10-83

序号	层位	结构层材料	厚度(cm)
1	表面层	沥青玛蹄脂碎石混合料SMA-13	4
2	中面层	中粒式改性沥青混凝土 AC-20C(SBS4-5.5%,湖沥青25%)	6
3	下面层	沥青稳定碎石混合料ATB-30	12
4	上基层	水泥稳定碎石CCR	18
5	下基层	石灰粉煤灰稳定碎石LFCR	18
6	底基层	石灰粉煤灰稳定碎石LFCR	18

(3)交通量状况

京台高速公路北京段,是国家高速公路网G3京台高速公路(北京—台北)的起始段,是落实"京津冀一体化战略,交通先行"及"首都新机场"配套项目的重点工程。工程建成后,成为北京去往天津方向的第三条通道和新机场东部的集散通道,对促进京津冀区域交通协调发展具有重要意义。

从近年来的交通量统计来看,京台高速公路北京段年日均断面交通量波动较大,2019年超过40000辆,2020年受疫情影响降到30000辆左右(表10-84)。小客车所占比例大,近三年的小客车占比均达到80%左右。大客车及中型以上货车交通量为500辆/(d·车道)左右,属于轻交通等级。

京台高速公路北京段断面年日均交通量统计表(单位:辆) 表10-84

年份(年)	观测站名称	小型客车	大型客车	小型货车	中型货车	大型货车	特大型货车	集装箱车
2018	东芦各庄桥	3176	50	250	221	73	172	17
2019		33246	498	2602	2031	487	1484	109
2020		24655	268	2311	1752	424	1333	64

(4)质量检评情况

2016年11月,采用自动弯沉检测仪、激光断面仪、激光构造深度仪、路面雷达,对京台高速公路北京段全线进行了连续检测,检测结果见表10-85~表10-88。

京台高速公路北京段沥青路面弯沉汇总结果 表10-85

桩号	位置	平均值(0.01mm)	标准差(0.01mm)	代表值(0.01mm)
	1合同段汇总	2.1	1.33	4.3
K0+533.813~K12+700	出京	2.2	1.36	4.5
	进京	1.9	1.32	4.1
	2合同段汇总	2.0	1.22	4.0
K12+700~K27+160	出京	2.1	1.24	4.1
	进京	1.9	1.19	3.9

京台高速公路北京段沥青路面平整度汇总结果 表10-86

桩号	位置	IRI平均值(m/km)	标准差(m/km)	检测数量(段)
	1合同段汇总	1.34	0.285	948
	出京汇总	1.33	0.277	474
K0+533.813~K12+700	1车道	1.29	0.282	119
	2车道	1.31	0.290	118
	3车道	1.37	0.278	119
	4车道	1.33	0.258	118
	进京汇总	1.35	0.292	474
K0+533.813~K12+700	1车道	1.30	0.303	119
	2车道	1.32	0.266	118
	3车道	1.29	0.276	118
	4车道	1.49	0.322	119

第10章
其他高速公路

续上表

桩号	位置	IRI平均值(m/km)	标准差(m/km)	检测数量(段)
2合同段汇总		0.99	0.225	1130
出京汇总		1.02	0.235	558
K12+700~K27+160	1车道	0.95	0.227	140
	2车道	0.92	0.230	140
	3车道	1.01	0.203	140
	4车道	1.19	0.280	138
进京汇总		0.96	0.214	572
K12+700~K27+160	1车道	0.92	0.218	141
	2车道	0.85	0.205	144
	3车道	1.00	0.225	144
	4车道	1.08	0.207	143

京台高速公路北京段沥青路面构造深度汇总结果　　表10-87

桩号	位置	检测数量(段)	平均值(mm)	标准差(mm)	≥0.50mm(%)
1合同段汇总		9736	1.02	0.220	96.9
出京汇总		4868	1.04	0.215	97.6
K0+533.813~K12+700	1车道	1217	1.02	0.194	98.0
	2车道	1217	1.10	0.213	98.0
	3车道	1217	1.02	0.225	97.3
	4车道	1217	1.01	0.212	97.6
进京汇总		4868	0.99	0.225	96.19
K0+533.813~K12+700	1车道	1217	0.93	0.247	93.4
	2车道	1217	1.05	0.226	97.8
	3车道	1217	0.98	0.210	97.1
	4车道	1217	1.00	0.216	96.5
2合同段汇总		11561	0.87	0.171	94.7
出京汇总		5784	0.86	0.174	95.4
K12+700~K27+160	1车道	1446	0.85	0.171	95.23
	2车道	1446	0.90	0.182	96.5
	3车道	1446	0.80	0.167	92.5
	4车道	1446	0.89	0.174	97.5
进京汇总		5777	0.87	0.168	94.0
K12+700~K27+160	1车道	1439	0.85	0.157	96.3
	2车道	1446	0.93	0.172	94.2
	3车道	1446	0.83	0.174	89.8
	4车道	1446	0.89	0.170	95.8

京台高速公路北京段沥青路面厚度汇总结果

表 10-88

桩号	位置	检测数量(段)	平均值(cm)	标准差(cm)	代表值(cm)	合格率(%)
1 合同段汇总		4131	19.85	1.055	19.60	93.4
出京汇总		2032	19.82	1.075	19.57	93.1
K0+533.813~ K12+700	1 车道	493	19.61	1.168	19.33	90.7
	2 车道	521	19.72	1.050	19.48	92.1
	3 车道	506	19.62	1.034	19.38	91.5
	4 车道	512	20.33	1.047	20.09	98.0
进京汇总		2099	19.87	1.034	19.62	93.7
K0+533.813~ K12+700	1 车道	510	19.51	1.034	19.29	93.3
	2 车道	516	19.80	1.086	19.56	92.9
	3 车道	531	19.79	1.012	19.52	91.6
	4 车道	542	20.36	1.004	20.11	96.8
2 合同段汇总		5223	19.36	0.809	19.20	95.7
出京汇总		5180	19.30	0.787	19.14	95.1
K12+700~ K27+160	1 车道	1288	18.93	0.696	18.79	92.2
	2 车道	1296	19.48	0.808	19.32	96.5
	3 车道	1292	19.38	0.790	19.22	96.1
	4 车道	1304	19.41	0.854	19.24	95.5
进京汇总		5266	19.42	0.830	19.26	96.2
K12+700~ K27+160	1 车道	1321	19.03	0.757	18.89	92.9
	2 车道	1325	19.39	0.808	19.24	96.6
	3 车道	1304	19.56	0.906	19.40	96.9
	4 车道	1316	19.70	0.848	19.51	98.5

（5）科技成果

①水泥改良粉性土

水泥改良土是指粉碎的粉土、水泥和水的混合物，经压实产生的一种改良性路基填料，属于外掺材料稳定类型。改良土具有良好的水稳定性、稳定稳定性，同时具有一定的强度及刚度，CBR 值及弯沉指标也能得到很大的提高。

②"不黏轮"乳化沥青

以往工程使用的乳化沥青黏层油类产品，均存在轮胎黏附，导致施工车辆破坏黏结层、对周边道路造成污染等常见现象，继而影响路面层间黏结状态。京台高速公路路面施工采用的黏层油为北京奥科瑞检测技术开发有限公司开发的不黏轮改性乳化沥青产品,该产品高温条件下剪切能力强,施工时快速破乳,节约施工时间。固化后对车辆轮胎不黏附,避免出现常见的施工车辆对黏结层的破坏,同时杜绝施工车辆黏附的沥青对周边道路、标线的污染。

③低成本环氧沥青应用技术研究

环氧沥青作为一种高性能路面复合材料,其性能强度高、刚度大、韧性好,有优良的抗疲劳性能和良好的温度稳定性,同时具有良好的耐腐蚀性,是一种新型的绿色环保材料。经研发人员多次试验,用于京台高速公路沥青路面的环氧沥青,较传统环氧沥青材料,降低成本30%～60%,经济效益显著。

10.9.3 京秦高速公路

(1)工程概况

京秦高速公路(北京东六环路至京冀界)起自东六环小营村西南,接已建的北京东六环路,止于高各庄东北(京冀界),接在建的京秦高速公路河北省境内京秦连接段,全长6.294km。全线采用双向六车道高速公路标准建设,设计速度120km/h,路基宽度34.5m。工程项目于2016年11月开工建设,于2018年8月建成通车。

(2)路面结构

京秦高速公路(北京东六环路至京冀界)路面结构设计以单轴双轮组BZZ-100为标准轴载,使用年限为15年,路表设计弯沉19.5(0.01mm),主路土基回弹模量为40MPa,路床顶面验收弯沉值为210(1/100mm)。京秦高速公路(北京东六环路至京冀界)主路路面结构总厚为74cm,路面结构如表10-89所示。

京秦高速公路(北京东六环路至京冀界)主路路面结构　　表10-89

序号	层位	结构层材料	厚度(cm)
1	表面层	沥青玛蹄脂碎石混合料SMA-13	4
2	中面层	改性沥青中粒式沥青混凝土KAC-20C	7
3	下面层	粗粒式沥青碎石混合料ATB-30	9
4	上基层	水泥稳定碎石CCR(≥3.0MPa)	18
5	下基层	石灰粉煤灰稳定碎石LFCR(≥1.0MPa)	18
6	底基层	石灰粉煤灰稳定碎石LFCR(≥0.7MPa)	18

(3)质量检评情况

2018年6月,采用自动弯沉检测仪、激光断面仪、横向力系数测试车、路面雷达、激光构造深度仪,对京秦高速公路(北京东六环路至京冀界)全线进行了连续检测,检测结果见表10-90～表10-94。

京秦高速公路(北京东六环路至京冀界)沥青路面弯沉汇总结果　　表10-90

桩号	位置	平均值(0.01mm)	标准差(0.01mm)	代表值(0.01mm)
	全线汇总	2.4	1.70	5.1
K0+270~K6+564	出京	2.1	1.45	4.4
	进京	2.6	1.94	5.7

京秦高速公路沥青(北京东六环路至京冀界)路面平整度汇总结果　　表10-91

桩号	位置	IRI平均值(m/km)	标准差(m/km)	检测数量(段)
	全线汇总	1.67	0.329	294
	出京汇总	1.66	0.313	144
K0+270~K6+564	1车道	1.77	0.314	47
	2车道	1.65	0.267	47
	3车道	1.57	0.358	50
	进京汇总	1.67	0.345	150
K0+270~K6+564	1车道	1.76	0.290	46
	2车道	1.63	0.369	49
	3车道	1.62	0.375	55

京秦高速公路(北京东六环路至京冀界)沥青路面横向力系数SFC汇总结果　　表10-92

桩号	位置	平均值	标准差	代表值
	全线汇总	82.1	4.20	81.0
	出京汇总	82.1	4.14	81.1
K0+270~K6+564	1车道	83.3	4.01	82.4
	2车道	81.2	4.00	80.2
	3车道	81.8	4.42	80.8
	进京汇总	82.0	4.25	81.0
K0+270~K6+564	1车道	83.4	4.08	82.4
	2车道	80.9	3.86	79.9
	3车道	81.7	4.82	80.6

京秦高速公路(北京东六环路至京冀界)沥青路面厚度汇总结果　　表10-93

桩号	位置	检测数量(段)	平均值(cm)	标准差(cm)	代表值(cm)	合格率(%)
	全线汇总	1447	19.83	1.182	19.50	90.5
	出京汇总	755	19.90	1.258	19.56	91.1
K0+270~K6+564	1车道	252	20.08	1.234	19.75	92.9
	2车道	247	19.47	1.090	19.18	89.7
	3车道	256	20.15	1.451	19.75	90.7
	进京汇总	692	19.76	1.105	19.44	89.8
K0+270~K6+564	1车道	240	19.82	1.166	19.49	88.4
	2车道	232	19.37	0.881	19.12	89.6
	3车道	220	20.08	1.269	19.72	91.4

京秦高速公路(北京东六环路至京冀界)沥青路面构造深度汇总结果　　　表10-94

桩　　号	位　　置	平均值(mm)	标准差(mm)	段数(段)	最小值(mm)
	全线汇总	1.11	0.214	3538	0.12
	出京汇总	1.11	0.214	1760	0.18
K0+270~K6+564	1车道	1.09	0.218	587	0.23
	2车道	1.13	0.196	587	0.18
	3车道	1.13	0.229	586	0.19
	进京汇总	1.11	0.213	1778	0.12
K0+270~K6+564	1车道	1.11	0.191	594	0.14
	2车道	1.11	0.223	590	0.12
	3车道	1.10	0.226	594	0.15

10.9.4　首都地区环线高速公路

(1) 工程概况

首都地区环线高速公路(通州—大兴段)工程(G95),起点为北京市大兴区采育镇韩营村南侧市界(桩号K0+660.416),与河北省廊坊市段规划线位相接,终点为北京市通州区西集镇赵庄村北侧市界(K38+859.023),与河北省北三县段规划线位相接。路线全长38.2km,其中,大兴区10.5km,通州区27.7km。设计速度120km/h,路基宽度34.5m。全横断面布置为双向六车道加中央隔离带,道路整体向两侧加宽,单侧加宽3.25m,加宽后中央隔离带宽3m,两侧路面宽度15m。该工程于2016年12月开工建设,于2018年8月正式通车。

(2) 路面结构

首都环线高速公路(通州—大兴段)主路路面结构总厚度73cm,路面结构如表10-95所示。

首都环线高速公路(通州—大兴段)路面结构　　　表10-95

序号	层　位	结构层材料	厚度(cm)
1	表面层	沥青玛琋脂碎石混合料 SMA-13	4
2	中面层	中粒式改性沥青混凝土 AC-20C	6
3	下面层	粗粒式沥青碎石混合料 ATB-25	9
4	上基层	水泥稳定碎石 CCR	18
5	下基层	水泥稳定碎石 CCR	18
6	底基层	水泥稳定碎石 CCR	18

（3）交通量状况

首都环线高速公路的建设将北京，以及涿州、承德、廊坊、固安、张家口、崇礼等节点城市——串联起来，对推进京津冀一体化进程有着巨大助推作用。同时，北京新机场建成后，这条环线高速的一部分将成为沟通新老机场的陆路干线，成为两座机场间最便捷的走廊。首都地区环线高速公路主要功能为货车和过境车辆的通道，可以分流和减轻六环路的交通压力，汽车尾气排放也会减少。

从近两年来的交通量统计来看，首都环线高速公路（通州—大兴段）年日均断面交通量超过 20000 辆，小客车所占超过 60%（表 10-96）。大客车及中型以上货车交通量为 1000 辆/(d·车道)左右，属于中交通等级。

首都环线高速公路（通州—大兴段）断面年日均交通量统计表（单位：辆）　　表 10-96

年份（年）	观测站名称	小型客车	大型客车	小型货车	中型货车	大型货车	特大型货车	集装箱车
2019	高架桥	16615	379	1914	2081	800	4139	42
2020		13607	324	2096	2238	529	3041	69

（4）质量检评情况

2018 年 6 月，采用自动弯沉检测仪、激光断面仪、路面雷达、激光构造深度仪、横向力系数测试车，对首都环线高速公路（通州—大兴段）全线进行了连续检测，检测结果见表 10-97～表 10-101。

首都环线高速公路（通州—大兴段）沥青路面弯沉检测结果　　表 10-97

桩　号	位　置	平均值（0.01mm）	标准差（0.01mm）	代表值（0.01mm）
全线汇总		2.2	1.43	4.5
1 标汇总		1.6	1.06	3.4
K0+660.416～K11+044.462	内环	1.3	0.89	2.8
	外环	1.9	1.23	3.9
2 标汇总		2.5	1.75	5.3
K11+044.462～K30+728.822	内环	2.2	1.63	4.9
	外环	2.7	1.86	5.7
3 标汇总		2.4	1.48	4.8
K30+728.822～K38+844.137	内环	2.3	1.55	4.9
	外环	2.5	1.41	4.8

首都环线高速公路（通州—大兴段）沥青路面平整度检测结果　　表 10-98

桩　号	位　置	检测数量（段）	IRI 平均值（m/km）	标准差（m/km）
全线汇总		2195	1.23	0.268
1 标汇总		572	1.39	0.339

续上表

桩　　号	位　　置	检测数量(段)	IRI平均值(m/km)	标准差(m/km)
顺桩汇总		296	1.38	0.345
K0+660.416~K11+044.462	1车道	103	1.30	0.323
K0+660.416~K11+044.462	2车道	92	1.46	0.343
K0+660.416~K11+044.462	3车道	101	1.39	0.369
逆桩汇总		276	1.40	0.332
K0+660.416~K11+044.462	1车道	93	1.25	0.314
K0+660.416~K11+044.462	2车道	94	1.48	0.343
K0+660.416~K11+044.462	3车道	89	1.48	0.340
2标汇总		1137	1.05	0.241
顺桩汇总		571	1.08	0.244
K11+044.462~K30+728.822	1车道	190	1.02	0.231
K11+044.462~K30+728.822	2车道	190	1.12	0.231
K11+044.462~K30+728.822	3车道	191	1.09	0.268
逆桩汇总		566	1.02	0.238
K11+044.462~K30+728.822	1车道	187	0.94	0.219
K11+044.462~K30+728.822	2车道	189	1.00	0.233
K11+044.462~K30+728.822	3车道	190	1.12	0.263
3标汇总		486	1.26	0.224
顺桩汇总		243	1.29	0.219
K30+728.822~K38+844.137	1车道	81	1.20	0.201
K30+728.822~K38+844.137	2车道	81	1.14	0.181
K30+728.822~K38+844.137	3车道	81	1.54	0.274
逆桩汇总		243	1.22	0.229
K30+728.822~K38+844.137	1车道	81	1.06	0.171
K30+728.822~K38+844.137	2车道	81	1.08	0.200
K30+728.822~K38+844.137	3车道	81	1.53	0.314

首都环线高速公路(通州—大兴段)沥青路面厚度检测结果　　表10-99

桩　　号	位　　置	检测数量(段)	平均值(cm)	标准差(cm)	代表值(cm)
全线汇总		10965	19.02	1.110	18.94
1标汇总		2321	19.82	1.141	19.72
顺桩汇总		1183	19.83	1.137	19.74
K0+660.416~K11+044.462	1车道	391	19.64	1.136	19.55
K0+660.416~K11+044.462	2车道	399	20.12	1.105	20.03
K0+660.416~K11+044.462	3车道	393	19.74	1.169	19.64

续上表

桩　号	位　置	检测数量(段)	平均值(cm)	标准差(cm)	代表值(cm)
逆桩汇总		1138	19.80	1.145	19.70
K0+660.416~ K11+044.462	1车道	371	20.06	1.268	19.95
	2车道	385	19.87	1.055	19.79
	3车道	382	19.46	1.112	19.36
2标汇总		6253	18.65	1.188	18.58
顺桩汇总		3025	18.82	1.225	18.75
K11+044.462~ K30+728.822	1车道	1008	18.05	1.019	17.99
	2车道	1008	19.02	1.303	18.95
	3车道	1009	19.38	1.354	19.31
逆桩汇总		3228	18.47	1.150	18.41
K11+044.462~ K30+728.822	1车道	1064	18.02	1.035	17.97
	2车道	1083	18.51	1.151	18.45
	3车道	1081	18.87	1.254	18.80
3标汇总		2391	18.61	1.001	18.53
顺桩汇总		1163	18.72	1.072	18.63
K30+728.822~ K38+844.137	1车道	386	18.49	1.025	18.40
	2车道	388	18.77	1.000	18.69
	3车道	389	18.91	1.192	18.81
逆桩汇总		1228	18.49	0.930	18.42
K30+728.822~ K38+844.137	1车道	403	18.24	0.821	18.18
	2车道	415	18.54	0.891	18.47
	3车道	410	18.69	1.078	18.60

首都环线高速公路(通州—大兴段)沥青路面构造深度检测结果　　　表10-100

桩　号	位　置	检测数量(段)	标准差(mm)	平均值(mm)	最小值(mm)
全线汇总		22526	0.157	0.96	0.09
1标汇总		6190	0.156	1.00	0.09
顺桩汇总		3094	0.151	1.02	0.12
K0+660.416~ K11+044.462	1车道	1030	0.155	1.03	0.12
	2车道	1034	0.154	1.01	0.15
	3车道	1030	0.145	1.03	0.17
逆桩汇总		3096	0.160	0.98	0.09
K0+660.416~ K11+044.462	1车道	1034	0.154	0.99	0.11
	2车道	1030	0.159	0.95	0.09
	3车道	1032	0.169	1.00	0.10
2标汇总		11470	0.152	0.95	0.10

续上表

桩　号	位　置	检测数量(段)	标准差(mm)	平均值(mm)	最小值(mm)
顺桩汇总		5728	0.146	0.95	0.10
K11+044.462~ K30+728.822	1车道	1912	0.142	0.94	0.18
	2车道	1903	0.153	0.98	0.13
	3车道	1913	0.144	0.93	0.10
逆桩汇总		5742	0.159	0.95	0.12
K11+044.462~ K30+728.822	1车道	1904	0.178	0.96	0.15
	2车道	1913	0.148	0.95	0.15
	3车道	1925	0.149	0.95	0.12
3标汇总		4866	0.163	0.93	0.13
顺桩汇总		2433	0.172	0.92	0.13
K30+728.822~ K38+844.137	1车道	811	0.158	0.83	0.21
	2车道	811	0.187	0.94	0.16
	3车道	811	0.173	0.98	0.13
逆桩汇总		2433	0.154	0.95	0.14
K30+728.822~ K38+844.137	1车道	811	0.142	0.90	0.20
	2车道	811	0.160	0.93	0.14
	3车道	811	0.161	1.02	0.23

首都环线高速公路(通州—大兴段)沥青路面横向力系数 SFC 检测结果　　表 10-101

桩　号	位　置	检测数量(段)	平　均　值	标　准　差	代　表　值
全线汇总		11177	67.9	2.80	67.07
1标汇总		3095	66.8	2.83	65.78
顺桩汇总		1550	66.0	2.57	65.03
K0+660.416~ K11+044.462	1车道	519	68.1	2.78	67.42
	2车道	512	63.9	2.29	63.26
	3车道	519	65.8	2.66	64.42
逆桩汇总		1545	67.6	3.08	66.52
K0+660.416~ K11+044.462	1车道	519	69.6	3.26	68.21
	2车道	513	64.5	2.98	63.79
	3车道	513	68.8	3.01	67.55
2标汇总		5646	66.9	2.78	66.21
顺桩汇总		2832	65.9	2.74	65.21
K11+044.462~ K30+728.822	1车道	945	66.2	3.07	65.48
	2车道	945	64.7	2.46	64.05
	3车道	942	66.8	2.70	66.10

续上表

桩　　号	位　　置	检测数量（段）	平　均　值	标　准　差	代　表　值
逆桩汇总		2814	67.9	2.82	67.21
K11+044.462~ K30+728.822	1车道	934	68.7	2.75	68.04
	2车道	949	66.7	2.80	65.97
	3车道	931	68.3	2.91	67.62
3标汇总		2436	70	2.78	69.23
顺桩汇总		1218	69.8	2.85	69.05
K30+728.822~ K38+844.137	1车道	406	70.1	2.84	69.35
	2车道	406	68.3	2.62	67.62
	3车道	406	71.0	3.10	70.18
逆桩汇总		1218	70.1	2.70	69.40
K30+728.822~ K38+844.137	1车道	406	72.8	2.83	72.04
	2车道	406	67.9	2.34	67.32
	3车道	406	69.6	2.94	68.85

10.9.5　兴延高速公路

（1）工程概况

兴延高速公路位于京藏高速公路以西，呈南北走向，南起西北六环路双横立交，北至京藏高速公路营城子立交收费站以北，线路主要途经昌平区、延庆区。兴延高速采用双向四车道高速公路，预留远期双向六车道通行条件。昌平平原段起点六环路—新建村（K1+241~K15+700），设计速度为100km/h，采用28.5m宽整体式路基；山区段白羊沟隧道南口—终点主线收费站（K17+700~K43+400），设计速度为80km/h，采用28m宽整体式路基，分离式断面，路基宽14m。过渡段：新建村—白羊沟隧道南口（K15+700~K17+800），为车速渐变过渡段，除分离式路基断面外，其他指标按设计速度100km/h采用。该项目于2016年4月开工建设，于2018年12月实现通车。

（2）路面结构

兴延高速公路由北京市市政工程设计研究总院有限公司设计。路面结构设计以单轴双轮组BZZ-100为标准轴载，使用年限为15年，路表设计弯沉为0.1589mm。主路路面结构见表10-102。

兴延高速公路主路路面结构　　　　表10-102

序号	层　位	结构层材料	厚度（cm）
1	表面层	沥青玛蹄脂碎石混合料 SMA-13	4
2	中面层	粗粒式改性沥青混凝土 AC-25C	7

续上表

序号	层 位	结构层材料	厚度(cm)
3	下面层	密级配沥青碎石 ATB-30	9
4	上基层	水泥稳定碎石 CCR(≥6.0MPa)	20
5	下基层	石灰粉煤灰稳定碎石 LFCR(≥1.1MPa)	18
6	底基层	石灰粉煤灰稳定碎石 LFCR(≥0.8MPa)	18

（3）质量检评情况

2018年10月，采用激光断面仪、激光构造深度仪、路面雷达，对兴延高速公路全线进行了连续检测，检测结果见表10-103～表10-105。

兴延高速公路沥青路面平整度检测结果　　表10-103

桩　号	位　置	检测数量(段)	IRI平均值(m/km)	标准差(m/km)
全线汇总		1606	1.37	0.277
1标汇总		762	1.29	0.274
出京汇总		383	1.32	0.275
ZK1+241～ZK21+321	1车道	194	1.29	0.282
	2车道	188	1.35	0.268
进京汇总		379	1.27	0.272
ZK1+241～ZK21+321	1车道	190	1.24	0.281
	2车道	189	1.29	0.264
2标汇总		845	1.45	0.280
出京汇总		425	1.39	0.242
ZK21+321～ZK43+420	1车道	211	1.34	0.222
	2车道	214	1.45	0.262
进京汇总		420	1.51	0.317
ZK21+321～ZK43+420	1车道	208	1.45	0.314
	2车道	212	1.58	0.313

兴延高速公路沥青路面构造深度检测结果　　表10-104

桩　号	位　置	检测数量(段)	平均值(mm)	标准差(mm)	最小值(mm)
全线汇总		16201	1.050	0.196	0.120
1标汇总		7625	1.125	0.197	0.160
出京汇总		3820	1.132	0.199	0.160
ZK1+241～ZK21+321	1车道	1920	1.113	0.193	0.160
	2车道	1900	1.151	0.205	0.160
进京汇总		3805	1.117	0.195	0.190

续上表

桩 号	位 置	检测数量（段）	平均值（mm）	标准差（mm）	最小值（mm）
ZK1+241~ZK21+321	1 车道	1906	1.091	0.189	0.190
	2 车道	1899	1.144	0.200	0.190
2 标汇总		8576	0.983	0.194	0.120
出京汇总		4270	0.977	0.179	0.170
ZK21+321~ZK43+420	1 车道	2134	0.936	0.178	0.170
	2 车道	2136	1.017	0.179	0.170
进京汇总		4306	0.990	0.210	0.120
ZK21+321~ZK43+420	1 车道	2157	0.922	0.211	0.170
	2 车道	2149	1.058	0.208	0.120

兴延高速公路沥青路面（隧道外）厚度项目检测结果　　表10-105

桩 号	位 置	检测数量（段）	平均值（cm）	标准差（cm）	代表值（cm）	合格率（%）
全线汇总		4823	19.61	0.903	19.4	93.1
1 标汇总		3694	19.74	1.066	19.5	92.9
出京汇总		1833	19.72	1.197	19.5	90.0
	1 车道	917	19.48	1.143	19.2	88.3
	2 车道	916	19.96	1.250	19.7	91.6
进京汇总		1861	19.75	0.934	19.5	95.7
	1 车道	931	19.44	0.915	19.2	93.3
	2 车道	930	20.05	0.953	19.8	98.0
2 标汇总		1129	19.47	0.739	19.3	93.2
出京汇总		568	19.67	0.754	19.5	92.1
	1 车道	284	19.61	0.736	19.4	90.9
	2 车道	284	19.73	0.771	19.5	93.2
进京汇总		561	19.26	0.724	19.1	94.2
	1 车道	281	19.01	0.760	18.8	90.5
	2 车道	280	19.50	0.687	19.3	97.8

10.9.6　延崇高速公路

（1）工程概况

延崇高速公路北京段工程位于北京市西北部，为河北省张家口地区与北京市沟通的一条重要道路，也是服务于2019年延庆世园会、2022年北京冬奥会重要赛场的联络线，道路起点位于京藏高速公路营城子互通立交，接兴延高速公路，途经八达岭镇、康庄镇、延庆镇、张山营镇4个镇、15个自然村、3个自然风景保护区(松山、野鸭湖和玉渡山),终点位于张山营镇京冀界,全长约33.2km,工程估算总投资118.30亿元。全线设计速度80km/h,双向四车道,路基宽度28.5m/26m。工程于2016年12月开工,于2019年12月完成交工验收。

(2)路面结构

延崇高速公路北京段路面工程由北京市市政工程设计研究总院有限公司设计。路面结构设计以单轴双轮组BZZ-100为标准轴载,使用年限为15年,路表设计弯沉为0.1589mm。主路路面结构见表10-106。

延崇高速公路(北京段)主路路面结构　　　　　　　　　　　　　表10-106

序号	层　位	结构层材料	厚度(cm)
1	表面层	沥青玛琋脂碎石混合料SMA-13	4
2	中面层	粗粒式SBS改性沥青混凝土AC-25C	7
3	下面层	密级配硬质沥青碎石ATB-30	9
4	上基层	水泥稳定碎石CCR(≥6.0MPa)	20
5	下基层	石灰粉煤灰稳定碎石LFCR(≥1.1MFa)	18
6	底基层	石灰粉煤灰稳定碎石LFCR(≥0.8MFa)	18

(3)质量检评情况

2019年10月,采用自动弯沉检测仪、激光断面仪、路面雷达、激光构造深度仪,对延崇高速公路北京段全线进行了连续检测,检测结果见表10-107~表10-110。

延崇高速公路(北京段)沥青路面弯沉检测结果　　　　　　　　　　表10-107

桩　号	位　置	检测数量(段)	平均值(0.01mm)	标准差(0.01mm)	代表值(0.01mm)
全线汇总		891	2.52	2.05	5.89
K0+406~K11+689	顺桩	451	2.52	1.82	5.52
	逆桩	440	2.51	2.28	6.26

延崇高速公路(北京段)沥青路面平整度结果汇总　　　　　　　　　表10-108

桩　号	位　置	IRI平均值(m/km)	标准差(m/km)	检测数量(段)
全线汇总		1.38	0.267	572
1标汇总		1.31	0.265	440
顺桩汇总		1.31	0.277	220
K0+406~K11+689	超车道	1.26	0.257	110
	行车道	1.36	0.296	110
逆桩汇总		1.31	0.253	220
K11+689~K0+406	超车道	1.25	0.224	110
	行车道	1.36	0.281	110

续上表

桩号	位置	IRI 平均值（m/km）	标准差（m/km）	检测数量（段）
2 标汇总		1.44	0.269	132
顺桩汇总		1.41	0.287	66
K11+689~K15+000	超车道	1.35	0.271	33
	行车道	1.47	0.303	33
逆桩汇总		1.48	0.252	66
K15+000~K11+689	超车道	1.41	0.247	33
	行车道	1.54	0.256	33

延崇高速公路（北京段）沥青路面厚度汇总　　表 10-109

桩号	位置	检测数量（段）	平均值（cm）	标准差（cm）	代表值（cm）	合格率（%）
路面全线汇总		778	19.73	1.110	19.48	100
顺桩汇总		187	19.14	0.844	18.94	91.6
K0+406.895~K1+502.295	1 车道	95	19.40	0.936	19.18	90.2
	2 车道	92	18.88	0.752	18.70	93.0
逆桩汇总		182	18.94	1.447	18.69	70.5
K0+406.895~K1+502.295	1 车道	89	19.02	1.208	18.81	76.4
	2 车道	93	18.86	1.685	18.57	64.5
顺桩汇总		142	21.11	1.663	20.78	98.6
K5+285~K6+060	1 车道	72	21.31	2.037	20.91	98.6
	2 车道	70	20.9	1.288	20.64	98.6
逆桩汇总		141	20.24	1.081	20.03	100
K5+285~K6+060	1 车道	70	20.29	1.105	20.07	100
	2 车道	71	20.19	1.056	19.98	100
顺桩汇总		65	19.36	0.833	19.12	97.0
K7+730~K8+109.223	1 车道	31	19.14	0.504	18.99	96.8
	2 车道	34	19.58	1.161	19.24	97.1
逆桩汇总		61	19.59	0.795	19.34	100
K7+730~K8+109.223	1 车道	31	19.65	0.682	19.44	100
	2 车道	30	19.52	0.907	19.24	100

延崇高速公路（北京段）沥青路面构造深度汇总　　表 10-110

桩号	位置	平均值（mm）	标准差（mm）	检测数量（段）	最小值（mm）
全线汇总		0.824	0.182	5840	0.11
1 标汇总		0.840	0.174	4516	0.120
顺桩汇总		0.830	0.174	2258	0.130
K0+406~K11+689	超车道	0.790	0.170	1129	0.140
	行车道	0.871	0.178	1129	0.130

续上表

桩　　号	位　　置	平均值(mm)	标准差(mm)	段数(段)	最小值(mm)
	逆桩汇总	0.850	0.173	2258	0.120
K11+689~ K0+406	超车道	0.830	0.177	1129	0.120
	行车道	0.870	0.169	1129	0.130
	2标汇总	0.807	0.189	1324	0.110
	顺桩汇总	0.797	0.180	662	0.18
K11+689~ K15+000	超车道	0.797	0.168	331	0.190
	行车道	0.796	0.192	331	0.180
	逆桩汇总	0.817	0.199	662	0.110
K15+000~ K11+689	超车道	0.798	0.201	331	0.110
	行车道	0.836	0.196	331	0.260

(4)科技成果

①防冰雪路面技术研究及应用

延崇高速公路作为河北省张家口地区与北京市沟通的一条重要通道,也是2022年北京冬奥会的重要联络线,路面采用防冰雪路面,将大大降低人力、物力投入及融雪剂对周围环境的影响。与普通路面相比,通过防冻路面技术,降低道路表面水的冰点,延迟道路积雪冰点,在降雪量较少或路面冻结初期能大大提升路面抗滑性能,减少交通事故的发生。考虑延崇高速公路所处地址情况、施工特点,防冰雪路面技术实施难度、经济、效果及环保等因素,开展防冰雪路面技术研究。

②妫川路立交海绵湿地工程研究

妫川路立交距离世博园较近,该立交所处区域生态职能是北京市的后花园、西部生态屏障的重要一环,是重要水源保护地,是保护首都城市生态安全的关键区域。通过景观设计来解决立交区雨洪问题,即建立道路"绿色海绵",将雨水资源与道路地表径流引流、收集,使其资源化,使雨水发挥综合生态服务功能,包括补充地下水、建立湿地,形成独特的湿地立交景观。

10.9.7 北京新机场高速公路

(1)工程概况

北京新机场高速公路(南五环路—北京新机场),起点为南五环路(五环立交北侧,桩号K12+753.448),设计终点为北京新机场(新机场北围界,桩号XK39+759.131),全长27.2km。均位于大兴区,途经西红门镇、观音寺街道、团河农场、黄村镇、魏善庄镇、庞各庄镇、礼贤镇。道路设计速度100～120km/h,双向八车道,路基宽度为38.5m。该项目于2016年11月30日开工,于2019年7月1日建成正式通车。

(2) 路面结构

北京新机场高速公路(南五环路—北京新机场),路面工程由北京市市政工程设计研究总院有限公司设计。路面结构设计以单轴双轮组BZZ-100为标准轴载,使用年限为15年,累计当量轴次为33.0×10^7次,路表设计弯沉为18.8(1/100mm)。主路沥青路面结构厚度为74cm,路面结构见表10-111。

北京新机场高速公路(南五环路—北京新机场)主路路面结构　　　表10-111

序号	层位	结构层材料	厚度(cm)
1	表面层	沥青玛蹄脂碎石混合料 SMA-13(SBS改性)	4
2	中面层	中粒式改性沥青混凝土 AC-20C(SBS改性)	7
3	下面层	密级配沥青碎石 ATB-30	9
4	上基层	抗裂型水泥稳定碎石 CCR(≥4.0MPa)	18
5	下基层	水泥稳定碎石 CCR(≥4.0MPa)	18
6	底基层	石灰粉煤灰稳定碎石 LFCR(≥0.6MPa)	18

(3) 质量检评情况

2019年6月,采用自动弯沉检测仪、激光断面仪、路面雷达、激光构造深度仪、横向力系数测试车,对北京新机场高速公路(南五环路—北京新机场)全线进行了连续检测,检测结果见表10-112～表10-116。

北京新机场高速公路(南五环路—北京新机场)沥青路面弯沉检测结果　　　表10-112

桩号	位置	检测数量(个)	平均值(0.01mm)	标准差(0.01mm)	代表值(0.01mm)
全线汇总		1592	2.87	1.81	5.83
1标汇总		630	2.21	1.50	4.67
K12+753.448～K23+766.507	出京	315	2.26	1.52	4.75
K12+753.448～K23+766.507	进京	315	2.16	1.47	4.59
2标汇总		962	3.52	2.11	6.99
K23+766.507～K39+759.131	出京	484	3.22	1.89	6.32
K23+766.507～K39+759.131	进京	478	3.82	2.33	7.66

北京新机场高速公路(南五环路—北京新机场)沥青路面平整度检测结果　　　表10-113

桩号	位置	检测数量(段)	IRI平均值(m/km)	标准差(m/km)
全线汇总		2096	1.26	0.251
1标汇总		831	1.22	0.241
	出京汇总	422	1.26	0.238

续上表

桩　　号	位　　置	检测数量(段)	IRI 平均值(m/km)	标准差(m/km)
K12+753.448~ K23+766.507	1 车道	106	1.21	0.230
	2 车道	107	1.30	0.277
	3 车道	107	1.21	0.207
	4 车道	102	1.32	0.239
进京汇总		409	1.18	0.243
K12+753.448~ K23+766.507	1 车道	104	1.12	0.244
	2 车道	104	1.17	0.253
	3 车道	104	1.17	0.219
	4 车道	97	1.24	0.255
2 标汇总		1265	1.30	0.260
出京汇总		632	1.33	0.255
K23+766.507~ K39+759.131	1 车道	166	1.26	0.262
	2 车道	157	1.38	0.279
	3 车道	155	1.24	0.217
	4 车道	154	1.42	0.260
进京汇总		633	1.26	0.265
K23+766.507~ K39+759.131	1 车道	157	1.20	0.244
	2 车道	160	1.33	0.355
	3 车道	158	1.16	0.203
	4 车道	158	1.35	0.256

北京新机场高速公路(南五环路—北京新机场)**沥青路面厚度检测结果**　　表 10-114

桩　　号	位　　置	检测数量(段)	平均值(cm)	标准差(cm)	代表值(cm)	合格率(%)
全线汇总		2718	20.45	1.052	20.26	98.9
1 标汇总		1099	20.37	1.063	20.16	99.0
出京汇总		549	20.38	1.022	20.18	99.4
K12+753.448~ K23+766.507	1 车道	137	20.38	1.074	20.16	99.2
	2 车道	138	20.60	1.019	20.39	100
	3 车道	137	20.26	1.131	20.04	98.5
	4 车道	137	20.28	0.862	20.11	100
进京汇总		550	20.36	1.104	20.13	98.5
K12+753.448~ K23+766.507	1 车道	141	19.81	1.092	19.60	93.8
	2 车道	141	20.80	1.135	20.57	100
	3 车道	127	20.44	1.198	20.16	100
	4 车道	141	20.39	0.991	20.19	100
2 标汇总		1619	20.53	1.040	20.36	98.8

续上表

桩号	位置	检测数量（段）	平均值（cm）	标准差（cm）	代表值（cm）	合格率（%）
出京汇总		810	20.50	1.062	20.33	99.1
K23+766.507～K39+759.131	1车道	202	20.57	1.114	20.39	97.0
	2车道	203	20.76	1.080	20.59	99.2
	3车道	202	20.44	1.104	20.26	100
	4车道	203	20.23	0.950	20.07	100
进京汇总		809	20.56	1.018	20.38	98.4
K23+766.507～K39+759.131	1车道	205	20.10	1.031	19.93	95.9
	2车道	204	20.50	1.030	20.33	97.7
	3车道	204	20.83	1.059	20.65	100
	4车道	196	20.79	0.953	20.62	100

北京新机场高速公路（南五环路—北京新机场）**沥青路面构造深度检测结果**　表10-115

桩号	位置	检测数量（段）	平均值（mm）	标准差（mm）
全线汇总		2096	1.20	0.130
1标汇总		831	1.07	0.108
出京汇总		422	1.07	0.124
K12+753.448～K23+766.507	1车道	106	1.12	0.114
	2车道	107	1.04	0.135
	3车道	107	1.02	0.136
	4车道	102	1.09	0.110
进京汇总		409	1.06	0.077
K12+753.448～K23+766.507	1车道	104	1.08	0.072
	2车道	104	1.05	0.074
	3车道	104	1.02	0.069
	4车道	97	1.07	0.093
2标汇总		1265	1.33	0.151
出京汇总		632	1.37	0.143
K23+766.507～K39+759.131	1车道	166	1.34	0.135
	2车道	157	1.41	0.150
	3车道	155	1.33	0.143
	4车道	154	1.40	0.143
进京汇总		633	1.29	0.159
K23+766.507～K39+759.131	1车道	157	1.22	0.153
	2车道	160	1.27	0.160
	3车道	158	1.29	0.150
	4车道	158	1.36	0.173

北京新机场高速公路(南五环路—北京新机场)沥青路面横向力系数SFC检测结果 表10-116

桩号	位置	检测数量(段)	平均值	标准差	代表值
全线汇总		4782	70.9	4.20	70.5
1标汇总		1626	72.8	3.85	72.3
出京汇总		828	73.5	3.51	73.0
K12+753.448~ K23+766.507	1车道	207	73.6	3.71	73.2
	2车道	207	74.2	3.65	73.8
	3车道	207	74.9	3.00	74.6
	4车道	207	71.1	3.67	70.7
进京汇总		798	72.1	4.19	71.6
K12+753.448~ K23+766.507	1车道	209	74.8	4.13	74.3
	2车道	209	68.5	4.14	68.1
	3车道	190	72.8	4.02	72.3
	4车道	190	72.3	4.48	71.8
2标汇总		3156	69.1	4.55	68.7
出京汇总		1576	69.5	4.72	69.1
K23+766.507~ K39+759.131	1车道	394	70.2	5.03	69.8
	2车道	394	71.1	5.11	70.7
	3车道	394	70.5	4.37	70.2
	4车道	394	66.0	4.37	65.7
进京汇总		1580	68.6	4.38	68.2
K23+766.507~ K39+759.131	1车道	395	73.3	3.63	73.0
	2车道	395	65.6	4.58	65.2
	3车道	395	69.1	4.32	68.8
	4车道	395	66.2	5.00	65.8

10.9.8 新机场北线高速公路

(1)工程概况

新机场北线高速公路(京开高速公路—京台高速公路段),主要位于大兴区礼贤镇,路线自西向东跨越京开高速公路、京九铁路、大狼垡沟、磁大路、青礼路旧线、田营沟、京台高速公路至道路终点。工程道路全长14.66km,设计速度120km/h,主路标准路基宽度为41m,横断面布置为双向八车道加中央隔离带。该项目于2017年12月开工,于2019年7月正式通车。

(2)路面结构

新机场北线高速公路(京开高速公路—京台高速公路段)主路沥青路面结构厚度为74cm,路面结构见表10-117。

新机场北线高速公路(京开高速公路—京台高速公路段)主路沥青路面结构　表10-117

序号	层位	结构层材料	厚度(cm)
1	表面层	沥青玛蹄脂碎石混合料 SMA-13	4
2	中面层	中粒式沥青混凝土 AC-20C(SBS 改性)	7
3	下面层	密级配沥青碎石 ATB-25	9
4	上基层	水泥稳定碎石 CCR	18
5	下基层	水泥稳定碎石 CCR	18
6	底基层	石灰粉煤灰稳定碎石 LFCR	18

(3)质量检评情况

2019年6月,采用自动弯沉检测仪、激光断面仪、路面雷达、激光构造深度仪、横向力系数测试车,对新机场北线高速公路(京开高速公路—京台高速公路段)全线进行了连续检测,检测结果见表10-118~表10-122。

新机场北线高速公路(京开高速公路—京台高速公路段)沥青路面弯沉检测结果　表10-118

桩号	位置	检测数量(段)	平均值(0.01mm)	标准差(0.01mm)	代表值(0.01mm)
全线汇总		4002	2.2	1.34	4.4
1标汇总		1232	2.3	1.40	4.6
K1+750~K6+430	出京	606	1.6	1.18	3.6
K1+750~K6+430	进京	626	2.9	1.62	5.5
2标汇总		2770	2.2	1.28	4.3
K6+430~K15+260	出京	1414	1.9	1.01	3.5
K6+430~K15+260	进京	1356	2.5	1.55	5.1

新机场北线高速公路(京开高速公路—京台高速公路段)沥青路面平整度检测结果　表10-119

桩号	位置	IRI 平均值(m/km)	标准差(m/km)	检测数量(段)
全线汇总		1.09	0.265	952
1标汇总		1.06	0.280	324
出京汇总		1.06	0.293	160
K1+750~K6+430	1车道	1.08	0.242	37
K1+750~K6+430	2车道	1.11	0.270	41
K1+750~K6+430	3车道	1.01	0.332	41
K1+750~K6+430	4车道	1.06	0.327	41

续上表

桩　　号	位　　置	IRI 平均值（m/km）	标准差（m/km）	检测数量（段）
进京汇总		1.05	0.266	164
K1+750～ K6+430	1 车道	1.16	0.266	41
	2 车道	1.04	0.267	41
	3 车道	1.12	0.316	41
	4 车道	0.87	0.213	41
2 标汇总		1.12	0.250	628
出京汇总		1.15	0.239	315
K6+430～ K15+260	1 车道	1.11	0.240	79
	2 车道	1.18	0.243	79
	3 车道	1.17	0.237	79
	4 车道	1.13	0.237	78
进京汇总		1.09	0.260	313
K6+430～ K15+260	1 车道	1.03	0.257	80
	2 车道	1.04	0.279	78
	3 车道	1.09	0.262	77
	4 车道	1.22	0.245	78

**新机场北线高速公路（京开高速公路—京台高速公路段）
沥青路面厚度检测结果**　　表 10-120

桩　　号	位　　置	检测数量（段）	平均值（cm）	标准差（cm）	代表值（cm）	合格率（%）
全线汇总		6692	19.27	0.914	19.19	92.6
1 标汇总		1929	19.13	0.840	19.04	91.7
出京汇总		963	19.03	0.690	18.95	92.7
K1+750～ K6+430	1 车道	241	18.72	0.692	18.65	80.5
	2 车道	241	19.15	0.643	19.08	94.6
	3 车道	241	19.17	0.665	19.10	97.5
	4 车道	240	19.06	0.760	18.98	98.3
进京汇总		966	19.23	0.990	19.12	90.6
K1+750～ K6+430	1 车道	243	18.74	0.966	18.64	81.5
	2 车道	241	19.46	1.122	19.34	91.3
	3 车道	252	19.60	1.060	19.49	96.4
	4 车道	230	19.11	0.820	19.02	93.0
2 标汇总		4763	19.40	0.987	19.34	93.5
出京汇总		2374	19.56	1.164	19.48	92.2
K6+430～ K15+260	1 车道	592	19.51	1.051	19.44	93.8
	2 车道	593	19.45	1.172	19.37	89.0

续上表

桩　号	位　置	检测数量(段)	平均值(cm)	标准差(cm)	代表值(cm)	合格率(%)
K6+430~ K15+260	3车道	595	19.80	1.381	19.70	91.6
	4车道	594	19.49	1.051	19.42	94.4
进京汇总		2389	19.24	0.810	19.19	94.7
K6+430~ K15+260	1车道	597	19.31	0.733	19.26	97.8
	2车道	597	19.08	0.809	19.03	92.0
	3车道	598	19.35	0.870	19.29	95.5
	4车道	597	19.23	0.839	19.17	93.5

机场北线高速公路(京开高速公路—京台高速公路段)　　　　表10-121
沥青路面构造深度检测结果

桩　号	位　置	检测数量(段)	平均值(mm)
全线汇总		952	1.06
1标汇总		327	1.07
出京汇总		163	1.04
K1+750~K6+430	1车道	40	1.09
	2车道	41	1.03
	3车道	41	1.04
	4车道	41	1.01
进京汇总		164	1.10
K1+750~K6+430	1车道	41	1.15
	2车道	41	1.10
	3车道	41	1.05
	4车道	41	1.09
2标汇总		625	1.06
出京汇总		310	1.07
K6+430~K15+260	1车道	77	1.11
	2车道	78	1.07
	3车道	77	1.03
	4车道	78	1.05
进京汇总		315	1.05
K6+430~K15+260	1车道	79	1.12
	2车道	79	1.04
	3车道	79	1.00
	4车道	78	1.02

第10章

其他高速公路

机场北线高速公路（京开高速公路—京台高速公路段） 表10-122

沥青路面横向力系数 SFC 检测结果

桩　号	位　　置	检测数量（段）	平　均　值	标　准　差	代　表　值
全线汇总		4782	71.0	4.20	70.5
1标汇总		2404	71.5	4.12	71.1
出京汇总		828	73.5	3.51	73.0
K1+750~ K6+430	1车道	207	73.6	3.71	73.2
	2车道	207	74.2	3.65	73.8
	3车道	207	74.9	3.00	74.6
	4车道	207	71.1	3.67	70.7
进京汇总		1576	69.5	4.72	69.1
K1+750~ K6+430	1车道	394	70.2	5.03	69.8
	2车道	394	71.1	5.11	70.7
	3车道	394	70.5	4.37	70.2
	4车道	394	66.0	4.37	65.7
2标汇总		2378	70.4	4.29	69.9
出京汇总		798	72.1	4.19	71.6
K6+430~ K15+260	1车道	209	74.8	4.13	74.3
	2车道	209	68.5	4.14	68.1
	3车道	190	72.8	4.02	72.3
	4车道	190	72.3	4.48	71.8
进京汇总		1580	68.6	4.38	68.2
K6+430~ K15+260	1车道	395	73.3	3.63	73.0
	2车道	395	65.6	4.58	65.2
	3车道	395	69.1	4.32	68.8
	4车道	395	66.2	5.00	65.8

|第 11 章|
发 展 展 望

新时代,全面建设现代化国家,建设人民满意、保障有力、世界前列的交通强国,沥青路面科技的传承创新任重道远、前途光明。以史为鉴、开创未来,路面系统科学发展,要以"翻一番、长寿命两步走"为目标,增强既有路面和新建路面的耐久性,推进路面整体质量提升。

11.1 概 述

建设交通强国,设施高质量是基础。构建安全、便捷、高效、绿色、经济的现代化综合交通体系,打造一流设施、一流技术、一流管理、一流服务,路面发展要坚持目标导向,着眼"第五代路面"体系、提高服务能力和水平,推行平安百年品质工程理念,修建平安、舒适、耐久、绿色、品质路面。

路面使用寿命是路面服务能力的集中体现,保持路面技术状况、使用性能良好,是路面持续发展的根本保证。寿命目标是基础性、决定性目标,第五代路面的核心是"翻一番"及长寿命。三十余年来公路科技进步和建养实践清晰表明,高速公路路面长期未变的 15 年设计年限,已经具备了"翻一番"即 30 年的充分必要条件。

"翻一番"代表的是路面研究、设计、施工和养护管理的完整体系,是路面系统科学创新发展的升级换代,而不是简单的数字加倍。要突出平衡性原则、完善平衡设计方法,通过"优质的材料×合理的结构×严格的质控×规范的预养",优基优面强路基,实现路基永久、基层长久、面层耐久。

路面设计的主要任务是根据路面系统的构成要素,确定设计条件和目标,提出材料、结构设计结果和实施要求,分析预测其运动演变及目标符合情况,确保全生命周期成本效益合理。而现行路基路面设计体系是一种标准化设计,即按照规范给出的设计流程、设计条件和设计指标,分析验算结构是否满足容许的规定值要求,最终似乎简化成了厚度设计,是不全面的。

另外,北京的既有高速公路由于修建早、路龄长,"超龄化"运行比例高,半刚性基层的反射裂缝发育。目前,单纯从指标上看,目前路面技术状况尽管总体仍保持"优"以上,但在全国只能处于中等水平。下一步,大量超龄路面如何维护、延寿,实现全生命周期持续发展将是需要长期关注的重大课题。

11.2 翻一番、长寿命两步走

北京高速公路半刚性基层沥青路面的实践,是未来路面创新发展有益的经验借鉴、可靠的技术支撑和确定的目标引领。

《交通强国建设纲要》中提出,建设人民满意、保障有力、世界前列的交通强国,到2035年现代化综合交通体系基本形成,人民满意度明显提高,支撑国家现代化建设能力显著增强;到本世纪中叶,基础设施规模质量、技术装备、科技创新能力、智能化与绿色化水平位居世界前列。要强化交通基础设施养护,加强基础设施运行监测检测,提高养护专业化、信息化水平,增强设施耐久性和可靠性。

以路面系统的运动规律为基础,以平衡性原则为核心,路面寿命"翻一番",是指将现行规定的沥青路面结构使用年限,由10年、15年,翻一番至20年、30年的形象化目标。《公路沥青路面设计规范》(JTG D50—2017)规定,新建路面结构设计使用年限按不同公路等级应分别不低于15年、12年、10年、8年。"翻一番"后,高速公路、一级公路的路面使用年限确定为30年,二级及以下公路确定为20年。

翻一番是"第五代路面"体系和"路基永久、基层长久、面层耐久"长寿命理念在现阶段的具体化。目前,国内外认可的长寿命路面的目标是40~60年不等,即"翻两番",但经过实践检验能够达到的还不多,实际的使用寿命并没有那么长。

"长寿命两步走"是指与《交通强国建设纲要》提出的分两个阶段推进相一致,"翻一番"作为更普遍的、2035年第一阶段目标,"翻两番"即长寿命作为更持续的、本世纪中叶第二阶段目标。

"翻一番、长寿命两步走"是交通强国建设的必然要求,是提质降本增效的根本途径,是公路建养管模式转换的推动力,是路面科技开拓创新的新引擎,其影响是统领的、基础的、深远的。

我国超过30年高速公路建养管为"翻一番"提供了实践的成功经验,《公路沥青路面设计规范》(JTG D50—2017)为"翻一番"提供了理论的基本依据,国内外相关研究及标准为"翻一番"提供了借鉴的可靠支撑,尽管挑战与机遇并存,其目标是现实的、有力的、可行的。

"翻一番"的实施路径是"优质的材料×合理的结构×严格的质控×规范的预养"。基于路面系统的运动性规律和平衡性原则,以设计、施工、养护精细化、标准化为手段,重点总结研究推广沥青适用性分级与提升技术、功能性及增强型沥青混合料、优化的半刚性基层典型结构、增强黏封透层材料与控制技术、精细化智能化标准化施工技术、施工质量全过程精准控制技术、全生命周期目标预防养护技术和旧路评鉴及其耐久性利用技术等。

规范的养护是路面耐久性的保障。《黄帝内经》中说"上工治未病"。路面预防养护是一种基于全生命成本分析的周期性、强制性、适用性养护计划策略,是一种科学的理念和机制,其核心是定期对并未损坏的路面采取针对性、强制性养护措施,以保证其达到或延长使用寿命。基于30年使用寿命目标,对半刚性基层沥青路面,过去以超薄层罩面为主的养护措施显然难以为继,要综合考虑各类病害及预防养护措施,明确预防的目的和重点,即防什么、如何防、因地制宜、统筹施策。

11.3 第五代路面

改革开放以来我国经济社会技术的跨越式发展,路面系统的实践探索创新不断推动路面科技的升级换代。

北京高速公路半刚性基层沥青路面总体上属于第四代路面,其主要特征是高速公路、沥青混凝土、半刚性基层、施工机械化、应对重载交通及早期损坏、技术标准体系的形成等。

2016年,集第四代沥青路面材料和结构技术成果之大成的足尺路面试验环道,建成于北京通州的交通部试验场。根据《北京足尺路面试验环道2020年度报告》,在经过4000万次加载后,相当于一般重载高速公路使用24年,未产生明显的结构损伤和超标的使用功能损伤,尽管不同结构类型路面的服役性能存在明显差异,但服役性能良好,超出原来预期,表明建设长寿命沥青路面是有希望的。

第五代路面体系未来将从整体上引领路面科技发展,其主要特征是路面系统、翻一番及长寿命、高性能功能性沥青混合料、功能(含智能)路面、智慧施工和绿色路面等。

平衡性是系统的本质特征,协调平衡是一切路面设计的根本要求,是沥青路面矛盾性的辩证解决之道,包括沥青结合料、混合料、结构、维护措施等的平衡设计方法。例如,路基永久、基层长久、面层耐久,就是结构寿命目标的相对性平衡。沥青结合料的组分、路用性能指标,混合料的级配、沥青用量,路面结构组合、阶段养护对策等,都应是目标、条件约束下的平衡。

绿色路面是公路工程落实"2030年前实现碳达峰、2060年前实现碳中和"战略目标的重点领域。沥青产自石油,尽管不像燃油一样生成温室气体,仍被认为不够环保。沥青有味儿、油分会挥发,由于用量大、环节多,运输、加热、拌制、铺筑、养护过程中需要消耗燃料、产生二氧化碳等,但沥青路面具有可再生性、低噪易清洁等特点,下一步需要大力推广低碳节能减排、降噪抑尘解污、再生循环利用等绿色路面技术。

11.4 典型路面结构

合理的结构是路面耐久性的骨架。路面力学分析、结构组合、厚度确定等是路面结构设计的主要任务和研究人员的攻关重点。北京高速公路半刚性路面三十年的实践中,厚度变化幅度较小,沥青、混合料不断改进,黑白料生产实现产品化、施工养护质量保持稳定、超载重车治理有效,为路面设计采用典型结构法提供了条件。

选取的基本设计参量是交通荷载等级和路基等级。交通荷载等级最低为Ⅳ级。路基等级按路基顶面回弹模量划分,最低为2级,相应的分界模量值为70MPa、100MPa 和 150MPa。推荐的高速公路典型结构见表11-1。

推荐的高速公路典型结构　　　表11-1

交通荷载等级		路基等级及对应厚度(cm)			
		2(≤70MPa)	3(70~100MPa)	4(100~150MPa)	5(>150MPa)
Ⅰ 极重	面层 h_a		26	24	23
	基层 h_b		60	57	52
Ⅱ 特重	面层 h_a		23	22	21
	基层 h_b		54	51	46
Ⅲ 重	面层 h_a	22	20	19	18
	基层 h_b	48	44	42	38
Ⅳ 中等	面层 h_a	20	18	18	
	基层 h_b	40	38	36	

根据路面寿命"翻一番"具体目标,提高面层厚度上限至26cm,并适当提高沥青用量。对Ⅰ、Ⅱ两个荷载等级,磨耗层宜选用4cm SMA 或4cm 改性沥青 AC + 2.5cm OGFC,中、下面层可选用改性沥青 AC 或高模量沥青混凝土。当中面层、下面层使用温拌、再生混合料时,应严格控制厚度和压实。

使用同一类型的材料(水稳、二灰等)作基层、底基层时,按基层要求进行材料生产和施工。无机料应按规定分仓生产,严格控制级配,抗裂性要好。

路床应采用粗粒料或无机结合料改善土,挖方和填筑高度低的路段应处理至路基工作区深度。路基顶面弯沉应经检测验收合格。

交通荷载方向性差异大的路线,可分段设计,选用不同厚度的路面结构。

水泥混凝土桥面铺装厚度不宜小于10cm。桥面宜进行抛丸打毛处理,防水黏结层应密实、牢固、耐久,泄水孔应不高于混凝土桥面。

透层、封层、黏层应使用合格材料,按规定施作,确保层间黏结良好。

11.5　施工质量控制

严格的质控是路面耐久性的保障。总体上看,在路面工程质量管理中存在设计、材料生产、施工脱节,缺少闭环控制手段,不用质量技术工具,随意性大、均匀性差、不确定性高、薄弱环节多等问题,导致早期损坏现象时有发生,严重影响耐久性。要在设计环节突出适用性的基础上,不断提升施工的符合性。

路面工程质量应符合法律法规、技术标准、设计文件和合同的要求。正如《当代中国的公路交通》中指出的,"石灰土类结构的成败,在极大程度上取决于施工中能否严格执行规范中的各项要求,决不能掉以轻心。这是一条十分重要的宝贵经验。"

《公路沥青路面施工技术规范》(JTG F40—2004)中规定,沥青路面施工应根据全面质量管理的要求,建立健全有效的质量保证体系,对施工各工序的质量进行检查评定,达到规定的质量标准,确保施工质量的稳定性。应加强施工过程控制,实行动态质量管理,并给出了"施工质量动态管理方法"和"质量过程控制及总量检验方法"。同时在条文说明中指出,往往大家都注重于达到规范要求,而对质量稳定不重视,其实,保持稳定、减小变异性才是最主要的目的。如1973年日本《道路铺装的品质管理》的主要内容,都是统计方法和控制图的运用。

随着现代工程管理的推进,施工精细化、智能化为路面质量控制提供了准确性保证,施工机械化、标准化为路面质量控制提供了操作性保证,先进的试验、检测技术装备为路面质量控制提供了科学性保证,减少人为操作、避免人为失误,采用数字化、信息化、智能化手段可以实现全方位、全过程、全天候的动态控制,事前、事中控制正是现代路面工程质量管理的精髓。

11.6　小　　结

历史在前进,时代在发展,科技在进步,道路在延伸。高速公路、沥青路面、路面系统都有其自身的运动发展规律,回顾过去、把握当下、展望未来,如同路途总是有曲有折、有起有伏、有好有坏、有风有雨,但目标永不变、步伐永向前。相信只要勇于探索、科学实践、不断提升,沥青路面可以实现往复循环永在。

参 考 文 献

[1] 黄卫.中国路面发展与新型路面创新[R].第S54次香山科学会议,2019.

[2] IRA O. BAKER. A treatise on roads and pavements[M]. NEW YORK:JOHN WILEY & SONS, INC. 1903.

[3] 交通运输部.中国高速公路建设实录[M].北京:人民交通出版社股份有限公司,2017.

[4] 北京市交通委员会.北京高速公路建设实录[M].北京:人民交通出版社股份有限公司,2018.

[5] 洪观涛.道路工程学[M].北京:商务印书馆,1934.

[6] 周绪利,李兴海.立足寿命"翻一番"推进新一代路面建设[J].中国公路,2020(13):34-37.

[7] Laurence I. HEWES. Highway Engineering[M]. JOHN WILEY & SONS, INC. 1956.

[8] 中国公路交通史编审委员会.中国公路史(第一册)[M].北京:人民交通出版社,1990.

[9] 杨孟余,等.公路柔性路面设计规范JTJ 014—86条文说明[M].北京:人民交通出版社,1989.

[10] 交通部科学研究院.柔性路面设计方法及计算参数[R].1976.

[11] E. G. LOVE. Pavements and roads[M]. The engineering and building record,1890.

[12] CLIFFORD RICHARDSON. The modern asphalt pavement[M]. JOHN WILEY & SONS,1905.

[13] 孙立军.沥青路面结构行为学[M].上海:同济大学出版社,2013.

[14] 孙立军.沥青路面结构行为理论[M].上海:同济大学出版社,2003.

[15] 交通运输部.公路沥青路面设计规范:JTG D50—2017[S].北京:人民交通出版社股份有限公司,2017.

[16] 周绪利.沥青路面设计的基本原则[J].中国公路,2021(03):42-46.

[17] Ministère de l'Equipement, des Transports. Catalogue des structures types de chaussées neuves [S]. SETRA, LCPC,1998.

[18] AASHTO. Mechanistic-empirical pavement design guide-A Manual of Practice [M].2008.

[19] 沈金安.国外沥青路面设计方法总汇[M].北京:人民交通出版社,2004.

[20] 交通部.公路柔性路面设计规范:JTJ 014—86[S].北京:人民交通出版社,1986.

[21] 交通部,城乡建设部.沥青路面施工及验收规范:GBJ 92—86[S].北京:人民交通出版社,1986.

[22] 交通部.公路沥青路面设计规范:JTJ 014—97[S].北京:人民交通出版社,1997.

[23] 交通部公路科学研究所.公路沥青路面施工技术规范:JTG F40—2004[S].北京:人民交通出版社,2004.

[24] 姚祖康.沥青路面结构设计[M].北京:人民交通出版社,2011.

[25] 张建华.京石高速公路北京段改扩建设计方案研究[J].市政技术,2012(3):49-51.

[26] 交通部.公路技术状况评定标准:JTG H20—2007[S].北京:人民交通出版社,2008.

[27] 交通运输部.公路技术状况评定标准:JTG 5210—2018[S].北京:人民交通出版社股份有限公司,2019.

[28] 沙庆林.京塘高速公路沥青路面结构和设计(一)[J].公路交通科技,1986(02):1-9,19.

[29] 沙庆林.京塘高速公路沥青路面结构和设计(二)[J].公路交通科技,1986(03):1-7.

[30] 皋学炳.京津塘高速公路给我国公路建设带来了什么[J].北京公路,2000(4):1-7.

[31] 霍明.京津塘高速公路项目准备[M].西安:陕西科学技术出版社,2003.

[32] 徐森.首都机场高速公路路面结构设计[J].北京公路,1993(6):1-5.

[33] 沈金安,李福普,李舜范.首都机场高速公路沥青面层改性沥青混合料的路用性能研究[J].中国公路学报,1996(02):1-5.

[34] 沈金安.沥青及沥青混合料路用性能[M].北京:人民交通出版社,2001.

[35] 杨学良,周育峰,姚晓阳,等.首都机场高速公路路面大修设计要领[J].公路,2007(5):1-6.

[36] 倪士聪.八达岭高速公路规划设计简介[J].北京规划建设,1994(6):6-12.

[37] 姜锡志,柳浩.八达岭高速公路(马甸—昌平段)改性沥青混合料技术应用与研究[J].公路交通科技,2008(9):167-171.

[38] 李保红,张捷,朱毅军.八达岭高速公路沥青路面养护维修方案的研究[J].北京公路,1997(5):4-9.

[39] 刘薇,张方方,张捷,等.八达岭高速公路大修工程湿法橡胶沥青SMA-13路用性能研究[C]//国际橡胶沥青大会论文集,2009:173-176.

[40] 刘薇,张捷,林柯,等.温拌沥青混合料SMA-13路用性能研究[J].筑路机械与施工机械化,2011(1):63-66.

[41] 刘宜平.八达岭高速公路沥青路面现场热再生试验研究[J].市政技术,2010(3):41-44.

[42] 刘进东,杨丽英,王宝新,等.沥青路面抗车辙技术在八达岭高速公路的应用[J].市政技术,2010(5):23-26.

[43] 张金喜,姜凡,王超,等.室内外老化沥青混合料动态模量评价研究[J].建筑材料学报,2017(6):937-942.

[44] 宿官忠.北京六环路工程水泥稳定碎石基层应用技术研究[D].北京:北京工业大学,2005.

[45] 何志敏,孙晓磊,杨婉怡,等.北京市六环高速公路沥青路面性能预测模型及精度分析[J].市政技术,2020(6):34-36.

[46] 敬超,张金喜,宋波.沥青路面结构内部残余应变动态预测模型[J].应用基础与工程科学学报,2017,25(6):1251-1260.

[47] Chao Jing, Jinxi Zhang, Bo Song. An innovative evaluation method for performance of in-service asphalt pavement with semi-rigid base[J]. Construction and Building Materials, 2020(235):1-11.

[48] 交通部.公路沥青路面设计规范:JTG D50—2006[S].北京:人民交通出版社,2007.

[49] 穆岩,张寒梅.玄武岩纤维在京承高速路面维修工程中的应用[J].筑路机械与施工机械化,2017(34):91-95.

[50] 卢兆洋,梁凌子,高玉梅,等.指数型路面性能预测模型在北京市高速公路中的应用分析[J].北京建筑大学学报,2021,37(1):8-15.

[51] 宋波,张金喜,薛忠军,等.既有半刚性基层沥青路面大修处治策略[J].北京工业大学学报,2017,43(8):1212-1219.

[52] 张宜飞.京哈高速公路沥青路面大修技术研究[D].北京:北京工业大学,2007.

[53] 赵帅,张金喜.考虑不同养护措施的路面性能衰变模型研究[J].公路,2018(1):244-1248.

[54] 薛忠军,王春明,张伟,等.半刚性基层长寿命路面结构和材料设计研究[J].公路交通科技,2015,32(10):37-42.

[55] 宋波,薛忠军,周绪利.欧美国家利用既有道路进行长寿命路面研究的综述[J].市政技术,2016,34(1):17-22.

[56] 宋波,薛忠军,周绪利.既有道路长寿命沥青路面理念及实践[J].中国公路,2021(7):64-70.